KB235907

사람은
왜 옮겨 다니며
살았나

사람은 왜 옮겨 다니며 살았나

발행일 : 초판 2004년 10월 15일 │ 지은이 : 기 리샤르(대표집필) │ 옮긴이 : 전혜정
펴낸이 : 김석성 │ 펴낸곳 : 에디터 │ 편집진행 : 박향미
등록번호 : 1991년 6월 18일 등록 제1-1220호
주소 : 서울시 서초구 양재동 371번지(희빌딩 502호)
편집부 : (02)579-3315 │ 영업부 : (02)572(3)-9218 │ 팩스 : (02)3461-4070
e-mail : editor1@thrunet.com
찍은곳 : 삼성인쇄 주식회사
ⓒ 에디터, 2004 │ ISBN 89-85145-87-8 03380

AILLEURS, L'HERBE EST PLUS VERTE—Histoire des migrations dans le monde
Korean translation rights arranged through BF agency, Seoul.
Korean translation rights ⓒ 2004 by Editor publishing co.

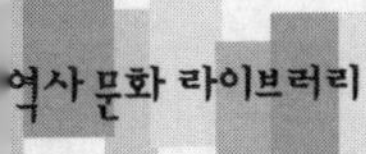
역사 문화 라이브러리

사람은 왜 옮겨 다니며 살았나

기 리샤르(대표집필) 지음 | 전혜정 옮김

에디터

Prologue

이상향, 그리고 **침략**과 **기아 탈피** 위해

인간의 집단 이주는 아득한 옛날부터 존재해 왔으며, 그것은 지구상의 인구분포에 중요한 역할을 수행했다. 역사시대, 즉 고대시대 이래로, 주목할 만한 이주의 움직임이 위대한 문명과 강력한 제국의 출현과 더불어 세계의 정복을 공고히 했다. 출애굽(出埃及) 이후 히브리인들은 또다시 아시리아로 강제 이주를 당했으며, 아카이아인[1]들과 도리아인[2]들은 그리스로 유입되었다. 해상 민족들은 이집트로 몰려들었으며, 페니키아[3]와 카르타고[4]는 식민지를 스페인까지 확장시켰다. 이러한 일련의 움직임은 로마인의 정복과 마찬가지로 기록과 흔적을 남겼다.

한편 구대륙의 나머지 지역에서 전개되었던 대규모 이주는 켈트인, 게르만인, 슬라브인들에 의해서 이루어졌다.

페니키아인의 해외 상업기지, 그리고 지중해 연안의 이오니아와 카르타고 등지에 그리스인이 세운 도시 국가들의 주요 목적은 상업 활동이었지만, 동시에 그것들은 시칠리아 섬, 프로방스[5] 그리고 스페인을 공략하기 위한 교두보이기도 했다. 이렇게 하여 당시 가장 문명화된 종족들에 의한 식민지 개척이라는 새로운 현상이 나타났다. 그 후 유럽에서 이러한 전통이 활력을 유지된 데에는 포르투갈 상사(商社)들의 아프리카 잔지바르[6], 고아[7] 그리고 마카오 같은 인도양 지역으로의 진출에 힘입은 바 컸다. 이어 16세기에 이르자 네덜란드인들이 말루쿠[8]와 인도네시아(바타비아)에 식민지를 개척했다. 영국인들도 이들을 본받아 기민하게 움직여 인도에서 뉴질랜드에 이르는 지역과 오스트레일리아를 장악했고, 프랑스인들은 뉴칼레도니아와 폴리네시아를 손에 넣었다. 처음에는 죄수들의 유배지였던 오스트레일리아는 원주민이 멸종된 이후 뉴칼레도니아처럼 본국인의 이주 식민지로 변했다. 뉴칼레도니아의 토착민인 카나카족은 19세기 뉴질랜드의 마오리족이 그랬듯이, 자신들의 정체성을 지키기 위해 1988년까지 투쟁을 계속해야만 했다.

이러한 사실만을 지적한다면 독자들은 우리가 중요한 날짜 하나를 빠뜨리고 있다고 생각할 것이다. 그것은 크리스토퍼 콜럼버스가, 드디어 중국에 도착했다고 착각하면서, 카리브 해안에 닻을 내렸던 1492년이다. 스페인, 영국, 네덜란드, 프랑스, 포르투갈이 마치 짐을 하역하듯이 신대륙에 쏟아 부었던 것은 빈곤한 본국의 농부들, 일자리 없는 가내 수공업자, 황금을 찾아 헤매는 사람들, 온갖 종류의 모험가와 협잡꾼들이었다. 선교사들이 으레 이들과 동행했는데, 정복자에게 토지와 여자

역 주

1) BC. 2000년경, 그리스 본토로 침입하여 선주민의 발달된 농업 문화를 흡수하면서 BC. 1600년부터 BC. 세기(미케네시대)까지 번영을 이룬 청동기시대의 그리스인.
2) 그리스 민족의 한 파. BC. 1200년경 철기문명을 가지고 그리스로 왔다.
3) 고대 시리아, 레바논 해안 지대에 살았던 셈어족계 통상항해 주민의 명칭.
4) 고대 페니키아인이 북아프리카의 튀니스 만 북 연안에 건설한 도시 및 도시 국가.
5) 프랑스의 남불 지방.
6) 탄자니아의 잔지바르 주.
7) 인도 서부.
8) 인도네시아의 여러 섬 중 하나인 말루쿠 제도.

를 빼앗긴 원주민을 상대로 기독교의 복음을 전파하기 위해서였다. 북아메리카 인디언들은 1890년에 이르러 사실상 멸종했다. 현재 남미의 인디오들은 대 농장주, 군사정권의 독재자들 그리고 세계은행의 지배에 허덕이며 근근이 살아가고 있을 뿐이다.

19세기에 시작된 백인의 〈인구 폭발〉로 말미암아 전세계 인구의 5분의 1이던 백인 인구가 1914년에는 3분의 1로 대폭 증가했다. 유럽은 이 인구증가에 따른 인적 자원을 아메리카, 오스트레일리아, 뉴질랜드에 대규모로 쏟아 부었다. 유럽 인구의 팽창 및 이동과 같은 시기에 일어난 산업혁명, 그리고 금융업의 발전 덕분에 유럽은 전 세계에 거미줄처럼 치밀한 세력망을 형성할 수 있게 되었다.

15세기에서 18세기에 걸친 항해술의 눈부신 발전에 힘입어 탐험용 쾌속선, 갈리온 선[9], 세 돛대범선, 클립퍼[10](대형 쾌속 범선) 등을 건조하게 된 유럽은, 북아메리카에서 오세아니아에 이르는 세계를 장악했다. 수백만의 이주 행렬이 구대륙인 유럽을 떠나 아메리카로 향하는 배에 올랐다. 초기 여행자들의 이야기나 선박회사, 은행, 신문, 그리고 신세계에 자리 잡은 여러 상사의 광고에 매혹된 가난한 사람들과 협잡꾼들을 배 밑 화물칸에 실어 신대륙으로 운송하는 증기선과 정기 여객선들이 성공을 거두면서 신대륙 이주는 새로운 의미를 부여받게 되었다.

그런데 사실 이 같은 이주 현상은 오래 전에 시작된 것이었다. 예전부터 독일, 폴란드, 러시아의 귀족들은 전쟁으로 황폐해졌거나 개간하기 힘든 땅을 경작하려는 사람들에게 세제상의 혜택과 재정지원을 하면서 이주를 강행해왔기 때문이다. 사정이 이러했으니, 당연히 아메리카 신대륙의 대 농장주, 섬유공장과 제련소의 주인들은 요컨대 인가받은 이주 절차를 실행에 옮겼을 뿐이라 할 것이다. 1869년부터 대륙횡단철도는 서부를 정복한 이주자들과 그들의 가족을 태운 끝없는 역마차

행렬을 대신하기 시작했다. 역마차는 남아프리카 대 이주 기간 중 (Grand Trek 1834~1837)에 보어인[11]이 사용했던 주요 운송수단이었다. 남아프리카의 남단 케이프타운에서 이집트의 카이로에 이르는 철로를 부설하려던 세슬 로즈[12]의 꿈은 아프리카의 영국 식민지들을 연계할 야심만만한 계획이었는데, 무수히 많은 인도 노동자들을 동원했음에도 불구하고, 이 공사는 결국 완공을 보지 못했다. 한편 미국 회사들은 중국에서 수입된 수많은 노동자들을 대륙 횡단철도 건설에 투입했다. 1903~1904년에 완성된 시베리아 횡단철도 역시 시베리아 지역에 사람들을 이주시키는 계기가 되었다.

자본주의가 승리하고, 유럽이 새로운 '땅들을 정복하고 거대한 식민주의 제국이 건설되자 인간의 노동도 하나의 상품으로 간주되었다. 땅을 잃은 농민들과 일자리를 잃은 노동자들은 국경을 넘어 다른 땅으로 가서 자신들의 노동력을 판매하기에 이르렀다. 아프리카인, 아시아인, 남아메리카인들은 선진국에 노동력을 팔기 위해 바다를 건너가야만 했다.

인간의 이주는 오래 전부터 노예제도라는 결과로 나타났다. 고대 초기부터 이집트, 그리스 및 로마인에 의해 창안된 노예제도는 그 후 아랍, 포르투갈, 스페인 그리고 북대서양의 모든 열강들에 의해 당대의 습속으로 자리 잡았으며, 강대국의 선주(船主)들은 흑인매매로 부를 축적했다. 약 2,000만 명에서 2억 명의 흑인이 노예시장에서 매매되었던 것으로 추정되는데, 이 같은 현상은 무엇보다도 아프리카 대륙의 인구

감소와 빈곤을 초래했다.

　　200년도 못되는 기간 사이(1815~1940년 사이)에 약 7,000만 명의 유럽인이 북미대륙과 오스트레일리아에 유입되었다는 것은 중요한 사건이다. 이 거대한 움직임을 연대기적, 지리학적 관점에서 몇 가지 단계로 나누어 볼 수 있을 것이다. 제1단계는 1815~1820년경에 시작되어 1846년까지 계속된다. 이 기간의 이주자는 주로 영국과 스코틀랜드의 농민이었으며, 때로 가내 수공업자도 끼어있었다. 1846년에서 1880년에 걸치는 제2단계의 특징은 이주자의 숫자가 현저하게 증가한 것으로 연간 10만 명에서 30만 명으로 불어났고, 때로는 연간 50만 명에 이르기도 했다. 이주민의 숫자는 영국과 스코틀랜드인이 가장 많았지만 1846년에는 아일랜드인이 우세했다. 그것은 아일랜드에 닥친 1846~1847년 사이의 흉년과 1848년의 기근 때문이었다. 또한 이 기간에는 독일과 스칸디나비아 사람의 이주도 크게 증가했다. 1880년에서 1914년에 걸치는 제3단계 기간에는 이주자의 숫자가 연평균 100만 명에 육박했고, 이 수치를 넘긴 경우도 여러 차례 있었다(1910년에는 200만 명).

　　앵글로-색슨계의 사람들이 여전히 활발한 이주의 움직임을 보였다. 이주자들의 출신지도 다양해져서, 동부와 남부 출신 유럽 사람들의 물결(우크라이나인, 폴란드인, 체코인, 러시아 및 오스트레일리아-헝가리 제국의 유태인, 이탈리아인)에 앵글로-색슨계는 묻혀버렸고, 여기에 일본인과 중국인이 가세되었다. 대다수의 이주자들은 특별한 기술이 없는 단순 노동자들이었다. 제4단계는 1919년에서 1940년에 걸친 기간으로, 이 기간의 특징은 강제 이주가 많이 늘었다는 점이다. 정치 및 종교적 박해 그리고 소수 민족에 대한 박해를 피하고자 하는 사람들이 많았던 것이다(터키의 아르메니아인, 백 러시아인[13], 독일의 유태인).

　　그러나 이 같은 인구 이동은 3,000만 명의 유럽 사람이 강제 이[주]
하거나 수용되었던 제2차 세계대전의 양상과는 전혀 달랐다. 1989년
11월 9일, 베를린 장벽의 철거로 상징되는 공산주의의 붕괴는 문자 그
대로 동유럽 인구 이동의 수문(水門)을 한꺼번에 열어 버렸다. 그때까지
전체주의 체제의 각종 금기에 의해 차단되어 있던 이 인간 집단은 마침
내 이동과 교환의 자유라는 꿈같은 은총, 그리고 소비사회의 즐거움을
만끽하게 되었다.

　　〈이주〉라는 말은 구대륙의 사람들이 새로운 땅으로 몰려갔던 현상
과 관련지어져 20세기 초까지 전형적인 유럽 개념의 술어로 여겨졌다.
그러나 바로 이 무렵부터 사태의 반전이 시작되었다. 제1차 세계대전과
뒤이은 산업 발전 시기에 인력 부족을 경험했던 나라들, 특히 프랑스에
는 일찍부터, 아프리카나 마그레브[14] 지역 노동자뿐만 아니라 지중해
연안 국가들의 인력, 심지어 폴란드의 노동력까지도 유입되었다. 산업
사회 시대의 독일 또한 제2차 세계 대전 이후 이주의 땅이 되어 폴란드
사람뿐만 아니라 터키와 마그레브 사람들까지도 불러들였다. 한편 영
국은 옛 대영제국 시절의 식민지 사람들을 받아들였다.

　　이 같은 인구 유입에 대해서 유럽연합 15개국은 공통적인 정책을
갖고 있지 않다. 독일은 초기의 느슨한 〈선별 정책〉에서 보다 엄격한 통
제 시스템으로 선회했지만, 프랑스 정부의 몇몇 조치들과 비교해보면
관대한 입장은 지키고 있는 것 같다. 1989년 이후 서유럽은 점점 가중
되는 구(舊) 소련권 국가들의 요구에 직면해 있는 상황이다.

　　이주의 문제를 —그것은 다양하고 복잡한 문제다— 서유럽의 산업

역 주..

13) 유럽 동부의 벨로루시 사람.
14) 리비아, 튀니지, 알제리, 모로코 등 아프리카 북서부 일대의 총칭.

국가들이 몇 해 전부터 겪고 있는 문제에 국한하려는 논조가 있지만, 이 현상은 사실 전(全) 지구적 문제이며 그 기원은 인류 전체와 관련되어 있다는 점을 강조해야 할 것이다.

개인적으로 우리는 물론 유럽적 현상에 역점을 두려 한다. 유럽 대륙은 저 아득한 옛날 구(舊) 세계의 모든 종족들이 모여 서로 싸우고 뒤섞인 일종의 반도에 불과하더라도 말이다. 유럽은 이처럼 여러 종족의 집결지이기도 했지만, 동시에 15세기부터는 신대륙뿐만 아니라 아프리카와 아시아와 오세아니아로 이주해서 식민지를 개척했던 사람들의 엄청난 물결이 시작된 곳이기도 하다.

이미 기원전 1300년에서 2000년 사이에 중국의 북쪽에서 온 사람들이 아메리카에 와서 정착하고 있었기 때문에 콜럼버스가 최초로 아메리카를 발견한 것이 아니라는 지적은 사실 이제 진부해졌다.

오세아니아 지역의 오스트레일리아와 태즈메이니아 섬은 접근이 용이하여 일찍부터 원주민들이 정착했지만, 멜라네시아인과 폴리네시아인이 원시적인 뗏목을 타고 태평양의 여러 섬으로 퍼져나간 것은 고작해야 기원 7세기 무렵에서였다.

우리는 명확한 실례에 근거하여 유럽이 태초부터 경험했던 모든 이주의 원인과 조건과 결과들을 기술하고자 한다. 무엇보다 우선 우리는 고대 이후 유럽인의 인구 이동의 원인을 규명하는 데 노력을 기울일 것이다. 그 다양한 원인 중에는 우선 기아나 빈곤과 같은 불쾌한 사실들도 있고, 새로운 가축 방목지와 농토 개간을 위한 이주라는 희망찬 것들도 있었다. 문화적 경제적 위기가 1980년 이후 서유럽 산업사회를 강타하고, 1989년 이후에는 공산권이 붕괴함에 따라, 직장과 수입과 주택 확보가 가능하고 자신들의 노동력이 환영 받는 이주의 땅을 찾으려는 동구 유럽 사람이 점점 더 늘었다. 유럽 연합 15개국은 유고와 알제리

〈침략사로서의 유럽이민사〉

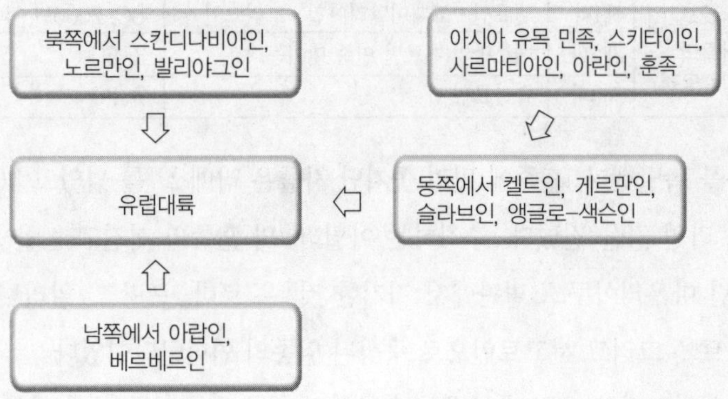

사태로 타격을 받은 이후 새로운 개방에 점점 더 소극적인 태도를 보이고 있기 때문에, 이제 그곳은 더 이상 가진 것 없는 제3세계 출신 사람을 환영하는 이주의 땅이 되지 못한다. 한편 미국은 남미의 멕시코 노동자들에 대해 폐쇄적인 입장을 고수하고 있고, 일본은 밀입국자 색출에 철저하다.

　유럽의 이민사는 오래 전부터 침략의 역사로 간주되었다. 그것은 동쪽(켈트족, 게르만족, 앵글로-색슨족, 슬라브족)과 북쪽(스칸디나비아족, 노르만족, 발리야그족) 그리고 남쪽(아랍족, 베르베르족)에서 몰려든 침략자들의 역사인 것이다. 이주자의 대부분은 인도-유럽어족에 속하는 종족이었으며, 최초의 이주의 물결에는 켈트족, 이탈리아족, 그리스족이 흘러들어 왔고, 다음에는 게르만족이 그리고 세 번째로는 슬라브족이 왔다. 보통 유목 민족이었던 아시아의 여러 민족들(고대의 이란계 민족인 스키타이족과 사르마트족, 기원후 5세기의 알라니족)에게 떠밀려 유럽으로까지 오게 된 것이다.

　이 무렵에 몰려 온 훈족은 터키-몽골족의 일파로서 슬라브인과 고트인을 굴복시키고 규합하는 한편, 다른 게르만 토착민과 피정복민의

〈시대 계열로 본 이민사〉

인도-유럽 어족의 침략물결	제1파	켈트인 · 고대이탈리아인 · 그리스인	BC. 2000년~4C
	제2파	게르만인(게르만 민족 대이동)	3~6C
	제3파	슬라브인	7~8C

이주를 촉발했다. 훈족에 밀려 쫓겨난 자들은 리메스[15]를 넘었고 406년 에는 라인 강을 건넜다. 추격하는 아틸라[16]의 훈족의 서진(西進)을 서기 451년 마우리아쿠스 벌판에서 저지한 것[17]은 로마, 프랑크, 알라니, 부르군트[18], 그리고 서고트인으로 구성된 일종의 연합군단이었다.

일치단결한 유럽이 분발하여 문화적 경제적 후퇴를 막지 않았더라면 농민계층은 목축의 유목생활로 되돌아갔을지도 모른다. 하지만 몇 가지 위험신호들이 남아있었다. 827년 카롤링거 왕조가 아바르족[19]을 멸망시켰지만, 11세기에는 마자르인[20]이 동부와 중부 유럽을 초토화시키면서 헝가리라는 이름으로 판노니아에 정착한 것이다. 마자르인이 이슈트반 1세 치하(997~1038)에 기독교로 개종한 덕분에 서유럽은 오스만투르크 제국의 위협에 대응할 수 있는 방파제를 구축한 셈이었다. 오스만 투르크족은 동로마 제국을 무너뜨리고(1453년에 콘스탄티노플 함락) 그리스와 루마니아 그리고 발칸 반도에 이르는 동남부 유럽 전체를 휩쓴 다음 1683년에는 비엔나까지 포위, 함락 직전까지 몰고 갔으나 폴란드 왕 얀 소비에스키[21]의 기마군대의 진격 덕분에 무사했다.

이주의 원인을 열거하자면 한도 없이 많을 것이다. 그러나 그것은 사실 두세 가지 요인으로 요약될 수 있다. 불쾌 원인이라고 할 수 있는 첫 번째 원인은 호전적인 침입과 외세의 침략에 따르는 모든 잔혹 행위에서 벗어나 피난처를 찾으려는 사람들의 마음에서 비롯된다. 잔혹행위란 구체적으로 대량 학살, 강제수용, 인종적 혹은 종교적 박해, 노예화, 혹은 동물에 가까운 극단적인 굴종 상태 등을 말한다. 시련을 덜 겪었거나 강인한 종족 중에는 무리에서 이탈한 탈주자들이 퇴조기에 들어간 문명을 제압하고 강력한 정복자로 군림하는 것을 보는 종족도 있었다. 훈족에게 쫓기던 게르만 미개인의 경우가 그 예이다. 그들은 5세기에 극도의 와해 상태에 있던 로마 제국을 탈취했던 것이다.

두 번째로 불쾌한 원인은 기아이다. 그것은 항구적이고 보편적인 원인으로서 역사적 경제적 조건들과도 무관하다. 5세기의 게르만 탈주자들, 중세의 폭동 농민들, 19세기 아일랜드의 비참한 농민들, 그리고 아프리카와 남미 등 제3세계의 굶주리는 사람들 모두가 이에 속한다. 이런 이주자들 가운데 사정이 나은 사람들은 장사를 해 보려고도 했지만 대다수의 생계유지 수단은 단순 노동력뿐이었다.

이번에는 보다 매력적인 원인을 이야기할 차례이다. 크리스토퍼 콜럼버스가 그랬듯이, 스페인 사람들은 아메리카 대륙의 발견이 전설의 엘도라도의 발견이라고 믿었다. 즉 황금에 대한 갈망이 이주를 촉발케 한 원인 중 하나였던 것이다. 얼마 후, 보다 범속하고 현실적인 앵글로-색슨족은 북미대륙의 서부에서 농민을 위한 무한히 넓은 땅이 공짜

15) 로마 제국의 국경. 북방의 리메스는 260년경 야만족의 침입으로 라인, 다뉴브 강의 자연국경까지 후퇴하였다.
16) (406?~453) 훈족의 왕. 5세기 전반의 민족 대이동기에 지금의 헝가리인 트란실바니아를 본거로 하여 주변의 게르만 부족과 동고트족을 굴복시켜 동으로는 카스피해에서 서로는 라인 강에 이르는 대제국을 건설했다.
17) 샬롱쉬르마른의 남쪽. 만약 아틸라가 승리했다면, 서유럽의 기독교가 붕괴되고 그 지역은 아시아인의 지배를 받게 되었을 수도 있었던, 역사적으로 매우 중요한 의미를 지닌 전투였다.
18) 게르만족의 한 일파.
19) 5~9세기에 중앙아시아, 동유럽, 중앙유럽에서 활동한 몽고계 유목 민족.
20) 우랄어족 핀우고르어파의 마자르어를 사용하는 헝가리의 기간 주민.
21) (1629~1696) 비엔나를 오스만투르크의 포위에서 구출하여 유럽 전역에 명성을 떨친 폴란드의 왕.

로 널려 있음을 보았다. 19세기에는 캘리포니아, 오스트레일리아. 남아프리카에 골드러시의 회오리가 태풍처럼 휘몰아쳤다. 오래지 않아 이주와 식민지 건설은 사실상 동의어가 되어 버렸고, 오세아니아의 하와이와 피지 군도는 아메리카의 거대 제당회사들을 위한 농장으로 변해 버린 것이다.

〈기 리샤르〉

Contents

Contents

제2장 게르만 민족의 대이동

제3장 유럽의 혼란

제4장 백인 인구의 폭발

제5장 현대 세계

Contents

Contents

차 례

Contents

제10장 인도의 이주

제11장 중국의 이주

Contents

제12장 오세아니아의 이주

제 1 부
지구 규모의 대이동

〈제1부〉에서는 고대문명속의 인구 이동, 게르만 민족의 대이동, 유럽을 둘러싼 이민의 동향, 19세기 백인의 인구 폭발, 현대 세계의 인구이동 등 이른바 지구 규모의 인구 이동을 개괄적으로 설명했다.

여기에서는 여러 가지 민족의 흥망 부침과 함께 현재 서구 세계와 중동지대의 기본을 구성한 내력을 파악할 수 있다.

제1장

고대문명

고대 동방, 이스라엘 사람들의 이주

고대 근동지역 여러 종족들의 역사와 문명은 그리스와 이집트
에서 이란에 이르는, 비교적 협소한 땅에서 전개되었다. 그곳은 기복이
심한 산악지대로서 기후는 대체로 건조하거나, 아주 건조한 곳도 있는
공간이다. 물이 귀하고 비옥한 땅이 부족하니 살만한 곳을 찾으려는 노
력은 치열할 수밖에 없었으며, 가뭄과 불모지를 벗어날 수 있는 〈약속
의 땅〉을 갈망했던 종족들 사이의 경쟁관계가 얼마나 참혹했는지를 설
명해준다. 유리한 조건을 지니고 있었기 때문에 〈언약의 땅〉으로 불릴
수 있었던 두 지역은 "풍요의 크롸쌍(Croissant)[1]" 그리고 "바다의 나
라"였다.

"풍요의 크롸쌍"은 말 그대로 초승달처럼 원호를 그리며 펼쳐진 드

역 주
1) '크롸쌍'은 불어로서 '초승달'을 뜻한다.

넓은 충적토 평원으로서 나일 강 계곡에서 페르시아 만으로 이어지며 동쪽으로는 메소포타미아를 포함한다. 메소포타미아는 티그리스 강과 유프라테스 강의 풍부한 물길을 받아 매우 비옥한 지역이다.

"바다의 나라"는 지중해 동부의 섬들과 연안을 지칭한다. 구체적으로 크레타, 그리스 그리고 소아시아의 서쪽 해안을 말하는데, 소아시아에 포함되는 페니키아는 후일 지중해 유역 전체를 대상으로 여러 차례의 해상 교역 원정대를 파견하게 된다. 페니키아는 기원전 814년 카르타고에 식민지를 개척함으로써 해상권 팽창의 절정을 기록하게 된다.

근동으로의 이주, 그리고 〈약속의 땅〉을 찾아서

이 풍요로운 근동의 땅은 분명하게 구분되는 두 종족이 지속적으로 찾아들었던 이주의 무대였다. 〈셈족〉과 〈인도-유럽어족〉이 그들인데 전자는 남쪽에서, 그리고 후자는 북쪽에서 이주해 왔다. 역사시대가 시작될 무렵쯤에는 이미 그곳에서 정착을 완료한 다른 종족들이 있었다. 그러므로 모두 세 종족이 이곳에 거주했다.

우선 〈토착민〉들을 살펴보자. 풍요의 크롸쌍의 서쪽 가지에 해당하는 나일 강 계곡과 삼각주에 거주하는 〈이집트인〉, 크레타 섬의 주민인 〈크레타인〉, 그리고 풍요의 크롸쌍의 동쪽 가지인 저지-메소포타미아의 〈수메르인〉이 그들이다. 이 세 종족—그중 크레타인과 수메르인은 완전히 멸종되었지만—은 고도의 독창적인 문명을 꽃피웠으며, 이집트 문명이 그 사실을 웅변적으로 증언한다.

기원전 4000년 말경, 아라비아와 시리아의 대초원으로부터 이동해 온 것으로 추정되는 〈셈족〉들은 점차 북쪽으로 이동하여 〈풍요의 크롸쌍〉 지역으로 침투했다. 그들은 명백한 언어적 유사성에 의해 한 집단으로 묶을 수 있으며, 성서에 기록된 노아의 아들 셈의 후손으로 추정

된다. 셈족의 여러 갈래 중의 하나인 〈히브리족〉은 특별한 선택의 대상
이 됨으로써 —신에게 특별한 선택을 받은 민족이라거나 혹은 무(無) 작
위적인 선택이라는 등 여러 가지 설명이 있지만— 그 부족 중의 하나인
〈이스라엘족〉을 특별한 운명의 길로 이끌어갔다. 신의 말씀을 받아들여
새로운 종교를 창시하는 것이 그들이 걸어야 할 운명의 길이었다. 여기
에서 비롯된 일련의 이주와 고난은 이스라엘 역사의 핵심으로서 가나
안, 즉 〈약속의 땅〉에 최종적으로 정착하게 될 때까지 끝없이 이어진다.

유럽의 역사에 뚜렷한 자취를 남기게 될 〈인도-유럽어족〉은 루마
니아와 러시아 남부 평원에서 도래하였으며, 기원전 2000년 초에 두
개의 이주 그룹으로 나뉘어졌다. 그중 하나는 서유럽으로 퍼져나갔고,
다른 하나는 그보다 훨씬 이후에 남진(南進)하기 시작하여 코카서스 지
역을 거쳐 이란 고원에 정착, 메데아인과 페르시아인이 되었다. 이보다
는 소규모였던 것으로 보이는 세 번째 이주의 물결이 남서쪽을 사행하
여 흑해 연안을 우회한 다음 아나톨리아²⁾(소아시아)를 향해 나아갔다.
이들이 바로 〈히타이트족〉³⁾인데, 이 독특한 종족은 유감스럽게도 후일
멸종되고 만다.

따라서 고대 중동지방에서 〈이주〉해온 사람들은 종족의 기원에 따
라 〈인도-유럽어족〉과 〈셈족〉으로 나뉘어졌다. 인도-유럽어족은 다시
아나톨리아의 히타이트족, 이란고원의 메데아족과 페르시아족으로 분
할되고, 셈족은 지중해 동부 해안의 히브리족과 페니키아족, 메소포타
미아의 아시리아족과 바빌로니아족으로 분할된다.

근면하고 활동적인 페니키아인들은 항해술 또한 뛰어난 상인들이었다. 그들의 선박은 종횡무진으로 지중해를 누비면서, 상업상의 진로를 확보하기 위해, 혹은 단순히 모험심을 충족시키기 위해 알려지지 않은 지중해의 수많은 해안을 답사했다.

페니키아인들은 동시에 기원전 12세기에서 8세기 사이에 많은 식민지를 개척했다. 페니키아인의 식민지 개척 방식은 후일 그리스인의 방식과는 달랐다. 페니키아인에게 식민지 개척은 종교적이거나 정치적인 의미가 없었다. 그들의 식민지 개념은 원래 잠정적인 기항지에 본국인을 이주시켜 확고하게 장악하거나 교역상의 해외거점을 확충하는 것뿐이었다. 페니키아인의 본국 수도인 시돈과 티루스는 수많은 주요 식민지를 개척했다. 티루스인은 지중해 서부에 가데스—후일 에스파냐의 카디스[4]이다—를, 그리고 특히 기원전 814년에는 튀니지 해안에 카르타고를 세웠다. 카르타고는 그 후 제국의 수도가 되어 로마 제국과 팽팽하게 맞서게 된다.

〈장 라베스〉

히브리인과 약속의 땅

이 책의 주제를 이루는 이주가 일반적으로 경제적 내지 사회적 이유나 정복에의 욕구와 자부심에 의해 촉발되었던 것과는 달리, 거대한 셈족의 한 분파에 속하는 히브리 민족의 유랑은 신의 명령에 의해 영감받고 인도된 것이라고 일컬어진다. 히브리인의 신인 야훼(이 말의 뜻은 "나는 존재 한다")는 여러 차례에 걸쳐서 히브리인에게 예정된 〈약속

〈고대 오리엔트 이민과 민족 형성〉

민족	출발지	이주지	이주지
셈계제족 BC. 4000년 말 이래	남-아라비아와 시리아 초원에서	비옥한 초승달 지대 메소포타미아 · 이집트 · 이스라엘 · 아시리아 원주민-이집트인 · 슈메르인 히브리 민족-이스라엘인 · 아시리아인, 바빌로니아인	바다에 인접한 지방 동지중해의 섬들과 연안지대(크레타 섬 · 그리스 · 페니키아 원주민 · 크레타섬 주민)
인도-유럽어족 BC. 2세기 초 이래	북-루마니아와 남러시아 평원에서	이란고원 메데아인, 페르시아인	아나톨리아 히타이트인

의 땅〉을 향한 —혹은 그 땅으로 되돌아가기 위한— 행진을 시작하라고 명령했다. 이 이주와 그 원인에 관한 자세한 이야기는 히브리인들의 신성한 책인 성서, 그리고 예수 그리스도 이후에는 기독교인의 신성한 책인 성서에 기록되어 있다. 성서의 내용들은 더없이 중요한 역사적 문헌이지만, 그러나 히브리인의 이주와 그 원인에 대해 결정적인 명확한 설명을 제공하지는 않는다. 그러므로 이 문제에 접근하는 가장 현명한 태도는 역사적 관점과 성서적 관점을 아울러 연속적으로 제시하는 것이다.

역사적 관점

기원전 19세기경 유목생활을 하던 셈족은 —메소포타미아[5](혹은 갈

역 주

4) 에스파니아 안달루시아에 있는 카디스 주의 주도. BC. 11세기경에 페니키아인이 건설, 로마의 지배를 받았으며, 4세기에 서고트, 8세기에 아랍인이 지배했다. AD.13세기 카스티야의 알폰소 10세가 이 도시를 탈환하여 재건설한 후 신대륙과의 교역으로 번창했다.

5) 서아시아의 티그리스 강과 유프라테스 강 사이의 지역 일대를 가리키는 명칭.

데아) 저지에 위치한 우르[6] 지방에서 일시적으로 정착생활을 하기도 했다— 북서쪽으로 움직이기 시작해서, 메소포타미아 지역의 시리아에 있는 하란[7]으로 이주했다. 그것은 보다 비옥한 경작지나 풀이 무성한 방목장을 찾기 위한 이주였거나, 사소한 일에 까지 트집을 잡으며 성가시게 구는 바빌로니아의 왕 함무라비[8]의 통제 체제와 전제적인 종교를 피하기 위한 이주였을 것이다. 그 후 몇몇 부족들은 하란을 떠나 남서쪽으로 향하던 끝에 소위 가나안(팔레스타인)이라고 불리는 지역으로 진입했고, 거기에서 그들은 히브리족이라는 포괄적인 이름으로 불리게 된다(추정컨대, '히브리' 라는 단어의 어원은 '이브리 ibri' 로서 '메소포타미아의 유프라테스 강 저쪽의 사람들' 이라는 의미일 것이다).

그리고 기원전 1700년경 이스라엘이라고 불린 몇몇 부족들이 이집트로 건너갔는데, 비옥한 나일 강 삼각주를 정복하고 그곳에 정착했던 힉소스[9] 를 뒤따라 간 것이다. 그러나 일단 힉소스가 추방되자, 히브리족은 지도자 모세의 인도로 시나이 반도의 북쪽을 경유하여 가나안 땅으로 되돌아가고자 했다. 40년에 걸친 여정 끝에 그들은 가나안 땅이 바라다 보이는 곳까지 도달한다. 그러나 가나안은 그 사이에 그곳을 차지해 버린 다른 종족들이 있어 힘든 싸움을 치른 뒤에야 되찾을 수 있었다. 이렇게 하여 세워진 이스라엘 왕국에 어느 날 예수 그리스도가 태어난다.

성서적 관점

성서에 의하면, 많은 가축을 소유한 부자 테라의 아들 아브라함이 신으로부터 갈데아의 우르를 떠나 그에게 예정된 땅 가나안으로 가라는 명령을 받는다. 신은 또한 아브라함에게 창공의 별들처럼 많은 자손을 갖게 될 것이며, 위대한 민족의 우두머리가 될 것이요, 믿는 자들의 조상이 되리라고 예언했다. 아브라함은 신의 명령에 복종하여 신이 제시한 계약을 받아들이고 그의 명령을 충실히 이행하여, 마침내 가나안 땅에 정주하였다. 그 후 많은 시간이 흐른 후에 히브리 사람 모세는 이집트에서 신의 계시를 받게 되는데, 불타는 덤불 속의 목소리로 나타난 신은 그에게 이집트인의 박해를 받는 히브리인의 지도자가 되어 그들을 이집트에서 구출, 약속의 땅 가나안으로 인도하라고 명했다. 이 명령은 충실히 지켜졌으며 이스라엘인들은 다시 약속의 땅에 정주하여 왕국을 세우고 그 왕국에서 예수 그리스도가 태어난다. 아득한 옛날부터 예정된 바에 따라 예수는 신의 아들로서 기독교를 창시한다. 대략 이와 같은 것이 이 모든 사건들과 이주에 대한 종교적 해석이다.

강제 이주: 기원전 587년 이스라엘 사람들의 바빌론 유폐

정치적 상황

기원전 587년 시작된 이 유명한 사건은 사람들의 상상력을 강하게 자극했으며 성서는 그것을 신의 징벌로 설명한다. 기원전 604년 이후 바빌론은 느브갓네살 2세[10]의 통치하에 있었다. 잔혹하고 정복욕이 강

역 주

6) 메소포타미아 갈데아인의 성읍으로 아브라함이 한때 이곳에서 살다가 야훼의 지시를 받고 정처 없이 떠났다. 성서에는 갈데아 우르로 기록되어 있다(창세기 11장 28절).
7) 아브라함의 형인 하람의 거주지로, 아브라함이 우르에서 옮겨 이 성에 사는 동안에 테라가 죽었다. 창세기 11장 27~32절 참조.
8) 바빌로니아 제1왕조 제6대왕(재위 BC. 1792~1750).
9) BC. 18세기 말에서 BC. 16세기 초까지의 100여 년의 기간 동안 이집트를 지배한 이민족.
10) (재위 BC. 605~562 바빌로니아 왕)

한 이 통치자가 헤브라이 왕국에 큰 위협이 된 이유는 당시 헤브라이 왕들이 유약했기 때문이다. 느브갓네살 2세는 유대의 왕위에 제멋대로 자신의 측근인 시드기야[11]를 앉혔다. 그런데 이 시드기야가 바빌론에 대한 약소국들의 음모에 연루된다. 그러자 느브갓네살은 588년에 예루살렘을 포위하여 강력한 공격 끝에 함락시키고 만다. 시드기야는 도주 중 체포되었으며, 느브갓네살은 히브리인들을 바빌론으로 강제 이주시키라고 명령한다.

바빌론 유폐-강제 이주

예루살렘 사람들이 모두 바빌론으로 떠난 것은 아니었다. 왕의 명령에 따라 극빈자들은 남겨두었고, 이들을 관할하기 위해 느브갓네살의 승인을 받은 게달리아라는 이름의 행정관이 임명되었다. 게달리아는 자신의 관할하게 놓인 히브리 사람들을 정복자의 요구로부터 보호하려고 노력했지만, 이스마엘이라는 어떤 광신자에게 암살당한다. 이스마엘은 아마도 완강하게 비타협적인 애국자였을 것이다…당시 예언자

〈히브리인의 이주〉

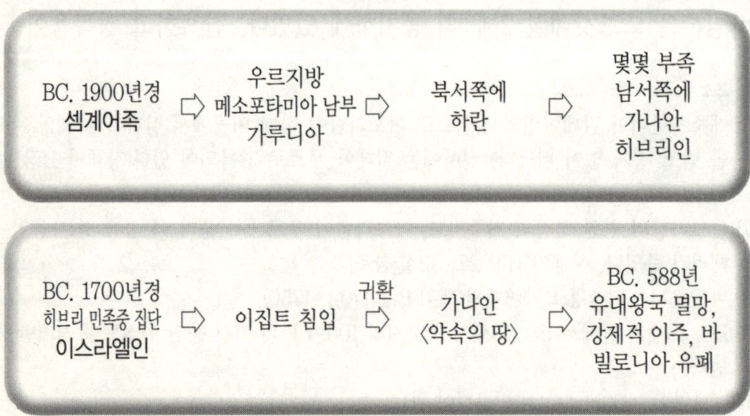

예레미야[12]도 예루살렘에 남아있었는데 그는 사람들에게 바빌론의 권위에 복종할 것을 권장했다. 이러한 태도 때문에 그는 바빌론의 왕으로부터 호의적인 대접을 받았다. 그는 예루살렘의 함락 이후 죄수들의 무리 속으로 내몰렸으나 정복자의 특별 명령에 의해 석방되었던 것이다. 그러나 불운하게도, 그는 이집트로 향해 떠난 탈주자들과 행동을 같이하다가 바로 그들에 의해 죽음을 당한다.

이 강제 이주 자체에 관해서 우리는 자세한 것을 알지 못한다. 이 문제에 관해서는 바빌론과 아시리아 이곳저곳에 흩어져있는 수많은 부조(浮彫)들을 참조하는 것이 좋을 것이다. 간략하기는 하지만 아주 생생한 이 조각품들을 살펴보면 참담하고 비통한 인간들의 무리, 즉 남자, 여자, 어린이, 노인이 사슬에 묶이거나 여럿이 한데 엮인 채 끌려가는 광경을 볼 수 있다. 이들이 이렇게 동아리로 묶여간 것은 틀림없이 구타와 채찍질을 그치지 않았던 잔인하고 가차 없던 바빌로니아 병사들에게 이런 식의 죄수 호송이 편리했기 때문이리라…하지만 다소 덜 비통한 장면이 새겨진 부조도 있다. 얼추 보아 아버지, 어머니, 그리고 아이들 이렇게 한 가족으로 보이는 사람들이 수레 좌석이나 곡물자루에 앉아 여느 때처럼 수레를 모는 짐승에 박차를 가하며 가는 광경은 조상 대대로 대초원이나 사막을 횡단하는 긴 여행에 익숙한 유목민을 연상시킨다. 어쨌든, 그것은 가혹하고 장구한 여정이었을 것이다. 사막을 가로질러갈 수는 없었기 때문이다. 따라서 북쪽으로 우회하는 굽은 길을 따라갔을 터인데, 〈풍요로운 초생달〉 지역의 구부러진 등허리를 지나는 여정은 걷는 거리를 두 배나 늘렸을 것이다. 따라서 이 여행에는 거의 두 달이 소요되었을 것으로 생각된다.

유배의 결과들

그러나 이 사건의 결과를 보면 바빌론 사람들과 그들의 잔인함에 대한 우리의 상상이 지나쳤다는 것을 알 수 있다. 긴 여행을 끝내고 일단 강제로 배정 받은 조악한 거주지에 자리 잡은 히브리인들의 운명은 그다지 참혹했던 것처럼 보이지 않는다. 끌려온 사람들은 물론 느브갓네살이 감행한 대규모 토목공사에 많은 노역을 제공해야만 했다. 그러나 그들의 상황은 곧 개선되었다. 그들의 공동체는 조직력이 탁월했으며, 가내공업과 상업, 금융업에 솜씨를 발휘하여 마침내 번성하고 부를 누렸다. 그 결과 기원전 538년 페르시아의 키로스 2세의 특사로 마침내 예루살렘으로의 귀환이 허용되었을 때, 이 새로운 생활에 완전히 적응된 많은 이스라엘 사람들이 바빌론에 잔류했으며, 그곳에서 기층민(基層民)이 되었다. 게다가 성서는 예레미야, 에스겔, 다니엘과 같은 예언자들의 말을 통해 이 유폐가 기실은 신에 대한 이스라엘 민족의 수많은 배신행위에 따른 전면적인 처벌이었다는 것, 그리고 느브갓네살 2세와 바빌론 사람들은 가증스러운 존재들이 아니라 바로 이 처벌 실현을 위해 동원된 신의 도구였음을 언명하고 있다.

〈장 라베스〉

기원전 2000년에 켈트족, 그리스족, 이탈리아족들이 길을 떠나기 시작했다. 이 이주의 물결은 구대륙에 유입된 인도-유럽어족의 첫 번째 움직임이다.

켈트족

켈트족은 독일의 남서쪽에 위치한 본거지로부터 소위 할슈타트 철기문명(기원전 2000~1700년)을 서유럽으로 전파해 주었으며, 기원전 8세기에서 5세기 사이에 처음으로 영국을 침략해 들어가 집단 이주의 효시를 이루었다. 그들은 동시에 골(Gaul · 프랑스)과 에스파냐 지역으로도 몰려 들어가 토착 원시종족과도 섞였다. 켈트족은 지중해 세계에 호박(琥珀)과 주석을 전해주었고, 그 대신 화폐의 사용법 그리고 고대 그리스 예술과 알파벳을 배웠다. 라틴 문명기[13](기원전 1500년경)가 도래하고 게르만족의 압력을 받게 되자, 그들은 외부 세계로 눈을 돌려 기습적인 일련의 원정에 착수한다. 기원전 390년 로마를 공략하여 조공을 받아냈고, 279년에는 델포이를 약탈했으며, 해협들[14]을 건너간 몇몇 부족은 소아시아(그들은 그곳에서 갈라티아족[15]으로 뿌리를 내렸다) 혹은 러시아 남부에 정착했다. 그들은 어디에서건 피 정복민들(이베리아족, 일리리아족, 스키타이족, 트라키아족, 그리스족)과 동화되었다. 처음부터 켈트족의 위협을 실감했던 로마는 기원전 3세기 말부터 알프스 남부 골 지방으로부터 켈트족을 몰아내었으며, 기원전 125년경에는 프로방스와 나르본느에서 켈트족을 격퇴시켰다. 기원전 58년에서 51년에 걸쳐 줄리어스 시저의 지휘 하에 수행된 전면적인 갈리아 전쟁은 갈로-로만문명(BC. 5~AD. 5)이라는 눈부신 결과를 빚어냈다. 그것은 켈트족의 놀라운 적

<hr>

역 주

13) 유럽 철기 시대 후반기의 문화. 라틴 문화는 유럽의 선사시대에 활약한 기마 민족인 켈트인의 문화로 생각되고 있다.
14) 보스포러스 해협과 다르다넬스 해협으로 이어지는 터키 해협들. 북동쪽으로는 흑해로 이어지고 남서쪽으로는 에게 해로 이어진다.
15) BC. 3세기경 켈트족이 이곳에 왕국을 세우면서 유래되었다. 사도 바울이 이곳에 와서 그리스도교를 전도했다.

응력과 동화능력을 보여주는 문명이었다.

갈리아와 로마 세계의 혼합은 철저히 이루어졌다. 따라서 5세기경에 훈족에게 쫓긴 야만족 게르만이 침공해 들어왔을 때, 로마 식민지 갈리아는 진정한 인종의 도가니[16]로 변하여 5세기부터 8세기 사이에는 갈로-로마, 고트, 부르군트, 알라망, 알라니인 그리고 특히 프랑크인이 구분할 수 없을 정도로 서로 뒤섞였다. 클로비스 통치하에 기독교로 개종한 프랑크인은 732년 샤를 마르텔[17]의 지휘로 아랍인의 침공을 물리쳤으며, 서기 800년에는 샤를 마뉴[18]가 칼 1세로 즉위와 함께 서로마 제국을 재건했다.

이렇게 하여 그들은 천 년 왕국 프랑스를 탄생시켰다.

그리스족

기원전 3000~2500년 무렵, 근본이 알려지지 않는 종족들이 크레타의 시클라드 제도(諸島)에 정착하기 시작했는데, 그들은 지중해 연안의 원(原) 인도-유럽어족(에트루리아인, 리구리아인, 바스크인, 이베리아인 등이 그들과 먼 인척관계가 있다고 주장하는 학자들도 있다)이었거나 혹은 기원전 4000년~3000년에 북쪽에서 침공해온 무리로 추정된다. 기원전 2500년경 처음으로 인도-유럽어족이 다르다넬스 지역을 공략하고, 초기 트로이(현재의 힛쌀리크[19]에 위치한)를 파괴했으며, 기원전 1800~1600년경에는 테살리아[20]에서 크레타에 이르는 에게 해를 휩쓸었다. 이 첫 번째 이주의 물결의 주인공은 아카이아인[21]으로, 길들인 말을 이끌고 온 그들은 청동 야금술을 보유하고 있었다. 그러나 미케네 문명의 창시자인 이 아카이아인은 크레타인이 뛰어난 솜씨를 발휘한 해상

〈고대 유럽인의 이주〉

민족	발생지	시기	이주방향	혼교된 원주민
켈트인	독일남부	BC. 8~5C BC. 390년	잉글랜드, 갈리아, 스페인 · 로마 정복 · 소아시아, 남러시아	아리아인, 일류리아인, 스키타이인, 트라키아인, 그리스인
그리스인	북방 (인도-유럽어족)	BC. 2500년 BC. 1800~1600년 BC. 15C BC. 7C	트로이아 침략 테살리아, 크레타섬 〈아카이아 인도인〉 · 크레타섬 파괴 · 도리아인에게 쫓겨나 트이아에 · 지중해 전역	
로마인	이탈리아 반도 원주민: 리그리아인, 시칠리아인, 라틴인, 운브리인, 볼스키인, 삼니움인, 일류리아인 등 제민족 에톨리아인	BC. 90년 줄리아법-로마인, 라틴인, 지방인, 외국인을 로마시민화 로마 제국에 의한 제민족의 동일화	• 382~395 서고트족→모에시아 • 443~ 부르군트족→갈리아 • 358 프랑크족→프랑스 북부 벨기 • 갈로-로마인→거주지 외 ⇒갈로-로마인과 게르만인 연합군	갈로-로마인과 게르만인 민족의 융합 제민족에 의한 전쟁·정복 대량 학살 전인구의 이동 민족 전체의 노예화

활동에 대해서는 아무것도 몰랐다. 그들은 크레타인으로부터 항해술을
배운 다음 기원전 25세기에는 크레타 왕국을 멸망시켰다. 기원전 12세

역 주..
16) 멜팅 포트(melting pot). 다(多) 종족 혼합체.
17) (688~742) 프랑크 왕국의 궁재. 샤를은 '용감한 사람', 마르텔은 '무기' 라는 뜻.
18) 카롤링거 왕조의 제 2대 프랑크 국왕(재위 768~814).
19) 현재 터키 땅. 청동기 시대의 보루가 있는 곳에서 트로이의 고적지가 발견되었다.
20) 그리스 중 북부에 있는 지방. 올핌푸스 산, 오사산, 핀두스 산맥, 에게 해 등으로 둘러싸여 있다. BC. 2000년경 아이오리스 방언군(方言群)의 그리스인이 침입한 후 미케네 문명권에 속하였으며 신화, 전설의 중심 무대가 되었다.
21) BC. 2000년경 그리스 본토로 침입하여 선주민의 발달된 농업문화를 흡수하면서, BC. 16세기 이후 미케네 시대(BC. 12세기까지)의 번영을 이룬 청동기 시대의 그리스인.

기에 이르러, 거대한 요새 축성으로 이름난 이 전사(戰士) 종족은 도리
아인의 침공을 받아 미케네 문명은 결국 초토화되었으며 그들은 이미
파괴된 트로이쪽으로 밀려났다. 그리하여 공포와 혼란, 전쟁과 약탈의
와중에서 여러 종족의 재편성이 이루어졌다.

　　서로 경쟁적인 수많은 도시 국가들로 분열된 그리스 세계는 공통
의 언어와 공통의 종교, 델포이, 올림포스, 델로스 등지에서 거행된 범
(汎) 그리스적 운동경기와 종교의식에도 불구하고, 여러 세기동안(기원
전 1100~800년) 암흑 속에 잠겨 있었다. 해상권은 페니키아인에게로 넘
어갔고 그들의 알파벳은 그리스 문자의 모델이 되었다. 기원전 7세기,
페니키아가 아시리아에게 멸망하자 이오니아의 그리스인은 그 기회를
이용하여 세력팽창에 주력했으며, 흑해 연안으로부터 지브롤타 해협에
이르기까지 지중해 전체에 걸쳐 수많은 식민지와 해외거점을 확보하게
되었다. 본국과 동일한 신앙, 동일한 성화(聖火)를 보존했던 그리스 식
민지는 어김없이 조공을 바쳤고, 본국이 전시(戰時) 중이면 지원군을 파
견했다. 그리스 식민지 개척자들은 토착민과 결코 피를 섞지는 않았지
만 상업상의 거래를 통해 우호적인 관계를 유지하려고 노력했다. 한편
그리스 도시 국가들은 평상시에도 언제나 전쟁상태에 있었다. 기원전 3
세기 말 마침내 마케도니아의 필립포스는 이 고질적인 상황에 종지부를
찍었다. 그의 아들 알렉산더 대왕[22]은 그리스를 일개 고장으로 실추시
켜버렸고, 기원전 27년 로마 또한 그곳을 속주(屬州)로 격하시켰다.

로마 제국

　　신석기 시대 때부터 아펜니노[23]의 리구리아인[24] 혹은 시칠리아의

선주민과 같은 원(原) 아리아족들이 살고 있던 이탈리아에는, 기원전 2000년 초부터 인도-유럽어족이 정기적으로 몰려들기 시작했고, 이들은 청동기 문명에 뒤이어 철기 문명을 이룩했다. 여러 이탈리아족들(라티움[25]족, 움브리아[26]족, 볼스키[27]족, 삼늄[28]족 등등)이 반도의 중부와 남부를 점거했을 때, 그곳에는 아드리아 해안의 일리리아에서 건너온 다른 종족들이 이미 정착해 있었다.

로마의 건립과 함께 이탈리아의 역사는 로마의 역사와 불가분의 관계를 맺게 된다. 에트루리아족은 싸움에 패해 점령되었고, 이탈리아 남부와 시칠리아의 그리스 식민지들도 로마에 굴복하고 만다. 기원전 2세기부터 로마 제국의 정복은 로마 문명을 송두리째 바꿔놓았다. 값싼 수입품 때문에 몰락한 가난한 농민계층은 빵과 기분전환거리를 찾아 도시로 몰려들었고, 전원의 농지는 지중해 각지에서 끌어온 노예들에 의해서 경작되는 거대한 사유농장으로 변했다.

사실상 이탈리아 반도의 역사는 이미 오래 전부터 수도인 로마의 역사와 구분할 수 없었다.

기원전 90년 줄리안 법령은 —이어서 기원전 89년에 발효된 플로

역 주..

22) 마케도니아의 왕. 재위기간(BC. 336~BC. 323). 유럽, 아시아, 아프리카에 걸친 대제국을 건설하여 그리스 문화와 오리엔트 문화를 융합시킨 새로운 헬레니즘 문화를 이룩했다.

23) 이탈리아 반도를 종단하는 산맥.

24) 선사시대부터 에스파냐, 이탈리아 북서부에 살던 토착 민족. 그리스가 이 지역을 식민화함으로써 알려졌고, 초기 철기 문명을 남겼다.

25) BC. 1000년에 남하하여 이탈리아 반도에 침입한 인도-유럽어족 중의 이탈리아인 일파인 라틴인이 정주한 지역.

26) 선사시대에는 중부 이탈리아에서 포강 유역에 이르는 넓은 지역에 살고 있었다.

27) 기원전 이탈리아 남부 Latium에 살던 고대 민족.

28) 고대 이탈리아 삼늄 지역 사람.

티우스와 파피리아 법령도 마찬가지이지만— 모든 이탈리아인, 로마인, 그리고 로마에 거주하는 외국인에게 시민권을 부여했다. 서기 212년 카라칼라[29] 황제는 제국 통합의 일환으로 로마인, 라티움인 그리고 지방민 전체에게 시민권을 일괄적으로 부여하여 법률적인 차별을 두지 않았다. 이론상, 국경 근방의 "야만인"과 대부분의 농민은 여기에서 제외되었다. 그런데 야만인 중에는 스틸리콘[30](359~408)처럼 제국의 지도자로서 이름을 떨친 사람들도 많았는데, 스틸리콘은 테오도시우스 황제가 죽자, 젊은 호노리우스 황제의 후견인겸 서로마 제국의 섭정이 되었다. 후일, 훈족에게 붙잡혀 볼모 생활을 했던 〈로마인〉 아이티우스[31]도 제국의 지도자로서 혁혁한 공을 세웠고, 갈로-로만인, 프랑크인, 부르군트인, 서고트인으로 구성된 연합군을 조직하여 451년 마우리아쿠스 전투에서 훈족의 아틸라에게 압승을 거두었다.

2세기와 3세기 이후 로마인은 게르만족 야만인을 병사로 기용하기 시작했다. 이런 식으로 종족 전체가 로마 제국에 수용된 몇몇 야만인들은 로마 연합군이라는 지위로 로마 영토 내에서 자립 생활을 영위할 수 있었다. 최초의 연합군은 서고트인으로 테오도시우스 1세는 382년부터 395년 사이에 서고트인을 메지아에 주둔시켰다. 그들은 서기 401년부터 펠로폰네소스와 이탈리아로 유입해 들어갔다. 410년 호노리우스는 그들을 에스파냐쪽으로 밀어냈고, 이에 따라 수에비족, 알라니족 그리고 반달족도 밀려나게 되었다. 부르군트인은 443년부터 론 강 유역의 골 지방에 배치되었다. 358년 율리아우스 황제[32]는 프랑크인에게도 연합군의 지위를 부여하여 뫼즈와 스헬데 강 사이의 지역에 주둔시켰고 나중에는 벨기에에 배치시켰다.

부족 전체의 정주로 갈로-로만 사회가 변화되기도 했지만, 변화의 주역은 예속농민계층이었다. 평소에는 경작을 하다가 유사시에는 즉각적으로 동원이 가능했던 이 농민들은 〈레트〉[33]라고 불렸으며, 지역에 따라서는 전 인구의 12~21퍼센트를 차지했다. 이 같은 계층의 출현은 갈로-로만인과 야만인들 사이의 인종적 혼합을 크게 촉진시켰다. 3세기부터 6세기 사이의 서구 유럽은 연속적인 쿠데타와 암살의 무대였으며, 로마 제국의 면전에서 우글거리는 여러 종족들 사이에는 침략과 전투가 그치지 않았다. 로마 제국은 이제 허깨비에 불과했고 야만인 병사의 우두머리들에 의해 겨우 지탱되었다. 서기 476년 게르만족 출신인 황제의 근위 대장 오도아케르[34]는 마지막 황제 로물루스 아우구스투스[35]를 폐위시킴으로써 이 이름뿐인 제국에 종지부를 찍었다.

역사가 바롱에 의하면, 로마는 기원전 753년에 태어났다고 한다. 오도아케르가 황제의 휘장을 비잔틴으로 보내면서, 1200년 이상 지속되면서 전쟁과 정복을 끊임없이 반복한 세계 제국, 무수한 살육과 집단 이주 그리고 여러 종족을 통째로 노예화시켰던 제국이 막을 내린 것이다. 그중 어떤 종족은 라틴 역사가들이 기록했던 이름만을 남기고 지상에서 영원히 사라졌다. 1992년 아르망-꼴랭 출판사에서 발간된 『무자

역 주...

29) 로마 황제(재위 211~217). 재정상의 이유로 로마 제국 내의 전체 자유민에게 로마 시민권을 부여하였다.

30) 반달족 출신의 서로마 제국 말기의 장군. 게르만인의 침입으로부터 로마 제국을 끝까지 수호한 애국적인 장군.

31) (390?~454) 서로마 제국의 장군. 아틸라의 훈족을 격파.

32) 로마의 황제(재위 331~363). 그리스도교에 박해를 가하고 이교의 부활을 꾀했던 인물로 후에 '배교자'로 불렸다.

33) 발트 해 동부 연안, 라트비아에 사는 민족.

34) 게르만족 출신의 이탈리아 왕(재위 476~493). 476년 오레스테스를 죽이고 로물루스를 폐하여 서로마 제국을 멸망시키고 스스로 이탈리아 왕이 되었다.

35) 476년 어린 소년 왕이 권좌에 앉게 되는데, 그의 이름에는 로물루스 아우구스투스로 로마의 창건자 로물루스와 황제 아우구스투스의 이름이 함께 들어있다. 이 어린 왕 로물루스 아우구스투스가 로마의 마지막 황제이다.

비한 역사(Histoire inhumaine)』에서 우리는 자발적 이주와 마찬가지로 중요한 강제 이주와 학살의 역사(특히 418쪽 참조)를 간략하게 다룬 바 있다.

<기 리샤르>

제 2 장

게르만 민족의 대이동

야만인의 서유럽 정착

〈게르만 민족의 대이동〉(3~4세기)은 인도-유럽어족이 유럽의 서쪽과 남쪽으로 진행시킨 또 다른 대규모의 이동이었다. 본질적으로 여러 게르만족[1]의 이주였던 이 움직임은 서기 370년에 개시되었으며, 때는 바야흐로 훈족이 동유럽의 고트인을 공략하여 그들을 로마 제국쪽으로 밀어낸 즈음이었다. 야만인의 침입은 이미 166년, 242년, 253년, 276년에도 일어났다. 이로 인해 여러 분파의 게르만족이 골(프랑스)과 에스파냐뿐만 아니라 제국의 동쪽으로도 침투해 들어갔다. 그들이 406년에 라인 강을 건너 밀물처럼 몰려든 이 사건이 많은 사람들

역 주..

1) '게르만' 하면 흔히 독일계를 연상하지만, 게르만은 인도-유럽어족 중 게르만어(語)를 사용하는 민족의 총칭으로서 수많은 부족과 민족으로 구성되어 있으며, 스웨덴인, 덴마크인, 노르웨이인, 아이슬랜드인, 앵글로-섹슨인, 독일인, 네덜란드인이 이에 속한다.

〈장식용으로 그려진 고대 무역선-하루 평균 160킬로미터의 속도를 내며 해역을 드
나들면서 무역을 하고 이주를 한 고대인들〉

에게 충격을 준 것은, 침략자 집단의 움직임 때문이었다. 병사의 움직
임이란 것이 어느 시대에나 집단적이듯이, 그들은 피정복 국가에서 떼
를 지어 행동했던 것이다. 여러 종족이 혼합된 이 야만인들은 아시아의
유목 민족, 즉 훈족의 아틸라에게 쫓겨 패주(敗走)하던 무리였다. 게르
만인은 갈리아 지역에 아주 느린 속도로 정착했고, 규모도 당시 서로마
제국 인구의 5퍼센트에도 미치지 못했다. 그럼에도 불구하고, 여유 있
는 침투 작용으로 주변 종족들의 사회구조와 법률 체계 그리고 사고방
식에 항구적인 변화를 일으켜 자연스럽게 융합한 것이다.

　　이 새로운 이주자들은 공식적으로 자신들의 법 체제를 고수했으
며, 그것은 〈법적인격〉의 원칙에 의거한 로마법과는 판이하게 달랐다.
그 후 살리족[2], 부르군트족, 서고트족의 법률과 로마법이 혼용 실시된

결과 사법적 파행현상이 속출했고, 이런 상황은 갈리아에서는 9세기까지, 그리고 이탈리아에서는 12세기까지 지속되었다. 서기 370년의 로마법에 의해 로마인과 야만인 사이의 결혼은 원칙적으로 금지되었지만, 566년경부터 서고트인들은 이 금지를 위반했고, 갈리아의 프랑크인에게 이 법은 적용된 적조차 없었다. 〈환대의 관행〉에 따라, 이주차의 정착에는 일정량의 토지, 노예, 산림, 과수원 등이 대단위 지역에 걸쳐 광범위하게 손에 넣을 수 있었으며, 새로운 이주자에게 분배된 토지는 활기차게 재경작되었다.

유럽의 지명을 연구해보면 게르만족 혈통을 가진 자들이 정착했었다는 곳을 알 수 있다. 물론 게르만어의 음조를 지닌 지명의 비중은 지역에 따라 많은 차이를 보인다. 한편 서로 다른 방언들 사이의 언어적 경계는 끊임없이 변화했다. 게다가 게르만어(語)가 뿌리를 내린 지방의 내부에는 로망스어(語·인도—유럽어족의 한 분파)의 흔적이 뚜렷이 존속해 있었는데, 그것은 도시 곳곳마다 주교구가 존속했던 덕분이다. 사실 주교구의 중요성은 아무리 강조해도 지나치지 않다. 왜냐하면 프랑크 왕국의 초대 국왕 클로비스 시대 이후 골(Gual)은 가톨릭으로 개종했고, 에스파냐의 서고트인과 롬바르디아인도 샤를마뉴의 강압 정책 때문에 아리우스[3] 신앙을 버리고 기독교로 개종했기 때문이다. 한편 게르마니아[4]에서도 샤를마뉴는 색슨족 사이에 만연된 이교신앙을 전대미문의 잔인한 방식으로 근절시켰다.

인도-유럽어족의 세 번째 이주는 슬라브인들의 이주이다. 이들 또한 그리스인, 켈트인, 게르만인과 혼합됨과 동시에, 이란의 토민(土民)(스키타이인, 사르마티아인), 훈족, 마자르족, 몽고족, 그리고 기원을 알 수 없는 나머지 동방의 종족들과도 혼합되었다. 대부분의 게르만족들은 라인 강을 건너갔지만, 몇몇 부족은 오래 전에 켈트족이 그랬던 것처럼, 브리타니아 정복 원정을 떠났다. 그리하여 주트족[5], 앵글족, 색슨족이 이 섬에 정주하여 대규모 칠(七) 왕국 시대[6]를 열었다.

7왕국은 토착민인 브리튼과의 사활을 건 치열한 접전 결과 열린 시대로, 결국 브리튼은 차츰 서쪽으로(콘월과 웨일즈 지방) 밀려갔고, 그중 일부는 남쪽 바다 건너 유럽 대륙에 진출하여 지금의 노르망디 반도에서 브르타뉴 반도에 이르는 지방에 정착했다.

이 야만인들은 원주민들 사이에 섞여들었다. 그들의 숫자가 많았고 영향력이 컸다는 것은 지명에 관한 연구를 통해 확인할 수 있는데, 그것은 여러 게르만 부족들 혹은 알라니족[7]과 같은 여타 종족들의 이주 사실을 명료하게 확인시켜준다.

지명 연구에서 우리는 여러 형태의 접미사들, 예를 들면 -court(curtis, 농지 개간), -ein과 -ain(heim, 거주지), -bais(bach, 개울), -thum, -sand, -ac, -ay 혹은 -ville, -far, -fer, -faire, -fere를 확인할 수 있고, 접두사로는 브르타뉴 지역에서 plou-, tre-를 볼 수 있다. 이 같은 접미사와 접두사들은 중세 전기(前期)에 일어난 서구의 인종 혼합을 증언하는 언어적 특징으로서, 게르만 출신의 정복자들에게 공통적인 사회구조의 연대기적 변천사를 파악하게 해준다.

영주가 군주에게, 그리고 농노가 주인에게 예속되는 새로운 사회적 상황으로부터 중세 봉건제도가 발생했다.

봉건제도와 더불어 농노제는 전 유럽으로 확대되어 중세 말까지 시행되었으며, 특히 프랑스, 독일, 그리고 스코틀랜드에 살았던 농노들의 고통이 심했다. 덴마크는 서기 699년에 이 제도를 폐지했지만 이탈리아는 15세기가 되어서, 그리고 러시아는 그보다 훨씬 늦은 1811년에 폐지했다. 프랑스에서 농노제는 군주 정치 때부터 점차 개선되어 오던 차에 대 혁명에 이르러 비로소 완전히 폐지되었다. 하지만 합스부르크 왕국의 농민들은 1848년의 혁명 때까지, 그리고 러시아의 농민들은 1861년 알렉산더 2세가 칙령을 발표할 때까지 기다려야만 했다.

스칸디나비아인의 침입

스스로를 〈바이킹〉이라고 불렀던 〈노르만〉인의 침입은 게르만족 대이동의 마지막 물결이라고 할 수 있다. 이 움직임이 안정된 후 영속적인 국가를 건설하여 빛나는 문명을 꽃피운 곳은 노르망디, 브리튼, 시칠리아, 남부 이탈리아이며, 러시아(발리야그족)까지도 여기에 포함된다.

사실 9세기의 노르만인은 이미 1000년에 걸쳐 이룩된 문명의 후계자로서 독특한 전통과 단일한 종교 그리고 신화체계를 갖고 있었다. 그들은 기후조건의 악화와 인구증가로 인한 경작지의 절대 부족때문에 어쩔 수없이 이주를 단행했던 것이 분명하다. 그들은 놀랄 만큼 뛰어난 항해술을 이용해서 대서양 횡단과 같은 장거리 여행에 도전했으며, 심지

역 주
5) Jutland 출신으로 추정되는 대륙 게르만 민족. 기원 5세기에 영국에 침입하여 켄트에 정착했다.
6) 앵글로-색슨인이 5세기 중반 이후 브리튼 섬의 잉글랜드에 침입하여 선주민족인 브리튼을 추방하고 6세기 말에 이르기까지 건설한 것으로서 켄트, 에식스, 서식스, 웨식스, 이스트 앵글리아, 머시아, 노섬브리아 등 제부족 국가를 말한다.
7) 5~6세기에 골과 에스파냐를 침략한 종족.

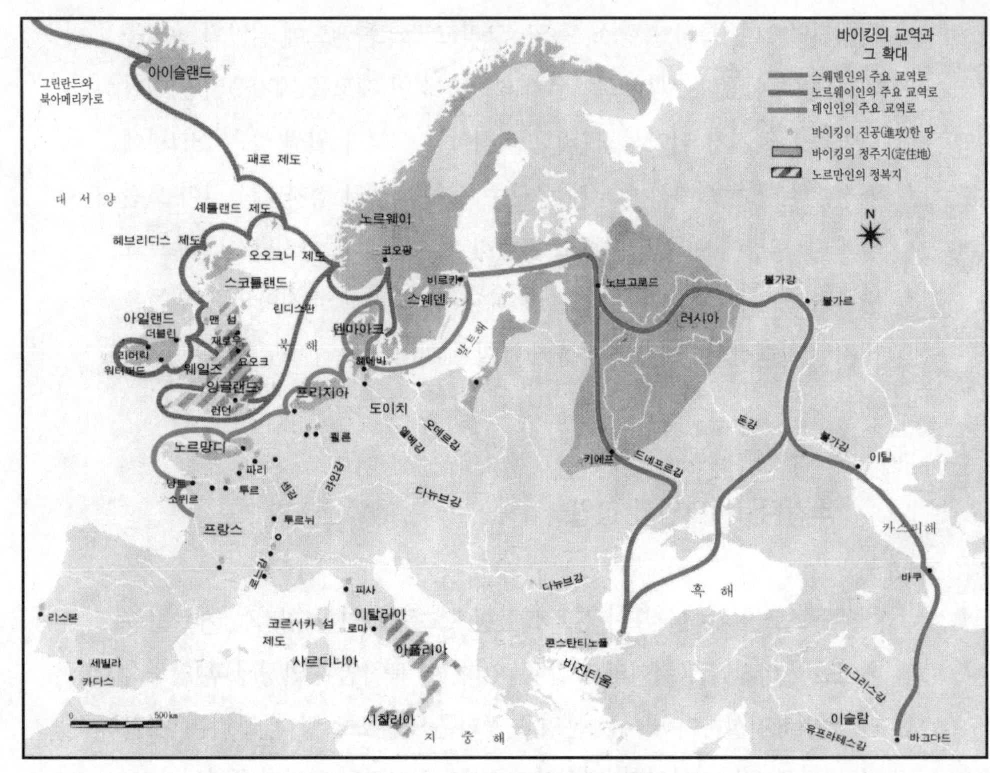

〈바이킹의 교역과 침략 진로〉

어는 강을 거슬러 올라가기도 했다. 793년부터 노르만인은 영국을 침공하기 시작했으며, 836년에는 런던에까지 진격하여 약탈을 감행했다. 샤를마뉴 재위 기간 말엽에 바이킹들은 자신들의 해적선[8]이 접근할 수 있었던 서로마 제국의 해안과 도시 그리고 수도원을 휩쓸고 황폐화시켰다. 서기 911년 프랑크 왕 샤를 3세가 서명한 생-클레르-쉬르-엡트 조약에 의해 노르망디 지역이 그들에게 할당되었으며 이후 그들은 할당 지역에 정착하여 시조가 되었다. 앵글로-색슨인이 대(大) 브리튼 섬에 세운 왕국들이 바이킹의 침입을 물리칠 수 있었던 것은 878년 알프레드 대왕[9]의 승리 덕분이지만, 이 침입자들은 10세기에 또다시 브리튼을 공략한다. 그 결과 덴마크 사람인 카누트 대왕[10]이 건설한 해상왕국은 영국, 덴마크, 노르웨이를 포함하는 거대 규모의 왕국이 되었다.

갈리아 지방의 노르만인은 에스파냐와 포르투갈을 연속적으로 공략해 들어갔다. 노르만의 공격으로 거주자들은 영주령(領)으로 몰려들었다. 그리하여 노르만의 침입은 결국 서구 유럽에서 중세 봉건제도를 탄생시킨 주요 원인이 되었다. 센 강 저지대의 노르만인은 신속하게 기독교로 개종하고 프랑스의 언어와 문화를 받아들였다. 그러나 모험과 정복의 취향을 갖고 있던 그들은 1066년 사생아 기욤[11](일명 정복자 기욤)의 지휘 하에 영국을 공략하여 색슨인을 정복하였으며, 모든 것을 빼앗긴 정복민을 가혹하게 예속시켰다.

11세기 초부터 또 다른 노르만 전사(戰士)들이 한몫 잡기 위해 이탈리아를 침공한다. 1047년 이탈리아에 도착한 로베르 기스카르[12]는 오래지 않아 캄파냐 지방의 지배자가 되었으며, 이후 시칠리아 원정에 나선다. 노르만인들은 아랍인을 축출하고 동로마 제국과 갈등을 빚었지만 결국은 교황의 지배권에 굴복하고 말았으며, 로제르 2세[13]의 딸이 호헨슈타우펜 가문의 후계자와 혼인한 후에는 게르만 황제에게도 무릎을 꿇고 말았다.

<미개인들의 유럽침입 및 이주 상황>

	민족	시기	이동 · 침입	타민족과의 혼교 및 다툼
게르만 민족	게르만 민족의 대이동	406년	라인강 도하→유럽서 · 남단(갈리아 제외) 습격(대집단)	훈족으로부터의 추격
	기타 게르만 민족 (주드족, 앵글족, 색슨족)	5C	영국에 정주, 7왕국 장설	선주민 브리튼인은 서쪽으로 쫓겨나 알모리카에 이주
게르만 민족 / 스칸디나비아인	노르만인(덴인)	793년~	영국 공격	
	노르만인(바이킹)	9C 초	프랑크 왕국 연안 약탈	
	노르만인(바이킹)	836년	런던 약탈	
	노르만인(바이킹)	911년	노르망디 공국 창설	
	스칸디나비아인	10C	대규모 재습격→쿠누드 대왕, 잉글랜드, 덴마크, 노르웨이에 떨치는 해양 제국 건설.	
	노르만인(바이킹)		갈리아, 스페인, 포르투갈 정복	아랍인 추방, 비잔틴 주민과 교전
	노르만인(바이킹)	11C 초	이탈리아(로벨 · 기스칼 등)	색슨인 타도
	노르만인(바이킹)	1066년	노르망디공 기욤, 잉글랜드 본토 상륙	
	발리야그인(노르만 일파)	9~12C 사이	러시아 국가 재건(노브고로드 공국) 노브고로드, 키예프에 정착	혼인에 의한 슬라브족과의 융합
	스칸디나비아인(창검기사단)	1240년	노브고로드 공국 침략	
슬라브족	슬라브족	5~6C	발칸반도 전역(고트족 · 훈족의 지배에서 탈피 기도)	비잔틴 제국과 투쟁
	동방 슬라브족	7~8C	볼가강과 돈강 지방	하잘족과 충돌
	동슬라브족	7C	도리나 강, 볼호프 강, 볼가 강 상류 지역(약 600 부족으로 분산)	킴메리오스인, 스키타이인, 사르마티아인, 고트족, 아바르족, 하잘족, 불가리아인 등 유목 민족의 위협)
	동방슬라브족	850~860년경	러시아국가 건설	
	남유럽 슬라브족		다뉴브 강에서 아드리아해와 에게 해에 걸쳐 분산	
	부족의 집합체(볼라니에, 보모제, 마조후세)	9~14C	보헤미아와 발트 해 사이에 폴란드 건설(비아스트 왕조)	신성 로마 제국(독일의 압력으로 예속 상태)
		10C 초	모라비아 왕국의 합스부르크와의 통합으로 슬라브족의 독일화 시작	
	러시아인(발리야그와 슬라브인)	882년~	비잔틴 제국에 원정 · 발칸반도	비체네그인 격퇴 · 불가리아 왕조와 하잘 제국 타도
몽골인	몽골인	1223년~	러시아 습격 · 점거	러시아 민족, 몽골인과의 혼혈 거부
	몽골인	1241년	폴란드 급습	

슬라브족

기원전 500년경 최초의 슬라브족이 카르파치아 산맥의 북동쪽 비스와 강과 드네프르 강 사이에 나타났다. 서쪽으로는 게르만인, 켈트인, 일리리아인, 북쪽으로는 발트족, 북동쪽으로는 핀우고르어족[14] 그리고 동쪽으로는 인도-이란족(스키타이족)과 마주하고 있었던 슬라브인들은, 이주를 시작하면서부터 이 다양한 종족들의 영향을 받아들였다. 원시적인 문화에다가 소규모 부족으로 분할되어 자력으로 국가를 형성할 능력이 없었던 슬라브인들이 국가의 기틀을 마련하게 된 것은 외부의 지배자들, 즉 5세기의 고트인과 6세기의 훈족 덕분이었다. 곧 훈족에게 이끌린 슬라브족은 발칸 반도 전체를 공략함으로써 향후 비잔틴 제국에 대해 지속적인 위협세력이 되었다.

그들이 진출했던 서방 한계선은 독일 북부의 키일과 엘베 강 하류에서 시작하여 이탈리아의 트리에스테를 연결하는 곳까지 이어졌다. 그러나 그들은 게르만인과 마찬가지로 유럽 대륙의 강력한 제국을 건설하지 못했고, 이로 인해 외부 세력의 침입에 대한 그들의 방어능력은 약화되었다. 660년경 핀우고르어족에 속하는 불가리아인이 다뉴브 강 상류의 슬라브인을 굴복시켰다.

그러나 숫적으로 열세였던 불가리아인들은 곧 슬라브족에게 동화되었으며 자신들의 고유한 언어를 잃어버렸다. 이렇게 건립된 불가리아 왕국은 비잔틴 제국이 멸망할 때까지 무서운 위협 세력으로 영향력을 행사했다.

한편 7세기에서 8세기 사이에 볼가 강과 돈 강 유역에 진출했던 동

역 주
14) 우랄어족.

(東) 슬라브인들은 하자르족[15] 세력과 부딪쳤다. 그 후 850~860년 사이에 건립된 러시아 왕국 또한 외부 모험가인 발리야그족의 작품이다. 발리야그족은 노브고로드에 이어 키예프에 정착했다. 서쪽으로, 슬라브인이 세운 대(大) 모라비아 왕국[16]은 10세기 초에 헝가리인에 의해 파괴되어, 보헤미아 왕국과 마찬가지로 합스부르크 왕국에 병합된다. 이후이 두 나라는 20세기 초까지 강력한 게르만 영향권에 있게 된다.

게르만 문화와 슬라브 문화의 접촉은 가톨릭교회와 이교도 사이의 대립과 적대감으로 예기치 않은 결과를 낳았다. 기독교도인 폴란드의 마조프셰[17] 공 콘라트가 공교롭게도 1226년 튜튼 기사단[18]의 힘을 빌려 프로이센("구(舊) 프러시아인"이란 이름으로 알려진 이들은 발트족이었다)을 개종시키려 했지만, 그 결과 복음전파와 종족말살이 병행되는 사태가 벌어진 것이다. 역시 이교도인 발트족과 슬라브족도 이 문제로 1230년에서 1283년 사이에 집단 살육을 당했다. 튜튼족은 강력한 요새로 무장된 드넓은 지역을 장악한 다음 독일 식민개척자들과 제휴하여 그곳에 사람들을 이주시켰다. 튜튼족의 영토 확장으로 슬라브 세계는 또다시 심각하게 위축되었다.

게르만족의 팽창에 대한 슬라브족의 첫 반격은, 1410년 폴란드인들이 탄넨베르크에서 튜튼족을 격파함으로써 이루어졌다. 그리고 18세기말까지 폴란드는 독일에 대항하여 슬라브 세계를 지키는 가장 중요한 보루 역할을 했다.

서방 진출이 늦었던 탓에 슬라브족은 전 역사를 통해서 그 대가를 치러야 했다. 다른 인도-유럽어족과 마찬가지로 기원이 불분명하고 문화수준이 낮았으며, 지속적 농경생활에서 벗어나지 못했던 이들은 주로 사냥과 낚시질로 식량을 조달했다. 이들이 6세기에 이르러 국가의 기틀을 세우게 된 것도 세력이 강한 다른 종족의 영향 덕분이었다.

남(南) 슬라브인이 다뉴브 강 유역에서부터 아드리아 해와 에게 해에 이르는 지역으로 퍼져나가는 동안, 보헤미아 왕국과 발트 연안 사이에는 여러 부족의 집합체(폴라니에족, 비슬라인족, 동부 포메라니아족, 마조프셰족)인 폴란드 왕국이 세워졌다. 피아스트 왕조(960~992)를 세운 미에슈코 1세[19]는 국민의 민족적 응집력을 강화시키려고 했다. 봉건적 주종관계를 인정하고 독일 황제 오토 1세에게 조공을 바쳐야 했던 그는 독일의 팽창주의로부터 국가를 지키려면 기독교 문명권에 편입되는 길밖에 없다는 것을 깨달았다. 미에슈코 1세가 966년에 개종한 것은 바로 그 때문이었다. 그러나 그가 죽은 다음 반란이 일어났고 교회의 지원에도 불구하고 무정부상태가 계속되었다. 프러시아인과 튜튼 기사단—공교롭게도 1226년 부흥하는 이교 세력의 진압에 동원되었던—의 그칠 새 없는 침공은 폴란드를 무력한 예속상태로 몰아넣었다. 게다가 1241년에는 몽골족이 폴란드를 기습하여 나라를 황폐화시켰다.

그 사이에 폴란드 왕은 실레지아와 포메라니아를 잃어, 이 두 지역은 결국 신성 로마 제국의 영토로 편입되었으며 마조프셰는 보헤미아 왕에게 충성을 서약했다. 1331년 라디스라스 1세는 플뢰브체에서 튜튼 기사단을 격파하여 세력을 강화했다.

15세기 폴란드의 야기엘로인스키 왕조는 서쪽의 게르만족, 동쪽의 러시아 제후들과 타타르족, 이어서 남동쪽의 오스만투르크를 격퇴한

역 주..

15) 카프카스와 볼가강, 돈 강의 중간 지역을 본거지로 한 백색계 유목 민족.
16) 지금의 체코와 슬로바키아의 중앙부에 있는 모라바 강 유역에 서(西) 슬라브족이 건립한 중세 국가(830~906).
17) 폴란드 비아수 강 중류 유역을 중심으로 하는 역사적인 지방명.
18) 독일 기사단이라고도 한다. 중세 때 프로이센을 정복해 강력한 국가로 변모시킨 독일 십자군 단체.
19) 폴란드의 제 1대 국왕(재위 963~992).

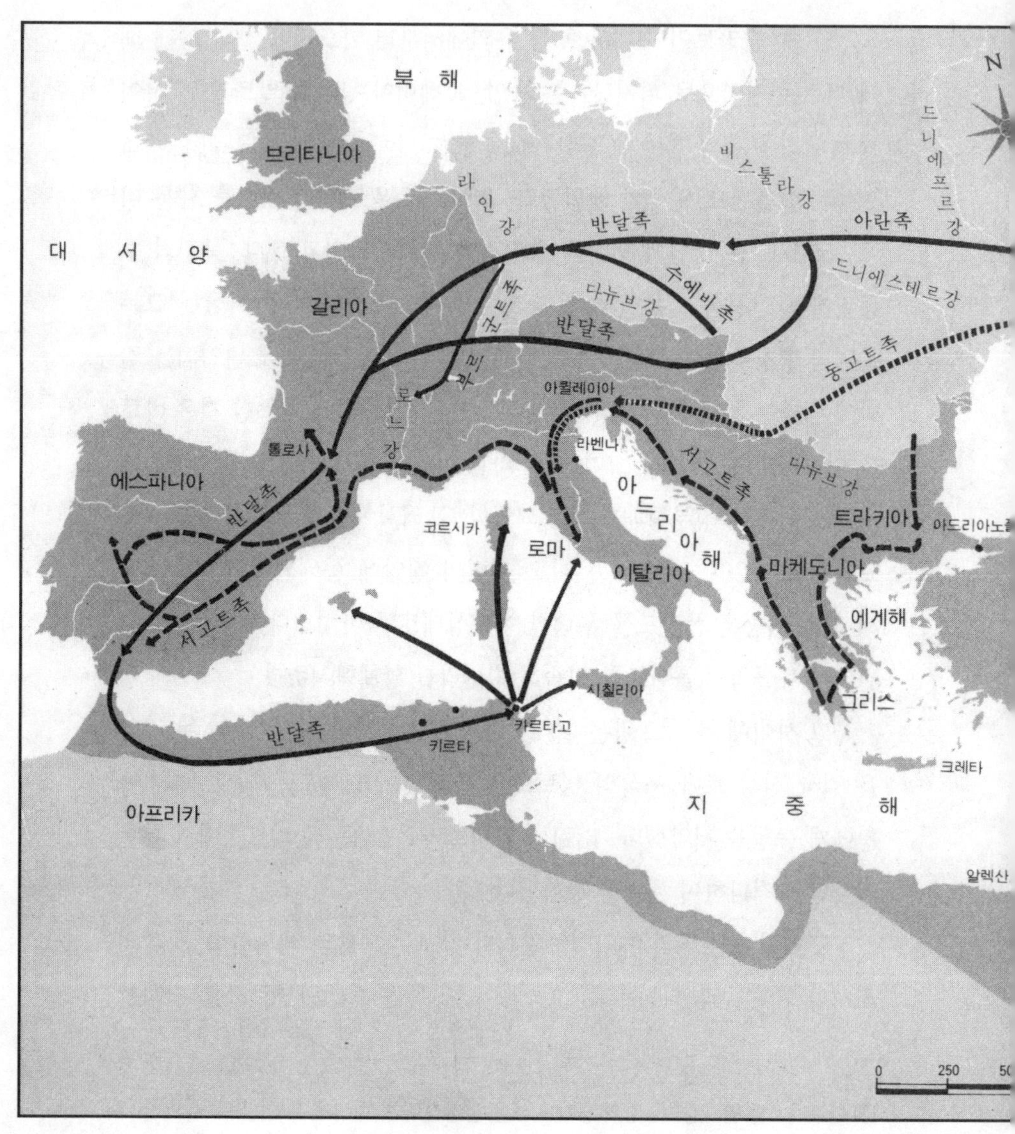

〈게르만 민족의 대이동 경로〉

덕택에 영화를 누렸다. 하지만 지나친 영토 확장과 전쟁으로 인한 국토
의 황폐화 그리고 개혁을 거부한("새로운 것은 없다"는 원칙을 신봉한) 귀

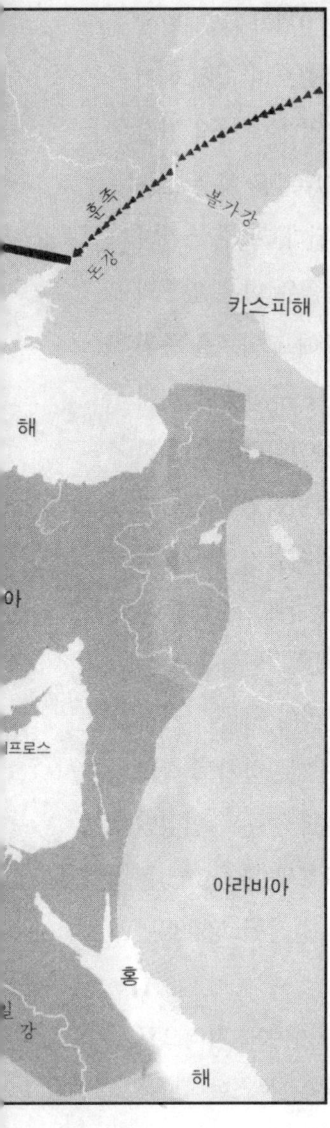

족계층과 의회에 의해 국정 마비 상태에 이른 폴란드는 1654년 강력한 러시아, 스웨덴, 브란덴부르크 동맹군에 의해 궤멸되고 말았다. 그런데 폴란드의 자멸을 초래한 것은 그보다 2년 전에 시행된 이른바 〈리베룸베토〉[20]이었다. 국력의 피폐화로 이어진 18세기와 세 번에 걸쳐 일어난 국토 분할기를 거치면서 주권 국가로서의 폴란드의 위상은 1919년에 이르기까지 소멸되어갔다.

훗날 폴란드가 세워질 땅의 동쪽에는 기원 7세기 무렵 다른 부족들과 분리된 동(東) 슬라브족이, 600년경에 드리나 강 유역, 볼코프 그리고 볼가 강 상류에까지 퍼져나갔다. 평화로운 농경민족이었던 그들은, 이 지역에 앞서 정착했던 후진적인 핀족보다 진보된 문명을 꽃피웠다. 하지만 소수 부족으로 분할되어 있었던 그들은 본격적인 국가를 세울 수 없었고, 따라서 주변의 유목민족들로 구성된 막강한 제국들의 위협으로부터 스스로를 방어할 능력이 없었다. 그들을 둘러싼 강대한 종족은 킴메르, 스키타이, 사르마티아, 고트, 훈, 아바르, 카자르, 카마 강의 불가리아족 등이었다. 뛰어난 장사 수완과 호전적 기질 그리고 모험심으로 슬라브인의 추앙을 받은 스칸디나비아족은 호수와 물길을 따라 영토를 누비고 다니면서 발트 해안과 비잔틴 문명간의 교역을 담당했다. 9세기~12세기에 발리야그족은 노브고로드 지역에 뿌리를 내리고 정착했으며 최초의 지도자(크냐지)는 키예프에 수도를 정한 루릭이었다. 그런데 호전적 기질이 결여된 슬라브족 대신에 원정대를 통솔한 발리야그족[21]은 차츰 소규모 슬라브 부족들이 뒤섞인 혼성국가를 탄생시키게 된다. 원래 스칸디나비아 족장들과 그들의 전쟁 동반자인 슬라브 부족들은 힘은 있으되 규모가 작은 소수 그룹에 불과했지만, 그리스의 발트 해 교역로를 종횡무진 출입하던 발리야그족이 이 다양한 슬라브족들을 규합했던 것이다. 발리야그족은 조세를 징수하는 것으로 만족했으며, 일반적으로 현물을 조세로 받아들였다(예를 들면 모피 따위). 스칸디나비아인과 슬라브인 사이의 인종적 혼합은 부족 사이의 혼례를 통해 일찌감치 시작되었던 것으로 보인다. 882년부터 〈루스인〉(발리야그족-슬라브족에 대한 통칭)은 비잔틴에 원정대를 여덟 차례나 파견하여, 페체네그인들을 축출하고, 발칸 지역에서의 영향력을 증대시켰으며, 불가리아 왕국과 카자르 제국을 멸망시켰다. 루릭의 후손 올가는 기독교로 개종하기로 작정하여 비잔틴에서 장엄한 의식을 치른 뒤 기독교 세계의 공주로 인정받았다. 이교도들의 반발에도 불구하고 대공 블라디미르 1세(980~1015)는 동로마 제국 바실리아 2세 및 콘스탄틴 7세의 누이와 결혼했고, 988년 키예프에서 세례를 받았다.

이렇게 해서 그리스 정교회의 세력이 러시아의 키예프 지역으로 퍼져나가기 시작했다. 러시아 정교회는 근 200년 동안 콘스탄티노플 대주교의 관할 하에 있었다. 1223년 처음으로 러시아를 침공한 몽골족은 칼카에서 대승을 거두었다. 1236년 칭기스칸의 손자 바투 칸은 리아잔 공국을 파괴한 다음 모스크바를 불사르고(1237), 수스달 공국과 노브고로드를 휩쓸어 키예프를 점령했다(1240). 이 철저한 파괴 행위로 점령

〈세계의 바다를 누빈 바이킹의 배〉

지 전체가 황폐화되었다. 하지만 러시아인의 필사적인 저항이 유럽을 정복하려는 몽골족의 기세를 꺾자 헝가리와 폴란드를 침공해 들어간 바투 칸의 승리도 한시적인 것이 되고 말았다.

한편 남러시아와 동러시아 지역의 몽골 사람들은 불가피하게 아시아 쪽에 관심을 갖게 되었다. 그 결과 몽골 국가인 〈황금 씨족〉을 세웠으며 그 수도는 볼가 강 하류에 위치했다. 몽골로부터 약탈당한 러시아 공국들은 조공을 바치고 나서야 무사할 수 있었다. 이 같은 강제 징수는 보다 악랄한 수탈로 이어졌는데, 몽골인들은 가신이 되어버린 러시아 대공들이 예속 백성에게 과세 징수를 하게 놔두는 것이 편리한 방법이라고 생각했다.

러시아 민족은 정신적 우월성에 대한 자부심으로 몽골인과의 혼혈을 거부했으며 칭기스칸의 지배 아래에서도 자신들의 정치지도자, 사회구조, 그리고 행정조직을 유지해 나갔다. 〈황금 씨족〉이 14세기 초에 이슬람교로 개종했을 때조차도 전통적인 종교는 전혀 박해를 받지 않았다. 러시아가 자국의 기본 특성들을 잘 간직할 수 있었던 것은, 동방화가 완만한 속도로 진행되었을 뿐만 아니라, 몽골인이 주도면밀하게 실행에 옮긴 분할 정책이 결국 게르만인을 자극했기 때문이다. 그래서 도검 기사단원[22]과 스칸디나비아인이 1240년에 노브고로드 공국의 침공을 시도했지만, 노브고로드 공(公) 알렉산드르–네브스키는 네바 강에서 스웨덴을 무찔렀으며 2년 후에는 페이푸시 호(湖)에서 독일 기사들을 격퇴시켰다.

〈기 리샤르〉

22) 1204년 리가(Riga)에서 창설된 기사수도회.

제 3 장

유럽의 혼란

아메리카 대륙의 발견

크리스토퍼 콜럼버스가 이른바 아메리카 대륙을 발견한 것은 1492년 10월 12일이었다. 사실 콜럼버스가 아메리카 대륙을 발견한 최초의 사람이 아니라는 것은 이제 누구나 알고 있는 진부한 사실이다. 일찍이 바이킹족이 —여기서는 노르웨이 사람들— 874년에 아이슬랜드에 기항했고, 982년경에는 그린랜드에, 그리고 11세기 초에는 아메리카 대륙과 신비의 땅 빈랜드[1]에 상륙했을 뿐만 아니라, 이때 아메리카 대륙에는 이미 중국 동북부에서 온 아시아인들이 살고 있었기 때문이다. 이 아시아인들은 세 차례에 걸쳐, 즉 기원전 1만 3000년, 7000년, 그리고 2000년에 대륙으로 이주해 왔다.

역 주..
1) 북미 동부. 캐나다의 뉴펀드랜드 섬과 미국의 버지니아주 사이의 한 지역. 고대 스칸디나비아 사람이 이 곳을 방문하고 기록을 남겼다.

　　바하마 제도에 상륙한 콜럼버스는 동료들과 마찬가지로 황금을 꿈꾸었지만, 원주민들과 접촉한 다음 또 다른 돈벌이를 생각하게 되었다. 그것은 자신들을 반갑게 맞아준 순박한 인디언들을 노예로 만들어 상품으로 팔아먹겠다는 속셈이었다.

　　1492년에 아메리카 대륙이 발견되자, 대서양을 건너 신대륙으로 이주해 가는 유럽 사람들의 힘차고 끝없는 행렬이 시작되었다. 에스파냐, 포르투갈, 프랑스, 네덜란드로부터 수많은 사람들이 아주 다양하고 복잡한 이유로 아메리카로 몰려갔던 것이다. 모험에 대한 호기심에서부터 일확천금을 노리는 사람, 비참한 생활에서 탈출하고자 하는 사람, 신앙을 지키기 위한 수단으로 이주를 선택한 사람까지, 동기는 가지각색이었다.

　　16세기에서부터 19세기 초반까지, 200만 명에서 300만 명에 이르는 스페인 사람들이 남미와 서인도제도에 정착했으며, 100만 명에 달하는 포르투갈 사람들이 브라질로 건너갔다. 캐나다에 정착한 프랑스인은 2만 명이 채 못 되었다. 17세기에 캐나다로 이주한 영국인은 25만 명이었는데 18세기에 이르자 150만 명으로 늘어났다. 같은 기간에 20만 명의 독일 사람들이 미래의 땅 미국에 발을 디뎠으며, 스웨덴 사람과 네덜란드 사람들이 그 뒤를 이었다. 분명히 기억해야 할 중요한 사실은 19세기 초에 검은 대륙 아프리카로부터 미국 땅으로 800만 명의 흑인 노예가 인신매매를 통해 수입되었다는 사실이다. 이 수치를 두고 학자들 사이에 많은 논란이 있었다. 어떤 사람들은 수입된 노예

〈아메리카 대륙 이주〉

민족	시기	출발지
아시아인 제1차	BC. 1만 3000년경	중국 북동부
아시아인 제2차	BC. 7000년경	중국 북동부
아시아인 제3차	BC. 2000년경	중국 북동부
바이킹족	11C 초	아이슬랜드
콜럼버스의 아메리카 발견	1492년	스페인

의 숫자가 2,000만 명
에서 2억 명에 이른다
고 추산하면서, 이 때문
에 무엇보다도 아프리
카 대륙의 인구감소와
빈곤이 초래되었다고
지적한다.

〈아메리카 대륙 발견 이후 유럽인 이주〉

민족	이주방향	규모
스페인인	남아메리카와 서인도제도	200만~300만 명
포르투갈인	브라질	100만 명
프랑스인	캐나다	2만 명 미만
잉글랜드인	캐나다	175만 명
도이치인	북아메리카	20만 명
스웨덴인	북아메리카	?
네덜란드인 아프리카인(노예매매)	아메리카 대륙	800만 명

〈콘키스타도르〉[2](Conquistador)들은 이 신세계에 중세 십자군과 스페인 〈레콘키스타〉[3] 운동의 관례를 답습했다. 원정의 목적은 무엇보다도 상업적인 것으로, 자본, 선박, 대포를 가져온 사람, 검을 가져온 사람도 있었다. 원정 대장 휘하의 참가자들은 죽음도 두려워하지 않았다. 정복자들은 〈엔코미엔다스[4]〉제(制)에 따른 토지 분배 그리고 해당 지역에 거주하는 인디언에 대한 세금 징수 및 노역에 대한 권리 등을 보상으로 요구했다.

1550년경에 아메리카 대륙에 도착한 카스티야[5] 사람은 1만 7,000명에서 1만 8,000명가량 되었는데, 그중 3,000명은 유랑민이었다. 애초부터 황금을 꿈꾸었던 스페인 사람들은 노천 금광이 급속도로 바닥나자 1545년에는 포토시[6] 광산, 그리고 1567년에는 인데와 산타 바바라

역 주

2) 16세기에 멕시코, 페루를 정복하여 잉카, 안데스 문명을 파괴한 스페인 사람들을 지칭하는 말이다.
3) 711~1492년까지 780년 동안 에스파냐의 그리스도교가 이슬람교도에 대하여 벌인 실지(失地) 회복 운동 즉, 국토 회복 운동.
4) 스페인령 아메리카에서 1503년에 제정된 제도로 스페인의 정복자 또는 식민자가 토지 또는 마을을, 현지에 사는 원주민(인디오)과 함께 수여받은 제도.
5) 현재의 스페인의 태반을 차지하는 옛날의 왕국.
6) 멕시코 북부에 있는 주. 은의 채굴량은 멕시코에서 가장 많다.

〈아메리카 대륙에의 노예 강제 이송(17~19C)〉

시기	규모
17세기	130만 명 이상
18세기	700만 명
노예제도 폐지 후 1811~1870년	200만 명?

로 눈을 돌렸는데, 결국 그곳은 페루, 볼리비아, 멕시코 인디언들에 대한 살육의 현장이 되었다. 은을 채굴하는 광산에서만 300만 명의 인디언이 목숨을 빼앗겼던 것이다.

스페인은 또한 남미 대륙을 일련의 거대한 농장으로 변화시켰고, 무수한 원주민 노동자들은 그곳에서 강제노역을 해야 했다. 원주민을 대상으로 기독교 포교가 강제적으로 이루어졌고, 인종박해가 자행되었다. 한편 구대륙에서 온 사람들과 접촉한 원주민들은 미생물과 바이러스에 감염되었고, 그 결과 참혹할 정도로 인구가 감소했다. 유럽의 백인들이 몰려들기 시작할 당시 8,000만 명이었던 원주민은 식민지 경영 100년 후, 불과 1,000만 명으로 줄어들었다. 남아메리카의 기후 조건에 적응하지 못했다고 생각했던지, 라스 카사스 신부[7]의 뒤를 이어 양심을 저버린 백인들이 계획한 것은, 아프리카 해안 각지에서 짐승처럼 생포된 검둥이들을 수입한다는 것이었다. 그렇게 끌려온 흑인 노예들은 노예선에 태워 섬이나 아메리카 대륙으로 직접 수송되었다. 노예 무역업은 아주 일찍부터 시작되어 16세기에는 이미 약 100만 명의 흑인들이 스페인, 포르투갈, 영국, 프랑스 선박에 의해 상품으로서 이송되었다.

흑인 매매

노예제도와 인신매매는 파라오[8]의 통치 이후 검은 대륙에서 발생한 매우 시사적이면서 부인할 길 없는 두 가지 재앙이지만 아메리카 대륙의 발견을 계기로 전 지구적인 규모로 확장되었다. 고대에 시작된 아프리카의 노예매매는 20세기가 되어서야 막을 내렸다. 고대세계에서 흑인 노예들은 호기심의 대상에 불과 했으나, 6세기 이후 아랍 세력이 팽창하면서 페르시아 만 일대와 인도양 연안지역에서 노예매매는 본격적인 무역업으로 자리 잡기 시작했다. 중세 전기에 인도네시아와 벵골 지역에는 이미 흑인 노예가 존재했을 것으로 추정된다.

그러나 노예 매매가 활기를 띠기 시작한 것은 포르투갈 사람들이 히스파니올라 섬[9]에 최초의 흑인들을 상륙시킨 1502년 이후부터였다. 스페인 사람들도 가만있지 않았다. 콜럼버스가 아메리카 대륙을 발견한 이후, 스페인은 무수히 많은 아프리카 흑인들을 강탈해서 아메리카로 이송하여 광산과 대(大) 농장에 투입했다. 이렇게 이송된 노예의 숫자는 17세기에 약 250만 명에 이른 것으로 추산되지만, 엄청난 이익을 가져온 정교한 삼각무역 체제가 확립된 것은 18세기에 들어와서부터이다. 이렇게 해서 번영을 이룩한 도시가 프랑스의 낭트[10]이며, 낭트의 화려한 거리는 그 소산물이다. 브리스톨과 리버풀의 선주(船主)들도 낭트, 르 아브르, 생 말로의 동업자들이 떼돈을 버는 것을 구경만 하고 있지는 않았다.

1650년까지 아프리카 흑인은 연간 8,000명 정도씩 수송되었고,

〈아메리카 인디언들의 생활 모습을 그림으로 그려본 상상도〉

그 후 1675년까지는 연간 1만 4,500명, 1675~1700년 사이에는 연간 2만 4,000명씩 수송되었으니 25년 동안 60만 명이 그리고 17세기 전체를 계산하면 130만 명의 흑인 노예가 수송된 것이다. 18세기 동안에 600만 명 이상의 아프리카 사람이 대서양을 건너간 것으로 추산되는데, 사망률을 15퍼센트로 보면 700만 명의 흑인이 아프리카를 떠나 신대륙으로 갔다는 계산이 된다. 300년에 걸쳐 브라질에 수입된 흑인 노예의 숫자는 350만에서 500만 명 사이인데, 이처럼 변동폭을 크게 잡은 것은 노예제도와 인신매매가 금지된 이후에도 근절되지 않았으며, 따라서 공식적인 수치로 반영하기 어려운 암거래를 고려했기 때문이다. 노예제도 폐지의 첫 신호는 1807년 영국 정부에서 나왔다. 그 뒤를 이어 프랑스(빅토르 쉘세르의 발의로)가 1848년 3월 4일에, 네덜란드는 1863년에, 포르투갈은 1878년에… 그리고 나머지 식민 국가들이 노예 제도의 폐지를 선언했다. 미국이 노예제도 폐지를 결정한 것은 링컨이 대통령이 되고 남북전쟁에서 북군이 승리한 다음의 일이다. 1813년 아르헨티나가, 1821년 콜롬비아가 그리고 1829년에는 멕시코가 노예제도를 폐지했다. 끝으로 1887년에 브라질이 노예해방을 선언함으로써 아메리카 대륙에서 노예제도는 완전히 사라졌다.

18세기 말과 19세기 초에 노예제도가 폐지되고 인신매매가 금지된 이후에도, 1811년에서 1870년까지 약 200만 명의 흑인이 서인도제도와 브라질로 비밀리에 수송되었다. 그러나 노예무역으로 아메리카 대륙에 유입된 흑인노예가 2억 명이라는 놀라운 수치에 달한다는 주장은, 다시 한번 강조하거니와, 현재까지는 근거 없는 가정이다.

종교적 박해를 받은 사람들

종교적인 문제가 자주 학살과 인종말살의 원인이었다면, 온갖 종류의 광신 또한 인류가 겪은 몇 번의 대단위 이주의 원인이 되었다. 16세기 유럽에서 가톨릭교도들과 신교도들은 신앙의 이름으로 서로 싸우고 방화하고 고문하면서 걸핏하면 폭행을 저질렀다. 프랑스에서는 적어도 낭트 칙령 때까지(1598), 그리고 중부 유럽에서는 웨스트팔리아 조약(1648년에 체결된 30년 전쟁 종결 조약)이 체결될 때까지 반목 상황은 계속되었다. 이와 같은 학살과 파괴와 유린 상황은 습관적인 집단 이주, 도망, 강제 유형의 원인이 되었다. 신성로마제국 시대에 포메라니아[11]는 전체 인구의 3분의 2를 잃었으며, 메클렌부르크[12]는 80퍼센트, 팔라티나[13]는 70퍼센트, 작센도 80퍼센트를 잃었다. 사정이 이러하였으니 평화가 수립된 후에는 사람들을 정착시켜야만 했다. 남자, 여자, 아이들은 걸어서, 혹은 말이나 수레를 타고 길을 떠났으며, 파괴된 마을이나 도시에 도착한 후 어떻게든 안간힘을 써 다시 자리를 잡았다. 또 다른 무리는 버려져 황폐해진 시골의 땅을 개간하기 위해 떠났는데, 영주나 제후 그리고 행정 당국이 물질적 특혜를 베풀면서 이들을 그곳으로 끌어들였기 때문이었다.

이 이주의 행렬은 고전적인 〈계절 노동자의 이동〉과 흡사한 데가 있다. 계절 노동자들은 산악지대나 메마른 땅에서 평지로 이동하여 농사꾼, 묘혈을 파는 인부, 황무지 개간 노동자, 항구의 짐꾼, 숯장수, 행상, 벽돌공, 석수… 등등으로 일했기 때문이다. 이들은 한시적인 이주자들이었지만 18세기 프랑스에서만 하더라도 10만 명이 넘을 만큼 수가 많았다. 프랑스의 영구 이주자들은, ―물론 영국과는 비교도 되지 않지만― 대부분 외국으로 이주해 가는 사람들이었다. 상당한 수에 이르는 캘빈파 신교도의 집단 이주는 외국으로 나가는 프랑스인 행렬 가운데 가장 규모가 컸다.

낭트 칙령[14]이 폐지(1685년)됨에 따라 프랑스 신교도의 일부가 국외로 이주했다. 그것은 근대 프랑스의 가장 주목할만한 이주 사건이었다. 사실 종교전쟁과 신교도에 대한 박해가 시작되자 1522년부터 벌써 종교적 이유에 따른 집단 이주가 시작되었던 것이다. 캘빈파의 이주는 1534년에 시작되었다. 그중 최초의 대규모 집단 이주는 1545년 프로방스 지방에 거주하던 발도파[15]의 이주였다. 종교적인 폭력사태가 발생할 때마다 신교도의 이주가 뒤따랐고 특히 성 바르톨로메오 학살사건[16]이 기폭제가 되었다. 유럽의 모든 개신교 국가가 이들에게 〈피난처〉를 제공했다(영국, 네덜란드 연합, 프러시아, 작센을 비롯한 독일의 여러 공국들, 스위스). 이렇게 하여 1522년에서 1685년 사이 수천 명의 위그노(캘빈파 개신교 신자)들이 프랑스를 떠났다. 국외 탈출의 물결은 낭트 칙령의 폐지와 더불어 급격하게 불어났다. 1685년에서 1689년 사이에 20만 명에서 30만 명의 개신교도가 조국을 등지고 떠났다. 해외에서 〈피난처〉를 찾은 사람들은 프랑스 북부지역 개신교도가 약 40퍼센트에 달한 반면, 남프랑스에서는 16퍼센트, 그리고 세벤[17] 지역에서는 5퍼센트에 불과했다. 지역 유지, 기업가, 장인들이 재물, 돈, 기술을 가지고 외국으로 떠났다. 결국 경제활동이 마비된 도시들이 생겨났으며, 용기병(龍騎兵)[18]의 색출작전으로 체포된 완강한 남불 개신교도들은 갤리선[19]으로 보내졌다(1685년에서 1715년까지 약 3,000명). 산악 저항세력으로서 소위 〈카미사르〉[20]라고 불렸던 사람들은 그 수가 1,500명에서 2,000명에 불과했으나 추격에 나선 2만 5,000명의 병사들과 접전을 벌여 그들을 궁지

역 주
11) 독일과 폴란드 북부 발트 해 남안지대의 지명.
12) 독일 북동쪽 끝에 있는 옛 주명.
13) 하이델베르크에 위치.
14) 1598년 4월 13일, 프랑스의 왕 앙리 4세가 낭트에서 공포한 칙령. 신교파인 위그노에게 조건부 신앙의 자유를 허용하면서 30여년 동안 지속된 프랑스의 종교 전쟁을 종식시켰다.
15) 발데스 복음주의 혹은 발도파로도 불린다. 12세기 말 프랑스에서 발데스가 시작하였으며, 성 프란체스코의 청빈 생활을 추종했다.
16) 1572년 프랑스에서 가톨릭과 프로테스탄트 사이에 벌어진 종교전쟁에서 위그노들이 학살된 사건.
17) 프랑스 남동부에 있는 산맥.
18) 16세기 프랑스에서 생긴 기병의 일종.
19) 노를 주로 쓰고 돛을 보조적으로 사용하는 반갑판 군용선. 지중해 각국에서는 죄수를 동원하여 강제로 전투용 갤리선의 노를 젓게 했다.
20) 캘빈파 신교도. 세벤 지방에서 1685년 낭트 칙령 폐지 후 박해 기간 동안 반란을 일으켰다.

에 몰아넣기도 했다.

국외 이주자 중에서 일부는 남아프리카로 가서 그곳의 주민이 되었다.

캐나다와 서인도제도쪽으로 진출한 프랑스 사람은 앵글로-색슨 사람들에 비해 그 수가 지극히 미미했다. 17세기에 캐나다의 프랑스인 이주자는 총 2만 7,000명에 불과했고 그중 1만 3,000명은 군인이었다. 1663년부터 1673년 사이에 파리의 살페트리에르 병원에서 〈왕의 여자들〉[21]을 공급했음에도 불구하고 남자의 숫자는 여전히 부족했다. 따라서 프랑스인으로 구성된 온전한 캐나다 집단이 창출되지 못했다. 이에 비해 서인도제도의 이주는 더 활기차고 숫자도 많았지만 20만 명에 이르지는 못했다. 주로 〈지원자〉로 구성된 이주자들은 소액의 저축금을 가지고 산토 도밍고, 마르티니크 섬, 과들루프 섬뿐만 아니라 인도양의 부르봉 섬, 마스카레뉴[22] 등에 정착했다. 한편 산토 도밍고를 근거지로 하는 흑인 노예무역은 1687년 3,500명으로부터 시작해서 대혁명 직전에는 43만 6,000명에 달했다. 노예들의 인구 피라미드 역시 백인들의 그것과 마찬가지로 비정상적이었지만, 19세기 초 현지에서 태어난 노예들 덕분에 균형을 회복했다.

유랑하는 유대민족

역사가 타키투스에 의하면, 기원 70년 예루살렘의 파괴와 60만 명의 유태인 학살 사건 이후, 유대민족의 분산(疏開·diaspora)이 시작되었다. 유태인들은 지중해 주변 여러 곳만이 아니라 동쪽의 메소포타미아 그리고 하자르[23] 유태인 왕국(750~1016)이 있었던 볼가 강 하류

〈고대 오리엔트 이민과 민족 형성〉

시기	분산 이주지
AD. 70년경~	지중해 주변국, 메소포타미아, 볼가 강 하류 유역, 에티오피아
1096년 이후 (제1차 십자군)	도이치에서 5만 명의 유태인 학살 ⇩ 프랑스, 영국, 스페인, 포르투갈, 도이치의 유태인 거래
1490, 1496년(가톨릭 양국가 왕의 배척) 16세기 초엽 (종교 개혁) 1551~1555년 (반종교 개혁)	스페인, 포르투갈로부터 강제 철거→오스만 제국, 루마니아 행 ⇩ 네덜란드 ／ 비교적 자유로운 오스만 제국, 폴란드 ｝ 지위 유지 코작크, 스웨덴과 러시아에 의한 폴란드,
1648년(1768년 별도 학살 사건)	리투아니아의 유태인 학살 ⇩ 서유럽에 귀환(특히 네덜란드, 독일에)
17~18C	프랑스, 독일, 영국, 이탈리아 일부 지역

와 에티오피아까지 진출했다. 이슬람교가 처음 스페인에 전래되었을 때 그것은 유태인 공동체를 새롭게 부활시킬 신호로 생각되었다. 그러나 1046년 이후 광신적인 알모하드 왕조[24]에 의해 스페인이 점령되자 이 황금시대는 막을 내린다. 한편 십자군 원정에 대한 충동은 전(全) 기독교 세계에 성전(聖戰)의 분위기를 퍼뜨렸고, 그 첫 희생자는 유태인들이었다. 십자군 전쟁 초기인 1096년에 흥분한 군중은 독일에서만

역 주……………………………………………………………………

21) 1763년까지 존재했던 북미의 프랑스 식민지(지금의 캐나다 지역, 루이지애나 그리고 캐나다 동남부의 아카디아를 말한다)에 인구 증식을 목적으로 보내졌던 여자들을 이렇게 불렀다.
22) 아프리카 동남부 마다가스카르 동쪽에 있는 인도양상의 섬들로 프랑스의 외도.
23) 코카서스와 볼가 강, 돈 강의 중간 지역을 본거지로 한 백인 유목 민족. 8세기 초 지배 계층은 유대교를 믿었다.
24) 12~13세기에 스페인, 북아프리카를 통치한 이슬람 왕조.

5만 명의 유태인을 학살했다.

유럽의 모든 기독교 국가에서 유태인 공동체는 불안감을 떨쳐버리지 못했으며, 연속적인 금지령과 압류에 시달렸고, 금지령을 위반했을 때에는 추방을 감수해야만 했다. 프랑스, 영국, 스페인, 포르투갈, 그리고 대부분의 게르만 국가들은 유태인들을 게토[25]에 수용했다. 가톨릭 신자였던 국왕들은 1490년에 스페인으로부터, 1496년에는 포르투갈에서 유태인을 추방했다. 종교개혁과 더불어 성서를 직접 대면하게 된 기독교도들은 유태인에 대한 태도를 상당히 누그러뜨렸는데, 특히 스페인에 대해 반감을 가졌던 신교 국가 네덜란드는 이베리아 반도로부터 피신해온 많은 유태인들을 받아들였으며 그들에게 자국민과 거의 동등한 권리를 부여했다. 그러나 반(反) 종교개혁[26]은 교황들의 태도를 현저하게 경직시켰고 바오로 4세는 중세의 반 유태인 법령을 다시 가동시켰다(1555년).

로마는 게토 체재를 강력하게 실시했고, 안코나로 피신한 포르투갈 유태인들이 교황청 실력자들에 의해 산채로 화형에 처해졌다. 반면 터키 왕국의 유태인들은 자유를 누렸으며 종종 행정 요직에 올랐고 특히 외교 분야에서 두드러진 활약을 보였다. 1551년 이후 유태인들에게 또 다른 중요한 피난처를 제공한 것은 폴란드였으며, 그곳의 유태인들은 광범위한 자치권을 획득했다. 이 평화스러운 분위기가 갑자기 깨진 것은 1648년 카자흐족의 침입 때문이었다. 폴란드에 반감을 갖고 있던 카자흐인들은 남부를 기습했고 조직적인 학살을 전개했다. 그로부터 얼마 후 폴란드 동부와 리투아니아를 초토화시킨 스웨덴과 러시아 병사들도 수천 명의 유태인들을 함께 살해했다. 민중들에 대한 또 다른 학살이 1768년에 벌어졌다. 그 후 동유럽의 유태인들은 서쪽으로 몰려들기 시작했으며, 특히 네덜란드와 독일로 피신했다. 그들은 거기에서 소 공국의 대공들을 도와 금융업에 종사했다. 〈궁정 유태인〉 중에는 유명한 사람들이 많았는데, 1733년부터 1738년까지 막강한 뷔르템베르크 공(公)의 대신을 지냈던 쥐스 오펜하이머[27]가 그런 사람이었다. 그는 독직 사건으로 교수형에 처해지면서 유명한 유태인 쥐스 신화를 남겼다.[28] 프랑스의 유태인들은 앙시앵 레짐[29]이 청산될 때까지 원칙적으로 사회로부터 격리된 존재들이었다. 주교구(主敎區) 세 곳만은 예외였는데, 메츠, 툴, 베르뎅, 알사스, 보르도 지방과 베이욘이 그런 곳으로, 그곳에서는 스페인에서 피신해온 유태인 후손들이 상당히 자유로운 생활을 누렸다. 게다가 영지(領地), 포도원, 성, 그리고 작위까지 취득한 유태인까지 있었는데, 백작이 된 그라디스 같은 유명한 사람이 그런 경우였다.

　그밖에 흥미로운 케이스로는 망데스 프랑스[30] 가문의 조상들이 있다. 이베리아 반도에서 피신해온 그들은 프랑스와 1세 시대에 이미 프랑스에 정주했으며, 특히 마르도쉐 망데스 프랑스는 르 아브르의 시민으로 받아들여졌다. 한편 금융가인 로스차일드 일가는 프랑크푸르트, 영국, 파리. 나폴리에서 활약했으며 1815년과 1817년에 귀족 칭호를 받았다.

스페인에서 추방당한 수많은 세파라드[31]들은 오스만투르크 제국[32], 특히 루마니아로 이주했는데, 그들은 새로운 땅에서도 고유 언어인 라디노어(語)[33]를 사용했다.

계몽주의 시대에 이르러 유태인들의 상황은 개선되기 시작했다. 프러시아의 프레데릭 2세가 호의적인 조치를 취했고, 오스트리아의 요셉 2세 또한 1782년 〈관용 칙령〉에 의해 모든 경제 활동을 사실상 허락했으며, 초등학교에서 대학에 이르기까지 교육의 기회를 베풀었다. 미국은 한 단계 더 나아가 1776년 이후 유태인에게 완전한 정치적 평등을 부여했다. 프랑스에서는 미라보와 그레그와르 신부의 노력으로 1791년 9월 27일, 제헌 국회는 유태인에게 완전한 평등권을 인정했다.

터키와 몽골의 침입

아시아 내륙의 유목민인 터키 사람들은 우랄-알타이어족으로서, 여기에 속하는 종족은 훈족, 아바르족[34], 흉노족[35], 선비족[36] 등이다. 이 혼혈종족들을 연결하는 유일한 유연관계는 언어뿐이었다. 기원 이후 4세기에 이들이 세운 제(諸)왕국들은 단명했으며, 중국과 연속적인 투쟁 관계에 있었다. 탁발씨[37] 터키인들이 5세기 초에 이 왕국들을 멸망시키고 중국 북부를 점령했으나 중국에 동화되었다. 그들은 북위(北魏) 왕조(386~534)를 세워 통치했고 불교로 개종했다. 또한 그들은 아시아 내륙의 맹주인 아바르족을 전쟁에서 격파한 다음, 몽골과 서(西)투르키스탄 지방[38]을 포괄하는 거대한 제국을 세웠지만, 이 제국은 곧 분열되었다. 751년경 페르시아와 접촉한 터키인들은 이슬람교로 개종했다.

6~7세기부터 터키족들(하자르족, 페체네그족 등)이 러시아의 키예프

지역과 비잔틴을 위협하면서 유럽으로 잠입하기 시작했고, 동시에 서부 투르키스탄, 메소포타미아 그리고 소아시아로 세력을 넓혀갔다. 11세기 이슬람 세계의 무정부 상태와 적대 관계를 틈타서 터키 왕조 중의 하나인 셀주크 왕조[39]가 나타나 만지케르트[40]에서 동로마 제국을 격파하고(1071), 아나톨리아[41]와 이집트를 병합한다. 그러나 1243년 몽골이 침입하여 조직력이 뛰어나고 문화적으로 융성한 이 셀주크 제국을 휩쓸었다. 그러나 셀주크 제국은 소규모 투르크 공국들로 분할되었고, 그중 하나였던 오스만투르크는 보다 치밀한 방법으로 셀주크족의 정복욕을 계승했다.

　　투르크족의 팽창주의를 유럽 한복판까지 끌어간 오스만족은 발칸의 여러 국가와 헝가리를 점령하고 비엔나까지 진출했다. 또한 중앙아시아와 러시아에 있던 수많은 터키족들은 한동안 몽골 유목민의 지배를 받기도 했다. 즉 1221년에서 1224년까지는 칭기스칸이, 1370년부터

1406년까지 티무르[42]가 통치했던 몽골 제국의 지배를 받았던 것이다.[43]

카페 왕조가 터키 제국과 선린 관계를 맺으려 한 것은 카를 5세[44]와 합스부르크가 그리고 스페인 왕가의 세력을 견제하려는 취지에서였다. 터키는 16세기에 유럽과 지중해 일대에서 가장 강력한 국가였던 것이다. 이 오스만 제국의 통치 전략 가운데 가장 주목할 만한 것은 피정복 국가에 대한 자유방임주의 정책으로, 오스만 제국은 대부분의 민족들에게 고유의 언어와 종교와 전통을 허락했으며, 조공을 징수하는 것으로 만족했다. 그러나 터키 제국은 언어와 종교가 서로 다른 여러 종족들이 뒤엉킨 집합체였으며, 소규모 전사 집단에서 시작된 제국이었다. 따라서 술탄[45]들이 만들어낸 것은 응집력 있는 국가라기보다는 하나의 관

〈터키·몽골인들의 유럽대륙 침입〉

시기	터키인	침입·정복지	몽골인
6~7C	하잘족, 베체네그인 ➡	키예프, 루시, 비잔틴 제국, 서투르키스탄, 메소포타미아, 소 아시아	
11C (1071년)	셀주크 터키 왕조 ➡	아나톨리아, 이집트 병합(동로마 제국 타도)	
1221~24	중앙아시아와 러시아 지역 거주 터키인 집단	┄┄┄➡ 지배하 이동	칭기스칸 인솔 지휘 몽골 군단
1236~1240		러시아 정복 ◄┄┄	바투 칸의 〈황금 군단〉
1243	셀주크 터키 세분화 ◄┄┄ ⇩ 오스만 터키 공국 ➡	발칸반도·헝가리 정복	몽골인
1370~1406	중앙 아시아와 러시아 거주 터키인 집단	┄┄┄➡ 지배하 이동	티무르 지휘 아래 몽골 군단
15C		아스트라한·카잔 크리미아 등 칸(汗) 탄생 ◄┄┄	〈황금 군단〉 세분화
16C	오스만 터키 제국	유럽·지중해에 군림 (유태인 등 종교적 박해 유민)	

리 시스템이었다. 백성들은 중앙정부와 완전하게 격리되어 살았다. 백성들과 철저히 격리된 술탄은 구중궁궐과 하렘에서만 지냈으며 통치 임무는 대재상(大宰相)에게 일임했기 때문에 부패와 나태와 독재가 만연할 수밖에 없었다. 처음에는 용맹했던 근위 군단도 세습화되면서 사리사욕에만 급급한 계급이 되었으며, 호시탐탐 쿠데타를 노리게 되어 암살 행위가 황제의 자리에 오르는 정상적인 방법이 되다시피 했다. 지방에서는 반란의 불꽃이 은밀히 타오르고 있었지만 파샤[46]들은 사실상 오불관언이었다.

이스탄불[47]의 〈장엄한 문〉[48]이 오랫동안 서유럽에서 추방당한 사람들의 피난처가 되었던 것은 확실하다. 스페인과 포르투갈의 유태인들, 모자랍 교도[49], 헝가리 개신교도, 그밖에 온갖 종류의 탈옥수와 건달들이 박해를 피해 터키 제국으로 찾아들었다. 하지만 발칸 지역의 기독교도들이 승리한 터키병사들 앞에서 줄행랑을 칠 수밖에 없었다는 것을 잊어서는 안 된다. 1809년에 니쉬의 파샤가 저지른 잔악 행위 역시 빠뜨릴 수 없는 사건이다. 니쉬의 파샤는 세르비아 병사들의 두개골 952개로 피라미드를 만들게 했던 것이다. 물론 그 해골탑은 수와 규모에서 딸

렸지만, 1402년 티무르[50]가 바그다드에 세웠던 해골탑을 연상케 했다.

칭기스칸 사후(1227) 그의 손자 바투 칸은 1236년 러시아 원정에 착수하여 볼가 강 연안의 불가리아 왕국과 리아잔 공국을 파괴했으며, 모스크바를 불태우고, 러시아 전역을 초토화했으며, 1240년에는 키예프를 함락시켰다. 따라서 남러시아와 동러시아 전역은 불가피하게 아시아쪽으로 움직이기 시작했고, 이에 반해서 서러시아에서는 러시아-리투아니아를 포함한 번영의 중심지가 탄생했다. 바투 칸이 세운 〈황금 군단〉은 이슬람화되기 시작했지만 몽골 황제들은, 이미 가신이 된 러시아 영주들이 자신들을 대신하여 연간 조공을 징수하게 했다. 몽골은 결코 종교적 박해는 하지 않았다. 러시아 대공들의 분쟁에 개입했다가 1380년 쿨리코보 전투[51]에서 드미트리 돈스코이에게 패배했지만, 2년 후 또다시 모스크바를 초토화시켰다. 1395년 〈황금 군단〉에게 결정타를 가한 것은 티무르의 공격이었다. 〈황금 군단〉은 15세기에 아스트라한, 카잔, 크림 등의 여러 영토로 분할되는데, 그중 크림은 1783년 예카테리나 여제가 이끄는 러시아의 공략으로 맨 마지막으로 궤멸하고 만다.

〈기 리샤르〉

50) 중앙아시아 티무르 제국의 창시자(재위 1369~1405). 시스탄 전투에서 오른발을 다쳤기 때문에 '티무르 이랑(절름발이 티무르)'라고도 불린다.
51) 유럽, 러시아 제후국들은 13세기이래 킵차크 한국(汗國)의 지배를 받았으나, 1380년 드미트리 돈스코이가 킵차크칸을 물리침으로써 모스크바 공국은 '타타르로부터의 해방 제1보'를 내딛게 된다.

제 4 장

백인 인구의 폭발

대서양 횡단 이주

1815년부터 1840년까지 약 7,000만 명의 사람들이 다른 대륙으로 떠났다. 그중의 10분의 9가 유럽에서 이주한 사람들이었으며, 이 숫자는 1900년 유럽 인구의 약 15퍼센트에 해당된다. 피에르 레옹이 『세계 경제 사회사』에서 추산한 바에 따르면, 1840년에서 1914년까지 족히 1억 명에 이르는 유럽인이 대륙을 건너갔으며, 이러한 변화는 언어와 인종과 종교와 사회구조를 활발하게 혼합시켜버렸다. 이주했던 사람들 가운데 3분의 1 가량이 다시 본국으로 되돌아 온 사실을 감안하면, 이주자의 숫자는 4,500만 명을 약간 웃도는 셈이다. 이 이주의 움직임은 네 시기로 나눠지는데, 그것은 이주자의 숫자, 출신지, 각 집단의 특징 등을 고려한 구분이다.

첫 번째 시기는 프랑스 대혁명 이후 22년간 지속된 유럽 전쟁이 ─ 당시 대륙으로의 이주는 거의 완전히 중단된 상태였다 ─ 끝난 다음인

1815년경에 시작되었다. 유럽 전쟁 당시 이주는 18세기의 노예매매를 제외하면 미미했다. 이러한 상황은 1846년까지 이어진다. 이주자들의 출신지는 이베리아 지역을 제외하면 주로 대서양 연안에 위치한 영국과 스코틀랜드였으며, 간혹 스칸디나비아와 프랑스인도 끼어있었다. 초기 이주자들은 농민이나 장인(匠人)들이었으며, 통계 자료의 부족으로 그 정확한 숫자를 제시하기는 어렵지만 연간 3만 명에 달했고, 첫 번째 시기가 끝날 무렵에는 약 10만 명 정도에 이르렀다. 주요 이주지는 북미 대륙, 그리고 기후가 온화한 유럽 식민지(오스트레일리아, 알제리. 뉴질랜드)였다. 이주 현상은 특히 영국의 경우, 산업혁명의 당연한 결과로 생각되었다. 영국에서는 엔클로저(enclosure) 운동[1], 해상 무역, 탄광지대(맨체스터, 버밍햄)의 제조 산업의 발전 등등으로 급속한 인구유동이 유

〈대서양을 횡단한 이민(19~20세기-7,000만 명)〉

시기	민족	이주지	규모(인수)
제1기 (1815~1846)	영국인, 스코틀랜드인(다수) 스칸디나비아인, 프랑스인(소수)	북아메리카, 오스트레일리아, 알제리, 뉴질랜드	3만~10만(연간)
제2기 (1846~1880)	아일랜드인(1848년: 200만 명) 영국인, 스코틀랜드인(다수) 독일인, 스칸디나비아인	아메리카 등	1846~47년: 40~50만 1846년~: 30만(연간)
제3기 (1880~1914)	앵글로-색슨인(과반수) 동·남유럽인 물결(우크라이나, 폴란드, 체코, 러시아계 유태인, 오스트리아, 헝가리계 유태인, 이탈리아 등) 일본인, 중국인	아메리카 등	80만~100만(연간) (1910년: 200만)
제4기 (1919~1940) 강제 이민 증가	① 박해→아르메니아인, 터키인, 독일계 유태인 ② 평화조약→터키인, 그리스인, 불가리아인, 루마니아인, 폴란드인, 독일인 등 ③ 20C~이민 억제→프랑스가 유일의 이민 발생지	아메리카, 오스트레일리아, 브라질 (1930년대~중단) 프랑스(제2차 대전 후, 특히 1973~1980년 오일 쇼크 후) 이민의 역류 현상	300만 명의 ②항 사람들이 길거리에서 방황

발되어, 항구와 공업지대에 빈곤층 인구가 과잉 누적되었던 것이다.

1846년부터 1880년에 이르는 두 번째 시기의 특징은 적당한 일자리를 찾지 못한 사람들이 대규모로 이주했다는 것이다. 1846년에서 1847년 사이에는 연간 40만에서 50만 명이, 그리고 1848년 이후에는 연간 30만 명이 유럽을 떠났으며, 특히 극심한 기근이 들었던 1848에는 100만 명의 아일랜드 사람들이 미국으로 이주했다. 1846년 이후에는 아일랜드 이주자의 숫자가 가장 많았고, 그 다음으로는 영국과 스코틀랜드였으며, 독일과 스칸디나비아가 뒤를 이었다. 농민들이 가장 큰 비율을 차지했지만 장인(匠人) 계층의 비율도 눈에 띄게 증가했다.

1880년~1914년에 걸치는 세 번째 기간 동안에는 이주자의 숫자가 폭증하여 연평균 80만 명에 달했는데, 100만 명을 넘은 경우도 몇 차례 있었고, 1910년에는 사상최대인 200만 명을 기록했다. 이주 인구 가운데 유럽인은 130만 명으로 가장 큰 비율을 차지했다. 앵글로-색슨인이 다수였으나, 우크라이나, 폴란드, 체코, 러시아 및 오스트리아-헝가리의 유태인 그리고 이탈리아인과 같은 동부와 남유럽 출신들이 그 수를 능가하기 시작했다. 여기에 일본인, 그리고 대륙 횡단 철도 부설에 투입된 중국인이 가세되었다. 대부분의 이주자들은 특정한 기술도 재산도 없는 단순 노동자들이었으며, 적은 임금과 낮은 생활수준에 익숙해져 있는 사람들이었다.

네 번째 시기는 1919년에서 1940년에 걸친 기간으로서 이 시기에는 전혀 새로운 현상이 나타났다. 자의에 의한 이주와 더불어 강제 이주가 증가한 것이다. 그것은 소수 민족에 대한 박해 그리고 정치 및 종교

역 주
1) 15~19세기에 영주, 대지주가 개방지, 공동 방목장에 울타리를 쳐서 토지를 사유화한 일.

적 박해(아르메니아인, 터키인, 그리고 독일의 유태인)에 따른 결과이거나, 300만 명의 사람들(터키, 그리스. 불가리아, 루마니아, 폴란드, 독일)을 길거리로, 혹은 이민선으로 내몰았던 강화 조약(뇌이이[2]. 세브르[3], 로잔[4])에 따른 결과였다.

이주민을 받아들인 국가 가운데 상당수가 20세기 초에 이르자 선별적이고 제한적인 이민정책을 실행하려 했지만 —특히 미국, 오스트레일리아, 브라질이 그랬다— 30년대에 들어서자 이 선별 정책은 거의 완전히 중단되고 말았다. 유럽에서 프랑스는 거의 유일한 이주민 수용 국가이었으나 이 전통적인 흐름에 역전현상이 나타나기 시작했다. 그것은 제2차 세계대전 그리고 특히 1973~1980년의 〈오일 쇼크〉 이후 대부분의 유럽 국가들에 의해 되풀이되었다.

예카테리나 2세와 러시아의 영토 확장

러시아는 아시아에서 식민지 개발보다는 영토 확장 정책에 주력했다. 이 나라의 영토 침투작전은 서구가 지리상의 대(大) 발견을 이룬 때부터 시작되었다. 1483년 러시아 사람들은 오브 강[5] 기슭에 도달했고, 1629년에는 레나 강[6]에 이르렀다.

처음에는 죄수들의 유배지였던 시베리아에 코사크족이 이주했다. 1709년에 23만 명이던 서부 시베리아의 러시아인이 1795년에는 57만 5,000명으로 늘어났다. 시베리아의 유형인(流刑囚)과 자유 소작인은 150만 명이었다가 1860년에는 300만 명이 되었다. 1802년에서 1847년 사이에 코카서스와 투르키스탄이 러시아에 의해 정복되었던 것이다. 부실한 기획과 기아로 인해 시달리던 이주민들은 1896년 이후 시베리아 횡단철도가 지나가게 될 길목에서 한꺼번에 수천 명씩 죽어갔다. 1861년부터 1914년 사이에 시베리아는 420만 명의 인구를 흡수했다. 예카테리나 2세[7]의 명령으로 우크라이나[8]의 흑토 지대[9]에서부터 시작된 러시아 확장정책은 연속된 전쟁과 전염병, 푸카초프의 반란[10]에도 불구하고 강행되었다. 알렉산드르 2세[11]의 경제개혁(1861년 농노제 폐지)은 스톨리핀[12]과 위테 백작[13]에 의해 실현되었고, 그것은 1896년 이후 700만 명이 몰려들었던 러시아의 아시아 이주정책의 당연한 결과였다.

러시아의 식민정책에는 주거지역의 확대와 피정복 지역의 도시개발이 병행되었다. 1721년 중앙 러시아를 경계로 한 제국의 인구는 약 1천 250만 명이었지만, 영토 확장 정책의 결과로 1796년에는 3,600만 명의 인구를 갖게 되었다. 모스크바 인구는 1731년 13만 8,000명에서 1800년에는 40만 명으로 증가했으며, 18세기 초에 6만 8,000명

〈유럽의 이주자들이 미대륙에 상륙하는 장면〉

이었던 상트 페테르부르크 인구는 18세기 말에는 20만 명이 되었다. 동시에 우크라이나 흑토 지대의 인구는 123퍼센트, 그리고 동부와 남부의 인구는 127퍼센트 증가했다. 도시들 역시 발전되었다. 인구 3만 명의 아스트라한은 주요 도시가 되었고, 오렌부르크는 경제적으로나 전략적으로 중요한 변방의 요새 도시가 되었다. 에카테린부르크, 우파, 토볼스크 등의 도시가 늘어선 시베리아의 인구는 1796년에 이미 300만 명에 달했다. 러시아의 개발정책으로 독일출신 식민 개척자의 유입이 장려되었다. 그들은 1775년에 2만 3,000명이었으며 1806년에는 40만 명이 되었다.

19세기에 들자 러시아는 공업화, 철도부설과 함께 도시화를 병행해서 추진했다. 1850년에는 인구 5만 명의 도시가 일곱 군데에 불과했으나, 19세기 말에는 14개 도시의 인구가 10만 명을 넘었다. 1914년 모스크바의 인구는 150만 명, 상트 페테르부르그는 190만 명이었다.

당국이 이와 같은 움직임에 제동을 건 것은 귀족지주들로부터 농업 인력을 박탈하지 않기 위함이었으니, 그것은 19세기 말에 발생한 일종의 반동적 조치였던 것이다. 그러므로 시베리아 횡단철도의 서구 구간이 개통된 이후에는, 남동부 시베리아 초원과 투르키스탄의 개간을 토지 문제의 해결 수단으로 이용했다. 이 지역의 이주자들은 1855년에 1만 2,000명에서, 1890년에는 4만 7,000명, 1896년에는 20만 2,000명으로 증가했다. 당국이 싼 가격으로 경작지를 분양하고, 승차권을 낮추어 주었으며, 1899년에는 카스피 횡단 철도가 개통되고, 1904년에는 시베리아 횡단철도가 완성된 덕분으로 1908년에는 76만 명의 이주자가 시베리아로 유입되었다.

서유럽의 이주자들

확실히 세계 인구 증가에 가장 큰 역할을 한 것은 영국 제도(英國諸島)였다. 영국 제도는 1825년에서 1940년까지 2,100만 명의 이민을 송출한 것이다. 1880년에 가서야 주춤해진 인구팽창, 지리적 위치, 막강한 상업 선단(船團) 등은 어떤 종류의 모험정신과 관계있겠지만, 어쨌든 이 같은 상황들은, 영국과 미국이 같은 언어를 사용한 데서 이루어졌는지 모른다. 이는 1850년까지 신대륙으로 떠난 유럽 이주자 가운데 영국인이 지속적으로 80퍼센트의 거대 점유율을 차지한 현실이 설명해준다. 영국인은 1880년까지는 총 이주자의 50퍼센트, 그리고 그 이후에는 10에서 30퍼센트의 비율을 차지했다. 1820년에서 1830년 사이에 270만 명의 영국인들이 미국으로 건너갔다.

이 영국 이주자들의 대부분은 농민이거나, 농촌의 날품팔이꾼, 소작농, 엔클로저 운동 탓으로 농지가 가축 방목지로 전환되어 땅을 잃은 소규모 자작농들이었다. 아주 일찍부터 농민들의 이주행렬에 장인(匠人), 그중에서도 특히 제사공과 방직공이 끼어있었는데 그것은 그들이 대규모의 〈공업 생산 체계〉에 대항할 수 없었기 때문이다. 〈수공업적 생산 방식〉에 능한 숙련공이었던 이 장인들은 별다른 기술도 없는 공장 노동자들에게 밀려났으며, 공장 노동자들도 위기가 닥칠 때마다 직장을 잃었다(특히 1873~1896년 사이에 유럽을 강타했던 경기침체기에 이들은 대규모로 실직했다).

아일랜드 출신의 이주자들은 경찰 수배중인 민족주의 투사이거나 단순히 영국인 지주의 지배에 넌더리가 난 사람, 또는 지주에 의해 경작지에서 내쫓긴 사람들이었다. 이들로 인해 1846~1847년 한해 사이 이민자의 숫자는 폭발적으로 증가했으며, 그것은 또한 감자병[14]이 만연하여 흉년이 닥친 직후에 벌어진 일이기도 했다. 1848년에 일어난 아일랜드 독립을 위한 무장봉기와 50만 명의 목숨을 앗아갔던 기근으로 200만 명에 달하는 아일랜드 사람들이 미국으로 떠나게 되었다. 영국 제도(諸島)를 출발한 이민행렬의 50퍼센트는 미국으로 갔지만, 영국 정부와 여러 민간단체의 개입으로 그중 21퍼센트는 캐나다에, 15퍼센트는 오스트레일리아에 정착했으며, 남아프리카로는 5퍼센트가, 그리고 소수의 사람들이 대영제국의 열대 식민지나 영어를 사용하지 않는 외국 땅에 닻을 내렸다.

영국인의 이주가 지속적이었던 반면, 독일인의 이주는 규모는 컸지만(1820년에서 1830년 사이에 650만 명) 변동이 심했다. 1846년까지는 미미한 수를 기록했으나, 갑자기 불어났다가(1853년에 16만 2,000명), 독일의 공업화가 절정에 달했던 빌헬름 2세[15] 시대에는 아주 낮은 수치로 떨어졌다. 1880년대의 농업 위기와 농산물 가격 하락, 1830년과 1848~1850년의 혼란스런 혁명기, 그리고 1920년대의 통화 및 금융위기 등은 해외 이주자의 숫자를 증가시켰다(1881년에 22만 1,000명, 1921년에서 1930년 사이에 55만 명). 1890년 이후에는 사업가, 생산회사나 무역회사 대리인 등이 계속해서 경제활동의 전초지인 신대륙으로 향했으며, 특히 미국, 캐나다, 칠레, 우루과이에 독일의 이민자를 많이 보내려 했다.

네덜란드, 벨기에, 스위스 이주자의 수는 대수롭지 않았지만, 대륙으로의 이주가 17세기에 시작된 스칸디나비아인의 수는 단연 많았다. 1850년에서 1930년 사이에 250만 명에 달했던 이들 이주자들은 선원, 농민, 벌목 노무자, 일정한 기술을 가진 노동자로 구성되었으며 95퍼센트가 미국에 정착했다.

프랑스의 경우는 특이했다. 프랑스 출신 이주자는 1801년에서 1939년까지 190만 명에 불과했는데, 대부분 가난한 지역에서 온 사람

역 주...
14) 1845년과 1846년 사이에 아일랜드에서 재배되던 감자에 곰팡이가 피어 극심한 농작물 피해를 입은 사건.
15) 독일 황제겸 프로이센의 왕(재위 1888~1918).

들이긴 하지만 고국에서의 비참한 생활에서 벗어나기 위해서보다는 라틴아메리카(베네수엘라, 멕시코, 브라질, 아르헨티나)와 모로코에서의 더 나은 생활조건에 끌린 사람들이었다. 그들은 상업이나 자유업에 투신했으며, 프랑스에서 포도나무 진딧병으로 곤욕을 치른 뒤 알제리로 건너가 포도농사에 다시 종사하는 사람들도 있었다.

<유럽인들의 이민 상황(19C~20C)>

나라·민족	시기	이민지역	규모(인수)
영국 제도(아일랜드 기타)	1825~1940	아메리카(기타 캐나다, 오스트레일리아, 남아프리카)	2,100만 명
독일	1820~1930	아메리카, 캐나다, 칠레, 브라질, 우루과이	650만 명
스칸디나비아	1850~1930	주로 아메리카	250만 명
프랑스	1801~1939	라틴아메리카(베네수엘라, 브라질, 멕시코, 아르헨티나), 모로코, 알제리 등	190만 명
이탈리아 (통일 이후 빈민자 이민)	1880~	아메리카, 아르헨티나, 브라질	12만 명
	1890~	아메리카, 아르헨티나, 브라질	27만 1,000 명
	1900~	아메리카, 아르헨티나, 브라질	35만 3,000 명
	1910~	아메리카, 아르헨티나, 브라질	65만 1,000 명
	1913~	아메리카, 아르헨티나, 브라질	87만 3,000 명
	1922	파시즘 정권에 의해 이민 금지	
	1921~30		250만 명
체코, 슬로바키아, 크로아티아, 보스니아, 폴란드, 아탈리아, 헝가리, 루마니아, 오스트리아, 스웨덴, 티롤 주민 등	1875~1914	아메리카	미상
폴란드인	1919~1939	아메리카·유럽(주로 프랑스)	100만 명
러시아	1861~1914	시베리아	42만 명
	1971~	국외 추방 등	200만(백계러시아) 명
	1890~1940	러시아령 아시아	700만 명

지중해와 동유럽인의 이주

1880년 이전까지 이탈리아 출신 이주자는 극소수에 불과했다. 이탈리아 북부 출신들이 고작해야 프랑스와 같은 인접 국가로 이주하는 정도였다. 그런데 이탈리아가 통일 국가를 수립한 이후, 탈공업화한 광대한 사유 농지가 불어난 남부지역으로부터 수백만 명의 빈곤층들이 이민시장에 뛰어들게 된다. 1880년부터 12만 명이 미국, 아르헨티나, 브라질 등지로 떠났고, 1890년에는 21만 7,000명, 1900년에는 35만 3,000명, 1910년에는 65만 1,000명, 1913년에는 87만 3,000명이 대서양을 건넜다. 그러나 1922년 파시스트 정권은 사실상 신대륙 이주를 금지시켰고, 그 대신 이탈리아의 기존 식민지(리비아, 소말리아)에 투입하거나 다른 새로운 식민지(에티오피아, 알바니아)를 개척하도록 했다. 그럼에도 불구하고 1921년에서 1930년 사이에 250만 명의 이주자들이 이탈리아를 벗어나는 데 성공한다.

오스트리아-헝가리 제국의 이주에는 여러 인종이 잡다하게 뒤섞였으며, 체코인, 슬로바키아인, 슬로베니아인, 크로아티아인, 보스니아인, 폴란드인. 이탈리아인, 헝가리인, 루마니아인, 오스트리아인, 주데텐[16]인, 티롤[17]인이 그런 사람들이었다. 1875년에서 1914년 사이에 430만 명이 —대부분 가난한 농민들이지만 "정치적"인 이유로 떠나는 사람들도 있었다— 신세계로 떠나는 배에 승선했다. 1919년에서 1939년까지 상당한 규모의 폴란드 이주자들이 세계 전쟁 전에 보여준 러시아인의 해외 이주를 계승했다. 약 100만 명의 폴란드 사람이 미국과 서유럽

역 주··

16) 체코슬로바키아 북부 및 서북부의 산악지방. 1938년에 독일에 합병되었으며, 1945년에 체코슬로바키아에 반환되었다.
17) 오스트리아 서부와 이탈리아 북부를 포함하는 알프스 산악 지방.

〈신천지를 찾아 뗏목으로 호수와 강을 건너 새로운 삶의 터전을 개척하고 있는 초기 이민자들〉

(주로 프랑스)으로 이주해간 것이다. 러시아는 앞서 살펴본 것처럼, 1861년에서 1914년 사이 서로 상이한 두 가지 형태의 이주를 추진했다. 하나는 420만 명에 달하는 해외 이주로서, 1917년 이후 약 200만 명의 정치 망명객들(백계 러시아인)이 여기에 추가되었다. 또 하나는 러시아 영토 내부에서 아시아 지역 쪽으로 진행된 이주로서, 1880년에서 1940년에 이르는 기간 사이에 약 700만 명에 달하는 사람들이 옮겨갔다.

〈기 리샤르〉

제 5 장

현대 세계

식민주의와 제국주의

어느 시대에나 식민주의는 인구의 이동을 초래했다. 18세기와 19세기의 유럽 식민지는 처음에는 죄수들과 반사회적 인간들을 수용하기 위한 유형지였다. 북아메리카의 영국 식민지는 도형수를 수용했고, 프랑스령 루이지애나 역시 죄수나 마농 레스코[1]와 같은 부도덕한 여자들을 받아들였다. 19세기에 미국이 독립하자 영국은 죄수들을 오스트레일리아 등 새로운 대륙으로 보냈는데, 이것은 물론 원주민을 전멸시킨 다음에 거행되었다. 한편 프랑스는 일반 범죄자, 특히 정치범들을 알제리와 뉴칼레도니아로 이송했다(1848~1871). 차르[2] 시대의 러시아

역 주...

1) 18세기 프랑스 소설가 아베 프레보의 소설 제목이자 본능에 따라 행동하는 창부형 여성인 주인공의 이름.
2) 제정 러시아 시대의 황제의 칭호. 라틴어의 카이사르에서 유래. 15, 6세기에서 러시아 혁명까지의 러시아 군주를 가리킨다.

도 시베리아를 이와 동일한 목적에 이용했고, 볼셰비즘 정권하의 강제 수용소 역시 1917년 이후 같은 방침을 이어갔다.

식민지 개발은 유럽의 해외 이주에 지울 수 없는 죄악의 흔적을 남겼다. 서인도제도와 라틴아메리카의 원주민들은 강압에 의해 기독교로 개종해야 했으며, 정복자들의 노예가 되어 굶주림과 참혹한 학대에 시달려야했다. 이후 1820년대에 본국으로부터 독립을 획득한 식민지 태생의 백인 부르주아들이 바통을 이어받아 원주민을 지배했다. 북아메리카의 인디언 종족들은 집단 학살을 당했고, 소유권을 박탈당했으며, 일정 지역에 강제 수용되어 기아에 시달려야 했다. 그리하여 1890년 서부 변경 지역에서의 활동이 정지되었을 때[3], 인디언 종족은 사실상 전멸한 것이나 다름없었다.

영국은 일찍부터 식민지에 자율권을 부여했는데, 최초로 본격적인 자치권을 획득한 것은 캐나다였다(1867). 원주민을 완전히 소탕해버린 오스트레일리아는 별 문제가 없었지만, 뉴질랜드(마오리족에게서 빼앗은) 는 20세기 초까지 혼란 상태에 있었다. 한편 남아프리카는 1994년이 되어서야 겨우 다(多)인종 국가를 수립할 수 있었다. 프랑스는 이슬람교도들의 땅인 알제리를 자국 식민지로 만들기 위해, 8년 동안 끔찍한 전쟁을 치르는 판단 오류를 범했고, 이 전쟁으로 수십만 명의 인명이 희생되었다(1954~1962). 같은 오류가 태평양의 뉴칼레도니아 원주민을 상대로 벌어진 전쟁에서도 반복되었고, 독립전쟁은 1988년 마티뇽 협정[4]에 의해 겨우 종식되었다.

기후가 온화한 영국 식민지들은 미국과 유사한 조건의 혜택을 누렸다. 즉 그곳에는 풍부한 광물 자원, 드넓은 경작지, 그리고 정치적 자치 체제(캐나다는 1841년, 뉴 웨일스 1842년, 케이프타운[5] 1854년)가 있었던 것이다. 이 완전한 자치권은 본국과 동일한 정치적 자유를 보장했다.

그러나 본국의 후원과 재정지원에도 불구하고, 영국 출신 이주자의 40 퍼센트만이 제국의 속령(屬領)을 이주지로 선택했다.

열대지방의 식민지도 유럽 이민의 중심지는 되지 못했다. 서인도 제도나 태평양의 섬들처럼 역사가 오래된 식민지의 경우, 17세기와 18세기의 이민은 왕권의 위임을 받은 부유한 지주들과 지원자들로 구성되어 있었다. 그런데 노동력을 담보로 식민지로 온 지원자들 대부분이 〈가난뱅이 백인〉 집단이었고, 그것은 소수 관리자들이 도착해야 비로소 활동할 수 있는 그룹이었다. 인도네시아에는 네덜란드 사람이, 필리핀에는 아메리카 사람, 그 외의 지역에는 영국과 프랑스 사람이 관리자로 일했다.

비교적 나중에 개척된 아시아 및 아프리카 식민지에 대해 본국 정부는 소수 인원만을 파견했으며, 공무원, 군인, 상인, 광산 및 토지회사 직원이 파견 인원의 주를 이뤘다. 1930년에 인도에는 25만 명의 영국인이 있었을 뿐이며, 인도네시아에는 2만 명의 프랑스인이, 벨기에 령(領) 콩고에는 2만 5,000명의 유럽인이, 프랑스령 서부 아프리카와 적도 아프리카에는 불과 2만 1,000명의 프랑스인이 있었을 뿐이다.

1914~1918년 전쟁 전의 독일 식민정책이 전형적인 예였다. 토지 개발은 규모가 큰 회사에 일임되었으며, 몇몇 간부들을 제외하고는 원주민 노동자만이 채용되었다.

역 주··

3) 1890년 파인리지 인디언 보호구역 내의 운디드니는 300여명의 인디언이 학살된 곳으로 아메리칸 인디언의 마지막 항쟁지이다.
4) 1853년 프랑스 식민지. 1946년 이래로 프랑스의 해외 영토. 카나크족에 대한 착취와 차별정책은 1985년에 이르러 폭력으로 이어졌던 독립전쟁을 촉발했다. 1988년 세 개의 지역정부가 합의에 이르렀으며, 1998년에는 독립을 국민투표에 붙이기로 공약했다.
5) 남아공의 케이프 타운. 영국계 식민 활동의 거점이 된 도시.

　　프랑스의 유일한 이주 식민지였던 알제리의 식민정책은 토지의 무상 불하(1831~1851)로 시작되었지만, 제2제정에 들어와서는 제네바 회사와 같은 거대 회사에 대규모로 임대불하하는 방식으로 전환되었다. 오랫동안 프랑스는 알제리를 1848년 6월 사건, 1851년 공화파 사건, 1871년 파리 코뮌으로 생긴 죄수, 그리고 같은 해에 독일에서 추방된 알자스-로렌 사람들의 수용소로 생각했다. 한편 원주민들의 재산은 대가를 치르고 구입되거나 강제로 몰수되었다(여기에는 '하부(habous)'라고 불린 종교 재산도 포함되었다). 알제리에는 상당수의 스페인 사람들도 몰려들었으며, 그들은 특히 오랑 지역에 집중되었다. 또한 포도나무 진디 병으로 포도농사를 망친 남프랑스인들이 알제리로 와서 재기를 시도하기도 했다. 1900년에 이르자 알제리의 유럽인은 58만 명에 달했고, 이 때문에 이주 정책은 사실상 중단되었다. 1870~1871년 사이에 프랑스 이주자들이 증가한 것은 알제리의 모든 유태인들에게 프랑스 시민권을 부여했던 크레미외 법령 때문이었다.

　　알제리에서 유럽 인구는 더디게 증가되었지만(1926년에 83만 3,000명, 1954년에 98만 4,000명), 회교 인구는 놀랄 만큼 빠른 속도로 늘어났다. 1830년에 150만 명, 1901년에 350만 명, 1926년에 510만 명, 1954년에 850만 명이 된 것이다. 수도 알지에에 일시적으로 온 이주자들은 반 식민주의 투쟁을 방침으로 제시했지만(1927년 메살리 하지[6]가 결성한 민족주의 운동 단체인 〈북아프리카의 별〉, 역시 메살리 하지가 세운 〈알제리 인민당〉), 페르하트 아바스는 1936년 프랑스 시민권을 요구했다. 〈인민전선 내각〉 기간 동안, 프랑스는 블룸[7]-비올레트 기획안에 따라 조심스럽게 알제리에게 선거권을 주기로 한 노선을 택하지만 그것은 식민주의자들의 완강한 태도에 부딪쳤다.

　　1945년 2차 세계대전이 끝나면서 알제리의 세티프와 겔마 학살(희생자 5,000명[8]) 사건을 겪으며 독립을 이끈다. 1946년에 결성된 페르하트 아바스의 UDMA와 메살리 하지의 MTLD는 1954년 11월 1일 만성절에 발생한 알제리 전쟁에서 〈민족해방전선〉 주도의 전면적 항쟁에 병합되었다. 그래서 일어난 알제리 전쟁은 1962년 알제리의 독립 인정(에비앙 조약), 그리고 100만 명에 달하는 알제리 출신 프랑스인과 프랑스에 주둔하고 있던 현지 보충병 수 만 명을 긴급 귀국으로 시킴으로써 종료되었다.

양차 세계대전이 집단 이주에 미친 영향

1914~1918년과 1939~1945년 사이에 두 번에 걸쳐 세계대전이 발발하자 전투지역과 공습을 피하려는 사람들이 대규모 탈주를 감행했으며, 노동자들은 군수공장으로 몰려들었다. 또 1917년의 볼셰비키 혁명과 내란으로 약 200만 명에 달하는 사람들이 러시아로부터 추방되었던 것으로 보인다.

뇌이이 조약과 로잔 강화조약에 의해 새로운 국경선이 그어지고 그로 인해 소수민족들이 절멸될 운명에 처하게 되자, 5만 3,000명에 달하는 불가리아인의 강제 이주가 시행되었으며(4만 4,000명의 그리스인과 교환), 1922년에는 소아시아, 트라키아[9], 콘스탄티노플 등지에서 100만

역 주 ··

6) 알제리의 민족 지도자.

7) 1872~1950. 프랑스의 정치가. 1936~1937년에는 반 파시즘 인민전선 내각의 수반이 되어 연립 정권을 조직했다.

8) 나치스 독일에 대한 승전 축하 행사때 프랑스 국기 대신 민족 운동기를 게양함으로써 일어난 학살.

9) 발칸 반도 동부의 고대 지역. 시대에 따라 그 범위는 현저하게 다르다. 현재는 불가리아, 터키, 그리스 령에 포함된다.

명을 웃도는 그리스인의 집단 이주가 있었다. 한편 1923년에는 소아시아에 남아있던 19만 명의 그리스인과 그리스 영토에 살고 있던 138만 8,000명의 이슬람교도가 교환되었다.

마찬가지로 1918년에 오스트리아-헝가리 제국이 와해되면서, 트랜실바니아, 유고슬라비아, 체코슬로바키아 등지에서 40만 명의 마자르인[10]이 헝가리로 몰려들었다. 반면에 20만 명의 사람들이 트라키아, 마케도니아, 도브루자[11]에서 불가리아로 돌아갔다.

하지만 이와 같은 집단 이주는 2차 대전으로 유발된 인구 이주에 비하면 약소한 것으로 보일 것이다. 2차 대전이 터지자 몇 달의 간격을 두고 집단 이주가 줄을 이었다. 1939년 9월, 독일의 침공으로 폴란드인들이 대거 탈주한 지 얼마 되지 않아, 나치는 서부지역으로부터 150만 명에 달하는 폴란드 사람들을 강제 이주시킨 다음 그 지역에 독일 사람들을 이주시켰다. 이와 동시에 히틀러는 티롤 남부, 발트 제국, 우크라이나와 루마니아에 살고 있던 소수 게르만인을 제3제국으로 이주시키

<제1차 세계대전(1914~18) 집단 이동>

이동원인	시기	민족	출발지	이주지역	규모(인수)
러시아 혁명 내전	1917	러시아인	러시아		200만 명
오스트리아·헝가리 제국의 소멸	1918	마자르인	트랜실베니아, 유고슬라비아, 체코슬로바키아	헝가리	40만 명
		마자르인	트라키아 지방, 마케도니아, 도브루자	불가리아	20만 명
뇌이이·로잔 강화조약	1919	그리스인			4만 4,000명
		불가리아인			5만 3,000명
	1922	그리스인	소아시아, 트라키아 지반, 콘스탄티노플		100만 명
	1923	그리스인	소아시아		19만 명
		이슬람교도	그리스령		138만 8,000명

도록 했다. 1940년 5월과 6월, 독일 폭격기의 기관총 사격과 폭탄 투하 속에서 완전히 비조직적인 예상외의 탈주가 감행되었다. 네덜란드, 벨기에, 프랑스 민간인들이 베르막트[12] 기갑 부대에 쫓겨 도망치기 시작했던 것이다. 1941년 여름, 바르바로사 작전[13] 시행으로 수백만 명의 소련 사람들이 추방당했으며, 이미 소련 당국의 명령으로 소개(疏開)된 사람들도 몇 백만 명에 달했다.

독일인들은 동부에서 동원되거나, 점령지역에 배치되었으며, 연합군의 포격에 쫓겨 1941년에서 1945년 사이에 대규모 집단 이주를 할 수밖에 없었다. 수백만 명에 이르는 전쟁포로, 정치범, 혹은 인종적 이유로 강제 수용된 사람들, 그리고 대독협력 노동국(STO)에 의해 징발된 수많은 노동자들에 대해서는 말할 것도 없을 것이다. 전쟁 개시부터 1943년까지 총 3,000만 명의 유럽 사람들이 집단적으로 이주했거나 강제 이주를 당한 것으로 추산된다. 1943년부터 1945년 사이에는 패주(敗走)하는 독일군의 퇴각으로, 또 한 차례의 거대한 이주가 있었으며, 그것은 독일인만의 이주가 아니라 그들과 더불어 위험에 처한 사람들의 움직임이기도 했다. 1945년 독일의 패배 후 폴란드, 발트 제국, 알자스 로렌 등 제3제국 국경선 너머에 거주하던 독일인들이 대거 국내로 귀환했다.

전쟁이 끝나자 비(非) 독일계 난민들 대부분은 본국으로 되돌아갔지만, 승전국들의 정책과 평화 협정에 따라 새로운 이주가 발생했다. 헝가리, 불가리아, 루마니아가 소수 민족들을 상호 교환한 것이다. 950

만 명을 상회하는 독일인들이 폴란드, 동부 프러시아, 체코슬로바키아에서 축출되어 협소한 동독 지역으로 돌아갔는데, 그들은 거기에서 서독 정권을 피해온 사람들과 조우했다.

2차 대전은 또한 극동지역에서 거대한 인구 이동을 유발했다. 1931년부터, 특히 1937년 이후 일본군의 작전에 따라 중국 민간인들이 대거 이주해야 했다. 무려 3,000만 명이나 되는 사람들이 점차 내륙 깊숙이 밀려갔으며, 일부는 인도차이나와 미얀마로 넘어 들어갔다. 모택동 공산군의 〈대장정〉과 같은 군부대의 이동은 민간인의 이주 행렬을 방불케 했다. 1945년 이후 아시아에서는 수백만 명의 일본인들이 일본 열도로 되돌아갔으며, 1947년에는 유서 깊은 옛 왕국 인도의 독립과 분할에 즈음하여 인도와 파키스탄 사이에 주민의 상호 교환이 실시되었다. 이를 계기로 적어도 800만 명이 집단 이동했다.

유혈극의 시기가 지나가자 남은 것은 나라와 가족을 잃은 수백만 명의 희생자들뿐이었다. 그들은 국외 망명자들, 이 세상 어디에도 안주할 곳 없는 무국적자들이었다. 물론 그중의 어떤 사람들은 스스로 이 같은 상황을 선택함으로써 조국에도 국경에도 구애받지 않는, 모든 나라의 레지스탕스가 된 사람도 있었다. 그들은 어느 정권에도 구속되지 않았고, 그래서 유럽의 이곳저곳을 옮겨 다녔다. 각국의 정부도 그들을 불신했다.

보어 전쟁[14] 기간 중 영국당국은 1901~1902년 사이에 최초의 집단 수용소[15]를 세웠는데 그것은 보어 게릴라들이 처자식들과 연락하는 것을 막기 위해서였다. 그렇게 보면, 쿠바의 스페인 사람들이 1896년 게릴라 병사들을 강제 수용한 것이 선행(先行) 사례라고 할 것이다.

제1차 대전 중에 강제 수용소는 다시 나타났지만, 세계 인류의 눈에 최악의 잔혹함으로 이름을 떨친 것은 1933년 이후 민족-사회주의를 표방한 독일 정권이 고안해낸 수용소였다. 끔찍함이 극에 달한 것은 일반 수용소의 다음 단계인 학살 수용소로서, 그 대표적 예인 아우슈비츠 수용소는 정치적인 이유가 아니라 인종적인 이유로 사람들을 감금했다. 어떤 수용소는 가히 도시 규모에 달하여 7만 명을 수용하기까지 했다. 〈천천히 찾아오는 죽음의 수용소〉는 수백만 명의 생명을 앗아갔다. 이 나치의 수용소에서 사라진 유태인과 집시들, 즉 〈하등 인간들〉의 수는 셀 수 없을 만큼 많았다. 집시 인구의 3분의 1(25만 명)과 수백만 명의 유태인들이 이렇게 목숨을 잃었으며, 570만 명에 달하는 소련인 포로들과 60만 명의 프랑스인들 역시 이렇게 죽어갔다. 여기서 마땅히 지적해 두어야 할 것은 1936년 이후 프랑스 제3공화국(나치의 야만성을 규탄했던)이 남서지역에 강제 수용소를 세워 유태인, 공산주의자 혹은 비전향 독일인뿐만 아니라, 1939년 내란에서 패배한 스페인 공화군의 망명자들까지 수감했다는 사실이다. 비시 정권은 그들을 게슈타포에게 넘겨버리면 그만이었다. 또한 〈인민의 아버지〉[16]는 강제 수용소(굴락)에 수백만 명에 달하는(1953년에는 1,000만 명) 반체제 인사들을 거리낌 없이 감금했다.

이스라엘과 팔레스타인

태초부터 유태인의 유랑은 집단 이주의 완벽한 상징이었다. 출애

〈제2차 세계대전(1939~45) 집단 이동〉

이동원인	시기	민족	출발지	이주지역	규모(인수)
독일군 침공 나치즈 국외 추방 정책	1939	폴란드인(독일인 입주자와 교대)	서방		150만 명 이상
독일군 진격	1940	네덜란드인, 벨기에인, 프랑스인			
히틀러의 바르샤바 계획	1941	소비에트인			수백만 명
독일인의 동구 동원 등	1941~45	독일인	동구나 국내		대규모
전쟁포로 등	1941~45				수백만 명
비시정권의 대독 협력 강제 노동	1941~45	유럽 시민			?
독일 패전	1945	폴란드인. 발트 제국인, 알자스, 로렌 주민		고국 복귀	
전승국 정책과 평화조약	1945~	헝가리, 불가리아, 루마니아의 소수민족		상호교환	
		독일인	아우슈비츠 등 절멸 캠프	서독에 한정된 영토	950만 명 이상
일본국의 작전	1931 (특히 1937~)	중국의 비전투원(전체는 방대한 수)	국내 거주자	내륙부 불령, 인도차이나, 버마	3,000만 명 ?
	1945~	일본인		고국귀국	100만 명
영국에서 인도 독립 파키스탄 분리	1947	인도인 파키스탄인 }교환			합계 800만 명
나치스의 강제 수용소: 전멸 캠프	1933~	유태인		아우슈비츠 절멸 캠프	수백만 명
		로마민족		〃	25만 명
		소비에트인 포로		〃	570만 명
		프랑스인		〃	60만 명
프랑스 제 3공화국 정권하 수용소	1936~	유태인 등 정치적 적대자의 독일인			수백만 명 (1953년 100만 명)

굽, 바빌로니아 유폐(幽閉), 알렉산더 대왕과 로마 제국의 세계 정복, 저항운동, 예루살렘의 파괴, 피정복자들의 추방 그리고 전 유럽과 북아프리카[17] 및 근동 지역으로 흩어진 유대민족의 디아스포라(이산)… 등등은 유태인을 유랑하는 유목민으로 만들었으며, 그 운명은 이들을 둘러싼 여러 종족과 권력자의 기분에 따라 좌우되었다. 계몽주의시대는 유태인들에게 약간의 희망을 가져다준 시기였지만, 19세기에 이르자 동유럽에서는 유태인 박해가 다시 만연했고 프랑스에서도 드레퓌스 사건을 계기로 반유태주의가 고개를 들었다. 히틀러의 등장으로 이러한 분위기는 전 유럽에 확산되었으며 결국 아우슈비츠를 비롯한 죽음의 수용소로 이어졌다. 그 결과 유럽 유태인의 상당수가 화장 가마의 불길 속으로 흔적도 없이 사라져갔다.

팔레스타인으로의 귀환과 유태국가의 창설은 1897년 테오도르 헤르즐[18]의 구상에서 비롯되었다. 유태 민족은행과 유태 민족 기금이 〈약속의 땅〉에 민족국가를 건설하도록 자금을 지원했다. 그들은 땅을 매입하기 시작했고, 1909년에는 새로운 도시 텔아비브[19]가 세워졌다. 이주가 이루어진 것은 터키의 패배에 뒤이어 국제 연맹의 팔레스타인 신탁통치가 영국으로 이관되면서부터였다. 1916년부터 영국은 유태 국가 창설에 대한 약속(1917년 12월 2일 발포어 백작의 선언[20])을 담보로 유태인 금융계의 지원을 얻어냈다. 1918년에 팔레스타인 지역의 유태인 인구

역 주··

17) 특히 모로코, 튀니지, 알제리를 포함하는 마그렙 지역.

18) 1860~1904. 오스트리아 시온주의자.

19) 이스라엘 중서부 지중해 연안에 있는 수도 예루살렘 다음가는 제2의 도시.

20) 1917년 영국 외상 발포어는 당시의 유태인 지도자 로스차일드 경에게 보낸 서한에서 '팔레스타인에 유태인 국가를 건설하는 것에 대한 영국의 지원'을 선언했다. 이 발포어 선언문은 프랑스를 비롯한 동맹국들의 확인을 받았고, 마침내 1948년 5월에 선언된 이스라엘 건국의 기초가 되었다.

는 10만 명이었다. 1922년부터 1932년 사이에 10만 명이 추가로 귀국했다. 하지만 부족한 시설과 영국 정부의 우유부단한 태도(유태인 이주에 대한 아랍세계의 적대적 분위기에 영향을 받은) 때문에 그들의 생활은 어려웠다. 그리하여 3만 명의 이주자들은 팔레스타인을 다시 등져야만 했다. 그러나 히틀러의 박해 때문에 1933년 이후부터는 매년 증가하는 이주자들이 받아들여졌다(1933년 3만 명, 1936년 7만 명). 1940년 팔레스타인 인구는 47만 5,000명으로서, 대부분 선구적 사회주의자자라고 할 수 있는 이들은 외부 세계의 재정지원으로 근근이 연명해 나갔다.

영국은 1939년 백서를 발표하고 향후 5년간 팔레스타인으로 유입되는 유태인의 숫자를 7만 5,000명으로 제한했지만, 1940년 이후에는 그마저 아랍권의 반대로 완전히 폐기시켜야 했다. 따라서 〈하가나〉[21]와 같은 유태인 무장 단체들은 〈이르군〉[22]이나 〈슈테른〉 등 테러조직과 연계하여 사실상 영국과 전쟁상태에 들어갔다. 1947년 〈엑소더스〉호 사건으로 팔레스타인에 정착하려던 사람들이 배로 독일로 재송환되었으며, 이 극단적으로 흥분된 사건 이후 1948년 5월 14일 영국의 위임통치가 만료되자 벤구리온[23]은 마침내 이스라엘의 독립을 선포했다. 그러자 곧 아랍연맹 소속 국가들과의 전쟁이 시작되었다. 유엔의 중재에도 불구하고 끝없이 이어지는 전쟁이 시작된 것이다. 팔레스타인 전쟁에 뒤이어 1956년에는 시나이 전쟁이, 1967년에는 6일 전쟁이, 1973년에는 욤 키푸르 전쟁[24]이 이어졌던 것이다.

수많은 이스라엘-아랍 전쟁을 통해서 땅을 빼앗긴 팔레스타인 사람들과 이스라엘 정부 사이에 협상이 시작되었고, 마침내 적대적인 두 주역인 이스라엘과 팔레스타인 해방기구는 서로의 실체를 인정하기에 이르렀다. 1979년 이집트와의 평화협정 이후 1991년 이스라엘은 마드리드에서 팔레스타인 해방기구와 협상을 열었고, 1993년에는 오슬로에서 비밀 협상에 들어갔다. 그 결과 평화조약이 체결되어, 아라파트는 팔레스타인 정부 수반으로서 그 땅으로 되돌아갈 수 있었지만, 임시 국경은 가자지구[25]와 제리코로 한정되었다. 추가 협약에 의해 이전 점령지와 예루살렘 땅의 귀속에 관한 협상의 길은 열려있지만, 팔레스타인 무장 단체 〈하마스〉[26]는 이스라엘에 대한 테러의 강도를 높이고 있다. 이스라엘이 자국의 영토를 요르단 국경까지 확장시키려고 갖은 노력을 기울이기 때문이다. 팔레스타인 지역은 중동의 화약고이며, 팔레스타인, 이스라엘, 시리아에 의해 점령당해 있는 레바논 또한 마찬가지이다.

1995년 마침내 아랍국가들과 유엔뿐 아니라 이스라엘까지도 팔레스타인 사람들(1982년 6월 8일 메나헴 베긴은 이스라엘 국회 앞에서 그들의 존재 자체를 부인했다)의 실체를 인정하기에 이르렀다.

585만 7,000명의 팔레스타인 사람들은 극히 가변적인 세 가지 상황에 처해졌다. 이스라엘 국가창건 이후에도 이스라엘에 살고 있는 72만 4,000명은 팔레스타인에 살던 사람들의 후손이다. 171만 7,000명은 요르단 접경지역인 가자지구에 살고 있으며, 1967년 6일 전쟁 이후 이

---

21) 유태인 자위조직.
22) 폴란드 게토의 유태인 그룹. '싸우는 자들' 이라는 뜻.
23) 1886~1973. 이스라엘 정치가. 시오니즘 지도자.
24) 시리아가 이집트와 함께 이스라엘을 침공한 4차 중동전. 유대교 명절인 10월 6일 욤 키푸르(속죄일)에 벌어져서 생긴 이름.
25) 팔레스타인 남서부, 이집트와 이스라엘 사이의 지중해 해안을 따라 길이 약 50킬로미터, 폭 5~8킬로미터에 걸쳐 가늘고 길게 뻗은 지역. 인구 대부분이 팔레스타인 사람으로 오랫동안 대 이스라엘 저항 세력의 중요한 거점이 되었다. 현재 팔레스타인 사람이 140만 명, 유태인 정착인 7~8,000명이 서로 격리된 채 살아가고 있다.
26) '이슬람 저항 운동' 이란 뜻의 팔레스타인 극단적 무장 단체. 이슬람 수니파의 원리주의 조직.

스라엘 관할 하에 있다. 1994년 5월 4일 카이로에서 가자지구(그해 7월 12일부터 아라파트는 이곳에 거주하고 있다)와 제리코 지역에 관한 협약이 체결되었다. 1994년 10월 14일 야세르 아라파트 팔레스타인 해방기구 의장, 이트자크 라빈 이스라엘 총리 그리고 쉬몬 페레즈가 노벨 평화상을 공동 수상했다. 1994년 5~6월에는 팔레스타인 경찰이 이전의 점령지에 주둔한다. 긴장이 끊이질 않은 채 이슬람 〈지하드〉 파와 하마스 그룹의 테러, 특히 유태인 거주지구에서 시온주의자들의 시위가 계속되고 있고, 그중 몇몇 시위는 대량 살상으로 이어지기도 했다(1994년 2월 25일, 헤브론).

이 같은 사태로 말미암아 이곳저곳으로 분산된 팔레스타인 사람들은 320만 명에 이르는데, 걸프 전쟁 이전에 요르단(155만 9,000명), 시리아(29만 5,000명), 레바논(59만 1,000명)과 쿠웨이트(299만 7,000명) 등지로 흩어진 것이다. 그밖에 여러 아랍 국가에 20만 명이 분산되어 있고, 미국으로 이주한 사람은 10만 명가량 된다. 가장 비극적인 상황은 남부 레바논의 팔레스타인 난민촌이다. 인구 과밀, 영양실조, 불결한 환경, 테러 위협, 치안 부재 그리고 사브라와 차티라 난민촌의 팔레스타인 난민 학살에 대한 기억이 팔레스타인 게릴라들의 소명의식을 자극하고 있기 때문이다.

한 가지 기억해 두어야 할 것은 팔레스타인 사람들이 아랍세계에서 가장 교육 수준이 높은 엘리트 계층(의사, 엔지니어, 기술자)을 형성하고 있으며, 특히 요르단, 이집트 등 페르시아 만(灣) 국가에서 그렇다는 사실이다.

〈기 리샤르〉

제 2 부
이민의 개별형성사

〈제2부〉에서는 아프리카, 스페인, 라틴아메리카, 미국, 인도, 중국, 오세아니아 등 7개 블록 인구이동의 개별적 형성사가 설명되고 있다. 여기서는 1만 년 이전부터 시작된 아프리카의 원초적 인구이동에서 15세기 이후 비극적 노예무역과정, 스페인·포르투갈에서 시작된 미대륙 정복과 유럽 인구 이동, 불과 500년 만에 지구의 절반을 백인들이 장악한 인구 이동의 흐름과 배경을 예리하게 분석하고 있다.

제 6 장

아프리카인들의 이주

　　식민정책 속에 숨어있는 편견때문에 아프리카의 과거는 철저하게 왜곡되어 왔다. 유럽인의 상상력 속에서 아프리카는 오랫동안 변화가 없는 부동의 대륙, 넘을 수 없는 장벽(동과 서로는 대양이, 북으로는 사막이 가로놓인 땅)에 의해 고립된 땅, 아득한 옛날부터 문명을 가져다줄 외부인의 도래를 기다리는 동안 화석처럼 굳어져 버린 곳으로 여겨졌다. 그러나 이 같은 관점이 잘못되었다는 사실들이 30년 전부터 아프리카, 유럽, 미국의 연구자들의 노력에 의해 복원되고 있으며, 그것은 아프리카에게 모든 진실과 화려한 역사를 되돌려 주고 있다.

　　이제 우리는 아프리카를 고립과 부동의 대륙이라고 말할 수 없다. 왜냐하면 모든 연구들, 역사가와 고고학자뿐만 아니라 인류학자(신체 고고학, 특히 사회 고고학 분야), 언어학자 그리고 어떤 점에서는 전통주의자들의 연구까지도 아프리카가 놀랄 정도의 이주의 움직임이 끊임없이 이어져 온 대륙이었다는 사실을 밝히고 있기 때문이다. 〈케이프타운에서 카이로에 이르는〉 여러 부족들의 다양한 이주, 일찍부터 아프리카를 외부 세계—중동 그리고 특히 인도양 연안의 여러 나라—와 접촉시켰던 이주의 움직임이 그에 속한다. 이러한 상황을 고려한다면 15세기부터 유럽인들이 건너온 사실, 흑인매매, 이어서 식민지 개척에 관련한 인구 이동은 예전의 활기찬 이주의 움직임의 연장일 뿐이라고 생각된다. 물론 이러한 인구 이동이 있었을 때의 조건이나 규모가 아프리카 근세사에 특별한 의미를 부여하는 것이 사실이지만 말이다.

부족들의 정착

인류학자들은 1974년, 리프트 계곡—동부 아프리카의 한 지표기복(地表起伏)의 거대 단층—에서 300만 년 이상 되는 여성 오스트랄로 피테쿠스의 두개골을 발견하여 '루시'라는 이름을 붙였다. 이 지역은 인류와 선행인류의 여러 유골들이 다량으로 발견되는 곳이다. 이 유골들은 지금까지 발견된 유골 중에서 가장 오래된 것들이었기 때문에, 이러한 사실을 토대로 하여 저명한 프랑스 인류학자 이브 코펜이 제기한 이론은 오늘날 하나의 학설로 자리 잡았다. 〈이스트사이드 스토리〉라고 불리는 이 시나리오에 따르면, 인류의 기원은 리프트 계곡에 있다는 것이다. 1995년에 이번에는 차드 호수[1] 유역에서 새로운 발견이 이루어졌다. 루시와 같은 연대에 속하는 남성 오스트랄로피테쿠스('아벨'로 명명되었다)의 유골이 나타난 것이다. 이에 따라 코펜의 시나리오에 새로운 의문을 제기하는 계기가 되었으나 이 발견 역시 지금까지 가장 널리 퍼져있는 이론을 확인해주는 것으로 생각된다. 그것은 아프리카가 〈인류의 요람〉이라는 사실이다.

그러므로 아프리카에서(정확하게 어느 지역에서 인류가 시작되었는 지

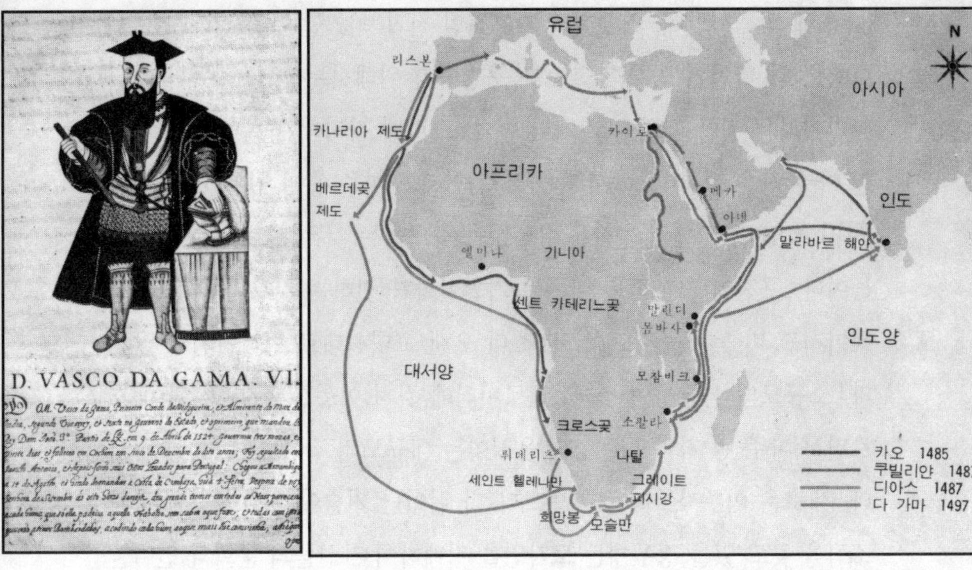

〈포르투갈에서 아프리카 남단 희망봉을 돌아 인도로 가는 항로를 개척한 바스코 다 가마(1469~1524 · 왼쪽)와 아프리카 경유 항로〉

과연 앞으로 밝혀질 것인가?) 출발한 최초의 인간들이 점차로 거의 지구 전체에 서식하게 되기까지, 사방으로 퍼져나갔다는 것이다. 이러한 관점에서 본다면 아프리카는, 내부적으로나 외부적으로나 인류 최초의 이주의 무대라고 할 수 있다. 사실상 우리는 아프리카의 오래된 과거에 대해서 잘 알지 못한다. 따라서 그 기간은 〈암흑의 세월〉이라고 부르기도 한다. 그러나 여러 연구들은 한결같이 인류의 놀라운 유동성, 민족들의 배치에 영향을 미친 뿌리깊은 종족적 혼합에 대해 강조하고 있다. 따라서 아프리카에서는 일반적으로 농경시대에 앞서 목축의 실천이 늦어져 이로 인해 어떤 지역에서는 정착이 늦어진 결과를 빚었다.

　　아프리카의 오래된 과거가 우리에게 알려진 것은 무엇보다도 구전

역 주⋯⋯⋯⋯⋯⋯⋯⋯⋯⋯⋯⋯⋯⋯⋯⋯⋯⋯⋯⋯⋯⋯⋯⋯⋯⋯⋯⋯⋯⋯⋯⋯
1) 북중앙아프리카에 있는 차드, 카메룬, 나이제리아, 니제르의 국경에 위치한 호수.

(口傳)에 의해서인데, 역사학의 기본적인 전거(典據)인 이 구전에서 순수한 전설과 확인된 역사적 요소를 구별하기 위해서는 암호 해독과 사실 확인이라는 힘든 작업을 거쳐야 한다. 그런데 각각의 종족, 민족, 때로는 아주 작은 그룹(마을, 씨족, 가족 등)까지도 아주 흥미 있는 기원 설화를 갖고 있다. 인류의 놀라운 유동성을 증명하는 것은 바로 이런 이야기들이다. 구전이 기술하는 이주는 기원설화가 전하는 것보다 사실 서사적이지도 비중이 높지도, 그리고 더 오랜 고대시대로 올라가지도 않는다. 소규모의 사람들이 몇 십 킬로미터에 걸쳐 이동한 것이, 시간이 흐르면서 아주 먼 지역으로 향해 움직이는 대규모의 집단 이주가 된 것이다. 새로운 이주자들이 토착민보다 더 뛰어난 기술이나 효율적인 정치 조직을 갖고 있을 경우에는 토착민을 지배하여 자신들의 문화와 언어를 강요함으로써 결국 새로운 종족을 만들어 낸다. 이렇게 하여 세대가 여러 번 바뀌면서 토착민들은 자신들의 지역적 기원을 잊고 소규모에 불과했던 이주자들의 집합적인 기억에 동화되고 만다.

이 같은 아주 작은 규모의 이동과 더불어 보다 큰 규모의 이주도 확인할 수 있다. 오늘날 코트디부아르[2]의 중심부를 차지하고 있는 바울레족은 아프리카의 가나, 그리고 그 너머 지역에서까지 볼 수 있는 아칸족과 친족관계에 있다.

구전에 의하면 아칸족의 일부가 세력다툼 끝에(대부분의 기원 설화는 타 지역으로의 집단 이주를 가족 내 갈등 혹은 승계 싸움의 결과로 설명한다) 고향을 버리고 서쪽으로 이동했는데, 이 이주의 행렬을 이끈 사람은 포쿠 여왕이었다. 일행이 건널 수 없는 강가에 도착했을 때, 여왕은 하나 밖에 없는 자신의 아들을 희생시켜 강의 신에게 바침으로써 성난 물결을 가라 앉혔고, 그렇게 하여 사람들은 추격자들을 피해 무사히 강을 건널 수 있었다는 것이다. 희생된 소년의 어머니인 여왕이 〈바울레〉라고 소리쳤다고 하는데, 그것은 "내 자식이 죽었다"는 뜻이다. 이 유명한 말이 그 후 아칸족의 호칭이 되었다고 한다.

반투족의 대이동

지금까지 알려진 아프리카에서의 가장 큰 이주는 반투[3](원래 "사람"이라는 뜻)어를 사용하는 종족들의 이주이다. 이 반투어(語)족이라는 용어는 사실 수많은 종족의 집합체를 가리키는데, 그들은 아프리카 중부, 동부, 남부, 그러니까 카메룬에서부터 케냐와 남아프리카에 이르는 지역의 대부분을 차지하고 있다. 아프리카 전 면적의 절반 이상의 땅에 퍼져있는 수백 개 종족들이 사용하는 언어의 친족관계를 규명해낸 것은 바로 언어학자들이었다. 그 후 학자들은 여러 가지 연구에 의해 아프리카의 과거를 재구성할 수 있게 되었지만 아직도 정확하게 밝혀지지 않는 부분도 많이 남아있다.

반투어족이 처음 살았던 곳은 차드 해안과 호수 사이의 중간지점인 니제르-카메룬 고원지대였을 것으로 본다. 기원전 1000년경부터 비교적 최근까지(남아프리카의 경우, 16세기까지), 이곳을 출발한 반투어족들은 동쪽과 남쪽으로 이동했을 것이다. 이 움직임은 수백 혹은 수천 킬로미터를 이동한 대규모 집단 이주로 알려져 있다. 오늘날 학자들이 알고 있는 사실은 이 이주의 물결이 여러 세대에 걸쳐 이루어졌다는 것, 그리고 어떤 종족들은 출발지점에서 멀지 않은 곳에서 새로운 경작지를 발견하고는 그 이상의 이동을 멈췄다는 것 등이다. 또한 운이 좋았던 여정도 있었다. 뚫고 지나가기 어려운 빽빽한 숲은 동쪽이나 서쪽으로 우회했고, 물길을 따라 통로를 확보할 수 있는 경우에는 숲을 관통해서 지나갔다.

반투족이 이동 중에서 만났던 다른 종족들은 오래 전부터 그곳에 자리 잡고 살던 사람들이었는데, 특히 중앙아프리카의 피그미족과 남아프리카의 산[4](San)족을 들 수 있다. 수집된 여러 증거에 따르면, 반투족은 그들이 보유한 문화와 기술로, 그리고 때로는 무력으로 이 종족들을 굴복시켰다. 반투족의 기술력은 중부나 남부 아프리카의 다른 종족에 비해 확실히 뛰어난 것이었다. 그들은 야금술(冶金術)을 알았고 훌륭한 대장장이(鍛造工)로 통했다. 금속을 다루는 솜씨가 뛰어났던 그들은, 여전히 연마한 돌에 나무 손잡이를 부착한 돌도끼를 사용한 적의 무기와는 비할 바 없는 성능 좋은 무기를 만들어 냈다. 반투족이 훌륭한 기술력으로 효과적인 농기구를 제작하여 농업 생산성을 높인 반면, 피그미족과 산족은 여전히 최저수준의 경제 활동(사냥, 고기잡이, 곡물과 열매 채취)에 머물러 있었다.

야금술은 전략적인 측면에서 매우 중요했으므로 결국 정치권력의 밑바탕이 되었다. 족장은 가장 뛰어난 대장장이들 가운데서 선출되었으며, 그들은 지배 권력을 유지하기 위해 극소수에게만 기술을 비밀리에 전수했다. 여러 가지 흔적으로 보아, 금속 기술에 얽힌 쟁점과 다툼은 비교적 최근까지도 계속되었다는 것을 우리는 확인할 수 있다. 예를 들면 콩고와 같은 큰 왕국에서 왕은 ―금속의 비밀을 알고 있으므로― 마술사로 인식되었으며, 금속을 직접 다루는 일을 그만 두었다 해도 대장장이의 우두머리로 떠받들어졌다.

새로운 땅에 이주하여 단 시간 내에 지배권을 확보한 반투족은 토착민의 일부를 내쫓기도 했지만 대부분은 자신들의 사회로 통합시켰다. 결국 토착민들은 새로운 이주자들의 언어, 습속, 신앙, 기술 그리고 가족 및 정치 조직의 체계까지 받아들였으며, 기껏해야 자신들의 몇 가지 풍속을 보존하는 정도였다. 예를 들어 산족은 대초원으로 피난했고, 피그미족은 밀림 속으로 생활터전을 옮김으로써 자신들의 정체성을 보존할 수 있었지만, 수많은 종족들은 반투족에 동화되고 혼혈관계를 맺음으로써 종족의 정체성을 잃고 사라져 버렸다. 비교의 관점에서 이야기하자면, 반투족의 대이동은 유럽으로 몰려들었던 야만인들의 대 침공처럼 갑작스럽고 극적인 성격을 띠지는 않았지만, 그 결과는 장기간에 걸쳐 훨씬 더 중요한 흔적을 남겼다. 중부, 남부, 동부 아프리카 사람들의 거의 대부분이 오늘날 반투어를 사용하고 있기 때문이다.

규칙적 내륙의 이동

인류의 이동은 계절의 변화나 역사적 사건, 그리고 경제적 여건의 영향을 받는 경우가 많았다. 목축을 하게 되면 필연적으로 풀이 무성한 좋은 장소를 찾아야 하기 때문에, 부족 전체가 끊임없이 새로운 목초지를 찾아 이동을 했다. 이러한 형태의 이주에 의해 목축에 관한 지식이 아프리카 북부에서 남부로 전파되었을 것이며, 이 새로운 생산 활동은 신석기 시대와 그 이후 농작물 생산에 의존하는 경제활동으로 점차 대체해 나갔다.

목축업을 하는 유목민에게는 기후 여건이 가장 중요한 역할을 했다. 대략 기원전 1만 년경부터, 비옥한 목초지로서 수많은 강을 품고 있던 사하라가 건조해지고 물이 마르기 시작했다. 그 결과 그곳에 거주하던 종족들은 좀더 살기 좋은 곳, 즉 남쪽으로 이동하지 않을 수 없었다. 역사가들은 아직도 그 이동경로나 종족의 이름을 정확하게 밝혀내지 못했다. 그만큼 이동 종족들은 대규모로 여러 종족들을 혼합시켰고, 사하라 남부지역의 〈인종〉 분포를 변화시켰기 때문이다. 계절에 따라 이동하는 북아프리카의 이동목축은 오늘날까지도 계속되고 있는데, 유목민들은 자기 소유의 가축뿐만 아니라 우기에는 정주농민(定住農民)들의 가축까지도 북쪽으로 이끌고 가며, 비가 오지 않는 건조한 계절에는 남쪽으로 내려간다. 이 계절적 이동은 언제나 서로 다른 부족들 사이에 혼례에 의한 결합과 종족혼합을 초래했으며, 그것은 검은 대륙 아프리카의 인종분포를 복잡하게 만들었다.

이와 병행하여 서부 아프리카에서는 동쪽에서 서쪽으로 이어지는 이동의 움직임이 포착되었는데, 그 목적지는 내륙 지역과 북아프리카의 지중해 연안 구릉지대 그리고 아프리카 서해안 지역이었다. 빽빽한 밀림 때문에 대규모 인구 이동에 적합하지 않은 중앙부는 고려의 대상이 아니었다. 가장 유명한 이주는 풀라니족[5]의 움직임이지만, 대부분은 전설의 영역에 속할 뿐 역사적으로 확인된 것은 아니다. 구전에 의하면 이 유목 민족은 파라오 시대의 고대 이집트로부터 서부 아프리카까지 이동했던 것으로 보인다. 분명한 것은 풀라니족에 속하는 여러 부족들이 차드 호수에서부터 서쪽 끝인 세네갈에 이르기까지 서부 아프리카 전역으로 퍼져나갔다는 것이다. 그리고 이동 목축에 적합한 계절 이동뿐만 아니라 푸타 잘론(기니), 푸타 토로(세네갈), 마시나(말리)의 정주에서 보듯 매우 규칙적으로 이동해갔다는 점인데, 이러한 사실들은 역사적으로 확인된 것이다. 하지만 나머지 이주 행렬은 전설에 속하는 것 같다. 1950~1960년대에 세네갈 학자 세이크 안타 디오프는 이집트 초기 파라오와 흑인에게 공통점이 있다는 사실을 발견했다. 이것은 세네갈의 과거 문화를 선양시키는 전략으로 이용되기도 했다. 또 일부 언어학자들은 풀라니족의 언어와 파라오의 언어 사이에 유사성이 있다고 주장하기도 했지만 거기에 과학적인 근거는 찾아볼 수 없다.

오래 전부터 유럽은 파라오시대의 이집트를 독자적인 과학과 예술과 문화의 발상지로 간주했는데, 이집트 문명을 이렇게 지나치게 강조하다보니 검은(黑) 아프리카에서 비롯된 여러 문화적 전통들은 가락을 잡기가 어렵게 된다. 가봉의 팡족[6]이 바로 그런 경우이다. 그들의 이주는 북동/남서 축을 따라 19세기까지 계속되었는데, 그들의 집단적 기억은 서사시적 성격을 확대시켜 출발점을 이집트로 거슬러 올라갈 정도로 과장했지만 그것은 거의 가능성이 희박한 일이다. 또하나 예를 들어 〈닐로〉 혹은 〈하미트〉라고 불린 종족의 이주도 역시 마찬가지이다. 구전과 나중에 이루어진 연구에 따르면, 그들은 아프리카의 북동쪽에서 출발하여 나일 강의 계곡을 따라 남쪽으로 내려온 다음 대(大) 호수 지역에 이른 것으로 추측할 수 있다. 그러나 식민지 행정 관료들은 이런 신화들을 교묘하게 이용하여(게다가 날조하기까지 하여), 르완다에서는 〈하미트〉 투치족을 키 크고 잘 생기고 기품 있고 지적인 정직한 종족으로 평가하고, 반면 〈하미트〉가 아닌 후투족은 땅딸막하고 촌스럽고 투박하며, 무엇보다도 지능이 낮은 종족이라고 주장했다. 이 같은 차별

역 주……………………………………………………………………

5) 차드 호에서 대서양 연안에 이르는 서아프리카 각지에 흩어져 산다. 풀풀데라고 하는 니제르 콩고어족. 서대서양어군에 속하는 언어를 쓴다.
6) 반투어를 쓰는 종족. 전설에 의하면 기원전 19세기 초에 사바나 고원에서 삼림 지대로 이주해왔다. 뛰어난 전사로 사냥 솜씨가 훌륭했으며, 식인풍습으로 유명하다.

은 식민 행정이 투치족에 의존하여 진행되었으며, 그 대가로 그들에게 세력을 부여했던 사실을 설명해준다. 그러나 서부 아프리카의 동–서 축을 따른 이동에서처럼 동부 아프리카의 남–북 축으로 진행된 순환성 이주가 특히 나일 강 협곡과 리프트 벨리를 따라 이루어진 것이 사실이라 하더라도, 이 이주의 움직임이 고대 이집트까지 거슬러 올라간다고 주장할 근거는 오늘날 찾아볼 수 없다.

목축업과 마찬가지로 교역 또한 이주의 중요한 원인이 되었다. 서부 아프리카의 교역은 주로 육로를 통해 이루어졌으며 그것은 잘 조직된 도로망 덕분이었다. 기원 이래 혹은 그 이전부터 시작되었을 사하라 횡단 교역은 두 가지 요인에 의해 크게 증가되었다. 그중 한 가지는 중동지역에서 널리 사용되던 낙타가 기원 초에 아프리카에 도입되었다는 점이다. 낙타는 황소에 비해 두 배의 짐을 운반할 수 있고, 두 배나 빨리 걸을 수 있으며, 한꺼번에 열흘 분 이상의 식량을 몸에 비축할 수 있다. 따라서 낙타는 우물 사이의 간격이 멀리 떨어진 사막의 여정에 아주 적합한 운송수단이 되어주었다. 둘째 요인은 7세기 이후 북아프리카 지역에 이슬람교가 퍼져나가면서 상인들의 숫자가 증가한 사실인데, 이들을 움직인 것은 선교에 대한 의지만이 아니라 교역수송량을 통해 돈을 벌려는 열망이었다. 사하라 사막을 횡단하는 교역은 놀라울 만큼 증가하여 어떤 역사가들은 이 사막을 지중해에 비유하기도 했다. 사실 사하라 사막의 가장자리에 위치한 도시들(그 유명한 도시 통북투[7]를 비롯하여)은 항구 역할을 하면서, 〈선박〉들(이것은 물론 카라반 즉 대상(隊商)을 말하는데, 한꺼번에 2천 마리에 달하는 낙타를 이끈 카라반들도 많았다)을 받아들이고, 짐을 하역하여 주변 지역에 공급했다.

사하라사막 횡단 교역로는 사헬[8]에서 정지되었다. 체체파리[9]때문에 그 이상 남쪽에서 낙타를 이용할 수 없었기 때문이다. 이 교역로는 디울라족의 거주지를 비롯하여 여러 곳으로 연결되어, 주로 콜라—쓴 맛이 나는 견과류로서 씹어 먹으면 각성 효과가 있어 흔히 커피와 비교된다—의 유통망으로 이용되었다. 디울라족은 기니만(서부 아프리카의 남쪽 대서양 해안)에 접하고 있는 삼림지대에서 생필품을 조달했으며, 사하라 너머의 큰 상업도시까지 거슬러 올라갔다.

중앙아프리카의 대규모 교역은 주로 강을 이용해서 이루어졌다. 콩고 강과 수많은 지류에는 수백 척의 카누가 끊임없이 왕래했다. 운항거리는 그다지 길지 않았지만, 곳곳에서 상품이 잘 팔려 나갔기 때문에, 대서양에서 잡은 생선(훈제하여 보존한)이 강을 따라 해안에서 수백 킬로미터 떨어진 곳까지 운반되었고, 반면에 내륙의 농산물과 사치품들이 해안으로 보내졌다. 여러 가지 상품의 유통과정은 인종의 혼합에 중요한 역할을 했다. 그것은 또한 아프리카 대륙의 여러 상이한 지역간에 밀접한 교류를 가능케 했다. 북아프리카와 수단-사헬 지역간의 교류, 수단-사헬 지역과 서부 아프리카의 삼림 지역, 대서양 연안 지역과 콩고 유역, 동부 해안지역과 콩고 유역, 그리고 동부 해안 지역과 서부 해안지역 간의 직접적인 교류 등이 그것이다.

이러한 접촉은 인종과 문화를 혼합시켰다. 상인들이 혼합의 그물망을 만들어냈기 때문이다. 그들은 교역활동을 지속시키기 위해 주저없이 대상 지역 사람들과의 혼인을 통한 결속을 다졌고, 주요 거점에 형제들과 아들들을 정착시켰다. 그 결과, 인종 개념이 모호해졌으며, 특히 디울라족의 경우가 그렇다. '디울라'라는 말은 처음에는 다양한 기원을 가진 상인들의 교역활동을 의미했다. 그러나 이 교역망의 내부에서 이루어진 결혼, 특별히 눈에 띌 정도로 두드러진 특징을 가진 사람들(〈이교도〉의 땅에서 활동하는 이슬람교 신자), 폐쇄적인 그물망 내에서의 활동…이 모든 요소들이 하나의 문화만이 아니라 심지어 고유한 언어마저 탄생시켰고, 점차 일단의 사람들에게 집단의 민족화를 이루게 해주었다. 따라서 그들의 민족화는 오늘날 공통의 기원과 혈연관계를 인정한다.

외부 세계의 영향

아프리카는 대륙 내부에서의 이주 외에도 외부 세계와 중요한 교류를 하고 있었다. 특히 교역활동을 통해 이루어진 이웃 지역과의 교류는 육로(아라비아와 중동을 통해) 혹은 해상로(인도양을 통해)를 통해 아시아와 정기적으로 "빈번한" 접촉을 가지며 교류를 유지했다. 이렇게 하여 몇몇 종족들이, ─예를 들어 소말리아(아프리카의 〈돌각(突角)〉[10]에 위치한)의 두 종족인 갈라족[11]과 소말리족[12]─ 미개인들의 대 침입이 끝날 무렵, 대륙 너머로부터 이주해 왔을 것으로 추정되지만, 그러나 역사가들은 이에 대해 명확한 근거를 갖고 있지는 않다.

고대시대의 주요 이주 가운데 하나는, 현재까지도 정확하게 밝혀진 것은 아니지만, 히브리인(유태인)과 관계된 것이다. 우리는 성서의 출애굽기를 통해서, 기원전 2000년에 셈족이 이집트로 대거 이주했다는 것, 그리고 이 움직임이 여러 세대에 걸쳐 이루어졌다는 것을 알고 있다. 또한 그 후손들이 후에 길을 되밟아 고향으로 되돌아왔다는 사실도 알고 있다. 성서에 기록된 이 이야기는 이집트로의 이주라는 역사적 사건이 벌어진 지 몇 세기가 지난 이후에 쓰인 것이며 역사가들 또한 그것을 문자 그대로 받아들이는 것은 아니다. 그럼에도 불구하고 이 모든 것들은, 특히 중동지역의 유태인과 비교적 그곳과 지리적으로 인접한 아프리카 사람들 사이에 밀접한 교류가 있었다는 분명한 증거가 된다. 오늘날 에티오피아에는 자신들이 유태인의 후손이라고 주장하는 사람들이 있다. 그 유명한 팔라샤[13](이 명사는 암하라[14] 말로 추방된 사람, 격리된 사람, 이민족〈異民族〉을 뜻한다)족들이 그 예이다. 그들이 행하는 유대교 의식은 고대 이스라엘 왕국의 그것과 흡사한 데가 있다. 물론 그들이 디아스포라 시대의 유태인들과 혈연관계가 있다는 사실은, 그들의 검은 피부가 현지인과의 극심한 혼혈을 의미한다는 유연관계(類緣關係) 이외에는 과학적으로 규명되지는 못했다. 그러나 1973년 이스라엘 종교 당국은 그들을 유태인으로 인정했으며, 그중 일부는 이스라엘로 이주하기도 했다.

또 하나 특별한 이주현상은 탈(脫)식민지화시기에 북아프리카에 상당수 거주하고 있던 유태인(세파라딤)[15]의 존재 사실을 설명해 줄 중요성

10) 에티오피아, 지부티를 포함하는 소말리아 지역은 지형상 '아프리카의 돌각'이라고 불린다.
11) 에티오피아에서 가장 큰 단일 언어 인종 집단. 함셈어족에 속하는 쿠시어 계통의 언어를 쓴다.
12) 아프리카의 소말리 전 지역과 지부티 일부 지역, 에티오피아, 케냐의 일부 지역에 사는 종족. 홍해를 건너 온 아랍인의 영향으로 이슬람교로 개종.
13) 에티오피아 시미안 산맥 깊은 곳에 사는 유대교를 신봉하는 햄족.
14) 셈족 계통의 언어로 에티오피아의 공용어.
15) 이스라엘의 유태인은 크게 독일을 비롯한 동유럽과 미국에서 이주해온 아슈케나짐과 에스파냐와 포르투갈계의 세파라딤으로 양분된다. 세파라딤은 중세 이후 북아프리카, 지중해, 네덜란드, 영국, 아메리카 등으로 이주하여 살았으며 피부가 검은 것이 특징이다.

〈아프리카의 이주(15세기~현대)〉

이주원인		시기	민족	출발지	이주지역	규모(인수)
유럽인의 노예매매		15세기	아프리카인	아프리카	유럽(특히 리스본)	수천 명
		15C 말~20C 초	아프리카인	아프리카	아메리카	900만~2천만?
		17C~ 20C 초	코이(후텐토트)	아프리카 북쪽	앙골라·서아프리카 마다가스칼 섬·코모로 제도 동아프리카·아시아 (세이론, 인도, 인도네시아, 말레이시아)	2만 명
식민지 시대의 이주		17C 중반	네덜란드인, 독일인		케이프타운	600명
		1685~	프랑스의 유구노		케이프타운	200명
		18C 말		케이프타운	북·동방 피슈리바	
		1835 ~41	보어인	남아프리카	나타르·오렌지 트랜스빌	6,000명
		17C~ 20C 초	영국 식민지 소속민 (인도인 등)		남아프리카	
		19C 말	유럽인		동·남아프리카 (케냐, 로데시아)	
		19C 말	인도인		남아프리카와 영국 식민지(케냐, 우간다)	
		19C 말	레바논인, 시리아인		세네갈을 중심으로 한 프랑스 식민지	
			아프리카인 중국의 쿨리		콩고 오시안의 철도 공사	12만 5,000명
2차례 대전, 식민지 전쟁 (병사·포터의 축출)		1914~ 45	아프리카인	아프리카	유럽·아시아	수만 명
현대의 대이주	경제적 장해	1980~ 비합법	아프리카인	아프리카 농촌부	대도시·외국(코토지 보아르·나이지리아, 남아공, 유럽)	수만 명
	정치적 분쟁	1994	와트족·쓰치족(대학살 도피망명)	르완다	자일·탄자니아 난민 캠프	100만 이상

이 있다. 기원전 마지막 몇 세기 동안, 그리고 〈예루살렘의 함락〉 이후 팔레스타인에서 건너온 상인들이 이웃 지역의 페니키아인과 더불어 지중해 주변 여러 곳에서 교역활동을 위한 해외거점을 확보했다. 이 사람들 중 일부는 현지의 기독교 혹은 이슬람교에 동화되었지만, 또 다른 사람들은 수세기 동안 자신들의 정체성을 유지했으며, 프랑스에 의한 알제리 식민 시대에(19세기) 새롭게 유입되어 온 사람들과 합류했다.

일반적으로 북아프리카는 외부의 문물을 폭넓게 받아들였으며, 또한 역사적인 전환기에는 외부 세계에 문화와 이주자들을 내보내는데, 공헌했다. 예를 들면 로마 제국에 의한 통치 기간, 서기 429년 반달족의 침입, 고대 시대부터 지리상의 대 발견의 시대(15세기) ―이 시기에는 대서양 횡단 무역 때문에 지중해 연안의 교역이 쇠퇴하긴 했지만― 에 이르기까지, 지중해를 무대로 한 교역활동에 적극적으로 참여했던 사실을 지적할 수 있을 것이다. 이 같은 일련의 사건들, 그리고 7세기 이후 이슬람교의 팽창은 대체로 북아프리카의 주민들이 사하라 남쪽 사람들과는 달리 〈백인〉들이었다는 사실을 설명해준다. 마찬가지로 중동지역, 아프리카의 돌각(突角)지역, 그리고 이슬람교가 유입되기 훨씬 이전 남부 해안지대 사이에서 이루어진 교류는 동부 아프리카인들의 혼혈관계를 밝혀준다.

인도네시아 이주의 역사

동부 아프리카에서 이루어진 고고학적 발굴에 의하면, 인도양을 무대로 활발하게 벌어진 대규모 교역에서 아프리카가 큰 역할을 맡았다는 것을 보여준다. 이 교역활동은 ―지중해를 고대 세계의 중심지로 간

주했던 유럽 중심적인 역사관에 의해 오랫동안 가려져 있었지만— 지중
해를 무대로 하는 교역만큼이나 중요성을 띠었을 뿐만 아니라, 그 규모
도 방대했다. 왜냐하면 그것은 모잠비크(남아프리카)로부터 특히 아라비
아, 인도, 인도네시아를 거쳐 중국에 이르는 모든 연안지역(그리고 그 주
변 배후 지역)에 걸쳐 진행되었기 때문이다. 고고학자들의 연구에 따르
면, 진주, 도기(陶器), 직물, 향신료 등은 지금의 짐바브웨 같은 나라가
고대의 중화제국과 관계를 시작한 것이 기원 초 혹은 그 이전이었다고
추정하게 된다. 어쨌든 이것은 마르코 폴로의 대여행보다 훨씬 앞서 일
어난 일인 것이다. 한편 오래된 중국의 문헌에는 동아프리카 해안에 관
한 언급이 있으며, 동양에는 알려지지 않는 기묘한 기린과 같은 동물들
이 묘사되어있다.

인도양의 교역은 인도네시아인들의 전유물이었다. 뛰어난 항해사
이며 노련한 상인인 인도네시아인들은 부유(浮游) 목재를 부착한 카누
를 이용해서 연안 무역을 했는데, 이런 선박은 오늘날에도 인도네시아
와 코모르 군도에서 사용되고 있다. 이 교역은 수익성 때문에(항해는 몇
달 동안 계속되었다) 귀중품만을 취급했다. 인도네시아 상인들은 아프리
카에서 상아, 물소의 뿔(당시에 벌써 최음 효과가 있는 것으로 알려졌다),
거북 등 껍질, 귀금속(금, 구리) 등을 구입했다. 그들은 그 대신 아프리카
에서는 볼 수 없는 물건들을 가져왔다. 그것은 비단, 유리 제품, 자기 등
이었고, 포도주, 밀, 소맥 그리고 설탕도 포함되어 있었다.

아프리카에서의 교역망을 확보하기 위해, 인도네시아 상인들은 거
래가 빈번한 지역에 동향인들을 일부 정착시켰다. 상인들이 극동지역
과 아프리카를 오가며 무역을 하는 동안, 이렇게 현지에 정착한 중간상
인들은 상품의 수집, 거래, 그리고 수입품의 분배를 전담했다. 이런 식
으로 상당수의 인도네시아인들이 아프리카에 정착한 것으로 추정된다.

사실 대부분의 상인들은 가족 없이 혼자 머물다가 현지 여자와 결혼을 했다. 오늘날 아프리카 해안지대 인구의 절대다수가 혼혈이라는 사실은 이러한 사례가 몇몇 개인에 국한된 일이 아니었음을 말해준다.

인간적인 일이면서 동시에 문화적인 현상인 혼혈은 마다가스카르의 경우 특히 주목할 만 하다. 오늘날 이 지역의 사람들에게서 찾아볼 수 있는 극도로 다양한 인간형은 지극히 두드러진 〈반투족〉 타입에서부터 분명히 아시아인에 가까운 사람에 이르기까지 여럿이지만(그중 어떤 사람들은 인도인이나 인도네시아인으로 통하는 데 전혀 문제가 없다), 인구의 대부분이 분명하고 독특한 혼혈현상을 보여주고 있기 때문에 여러 잡다한 인종이 뒤섞여 있는 가운데에서도 마다가스카르인은 쉽게 알아볼 수 있다. 한편 문화적 혼혈국가로서의 마다가스카르는, 진정 아프리카 대륙에 속하는 나라로 〈분류〉하기도 어렵고 그렇다고 아시아와 닮은 나라라고 할 수도 없다. 예를 들면 이 나라의 기반 경제는 분명히 인도네시아식 기술을 이용한 쌀농사에 있다. 그러나 저 유명한 "죽은 사람의 부활" 풍속[16]이나 남자들의 의상인 〈토가〉(긴 예복)는 마다가스카르가 문화와 전통에 있어서 검은 대륙과 공통점이 있음을 보여준다. 최근의 연구에 따르면 마다가스카르 섬에는 기원 초까지도 사람이 살지 않았던 것으로 보인다. 일부 역사가들이 피그미족과 유사한 사람들(마다가스카르 구전에 언급된 신비한 바짐바족일지도 모른다)이 거주했던 흔적을 떠올리기도 했지만, 선사시대까지 거슬러 올라가는 인간의 흔적, 무기, 도구, 인골 등 어떤 종류의 유적도 발견되지 않았기 때문이다.

이 거대한 섬에 자리 잡기 시작한 최초의 주민은 기원 6세기나 그

16) 이 풍속은 매장된 지 몇 년이 지난 사체를 꺼내 본가로 옮긴 다음 사체를 싸고 있던 천을 다른 천으로 바꾸어주는 의식이다. 이때 마을에서는 친척은 물론이고 이웃을 초대하여 음주가무로 죽은 사람을 위로한다.

이전에 외부에서 건너온 사람들로 추정되지만, 이에 관한 이론들은 상반된 견해를 보이고 있다. 몇몇 학자들은 마다가스카르 섬을 우연히 발견한 인도네시아인들이 최초의 섬 주민이었으며, 본국으로 향하는 직선 항로를 찾기 위해 아프리카 해안을 벗어나는 중에 이 섬을 발견했으리라고 추정한다. 이 인도네시아 상인들은 아프리카 사람들인 그들의 처와 노예들을 이곳으로 데려왔을 것이다. 이와 다르게 어떤 학자들은 마다가스카르 섬에 사람이 정착하게 된 기원을 이미 폭넓게 혼혈화한 아프리카인들에 두고 있으며, 이들이 보다 국지적인 항해 도중에 이 〈큰 섬〉을 발견하게 되었을 것이라 추정한다. 어떤 경우이거나, 마다가스카르 섬의 정착은 수세기에 걸쳐 진행되었다. 바로 이곳에서 출발하여, 코모로 군도(마요트 섬을 포함하여), 레위니옹 섬, 모리셔스 섬 등과 같은 훨씬 더 작은 여러 섬으로 사람들이 퍼져나갔던 것이다.

이슬람교와 아랍인의 물결

반투어계 종족의 대이동 이후 진행된 두 번째 이주의 움직임은 북아프리카와 동아프리카에 걸치는 지역에 밀려들었다. 외부로부터 비롯된 이 움직임은 종교에 뿌리를 두었다. 예언자 마호메트(원래 이름은 무하마드)가 사망한 지 얼마 되지 않아서, 이슬람교로 개종한 아라비아 사람들은 성전(聖戰)[17]을 통해 자신들의 신앙뿐만 아니라 문화적 정치적 상업적 지배권을 확장시키고자 했다. 그들은 639년에 이집트에서 기반을 확보하고,[18] 이때부터 북아프리카에 조수처럼 밀려들어오기 시작했다. 종교적 열정으로 무장된 노련한 기병대를 주력부대로 활용했던 아랍인들은 불과 몇 십 년 사이에 아프리카 북부 전체를 장악했다.

서기 656년에 그들은 이프리키야(현재의 리비아 북부)에 도달했다. 7세기 말과 8세기 초에는 지브롤터 해협 부근까지 나아갔고, 마침내 해협을 건너 스페인을 휩쓸고 이어서 프랑스 남부로 진출했으며, 732년에야 푸아티에에서 진로를 차단당했다. 이 거대한 원정은 관련 지역 사람들의 지리적 분포에 지극히 중대한 영향을 미쳤다. 우선 다수의 아랍인들이 신생 아랍 제국의 병사와 관리로서 이주했다가 마침내 상인의 자격으로 북아프리카에 정착했다. 한편 북아프리카 토착민 가운데 격렬한 전투와 아랍인들의 가혹한 지배를 피하고자 한 사람들, 또 이슬람교로 개종하기를 거부한 사람들은 집단적으로 도피성 이주에 착수하여 서쪽과 남쪽, 특히 아틀라스 산맥과 사람이 거의 살지 않는 연안 너머의 지역으로 피신했다. 마지막으로 아랍 군대에 새로운 개종자들이 징집되어 몰려들면서 본토인들은 다른 지역으로 분산되었다. 이렇게 하여 불과 몇 년 사이에 북아프리카 전체에 걸쳐 거대한 인종 혼합이 이루어졌다.

이러한 혼합은 교역활동에 의해 지속되었다. 아랍인들의 열렬한 주도로 북아프리카 그리고 사하라 횡단 교역은 새롭게 번창해 나갔고, 새로운 이주의 물결을 일으켰다. 아랍 상인들은 뛰어난 솜씨를 발휘하여 사하라 남쪽지역에 이슬람교를 전파시켰다. 대규모 무역이 가져온 막대한 수익은 그들의 생활수준을 높였을 뿐만 아니라, 문자 문화에 숙달한 그들에게 비할 바 없는 위엄이 부여되었다. 게다가 아랍인들만이 사하라 사막을 넘어 남쪽으로 이동했던 것은 아니었다. 왜냐하면 18세기에 가오(현재의 말리에 위치한 송하이 왕국의 수도)에는 이미 유태인의 공동묘지가 존재했다. 그것은 적어도 400~500년 전에 조성된 것으로 보였기 때문이다. 또한 성도(聖都) 메카로 가는 순례자들의 왕래가 주민들의 이주에 중요한 역할을 했다. 이 여행은 몇 달 혹은 몇 년이 걸렸으며, 신자들 중에는 직업적 혹은 상업적으로 좋은 기회를 포착하면 출발지까지 되돌아가지 않고 도중에 어딘가에 정착하는 사람들도 있었기 때문이다.

아프리카 동부 해안지대에서의 아랍인의 팽창은 북아프리카의 경우처럼 군사작전에 따라 갑작스럽게 이루어지지는 않았지만 장기적으로 보면 마찬가지로 중요한 영향을 미쳤다. 고대시대 이래로 중동 사람들은 해상로를 통해 동부 아프리카를 자주 드나들었다. 인도네시아와의 교역이 쇠퇴하고 아랍인의 세력이 팽창해감에 따라 인도양을 통한 국가간의 교류에도 변화가 생겼으며, 10세기부터 이슬람교도 상인들이 인도양을 지배하기에 이르렀다. 아랍인들은 동부 해안에 모가디시오[19], 말린디[20], 몸바사[21], 킬와[22] 같은 교역상의 무역 전진기지를 세웠으며, 그것들은 곧 도시 국가의 모습을 갖추었다. 이슬람 제국에 대해 정치적 자율권을 갖고 있었던 아랍의 술탄들이 직접 이 전진기지들을 관할했다. 그리하여 코모르 사람들은 8세기에 이슬람교를 받아들였지만, 16세기에 쉬라즈[23]에서 온 이슬람교도들이 권력을 장악하고 소위 〈쉬라즈〉 술탄이 되면서 끊임없이 권력 싸움을 벌였기 때문에 〈싸우는 술탄들〉로 불렸다.

아프리카 동부 해안에 대한 아랍의 장악력은 오만[24] 술탄들(오만 출신)의 지배가 시작됨으로써 더욱 더 신장되었다. 18세기와 19세기에는 마즈루이족이, 이어서 19세기에는 부자이디족이 몸바사(현재의 케냐)에 정착했으며, 이후 잔지바르와 팸바 섬[25]을 장악했다. 그들은 이곳에서 대규모 야자나무와 정향나무 단지를 조성했으며, 그들이 활력을 불어넣은 탄자니아 해역의 교역활동은 19세기 전반에 이르러 절정에 달했다.

아랍인들이 동부해안 지대에 정착하면서 거대한 혼혈현상이 빚어졌다. 현재 이곳 해안의 주민들은 아프리카인의 검은 피부, 그리고 아랍과 페르시아인의 섬세한 얼굴 윤곽을 갖고 있다. 아라비아와의 교역이 해안만이 아니라 내륙에서도 다각적으로 이루어진 결과, 오늘날 백인의 피부에 아랍어를 구사하고 이슬람교를 믿으며 스스로를 아랍인으로 생각하는 사람들을 아프리카 중심부와 콩고 분지에서도 볼 수 있게 되었다. 자이레의 수도 킨샤사에는 이와 같은 아랍인 거리가 있다. 끝으로 이 대규모의 인종혼합으로부터 태어난 새로운 문명, 즉 '스와힐리 문명'이 탄생했으며 그것은 아랍과 반투족의 두 요소로 구성되었다. 문법 구조는 반투어에서 왔고 어휘는 아랍어와 반투어에서 차용된 놀라운 혼합 언어인 스와힐리어는 오늘날 아프리카에서 가장 널리 사용되는 언어중의 하나이다.

최초의 아프리카 노예무역

서기 500년경까지 아프리카와 외부 세계와의 교역은 어떤 균형 속

역 주

19) 아프리카 소말리아의 수도.
20) 케냐 남동부의 도시.
21) 케냐 코스트 주(州)의 주도(州都).
22) 탄자니아의 인도양 연안에 있는 섬.
23) 이란 남부의 도시.
24) 아라비아 반도 남동부에 있는 나라. 정식 명칭은 오만 이슬람 왕국.
25) 탄자니아 북동쪽 연안에서 56킬로미터 떨어진 인도양 위에 있는 섬.

에서 평등의 원칙에 따라 이루어졌다. 그러나 아랍 세력(나중에는 유럽 세력)이 팽창하면서, 다루기 쉬운 유순한 아프리카 노동자들에게로 교역의 관심이 집중되었다. 이렇게 하여 당시까지 교역의 부가 〈상품〉[26]으로 간주되었던 아프리카 노동력은 새로운 강제 이주를 일으키게 되었다. 그것은 오늘날 전 세계에 흑인들이 대규모로 분산되어 있는 사실을 보더라도 그 규모가 컸다는 것을 알 수 있을 것이다.

노예제도 자체는 아프리카에서 아주 역사가 오래된 관행에 속한다. 수많은 사회에서 사람들은 전쟁에 패한 적군의 병사들, 부채를 갚을 능력이 없는 채무자들, 온갖 유형의 도둑패들과 부랑자들을 노예로 삼았던 것이다. 시간이 흐르면서 이 노예들의 후손은 차츰 주인의 가계(家系)에 편입되어갔다. 물론 노예라는 딱지는 지역에 따라 여전히 불명예스러운 일로 간주되었지만 말이다. 이런 통합이 완벽하게 이루어져 주인-노예의 관계가 아버지-아들의 관계처럼 가까워지기도 했고, 〈포로〉가 주인을 계승하고 중요한 정치적 직능까지 물려받기도 했다.

고대시대 이래로, 특히 아랍인이 세력을 잡은 이후부터, 노예무역은 자리를 잡았으며, 이집트, 아라비아, 인도, 남부 유럽, 그리고 어쩌면 극동까지도 교역 대상이 되었다. 이집트 사람들이 〈벌거벗은 재산〉이라고 부른 누비아의 흑인 노예들은 매우 평판이 좋았다. 남자들은 근육이 튼실하고 힘이 세었으며 일에 열심이었고 특히 전투에서 용맹했기 때문에 가장 선호하는 병사가 되었다. 그러므로 이집트 고(古)왕국의 파라오들은 이미 5000년 전에 흑인 노예들을 병사로 징집했으며, 그들의 먼 후손인 무하마드 알리(프랑스에서 메헤메 알리라고 잘못 알려진) 또한 19세기 초 선조의 전철을 밟았다. 남자 흑인 노예에게 할당된 기능은 그밖에도 여러 가지가 있었는데, 그중에는 인도 왕의 궁중에서 환관으로 일하는 자도 있었다. 여자 노예들은 솜씨 좋은 요리사, 세심한 가정부로서만이 아니라 감미로운 첩실(妾室)로도 평판이 높았다.

　노예 수요가 증가하면서 주인-포로의 신성한 관계는 점차 깨어졌으며, 아프리카 사람들이 대규모 인신매매의 당사자가 되었다. 양심 없는 인간들은 싼값에 〈끌어 모은〉 노예들을 비싼 값에 팔아넘김으로써 인적 자원이 풍부한 이 대륙에서 무수히 많은 노예들을 펌프처럼 〈퍼내는〉 인신매매 유통 시스템을 가동시켰다. 흑인 매매는 전통적인 교역로를 통해 이루어졌다. 사하라 횡단로를 통해서는 모로코, 튀니지, 리비아, 수단, 이집트로, 동부해안에서 시작하는 해상로는 홍해와 인도양쪽으로 나아갔으며, 지중해를 통해서는 유럽 남부로 이어졌고, 역시 노예가 필요했던 오스만 제국에까지 인력이 공급되었다. 육로로 이동하는 노예들은 긴 행렬을 이루며 걸어야 했다. 이렇게 이동하는 노예들을 이용하여 때때로 짐을 수송하게 했는데, 특히 남자노예들은 등짐으로 커다란 상아를 운반해야 했다. 그러나 이 포로들을 혹사하지 않도록 주의하기도 했는데, 그것은 도착지에서 노예들을 비싼 값에 팔아야 했기 때문이다.

　아랍인과 인도인에 의한 노예 매매를 통해 거래된 흑인의 숫자를 정확히 제시하기는 어렵다. 역사학자 랄프 오스틴은 대강의 셈을 시도한 결과, 1200년 이상의 기간에 걸쳐 수백만 명의 노예가 매매 되었다고 추산했다. 반면 사회적 차원과 인간적 차원을 포함한 평가는 좀더 쉽게 할 수 있을 것 같다. 중동지방을 대상으로 한 노예매매는 —갖가지 예외적 경우들이 있기는 했지만— 대체로 대서양을 통한 교역처럼 야만

역 주..
26) 이 "상품"의 개념은 오늘날 받아들일 수 없는 것이지만, 당시로서는 흔한 생각이었다. 19세기 말까지 흑인 노예들은 노예 매매를 하는 사람들로부터 상품 대접을 받았던 것이다. 따라서 우리는 이 용어를 따옴표를 붙여 의도적으로 그대로 사용했다.

적이고 비인간적이지는 않았다. 새로운 땅에 도착한 흑인들은 때때로 어려움을 겪으면서 점차로 그 사회에 적응했으며 결혼과 혼혈을 통해 그 주민들 속으로 동화되어갔던 것이다. 하지만 이 교역은 아프리카에 비극적인 결과를 가져다주었다. 즉 아프리카 대륙에 노예 공급처라는 명예롭지 못한 이름을 부여했을 뿐 아니라 인구 통계적인 측면에서도 큰 피해를 끼쳤다. 아프리카가 정치 경제적으로 도약하려는 시기에 절실히 필요했던 인력, 그리고 활기찬 잠재력을 앗아갔기 때문이다.

참으로 큰 변화가 일어난 것은 15세기에 최초로 유럽인들이 몰려들면서부터였다. 당시 아프리카는 부유한 대륙이었다. 풍부한 천연자원, 특히 광물자원(금, 구리 등)은 아프리카 대륙 여러 지역에서 커다란 번영을 가져다주었다. 1324년 말리의 황제 칸칸 무사는 메카의 순례에 나서면서 수만 명에 달하는 수행원들을 동반했다. 사치하기로 이름난 그는 카이로에 도착하여 엄청난 돈을 쓰고 재물을 여기저기 마구 뿌리는 바람에 그 후 12년 동안 금의 유통 시세가 하락할 정도였다. 정치적 측면을 보면, 많은 지역이 국가 형태로 구조화되어 있었으며, 강력한 정치권력, 행정조직, 조세 및 군사 체계가 갖춰져 있었다. 기타 지역 사회는 국가의 얼개를 갖추지 않은 채 유지되었지만, 극도로 위계질서를 이룬 복합적인 조직망은 시간의 흐름에 대해 안정적이었고 그 운용양태는 상황에 따라 변화되었다. 오늘날 전문가들은 당시 아프리카가 다른 대륙과 비슷한 정도로, 특히 유럽과 비견될 정도의 〈발전〉을 이룩했었다고 진단한다.

그러나 르네상스시대는 유럽에 새로운 의지를 불어넣음으로써 이런 유사성의 균형은 깨지고 말았다. 그것은 세계를 발견하려는 (그리고 정복하려는) 의지였다. 아프리카인의 역사에 이러한 욕망은 존재하지 않았던 것 같다. 타인을 발견하려는 아프리카 사람들의 욕구는 타인들이 가끔 아프리카를 찾아오는 것에 만족하는 수준이었기 때문에, 결국 아프리카인이 적극적으로 외부 세계로 나아가기보다는 외부 세계의 사람들이 아프리카로 찾아들었던 것이다. 역사가들은 아프리카인이 외부 세계로 원정을 떠난 경우가 거의 없다고 하는데, 그것은 외부 세계로 떠난 원정대의 존재에 대해 실제로 입증된 것이 거의 없기 때문이다. 고대 시대[27]에는 두 사람이 아프리카 일주를 시도했다고 한다. 첫 번째는 이집트 사람으로 동부해안에서 출항한 그는 어느 순간 태양이 자신의 오른쪽을 지나 천정점(天頂點)에 이르는 것을 보았다고 한다(그것이 사실이라면, 이 이집트 사람은 아프리카 남단에 도착했던 셈이다). 그러나 그는 이 대(大) 항해를 끝내지 못하고 도중에 되돌아갔다. 두 번째 사람은 카르타고인으로 대서양쪽에서 출발하여 카메룬에 도달한 것으로 보인다. 이 사람도 계획대로 항해를 끝내지는 못했다.

가장 흥미로운 것은 콜럼버스보다 훨씬 전에 아프리카인들이 미국을 발견했을지 모른다는 가능성이다. 19세기의 한 아랍인이 전한 구전에 따르면 말리의 황제 아부바카르 2세가 동부해안에서 200척의 배에 대한 용선계약을 맺었는데, 그것은 서쪽으로 항해를 계속해서 대양의 끝에 다다를 수 있는지 알아보기 위해서였다. 그 후 여러 달이 지나서 그중 한 척의 배가 되돌아왔다. 그 선원들은 "바다 한 가운데서, 힘찬 물줄기가 흐르는 강"을 목격했다고 진술했다. 그들이 말하는 것은 아마존 강의 하구(河口)일 가능성이 많다. 호기심을 이기지 못한 황제는 이번에는 2,000척의 배를 이끌고 출발했는데, 다시는 돌아오지 못했다. 그로부터 300년 후 유럽인들이 아메리카 대륙을 발견했을 때 그들은 흑인에 가까운 사람들을 보았다고 주장했으며, 고고학자들은 그곳에서

역 주……………………………………………………………………………
27) 이에 관해서는 그리스의 역사가 헤로도토스가 남긴 이야기가 있다.

서부 아프리카 흑인들의 솜씨나 수제품을 닮은 물건들을 발굴했다. 그러나 현재로서는 결정적인 증거의 부족 때문에 아메리카 대륙에 최초로 이주한 사람들이 흑인들이었다고 확언할 수는 없다.

유럽인의 도래와 삼각무역

반면에 15세기 초부터 유럽인들이 바다 공략을 시작했다는 것은 확실하다. 그들은 특히 1482년 아프리카를 서쪽으로 우회하여 콩고 강에 도달했고, 1487년에는 희망봉에 이르렀다. 유럽 선원들과 아프리카인들 사이의 첫 접촉은 정중했다. 1484년 포르투갈 사람들이 중앙아프리카에 위치한 콩고 왕국의 궁전에 여장을 풀었으며 그들이 유럽으로 돌아갈 때 왕은 몇몇 측근을 포르투갈 왕실에 파견했다. 마찬가지로 17세기에 코트디부아르 왕국의 어떤 왕은 자신의 두 아들, 아니아바와 방가를 프랑스 루이 14세의 궁전으로 보내 왕자들의 교육을 마치도록 했다. 그들은 태양 왕[28]의 대자(代子)로 간주되었고 그 지위에 상응하는 대우를 받았다.

유럽인이 상당한 규모로 아프리카에 정착한 것은 포르투갈 사람들이 처음이었다. 그들은 15세기부터 앙골라와 서부 아프리카에 자리 잡았으며 동부해안까지 진출함으로써 아랍인들과 자주 마찰을 빚었다. 그들의 목적은 해상 교역거점을 세우고, 인도로 항해하는 배를 정박시킬 수 있는 부두 이용권을 확보하려는 것이었다. 그들은 차츰 내륙으로 세력을 넓혀갔는데 이때 큰 도움을 준 것은 일종의 군인이자 혼혈 상인이었던 〈폼베이로스〉[29]들이었으며, 그들은 내륙에서 연안 쪽으로 상품과 식량을 이동하는 일을 담당했다. 이 같은 과정을 거쳐 17세기에는 대서양 쪽의 앙골라와 인도양쪽의 모잠비크가 아프리카 최초의 유럽식 민지가 되었던 것이다.

다른 유럽인들(네덜란드인 그리고 나중에는 영국인과 프랑스인)은 서부 아프리카와 대서양 연안에 무역거점을 확보하는 것에 만족했을 뿐, 내륙으로의 진출 시도는 하지 않았다. 유럽인들이 본격적으로 아프리카를 깊이 접근해 들어간 것은 대탐험의 시대인 19세기에 이르러서였다. 유럽인의 아프리카 이주는 처음에는 소규모로 이루어졌고, 남자들에 국한되었다. 유럽 여자들은 20세기에 들어와서야 비로소 아프리카에 정착하게 되는데, 그것은 당시로서는 치료법을 알 수 없었던 열대병과 관련한 위험이 산재했기 때문이었다. 이주자들은 아프리카 여자들과 결혼 관계를 맺었지만 그녀들의 지위는 대부분 육체를 제공하는 첩실에 불과했다. 오늘날 다카르 그리고 더 넓게는 앙골라와 모잠비크 등지의 해안 도시에 수많은 혼혈인들이 거주하고 있는 것은 이 때문이다.

유럽인들의 아프리카 이주는 대수롭지 않은 숫자에 머물렀지만, 아프리카에서 지중해 연안의 유럽대륙으로 이동하는 흑인들의 숫자는 꽤 많았고, 그 일은 주로 포르투갈 사람들에 의해서 추진되었다. 13세기 이후 스페인에는 상당히 많은 흑인 노예가 있었다. 15세기에는 이런 현상이 더 두드러졌다. 포르투갈 귀족, 나중에는 로마, 프랑스 귀족뿐만 아니라 사업을 하는 중산 계층에게까지 흑인 하인을 소유하는 것이 대유행이었다. 이렇게 하여 수천 명의 아프리카인들이 유럽으로 〈수입〉되었는데, 그 창구는 주로 리스본이었다.

15세기 말 유럽인의 관심은 아프리카로부터(사실 그들의 목표는 인도였으며 아프리카는 단지 그 도중에 있는 대륙이었을 뿐이다) 아메리카 신대륙으로 옮아갔다. 처음에 신대륙의 식민주의자들은 대(大)농장과 광산 개발에 아메리카 인디언을 노동력으로 동원했다. 그러나 난폭하기 짝이 없는 콘키스타도르들의 야만 행위에서 비롯된 폐해 상황, 오랜 세월 외부 세계와 단절되어있던 대륙에 새로운 질병들이 들어옴으로써 급격히 높아진 사망률, 그리고 인디언들에게 강제된 가혹한 노동 조건 등은, 1530년~1540년대에 강력한 자각을 요청하기에 이르렀다. 15세기 말 아메리카에 거주하던 500만 명의 아메리카 인디언(다른 자료에 의하면 2,500만 명) 가운데 겨우 100만 명 정도밖에 살아 남지 않았기 때문이다. 인디언 문제를 놓고 바티칸이 주도했던 저 유명한 〈발라돌리드 논쟁〉(인디언도 인간인가? 라는 문제에 결론을 내리고, 만일 인간으로 간주한다면 그들을 노예화할 수 없다는 주장으로 벌어졌던 논쟁)에서는 다음과 같은 역사적인 결론이 내려졌다. 아메리카 식민주의자들은 필요한 노동력을 아프리카로부터 조달하라는 것이었다(이 조치가 함축하는 바는 아프리카 흑인들에 대해서는 그들이 인간인가, 그렇지 않는가라는 질문조차 제기되지 않았다는 점이다). 바로 여기에서부터 세계 역사상 가장 중요한 이주의 움직임의 하나가 시작되며, 그것은 또한 유럽 역사에서 가장 추악한 페이지 가운데 하나로 기록된다.

흥미 있는 사료에 따르면, 사실 15세기 초에 몇몇 상인이 이미 개별적으로 아프리카인들을 신대륙으로 데려왔으며, 아프리카인의 뛰어난 노동 능력과 인내심은 곧 주목을 받게 되었다. 대서양을 통한 노예무역의 규모가 실제적으로 확대되기 시작한 것은 1540~1550년경부터다. 19세기까지 해마다 무수히 많은 아프리카 남자와 여자들이 최악의 상황에서 이송되었다. 그들은 아프리카 내륙에서 해안으로, 그리고 그곳에서 다시 아메리카 대륙으로 옮겨졌다. 그들이 얼마나 참혹하게 착취

되었던지 6년 후 사망률은 100퍼센트였다.

노예무역이 가능하기 위해서는 일부 아프리카 사람들의 〈협력〉이 필요했다. 해안지역의 왕과 족장들은 이 장사에서 얻어낼 수 있는 이익이 무엇인지 재빨리 간파했다. 그들은 자신들이 보유하고 있는 포로들을 판매한 다음 적진에 들어가 사람을 약탈했으며, 주로 인근의 다른 부족들을 습격했다. 해안지역의 인구가 감소하자 마침내는 내륙으로까지 인간 사냥을 위한 원정대를 파견하기에 이르렀다. 이렇게 수집된 노예들을 넘겨주는 대가로 그들이 받은 여러 가지 물품 중에 가장 중요한 것은 총기였다. 이런 무기를 갖고 있으면 적의 습격으로부터 스스로를 보호할 수 있고, 또 기습을 감행할 때 성공을 보장할 수 있기 때문이다.

노예무역은 곧 아프리카의 많은 지역에서 중요한 경제활동으로 부상했다. 오늘날 이 삼각무역의 규모를 추산하기는 매우 어려운 일이다. 이 문제를 규명하는 데 사용되는 여러 가지 자료에는 노예선의 항해일지, 여러 상사(商社)들의 회계장부, 입항하는 항구의 해운당국이 작성한 징세 보고서, 노예시장의 경매서류, 그리고 물론 유럽과 아프리카 사람들의 수많은 증언 등이 포함된다. 노예무역은 1808년과 1848년에 영국과 프랑스에서 금지되었음에도 불구하고, 19세기 내내 비밀리에 지속되었으며, 20세기 초에도 많은 선박들이 마지막 흑인노예들을 하역했음은 물론이다. 역사학자들이 총괄적으로 결산하여 제시한 수치는 학자마다 큰 차이를 보인다. 약 900만 명에서 2,000만 명에 이르는 흑인 남자와 여자들이 노예의 신분으로 아프리카에서 아메리카로 운송되었던 것으로 추정된다.

아프리카에게 있어 이 손실은 단순한 수치가 ―물론 그 수치만으로도 끔찍하긴 하지만― 시사하는 것 이상으로 훨씬 막대했다. 아프리카 흑인들이 아메리카 대륙에 끌려온 일 외에도 무수히 많은 사후 부가적 〈손실〉이 뒤따랐기 때문이다. 유럽인들은 건강상태가 양호한 젊은 흑인 남녀만을 원했다. 유럽인들이 부추긴 노예사냥에서, 청부업자들은 서슴없이 마을에 불을 질렀으며, 뒤에 남겨진 노인과 어린아이 및 불구자들을 살해했던 것이다. 노예로 선적된 사람들 모두가 대륙 땅을 밟은 것도 아니었다. 수많은 사람들이 병들고 탈진한 상태에서 죽어갔으며, 탈출을 시도하는 과정에서 살해되었고, 가혹한 시련을 견디기보다는 차라리 자살을 택했다. 목숨을 부지한 채 미국 해안에 도착한 노예의 두 배 혹은 세 배에 달하는 인원이 도중에 사망한 것으로 추정된다. 아프리카의 인명 손실은 이때문에 400년에 걸쳐 수천만 명에 달했던 것인데, 그것은 아프리카 대륙의 전체 인구가 오늘날에 비해 훨씬 적었던 시대에 발생한 사건이라는 점을 감안해야 할 것이다. 또한 생식능력이 왕성한 나이의 사람들이 대거 노예로 잡혀감에 따라 출산율이 저하되었다는 사실도 고려해야 한다.

노예무역은 아프리카의 발전에 급제동을 거는 결과를 초래했다. 정기적인 노동력 상실은 아프리카의 발전에 만회하기 어려운 손실을 가져왔다. 아주 드문 경우를 빼고, 모든 지역이 피해를 입었다. 아프리카의 한복판도 예외가 아니었다. 해안지역의 인구가 약탈에 따른 감소 추세를 보이자, 노예사냥 청부업자들은 아프리카 중심부까지도 공략을 감행했기 때문이다. 게다가 노예무역은 아프리카의 정치적 경제적 기능을 송두리째 뒤집어엎었다. 정치적인 측면에서 총기의 대량 유입은 해안지역을 끊임없는 전쟁 상태, 항구적인 폭력 속으로 몰아넣어 불안정 상태가 계속되었다. 경제적 측면에서 유효 노동력의 부족이 경제활동을 둔화시키는 한편, 해안 지역 상업의 번창은 내륙지방의 교역 특히 사하라―대서양 및 인도양과의 교류를 선호했던 중간 지역―를 횡단하는 교역에 타격을 주었다. 프랑스 탐험가 르네 카이예가 1828

년 전설적인 도시 통북투[30]에 도착했을 때, 그가 보게 된 것은 황폐한 작은 촌락과 화려했던 지난날의 잔해뿐이었다. 전체적으로 보아 아프리카는 이미 경제적 저(低)성장, 그리고 정치적 폭력의 시대로 접어든 것이다.

노예무역이 끼친 마지막 결과, 하지만 결코 무시할 수 없는 결과로서, 우리는 아프리카가 이 교역의 목적지와 깊고도 끈질긴 관계를 맺게 되었다는 사실에 주목해야만 한다. 그것은 무수히 많았던 검은 종족의 디아스포라에서 비롯된 관계이다. 공통의 과거, 공통의 아픈 기억, 특히 대서양의 양쪽 기슭을 이어주는 문화적 요소들은, 백인의 지배에 대한 저항이 항상 상호간의 이해를 얻어낸 사실을 설명해준다.[31] 18세기 말, 해방된 노예 가운데 어떤 사람들은 아프리카로 되돌아갈 계획을 세웠다. 이 움직임이 구체화된 것은 1792년에 현(現) 시에라리온의 수도인 프리타운(문자 그대로 자유의 도시라는 뜻을 가진), 그리고 특히 1821년에 〈북아메리카 인류애 연맹〉에 의해 리베리아(자유를 환기시키는 이름)의 프리타운이 세워지면서부터였다. 해방된 노예들은 이렇듯 몇 세대에 걸쳐 선조의 땅으로 귀환했지만, 그 고난의 과정은 짐작하고도 남음이 있다. 지리에 대한 무지에 불안감이 더해졌고, 때로는 정착 토지에 대한 권리를 인정하지 않으려는 현지 주민들의 적대감 등이 덧붙여졌다. 왜냐하면 많은 귀향민들은 직접적인 그 지역 출신이 아니었으며, 또한 얼굴에 〈이민자〉의 모든 특징들이 각인되어 있었기 때문이다. 〈어머니의 땅 아프리카로의 귀환〉 운동은 후일 흑인들 자신, 특히

역 주

30) 말리 중부 니제르 강 연안에 있는 도시. 16세기 전반 수단 지방의 대표적 이슬람 도시로서 〈신비의 도시〉라고 불렸다.

31) 이러한 연대의식은 미합중국의 흑인들(이들 가운데 많은 수가 오늘날 이슬람교로 개종했다)과 아프리카 흑인들 사이에 각별하다.

미합중국의 흑인들에 의해서 계승되고 조직되었으며, 마르크스 가르비[32]나 범(汎)아프리카주의를 주창하는 사람들의 지휘 아래 진행되었다. 그러나 이 운동이 구체적인 움직임이라기보다 늘 상징적인 의미를 띠었던 이유는, 이런 식으로 귀환하려는 사람들의 숫자가 소수에 불과했기 때문이다.

19세기의 아프리카 부흥

19세기 전반에 검은 대륙 아프리카는 정치 경제적 측면에서 모두 적지 않은 부흥을 경험했다. 노예무역에 대한 저항이 이 거대한 교역장에 자극을 가해 새로운 상품에 대한 관심이 높아졌다. 그것은 〈합법적인 상품〉(판매 허가가 필요했기 때문에)이 생산되어, 특히 땅콩기름이나 야자기름 같은 유성(油性)제품은 발전도상에 있던 유럽의 산업 현장에서 기계류의 윤활 작용에 필요한 것이었고, 기타 탄성고무와 고무수지(약품 생산을 위한) 등도 인기 품목이었다…기존의 상업 조직이 전업을 하고 신흥 상업조직이 자리를 잡게 되면서, 교역이민의 규모가 다시 확대되었다.

정치적인 측면에서는 거대 국가들이 세워졌다. 서부 아프리카에는 풀라니족[33]의 이주가 19세기까지 계속되었으며, 16세기부터 몇몇 왕국과 제국이 창건되었다. 19세기에는 가히 풀라니족의 혁명이라고 할 만한 상황이 전개되었는데, 그것이 〈지하드(이슬람교도들의 聖戰)〉의 면모를 띠게 된 것은, 특히 엘 하지 오마르의 투쿨로 왕국(지금의 세네갈과 말리) 그리고 소코토의 〈칼리프 왕국〉(지금의 나이지리아)이 건립되면서부터이다. 이러한 움직임을 통해 형성된 열기는 다른 풀라니족들을 결집시켰으며, 그들은 분쟁이 발생할 때 지원을 하거나, 그렇게 하여 정복된 공간에 피신하기도 했다.

19세기에 세워진 왕국들 중 가장 유명한 왕국은 남부 아프리카의 광활한 지역을 차지한 줄루 왕국이다. 흔히 〈아프리카의 나폴레옹〉이라고 불렸던 지도자 샤카[34]는 아프리카 역사상 가장 저명한 인물에 속한다. 이 뛰어난 전사는 1785년에 태어나서 전투 족장 딩기스와요의 부하 중위로 이름을 떨쳤으며, 탁월한 전략적 수완을 발휘해서 마침내 드라켄스버그 지역(남부 아프리카의 동쪽해안)에서 세력을 확보한 다음 줄루족("하늘에서 내려온 사람들"이란 뜻) 국가를 창설한다. 전투기술과 무기를 혁신하고 병사들의 사기를 극대화하는 솜씨가 있었던 샤카는 그 지역을 무력으로 휩쓸고 이웃종족들을 제압했다. 1828년 세상을 떠나면서 그는 당시 아프리카에서 가장 강력한 왕국 중의 하나를 남겼다. 〈음페카네〉(혼란스러운 움직임이라는 뜻)라고 불렸던 이 영웅적 모험은 샤카의 병사들에게 무적의 군대라는 명성과 함께 난폭한 무리라는 평판을 얻게 했다. 그 자체가 이미 신생 줄루족 국가형성을 위한 거대한 이주를 의미하는 〈음페카네〉는 다른 종족들을 정신없게 지역 밖으로 내몰았다. 이렇게 해서 스와지, 수투, 가쟈, 은데벨레 그리고 특히 응구니족[35]은 남쪽으로 이동해갔다. 응구니족은 잠베스 강을 횡단하여, 혹은 서쪽으

32) 1887~1940. 미국에서 활약한 자메이카의 인권 운동가. 흑인 분리 독립을 주장했다.
33) 풀라족이라고도 불리며, 아프리카 중부와 서부에 흩어져 살고 있는 거대한 이슬람 민족 집단이다. 1804~1810년 사이 이슬람교를 정화하는 일련의 '지하드(聖戰)'를 통해 제국을 건설하고 지배귀족이 되었다.
34) 1789~1828. 남아프리카 줄루족의 족장이며 줄루 왕국의 시조. 검은 나폴레옹이라 불렸다.
35) 남아프리카의 반투어족에 속하는 종족. 19세기에 팽창하는 줄루족의 억압으로부터 벗어나 탄자니아 지역으로 이주했다.

로 혹은 동쪽으로 니아사 호(湖)[36]를 우회하여 전진했지만 정착할 만한 땅을 발견하지 못하여 동부 아프리카의 호소지대(湖沼地帶)에 이를 때까지 계속해 갔다. 그곳은 출발점으로부터 2천 킬로미터 이상 떨어진 곳이었다. 이 대장정에서 그들은 곳곳에 사람의 〈씨앗〉을 뿌렸다. 오늘날 남–북의 축을 따라 거대한 지역 이곳저곳에서 응구니족이 발견되는 것은 그 때문이다.

식민개척자들의 이주

남아프리카 진출

19세기, 즉 식민주의 시대가 도래하자 유럽인의 아프리카 이주는 보다 합리적인 것으로 생각되었다. 17세기부터 유럽 출신의 식민 개척자들이 자리를 잡았을 정도로 유럽의 남아프리카 진출은 역사가 오랜 것이다. 유럽에 비교될 만큼 온화한 기후, 수면병이나 특히 말라리아 같은 치명적인 열대병을 찾아볼 수 없다는 점, 희망봉의 특이한 위치 — 인도양으로 가는 배들이 반드시 정박해야 하는 중간 기항지— 그리고 넓은 면적과 다양하고 풍부한 천연자원을 가졌다는 이점 때문에 아주 일찍부터 유럽인들은 남아프리카를 이주 식민지로 삼았다. 17세기 중엽 주로 네덜란드와 독일인으로 구성된 600명의 식민개척자들이 희망봉 지역으로 이주해 왔다. 그 후 낭트 칙령[37]이 폐기(1685)되자, 약 200명의 위그노교도들이 이곳으로 찾아왔다. 남아프리카를 찾는 이주의 움직임은 19세기까지 계속되었는데 대개가 네덜란드 사람이었고 이어서 영국인들이 왔다.

식민개척자들이 남아프리카에 뿌리를 내림에 따라 그 지역의 원주민들(코이코이 혹은 호텐토트족, 산 혹은 부시맨족)은 식민지 경제체제에 흡수되던가(대부분의 경우 노예로서 편입되었다) 아니면 내륙으로 밀려날 수밖에 없었다. 보어('농부'라는 뜻)인들, 즉 네덜란드 출신의 식민개척자들은 포도재배와 밀농사, 특히 목축업에 종사했다. 그들이 가축에게 풀을 먹일 새로운 땅을 찾아 나선 것은, 필요에 의한 것이기도 했고 모험과 자유정신을 충족시키기 위한 것이기도 했다. 그들은 희망봉의 식민통치를 피하고자 한 것이다. 북쪽과 동쪽으로 옮겨간 끝에 결국 그들은 18세기 말에 피시 리버에 이르렀다. 그들이 거기에서 충돌하게 된 호사족은 10세기에서 15세기 사이의 마지막 반투어족 이주민으로서 그곳에 정착한 사람들이었다. 두 종족 간에 벌어진 알력과 전쟁은 19세기 초까지 이어졌고, 그것은 좀처럼 종식되지 않는 남아프리카 흑백분규의 시작이었다.

애초에는 점진적이고 완만했던 보어인의 이주가 〈대이동(Grand Trek)〉과 더불어 가속화되었다. 1835년에서 1841년 사이에 6,000명의 이주자들이(희망봉 지역 인구의 10분의 1 이상) 남부를 떠나 나탈, 오렌지 자유국, 트란스발[38]을 개척했다. 결국 그들은 몇 개의 독립국가 ─급속하게 남아프리카에 통합되어 버리긴 했지만─를 건설했다. 이 〈대이동〉은 남아프리카 역사에서 가장 중요한 위치를 차지한다. 인종차별주의자인 "아프리카너"[39]들의 역사기술에 의해 위대한 승리의 서사시로 묘

역 주

36) 아프리카 동부 지구대에 산재하는 호소지대의 최남단에 있는 호수. '니아사'란 반투계의 현지어로 '많은 물'이란 뜻이다.
37) 1598년 4월 13일 프랑스 국왕 앙리 4세가 국내의 신교파인 위그노에게 신앙의 자유를 인정한 칙령. 1685년 이 칙령이 폐기됨으로써 약 40만 명의 신교도가 망명길에 올랐다.
38) 남아프리카 공화국의 최북단에 있는 주.
39) 네덜란드 계 남아프리카 백인.

사되는 대이동은 사실 길고도 고통스러운 탈출에 가까운 이동이었지만, 아파르트헤이트[40] 지지자들에게는 오랫동안 원주민에 대한 백인의 승리의 초석을 세운 운동으로 상징되었다. 대이동 이후 원주민들은 남아프리카의 주변으로 밀려나거나 혹은 2급의 시민으로서 백인의 식민 통치 체제에 편입되었다.

17세기에서 20세기 초에 이르기까지 남아프리카는 거대 규모의 노동이민을 받아들였다. 1658년부터 코이코이족(호텐토트)이 북쪽으로 피신해가자, 최초의 식민개척자들은 보다 먼 지역에서 노예를 조달하게 되었다. 17세기에는 앙골라와 서부 아프리카에서, 그리고 18세기에는 마다가스카르, 코모르, 동부 아프리카뿐만 아니라 아시아(스리랑카, 인도, 인도네시아, 말레이시아) 등지에서도 노동력을 수입했는데, 그 인원은 모두 2만 명에 가까웠다. 이 남녀들은 주로 농업 노동자나 하인으로 일했다. 이 같은 상황은 18세기 말부터 둔화되었다가 1833년에는 완전히 근절되었는데, 처음에는 새로운 식민지 당국이, 이어서 영국이, 노예제도를 폐기했기 때문이다.

이러한 조치에도 불구하고 영국의 여타 식민지의 거류민들이 계속 남아프리카로 이주해왔는데 그것은 흑인들에 대한 인종차별 때문에 어부지리로 전문직 일자리를 구할 수 있었기 때문이었다. 이리하여 인도인들(젊은 변호사 간디는 이 유명한 인물들 중의 하나였다)은 별도의 범주를 형성했으며, 차별정책의 인종 분류에서도 이들에 대한 명칭은 달랐다(1947). 비록 소박한 것이긴 했지만 그들은 정치적 권리까지 포함하여 몇 가지 민법상의 권리를 갖고 있었다. 그것은 흑인과 명백하게 구별되는 권리였다. 하지만 그것은 오랫동안 백인 지배에 대한 투쟁에서 단결을 불가능하게 만든 권리이기도 했다.

　섬처럼 고립된 남아프리카와 포르투갈 식민지를 제외한다면, 1870
년경 아프리카에 거주하는 유럽인의 숫자는 많지 않았다. 베를린 회담
(1884~1885) 이후, 아프리카가 전략적 쟁점이 되자 흡사 〈크로스컨트리〉
경주를 하는 듯한 양상이 벌어졌는데, 이 거대한 움직임을 거치면서 유
럽인들은 아프리카 대륙 전체를 자기네들끼리 나누어 가졌다. 그때까
지만 해도 서부 아프리카와 중앙아프리카 유럽 식민지는 규모가 크지
않았다. 그래서 몇 개의 행정 조직만으로도 식민지를 통제할 수 있었
고, 필요한 경우에는 아프리카의 다른 지역에서 징집된 병사들을 사용
할 수 있었다. 예를 들면, 세네갈의 원주민 병사들(사실은 서아프리카 전
역에서 모병된 사람들이었지만)이 콩고에 항구적으로 정착하여 그곳의 치
안유지에 동원되었다. 그들의 회교도 후손들은 오늘날에도 한눈에 식
별할 수 있는데, 그것은 그들이 출신지역의 주요 관습을 아직도 보존하
고 있기 때문이다.

　한편 동부와 남부 아프리카에 보다 많은 유럽인들이 정착한 것은
케냐 그리고 특히 로디지아의 좋은 기후 때문이다. 이 신생 식민지의 구
성원들은 대부분 파산한 귀족으로서 싼값에 토지를 구입해서 가문을 다
시 일으켜 볼까 하는 생각을 가진 사람들, 그리고 비교적 거리낌 없는
과거를 지닌 건달 모험가들로서 그들은 일확천금을 노리고 이곳으로 건
너왔다. 세실 로즈[41]같은 인물이 불과 몇 년 사이에 백만장자가 되고 유
명해지자 이를 모델로 삼는 사람들이 몰려든 것이다. 이 정착 식민지에

역 주

40) 남아프리카의 인종차별정책.

41) 1853~1902. 영국의 아프리카 식민지 정치가로 전형적인 제국주의자. 다이아몬드
　　광과 금광사업으로 자산가가 되었다. 1894년 중앙아프리카 정복을 완성하여 로디
　　지아라고 명명했다.

서 곧 백인과 흑인간의 간격은 크게 벌어졌고, 이것은 후일 식민지 해방 때에 권력 분할을 놓고 여러 가지 문제를 야기하게 된다. 앙골라, 모잠비크, 남아프리카 등 지금까지의 이주가 본래적인 의미에서건 비유적인 의미에서건 수많은 혼혈에서 생겨난 것이었음에 비해, 새로운 식민지에는 인종혼합을 허용하지 않는 분리정책이 채택되었다.

식민지 경영은 이차적 이주를 유발시켰다. 남아프리카 및 기타 영국 식민지(특히 케냐, 우간다)에는 인도 사람들이 이주해왔고, 세네갈을 비롯한 프랑스 식민지에는 레바논과 시리아 사람들이 이주해 왔다. 처음에 이 이주자들은 행정 그리고 특히 상업 분야에 종사했다. 그들은 서부 아프리카에서, 소규모 아프리카인 생산자와 땅콩 수출을 전문으로 하는 큰 규모의 유럽계 회사 사이에서 중간 상인 역할을 담당했다. 나중에 그들은 직물 교역과 같은 보다 수익성이 좋은 장사에 종사하면서 유럽인이 지배하는 식민사회에 깊숙이 동화되었지만, 그렇다고 해서 자신들의 정체성을 상실하지는 않았다.

식민주의의 황금기(1914~1940)에도 아프리카 대륙 내부에서는 대규모 이동이 끊이지 않았다. 물론 불투명한 국경이 설정되면서 종족과 가족이 분산되고 자발적인 이동이 점차 어려워진 것은 사실이다. 그러나 유럽인의 침입으로 공포 분위기가 조성되어 어떤 마을은 주민 전체가 징병과 과세, 문화적 강제 혹은 단순히 외래인의 지배를 피해서 도피했다. 그들은 산악지대나 늪지 및 수림 지대로 들어가 얼마간 피신할 수 있었지만, 식민지 확장정책을 벌인 유럽인들은 결국 그곳까지 침입해 들어왔다. 가장 괄목할 만한 이주의 움직임은 20세기 초의 나마족과 헤레로족의 이주 사태이다. 아프리카 남서부 지역(지금의 나미비아[42])의 주민인 이들은 당시 독일의 지배를 받고 있었다. 식민지 지배에 대한 원주민들의 대규모 저항을 저지하기 위해 독일 당국은 인구의 대부분을 살

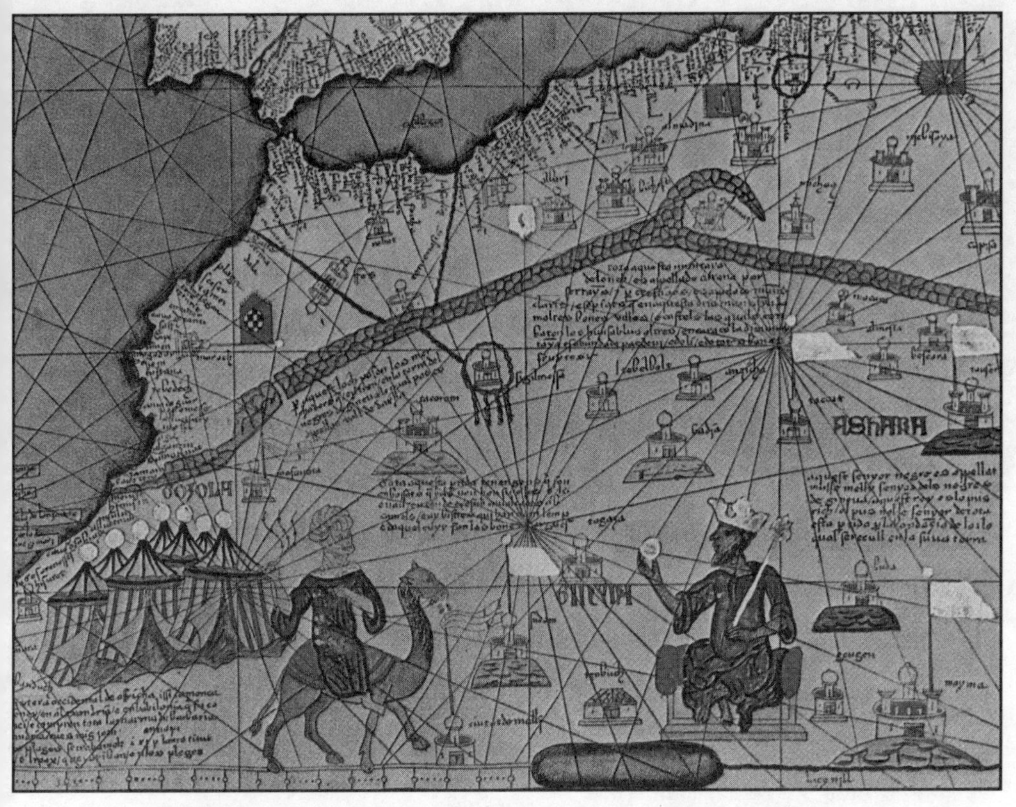

〈아프리카에서 가장 부유했던 말리의 왕이 금괴를 내보이자 낙타를 탄 아라비아 상인이 거래를 청하러 접근하고 있는 그림(1375년 작 카탈로니아 지도)〉

해했으며, 생존자들은 인근 식민지를 향해 집단으로 탈출했다.

식민지 행정 당국은 아프리카가 유럽의 병참업무에 기여하도록 대규모 이동을 추진했는데, 그 목적은 기간 설비에 필요한 대규모 공사에 노동력을 공급하기 위한 것이었다. 콩고의 브라자빌과 푸앵트-느와르를 잇는 철도 공사인 콩고-오세안의 경우, 12만 5,000명 이상의 노동

<hr>

역 주

42) 아프리카 남서부에 있는 국가. 남아프리카 공화국의 신탁 통치하에 있다가 1990년에 독립했다.

력이 투입되었다. 현지 노동력으로는 턱없이 부족했으므로, 유럽 기술
자들은 강제 노역을 동원했으며, 노동력 공급을 위해 식민지 북부, 이
어서 우반기-샤리(중앙아프리카) 그리고 공사현장에서 수천 킬로미터
떨어진 차드에까지 손을 뻗쳤다. 그들은 공사 자재의 운반을 위해서 심
지어 중국인 인부 쿨리까지 수입했다.

두 차례의 세계 대전과 식민지 전쟁 역시 대규모 이주가 발생하는
중요한 계기가 되었다. 수만 명의 병사들과 노무자들(대포와 군수물자 운
반에 필요했던)이 대륙 내부에서 만이 아니라 유럽전선(제 1차 세계대전)
과 아시아(제2차 세계대전과 인도차이나 전쟁)에까지 이동했기 때문이다.
몇 가지 예외를 제외한다면(특별한 예로서, 세네갈 남자와 베트남 여자의
결혼) 이 같은 이주는 일시적이었고, 항구적인 정착으로 이어지지는 않
았다. 그럼에도 불구하고 대규모 인구 이동은 문화적 혼합을 촉진시켰
고 다른 세계를 발견할 수 있는 계기가 되었다. 교육을 받은 소수 엘리
트 집단이 유럽으로 진출한 것이 그런 예이다. 그들은 식민지에서 중등
교육을 마친 다음 장학금을 얻어 런던, 파리, 브뤼셀, 리스본 등지의 유
명 대학으로 유학을 떠나 고등교육을 받았던 것이다.

현대 흑인들의 대이동

식민지 독립기와 현대는 새로운 형태의 이주를 유발시켰다. 첫째
로 일부 아프리카 지역이 겪고 있는 비참한 경제적 상황을 들 수 있는
데, 자연재해, 한발(旱魃), 그리고 메뚜기떼의 공격에 시달린 농촌지역
주민들은 아프리카의 대도시나 외국으로 집단 이주했다. 그 결과 오늘
날 아비장[43]에는 코트디부아르 인구의 3분의 1이 모여 산다. 국경 너머

에 있는 성공한 나라들은 ─1980년대에는 코트디부아르, 오늘날에는 나이지리아와 남아프리카─ 이웃나라에서 정기적으로 빠져 나온 사람들의 최종 목적지가 되고 있다. 직업을 구하고 가족을 먹여 살릴 돈을 벌기 위해, 혹은 보다 나은 생존 조건을 찾아 수만 명의 아프리카 사람들이 엄청난 거리를 마다 않고 유럽까지 건너갔다. 이 같은 이주의 물결은 1980년대까지는 적법한 방식으로 이루어졌지만, 그 후에는 대부분 밀입국이 되고 말았다. 그것은 유럽 자체의 경제 위기와 이민 규제 강화로 합법적인 이민자의 수가 대폭 제한되었기 때문이다.

둘째로, 근년의 정치적 갈등은 전 세계적으로도 그렇지만 특히 아프리카에서 유례 없는 규모로 확대되었으며, 이로 인한 관례적 이주는 말 그대로 집단탈출로 변하고 말았다. 그것은 우리가 에티오피아, 수단, 라이베리아, 모잠비크, 앙골라, 소말리아 전쟁에서 목격했던 바와 같다. 이중에서 가장 잊을 수 없는, 가장 끔찍한 집단 탈출은 1994년 르완다 사태였는데, 친정부 민병대원들이 반대파인 후투족[44] 특히 툿시족을 상대로 대대적인 종족 학살을 벌였던 것이다. 집단 총살을 면하려고 혹은 종족간의 복수를 피해, 100만 명 이상의 르완다 사람들(총인구 700만 명 중에서)이 피난길에 올랐다. 이 사람들은 오늘날 자이레와 탄자니아의 난민 캠프에서 비참한 생활을 하고 있지만, 르완다의 구정권 신봉자들이 공포정치를 계속하는 한 귀향할 수 없을 것이다.

이같이 참혹한 사태를 목격한 현대의 많은 관측자들은 몇 년 전부터 검은 대륙 아프리카의 장래를 놓고 비관론(소위 〈아프로─페시미즘〉이라고 하는)으로 기울기 시작했다. 그러나 이와 같은 관점은 심각한 오류에서 비롯된 것이다. 그것은 국지적인 사건을 아프리카 전체로 일반화시키려는 태도라 할 것이다. 마치 유고슬라비아 내전을 두고 유럽 전체가 포화와 피비린내로 뒤덮였다고 주장하는 것과 같기 때문이다.

그러나 특히 이 같은 관점의 문제는 그것이 아프리카의 도약에 필요한 가장 중요한 활력소를 통째로 은폐한다는 데에 있다. 그 활력이란 젊고 생기 넘치는 사람들이 몇 년 전부터 새로운 교역망—불법적인 것도 있지만 대부분은 합법적인—을 개설했으며, 그것이 국경을 넘어 생산품의 유통뿐만 아니라 문화 교류와 지식의 전파를 가능하게 만들고 있다는 사실이다. 공식적인 통계로 명백하게 밝혀진 것은 아니지만 이러한 노력이 많은 인구를 먹여 살리고 있는 것이다. 아프리카의 내부와 외부를 망라한 주기적 인구 이동에 반영되는 이 탁월한 〈시스템〉을 통해, 검은 대륙은 한때 정치적 경제적 영화를 가져다주었던 오랜 전통과 과거를 되찾고 있는 중이다. 당면 상황에 대처하는 이 놀라운 적응능력, 역사의 호기를 포착하게 했던 이 임기응변의 정신은 유동성과 변화에 의해 특징지어지는 오늘의 세계에서 귀중한 성공의 비결이 되고 있다.

〈소피 르 칼레넥〉

제 7 장

히스패닉 지역의 이주

　　지리학자들의 표현에 따르면 이베리아 반도[1]는 〈유럽의 돌출부〉라고 말한다. 이 반도를 얼핏 살펴보면 대륙에서의 지정학적 위치 때문에 수세기 동안 대단위 이주 행렬이 지나는 것을 보지 못했을 것이라고 생각할 수도 있다. 이베리아 반도를 〈완벽한 작은 반도〉에 비교한 사람마저 있을 정도니까. 이것은 장 데콜라가 『스페인의 역사』의 서두에서 인용하고 있는 역사가 알타미라의 말이다. 데콜라는 이 대목에서 "스페인은 섬이 될 뻔했던 대륙이다"라고 표현했다. 어쨌든, 스페인은 폐쇄된 대륙, 북쪽에서 남쪽까지 산맥의 빗장으로 단단하게 걸어 잠근 대륙이다. 데콜라는 이러한 지리적 특성이 스페인이라는 이름의 어원일지도 모른다고 지적한다. 스페인은 "은신처"를 의미하는 것이다. 게다가 그것은 윤곽을 그리기 쉽지 않은 땅 끝, 고대인들이 피니스테레[2]

역 주..
1) 유럽 남서쪽 끝 지중해의 입구를 막는 듯한 형태로 대서양에 돌출되어 있는 반도.
2) '세계의 끝'이라는 뜻. 현재는 스페인 북서부의 곶이름.

라고 부른 곳이다.

하지만 이 은신처에는 방문객들이 잦았다. 지중해쪽으로 난 이 유럽의 돌출부는 비교적 낮은 위도에 위치하며, 표면적은 58만 1,000평방킬로미터로서 그것은 인구 이동에 충분한 공간이다. 말라가 해안과 산탄데르 해안 사이의 거리는 750킬로미터이며, 경도상의 거리가 막대하다. 위도선 40도를 기준으로 한 동서의 거리가 800킬로미터나 된다. 해안선의 길이는 총 4,118킬로미터이며, 지중해와 대서양에 걸쳐있다. 그러므로 스페인은 모든 방향으로 열려 있다. 게다가 자연 조건상 이베리아 반도는, 유럽에 속한다고 할 수 없는 조건마저 갖고 있다. 그렇다고 해서 14킬로미터에 불과한 해협을 사이에 두고 있는 아프리카에 속하지도 않는다. 따라서 스페인은 두 대륙과 두 바다 사이에 있는 경계의 땅이다. 아빌라 산(지금의 세우타)[3]과 칼프산(지브롤터)을 분리한 다음 헤라클레스가 새긴 것으로 전해진 〈이 이상은 불가능하다〉라는 비문은 이 영웅의 의도와 배치되는 것이었다. 왜냐하면 전설에 따르면 그는 이 위업을 통해 두 대륙을 나누고 두 바다(지중해와 대서양)를 연결시키려 했기 때문이다. 사실 이베리아 반도는 끊임없이 두 대륙을 소통시켰으며 바로 이와 같은 사실로 인해 구석기 시대 말부터 오늘날까지 이곳은 사람의 왕래가 끊이지 않았다. 이베리아 반도에 인간이 처음 정착하게 된 아득한 옛 시대를 제외하면, 이 지역으로의 이주는 거의 모두가 피비린내 나는 사건들과 결부된 폭력 속에서 이루어졌다. 로마의 식민지 개척, 동고트족의 침입, 유태인과 모로족의 추방, 스페인 내란 이후 비참한 상황을 피해 떠난 사람들로부터 오늘날 〈발세로[4]〉들의 극적인 이주에 이르기까지, 이베리아 반도에서 죽음과 참상이 없는 이동은 많지 않다. 그렇지만 우리는 보다 평화로운 몇몇 예들도 지적하게 될 것이다.

우리는 이베리아 반도의 토착민을 기원전 3000년경 아틀라스산맥에서 온 최초의 주민 이베리아족이나 그 후 기원전 1000년경 피레네 지협(地峽)을 통해 찾아온 인도-유럽어족의 켈트족으로 제한할 수는 없을 것이다. 실제로 이 반도의 주민들은 신석기 시대에 이르자 이미 다양한 인종적 분포를 보였지만 지배적인 요소는 켈트이베리아족으로서 이들의 특징은 메세타로 불리는 스페인 고원지대 사람들에게 전해지고 있다.

고대문명시대

고대시대에 최초의 접촉은 주로 후일 스페인이 될 땅의 동쪽 해안에서 이루어졌다. 현재 참고 가능한 자료를 가지고는 이러한 접촉의 실제적 결과에 대해 알 수 없지만, 많은 역사학자들은 그 여파가 특히 그리스에 생각보다 심각하게 영향을 미쳤다는는 점에 동의한다.

스페인 동쪽해안과 최초로 접촉한 사람들은 페니키아인이었다. 그들은 현재 영국 남서쪽에 위치한 실리 제도에 이르는 길을 필요로 했으며 당시 독점 교역 물품이었던 주석을 채굴하는 것이 목적이었다. 그들이 지브롤터 해협을 찾은 것은 그 때문이었다. 항해상의 기항지뿐만 아니라 상업상의 기항지가 필요했던 것이다. 페니키아인이 해협의 건너편에, 가디르 즉 후일의 카디스[5]를 건설했다는 것은, 기원전 11세기에 티르(레바논의 항구 도시)와 안달루시아 뚜르데따니아[6] 사이의 교역의 규

<hr>

역 주

3) 모로코에 있는 에스파냐의 고립 영토.

4) 뗏목을 타고 스페인에 밀입국하는 북아프리카 사람.

5) 에스파냐 안달루시아 지방에 있는 카디스 주의 주도. BC. 11세기경 페니키아인이 건설, 로마가 지배하였고, 4세기에는 서고트, 8세기에는 아랍인의 지배를 받았다.

6) 옛 스페인 남부 지방.

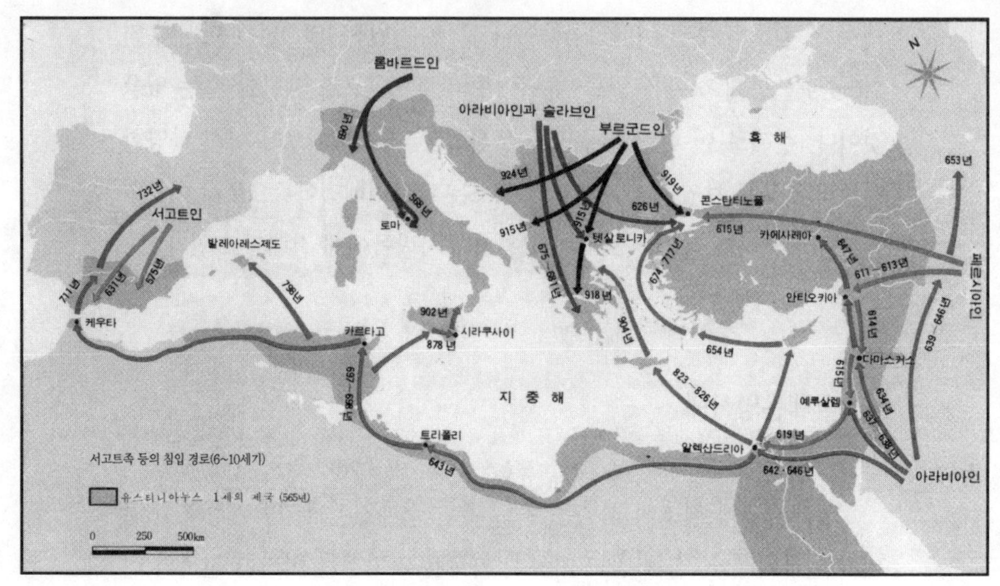

〈서고트족 등 만족들이 에스파냐 등 지중해 일대에 침입한 경로〉

모가 얼마나 방대했던가를 말해준다. "다시스[7]는 각종 보화가 풍부하므로 너와 통상하였음이여. 은과 철과 주석과 납을 가지고 네 물품을 무역하였도다(에스켈 서, 27장 12절)." 따라서 이른바 '이주'라고 하는 이동이 없었더라도 이 접촉은 중요한 것이었다. 이비자 섬, 카르타젠, 말라가를 건설한 카르타고 사람들의 경우도 마찬가지이며, 이렇게 하여 광산 채굴이 확대되었다. 그중에서도 시에라 모레나의 납, 우엘바[8] 지역의 구리같은 광산의 개발이 특히 유명하다.

　페니키아 사람들과 거의 같은 시기에 체류한 그리스 사람들의 흔적은 훨씬 방대했던 것으로 보이지만, 현재의 전거(典據)로는 상세하게 밝혀진 것이 없다. 칼키디케 반도[9]와 로도스 섬[10]에서 온 그리스인들은 특히 연안 식민지를 개척했으며 그 목적은 주로 대외 교역에 있었다. 하지만 이 지역에 포도와 올리브를 전해준 것은 그리스인이었고 그들의 흔적은 포르투갈 북부에서까지도 찾아볼 수 있다. 광산 채굴은 새로운 차원에 접어들었고, 스페인의 지중해 유역에 세워진 교역거점들은 남부 이탈리아, 시실리 섬, 아프리카 등지를 겨냥한 수출항의 역할을 맡았다.

　　로마인이 등장하자 모든 것이 바뀌어졌다. 로마인이 대거 몰려왔다는 의미가 아니다. 역사에 이탈리아에서 스페인으로 대규모의 인구가 이동했다는 기록은 없다. 그러나 세부 사항을 검토해보면 당시 여러 차례에 걸쳐 〈작은〉 규모의 이주가 있었음을 알 수 있다. 우리는 이 평화로운 교역의 세계를 잠시 제쳐놓고 전쟁과 지배의 상황을 살펴보고자 한다. 그것은 적어도 처음에는 "광석"을 둘러싸고 벌어진 싸움이었다. 카르타고인 하스드루발 장군[11]은 스페인의 에브로 강까지 점령하여 당시 매장량이 가장 풍부한 곳으로 알려진 은광을 손에 넣을 수 있었다. 하스드루발이 암살된 다음 세력을 장악한 한니발은 로마를 공격할 결심을 했는데, 이 전투에 소요된 병력은 보병 10만 명, 기병 1만 2,000명, 그리고 코끼리 100마리였다. 병사들은 서로 다른 여섯 민족, 즉 아프리카, 스페인, 이탈리아, 골, 그리스, 페니키아인으로 구성되었다. 서구인들이 벌써 얼마만큼이나 집약적으로 —이 경우에는 이미 〈국제 규모〉라고 할 수 있는 전쟁을 하기 위해— 이주를 감행했는지 말해주는 사건이라고 할 것이다.

　　이탈리아를 떠나 스페인에 정착한 로마인의 숫자가 얼마나 되는가를 말해주는 자료는 없다. 식민지 개척만 염두에 두고 생각하면, 스페

역 주...
7) 성경에 자주 나오는 에스파냐의 옛 항구도시.
8) 스페인 남부 대서양 가까운 강어귀에 있다.
9) 그리스 동북부의 반도.
10) 에게 해 주의 그리스령의 섬.
11) ?~BC. 221. 카르타고 장군.

인에 정착한 로마인은 원주민의 통제와 관리에 필요한 간부 행정 요원과 군인정도로 구성되었을 것으로 생각된다. 1세기와 2세기에 있어 로마 제국의 인구는 약 600만 명으로 추산되는데, 남쪽의 인구가 더 조밀했다. 그 지역의 인구는 같은 시대의 이탈리아의 인구밀도와 대체로 비슷했다.

이 사건이 몰고 온 인간적, 경제적, 문화적 여파는 엄청났다. 라틴어의 전래, 기원 1세기 이후 최고도에 달한 광산개발(금, 은, 납, 철, 수은, 구리, 암염 등등), 밀과 올리브 농장 개간, 놀라울 정도의 교통망과 도시의 건설, 시민의 생활을 지배하는 법률체계의 도입 등등이 그것이다. 이 시기가 되어서야 스페인은 최초의 도시를 갖게 된다. 그렇다고 주요 도시들의 인구가 많았던 것은 아니었다. 메리다[12](에메리다)가 약 5만 명, 타라고나[13](타라코)가 3만 명 정도였다. 또한 이 시기는 로마인의 히스파니아(이베리아 반도)가 천국으로 생각되었던 때이기도 했다. 아프리카처럼 너무 덥지도 않고 골(갈리아) 지방처럼 너무 춥지도 않으면서 온갖 산물이 풍부했기 때문이다.

로마인들이 이베리아 반도에 세력을 굳혔을 때 스페인 사람들은 이미 여러 민족들과 관계를 맺고 있었지만, 그것은 상업적 목적을 위한 인적 교류이었다. 외부의 불청객이 정복자나 침략자(카르타고와 로마)로 변하자, 스페인 사람들은 여러 차례에 걸쳐 자주적 태도를 보였고 그런 반응은 역사를 통해 수없이 반복되었다. 당시 로마의 동맹도시로서 카르타고의 침공을 받았던 사군토[14] 주민들의 격렬한 저항은 기묘할 정도로 누미디아[15]의 경우와 흡사했다. 스키피오[16]의 공격을 받은 누미디아 주민들은 적에게 항복을 하기보다는 차라리 모든 사람들이, 여자와 아이들까지도 불구덩이 속으로 뛰어들기를 택했던 것이다. 이 도시는 서기 133년에 함락되었는데, 그것은 적에게 포위된 지 무려 20년만의 일

이었다. 스키피오 아에밀리우스가 이 전투에 동원한 인력은 6만 명으로
서 그중 1만 명이 누미디아시를 초토화시키는 데 투입되었다. 이 대규
모 병력에 비추어 본다면 순수한 의미에서의 이주는 없었고, 인적 교류
와 혼합은 불가피한 것이었으며 그것도 폭력적 환경에서 이루어질 수밖
에 없었다고 생각된다.

서고트족의 침입

로마 제국의 쇠퇴와 함께 스페인은 다시 서고트족의 침입을 맞아
야 했다. 그 전에 반달족이 침공했다가 곧 아프리카로 선회했으며, 이
후 수에바아족[17] 또한 별다른 자취를 남기지 않고 사라져갔다. 그때가
서기 414년. 스페인이 "맞아들인" 서고트족[18]은 당시 이베리아 반도를
침공한 야만족들 중에서 그나마 가장 개화된 종족이었다고 할 수 있다.
그들은 벌써 2세기 전부터 다뉴브 강을 경계로 로마인과 접촉하고 있었
기 때문에 따라서 라틴어를 알고 있었다. 그들은 또한 알파벳을 차용한
독자적인 언어도 갖고 있었다. 훈족에게 쫓겨 376년 다뉴브 강을 건너
간 서고트족은 정착할 곳을 찾지 못해 전진을 계속하다가, 드디어 프랑

역 주
12) 기원전 25년경 도시로 루지타니아의 수도. 현재 구 도시 유적이 산재한다.
13) 에스파냐 카탈루냐 지방에 있는 주. 로마시대부터 교역항으로 발달.
14) 발렌시아주의 도시.
15) 알제리 북부에 해당하는 북아프리카의 고대지명.
16) BC. 236~BC. 184. 고대 로마의 장군. 정치가. 카르타고의 한니발을 무찌르고 제2
　　차 포에니 전쟁을 종식시켰다.
17) 5세기에 갈리아와 이베리아 반도에 침입했던 게르만 민족.
18) 민족 대이동 시대에 활약한 게르만의 한 부족으로 고트파의 분파.

스의 툴루즈 부근에서 왕국 건설을 시도한다. 그러나 그들은 또다시 507년에 클로비스 휘하의 프랑크족에게 패하여 스페인으로 간 다음 이베리아 반도 전체를 관통한 후 타리파[19]에 이르게 된다.

역사학자들은 이 이주의 규모에 대해 상이한 의견을 보인다. 이주 인구가 최소 7만 명에서 최대 20만 명으로 추정되고 있기 때문이다. 어쨌든 비교적 많은 숫자는 아니었다. 전체적으로 히스파니아-로마인[20]들은 서고트인을 큰 저항 없이 받아들이긴 했지만, 〈환대의 제도〉에 따라 이 정복자들에게 영토의 3분의 2를 내주어야만 했다. 당시의 스페인은 완벽한 위계질서에 의해 구축되었으며 극단적인 노예제도를 근간으로 하는 사회제도를 감수해야만 했다. 그것은 주민들, ─농민과 노예들─ 그리고 여자들에게 참으로 암울한 시기였다.

게다가 서고트인의 존재는 종교적 갈등을 해결하기는커녕 오히려 반대 효과를 가져왔다. 왜냐하면 그들은 아리우스파[21]를 지지했기 때문에 종교분쟁에 휘말렸다. 평화가 정착된 것은 서기 586년 서고트의 왕 레카레도 1세[22]가 가톨릭으로 개종하고 나서야 겨우 평화가 정착했기 때문이다. 또한 이 개종이 이루어지기 전까지 모든 왕위계승은 살육과 피비린내 속에서 이루어졌다. 이런 야만의 역사 속에서 서고트의 침입은 무엇을 가져왔을까? 우선 영토의 통일을 거론할 수 있을 것이다. 영토의 통일로 고트인 지배자들은 이베리아 반도 전체의 군주임을 선포할 수 있게 된 것이다. 그 다음은 법률적 측면으로 단일화된 법체계가 수립되었다. 그중 가장 유명한 항목은 관습법인 푸에로 후즈고[23]와 결부된다. 그것은 로마 법전을 근간으로 하여 게르만적 요소와 토착적 요소가 결합된 독특한 법체계였다.

마지막으로 도덕적으로 위축된 시대 분위기 속에서 한 탁월한 인물이 태어나는데, 40년간 세비야의 주교를 지냈던 이시도르 주교

(560~636)가 바로 그 사람이다. 그의 저서 『서고트족의 역사』 서론에는 다음과 같은 글이 보인다. "오, 스페인이여, 그대는 서방에서 인도까지 펼쳐진 땅 전체에서 가장 아름다운 자로다. 그대 축복 받은 행운의 땅이여(…) 동방과 서방이 그대의 찬란한 빛을 받는도다." 이시도르의 생각에 따르면 스페인 땅은 확고한 반석 위에 뿌리를 내린 것이었다. 7세기 초에 벌어진 톨레도 공회(公會)는 교회와 국가가 얼마나 긴밀하게 얽혀 있는가를 보여주었다. 침략자들이 점차 교회와 귀족들의 지배 아래에 들어오자, 불가피하게 분기(分岐) 현상이 뒤따랐다. 그러나 이슬람교도의 침입이 있은 지 100년이 흐른 후, 서고트인의 이주는 적어도 다음과 같은 것을 남겼다고 할 수 있다. 즉 아스투리아스 왕국[24]의 지배자들로 하여금 옛 고트족과 모사라베족(이슬람교도의 지배를 피해 이주해 왔던 기독교도)으로부터 정신 유산을 물려받았다고 주장하게 한 것이다.

아랍인들의 추방

내분에 휩싸인 서고트 왕조는 시종일관 피비린내 나는 왕위 계승

민족	시기	정주지	규모(사람)
로마인	1~2C	남부연안지방	약 600만 명
서고트인	6C	스페인	7만~20만 명
아랍인	9~10C	안달루시아 지방	약 3만 명

권 다툼 끝에 8세기 초에 무너지게 된다. 로드리그 왕(서고트 최후의 왕)이 711년에 폐위된 비티짜 왕의 아들 아크히라에게서 권력을 찬탈하자, 아크히라는 빼앗긴 권력을 되찾기 위해 마그레브의 베르베르족[25]에게 도움을 청한 것이다. 우리는 여기에서 몇 세기 전에 페니키아에서 벌어진 것과 같은 시나리오를 보게 되는데, 당시 페니키아인은 과달끼비르 강 유역의 주민 타르테지스[26]들의 공격을 저지하기 위해 카르타고인에게 〈도움〉을 청했던 것이다. 이주자는 또 다른 이주자를 불러들이는 법이다. 서고트의 움직임은 인구 변화의 측면에서 큰 영향력을 행사하지 못했지만(15만 명에서 20만 명에 달하는 사람들이 이베리아 반도에 동화된다), 우리가 앞으로 고찰하게 될 이주의 움직임들은 전혀 다른 의미에서 중요성을 갖는다. 왜냐하면 비록 관련자의 수는 적었지만, 그 이주들은 해당 지방의 사회와 문화를 근본적으로 변화시켰기 때문이다.

고트족의 후손인 아크히라의 지지자들은 세타곶(岬)으로 피신했다가 권력 찬탈자 로드리그를 격파하기 위해 아랍인의 개입을 요청했다. 첫 번째 정찰 시도는 성공적으로 마무리된다. 후일 타리파로 불리게 될 안달루시아의 한 작은 항구에 닻을 내렸던 타리크 이븐 지야드(8세기 때 아랍 장군)가 노획물을 갖고 돌아왔기 때문이다. 이리하여 결정적인 원정 계획이 수립되었다. 베르베르족인 타리크 이븐 지야드의 지휘로 처음에는 7,000명의 병사가, 다음에는 5,000명이 해협을 건너 톨레도까지 진격해 들어갔다. 이로써 역사적인 이슬람교도의 이베리아 반도 침공이 시작되었다. 베나사르에 따르면 아랍의 역사학자들까지도 스페인에 상륙한 아랍인의 숫자가 근소했다는 점에 의견일치를 보고 있다. 〈스페인 사람들〉 혹은 〈호모 히스파니쿠스〉가 이 사건에 거의 영향을 미치지 못한 점을 참작하면, 실제로 '침입'이라는 거창한 말을 붙일 것도 없을 것이다. 몇 가지 수치를 살펴보면 당시의 상황을 파악할 수 있다. 그때 안달루시아까지 침투해 들어간 아랍인은 3만 명에 불과했다. 서기 928년 코르도바의 칼리프[27]였던 둘 라만 3세(891~961)의 통치 하에서 기독교도는 알 안달루스[28] 인구의 4분의 3가량 되었던 것으로 추정된다. 코르도바 시민들은 이 소수의 이주민이 약 200년 만에 이룩해 낸 화려한 결과에 자랑스러워한다. 이슬람교가 지배하던 당시 코르도바에는 300개의 이슬람사원이 있었으며, 인구 또한 당시로서는 막대한 숫자인 100만 명에 이르렀다. 이것은 수많은 〈소규모〉이주들이 합쳐진 결과로서, 여기에는 아랍-베르베르족, 개종한 기독교인, 수단에서 아랍인들에게 끌려온 수많은 노예들, 유럽에서 온 백인 노예들이 포함된다. 당시 코르도바는 세계에서 가장 큰 국제도시였다.

국토회복운동, 즉 레콘키스타(Reconqueste)[29] 때문에 상황은 더욱 복잡하게 되었다. 왜냐하면 이 지역을 재정복하려는 기독교인의 계획이 진행될수록, 〈소규모〉의 새로운 이주들이 발생했기 때문이다. 강제적이었건 아니었건, 이러한 움직임은 기독교도의 재(再) 증가에 꼭 필요했으며 기독교국 왕들의 강박관념이 되었다. 8세기 초부터 기독교국

25) 아프리카 북부 지중해 연안이나 사하라 사막에 아랍인, 베두인족과 더불어 분포되어 있는 함어계의 인종.
26) BC. 10~6세기경 이베리아 반도 남부에서 번성했던 고대 왕국.
27) 회교국의 군주.
28) 남부 스페인을 거의 800년 동안이나 지배한 무어족.
29) 8세기에 아라비아인, 무어인으로 이루어진 이슬람교도가 서고트족을 멸망시킨 이후 15세기 말까지 이슬람의 지배가 이어졌다. 이에 그리스도교의 에스파냐인에 의한 레콘키스타, 즉 국토회복 운동이 시작된다. 1492년 그라나다가 함락됨으로써 국토회복운동은 성공을 거두게 되었다.

왕들은 직접 이 문제를 관할하기 시작하여, 바스크인과 칸타브리아인을 카스티야[30]의 두에로 강쪽으로 내보냈다. 수많은 사람들, 병사들 혹은 〈기독교 인구 재증가에 동원된 사람〉들이 이 국토회복운동과 함께 이동했다. 이 기나긴 행렬에는 북쪽에서 남쪽으로 이동하는 국내 이주자들이 동행했지만 그것이 반드시 성공적인 것은 아니었다. 후일 무어인을 축출할 때에도 같은 문제가 발생했다.

사실 이 국토회복운동에 일련의 인구 이동이 필요했던 것은 이슬람교도들이 떠나버린 도시와 마을에 사람들을 다시 정착시켜야했고, 아울러 이들을 대규모 전투에 참가시켜 기독교도들이 전진하고 있음을 보여주어야 했기 때문이다. 예를 들어, 1212년 톨로사의 라스 나바스 대전투에서 알모아데족에 대해 대승을 거둠으로써 안달루시아의 문이 기독교도에게 개방되었다. 전투를 앞두고 카스티냐의 알폰소 8세가 대규모 병력을 결집할 수 있었던 것은 전적으로 교황의 협조 덕분이었다. 이슬람교도를 격퇴하러 떠나는 사람들에게 교황이 면죄부를 주었던 것이다. 이에 따라 수많은 프랑스인이 전투에 참전했고, 전쟁 후 돌아가지 않고 현지에 정착했다. 마찬가지로 1248년 세비야의 공격이 끝난 이후, 살아남은 병사들만으로는 인구 충원을 할 수 없었으므로, 왕은 북쪽으로부터 2만 4,000명의 식민개척자들을 불러들였다. 그들은 대부분 제노바, 프랑크 그리고 유태인들이었다. 유태인들은 도시를 선호했다. 문제는 시골, 특히 이슬람교도의 숫자가 많았던 동부 지역에 식민개척자를 끌어들이는 것이었다. 아라곤[31]의 프리메로 1세[32]가 발렌시아까지 침공해 들어갔을 때, 인구의 불균형을 바로잡기 위해 투입해야 할 인원은 7만 명이었다. 다른 경우에는, 전투에서 패배 당할 때마다 이방인들이 몰려들어와 해당 지역에 정착했다. 예를 들면 이비사 섬[33]에는 루시용, 암프르단[34], 프로방스에서 온 사람들이 정착했고, 알헤시라스가 함락되었을 때 전 유럽에서 병사들이 몰려와 현지에 정착했다.

국토회복운동의 결과

　국토회복운동은 1492년에 가톨릭 국가의 군주들이 그라나다 왕국을 함락함으로써 막을 내린다. 그것은 한 쪽에서 볼 때는 영광의 날이었으나 다른 편에 볼 때는 숙명의 날이었다. 이 중요한 사건에는 두 개의 거대 인간 집단이 관련된다. 유태인과 무어인이 그들이다. 전면적이고도 난폭한 배척을 당한 두 민족의 드라마는 이 날짜에 역사적 중요성보다는 정신적 비극이라는 성격을 부여했다. 프랑스 사회학자 에드가 모렝[35]이 스페인 유태인의 디아스포라(이산)를 다룬 한 공동 저작물에서 다음과 같이 말한 것은 전혀 근거 없는 발언이 아니다. "1492년은 어떤 절대적인 것의 시작이 아니라, 일찍이 시작되었던 과정들을 확장시키고 그것에 근본적인 의미를 부여하는 상징적인 날짜이다."

　우선 유태인의 경우를 살펴보자. 유태인들이 스페인에 살기 시작한 것은 므두셀라[36] 시대까지 거슬러 올라간다고 할 수 있다. 히브리인이 개척한 최초의 식민지는 앞에서 말한 바 있는 페니키아군의 원정과

역 주⋯⋯⋯⋯⋯⋯⋯⋯⋯⋯⋯⋯⋯⋯⋯⋯⋯⋯⋯⋯⋯⋯⋯⋯
30) 에스파냐 중앙부의 메세타라고 하는 고원지방.
31) 스페인 동북쪽에 있는 지방. 11세기 초부터 18세기에 걸쳐 이베리아 반도 동부에 있었던 아라곤 왕국.
32) 1208~1276. 아라곤 왕국의 왕.
33) 에스파냐 발레아레스 제도에 있는 섬.
34) 카타르냐의 한 지방.
35) 프랑스의 저명한 사회학자. 『20세기를 벗어나기 위하여』, 『스타』 등의 저자.
36) 노아의 홍수가 있기 전의 유태족장.

<국토회복운동이 일으킨 인구이동상황>

	민족	시기	이동방향	규모
재이주와군대결성	바스크와 칸타브리아인	8C 초	카스테리아와 도웨르 강 방면	수천
	프랑스인 등	1212년	카스테리아	대규모 군대집결
	북부지방 이주자	1248년	세비리야	2만 4,000명
	제노바인, 프랑크인, 유태인	1248년	세비리야	?
	루숑, 안브르단, 프로방스, 북아메리카에서 온 사람들	13C	이비사섬	?
	전 유럽에서 온 전사	13C	알헤시라스	?

관계되는 것이었다. 어떤 역사학자는 유태인의 도래를 느브갓네살 시대, 그러니까 기원전 600년경으로 추정하기도 한다. 스페인의 유태인들은 곧 뛰어난 적응력과 활동력으로 당시 사회의 중요한 동력원이 되었다. 예루살렘 함락 이후 유태인의 이주의 물결이 다시 두드러졌다. 그들은 처음에는 아프리카에 정착했다가 진격하는 반달족을 따라 스페인으로 건너왔고, 그 후 서고트족이 점령한 새로운 땅에 자리 잡았다.

서고트족이 지배하는 당시의 스페인에는 세 종족이 있었다. 그중 서고트족과 히스파노-로마인은 마침내 융합되었지만, 히브리인은 독자 노선을 고수했고 결국 개종을 거부했다. 앞서 이 시기가 언급되었을 때 유태인 문제를 우리가 보류해 두었던 이유는, 그 당시의 상황이 후일 1492년에 벌어질 사건의 상황과 기이할 만큼 유사하기 때문이다(이러한 사실이 에드가 모렝의 진술에 타당성을 부여해준다). 그러므로 이 두 가지 상황을 비교해보는 것이 흥미로울 것이다. 레카레도[37]가 기독교로 개종한 이후 서고트 왕조 말기의 왕들은 강박 관념적인 반(反)유태주의에 시달렸다. 유태인들이 스페인 사회의 <이물질>로 남아있다는 사실에서 비롯된 반유태주의의 근저에는 사실 유태인들이 자신들의 신앙을 고집스레 지키려 노력했다는 단순한 이유 외에 다른 아무것도 없었다. 따라서 유태인들은 고트족 왕들의 지대한 관심거리였던 왕국통일 의지의 방해물이었던 셈이다. 만일 유태인들을 가톨릭으로 개종시켜 동화시키지 못한다면 말살하는 것이 옳았다고 생각한 것이다. 톨레도 공회(公會)의 사주를 받은 반(反)유태인 법령이, 잔인하다고 까지 할 수 없다 하더라도 그토록 엄격했던 이유는 바로 여기에 있다. 특히 서기 681년에 개최되었던 제12차 공회에서는 에르비히오 왕의 발의에 따라 유태인 추방이 결의되었다. 28개 조항에 달하는 이 유명한 반(反)유대 법률 가운데 주요한 것을 보면 다음과 같다. 일 년의 유예기간 안에 유대교를 버려야 하며, 이를 어길 경우 곤장 100대에 처함, 할례 금지, 머리를 짧게 깎을 것, 유태인 및 10세 이상의 유대교 신봉자가 범법 행위를 할 경우 재산 몰수와 태형에 처함… 등등. 왕은 이 법률의 실시 적용의 책임을 주교들에게 넘겼다. 바르톨로메 베나사르는 『스페인의 역사』에서, 주교 사이에 상호 감시체제가 형성되어 한 주교가 〈유태인의 감언이설〉에 매수되는 경우 다른 주교가 그것을 적발하게 되어있었다고 한다. 1492년에 계승된 도식이 바로 선명하게 보이지지 않는다는 것인가? 정치권력과 가톨릭교회 지도자들 사이의 밀접한 연합, 세속권력과 종교권력 사이의 뒤얽힌 결탁, 개종을 거부하는 사람에 대한 가혹한 탄압 등이 반복된 도식이었다. 이로써 개종 기피자는 인간의 적이자 회개하지 않는 위선자, 악마적 거짓말쟁이로 단죄되었다. 최고의 거짓말쟁이는 바로 사탄인데 바로 사탄 같은 인간이 되어간 것이다. 당시의 유태인들은 로드리고 왕이 권력을 탈취한 711년, 이슬람교도들에게 말 그대로 문을 활짝 열어준 것으로 이해된다.

　　그럼에도 불구하고 스페인의 유태인들은 당시 황금시대를 구가했

역 주··
37) 아리우스파를 버리고 가톨릭으로 개종한 서고트의 왕.

다. 어떤 아랍 역사가는 이렇게 기록했다. "바그다드는 그 화려한 영화
가 재빠른 유태인의 손에 빼앗겨 마치 날개가 달린 듯 코르도바로 옮겨
간 것을 탄식했다". 이 같은 상황은 거의 5세기 동안 지속되었다. 이렇
게 하여 아주 특별한 유태인의 초상이 탄생한다. 그것은 항상 자신의 신
앙에 충실하고, 자신의 언어와 문화에 깊은 애착을 느끼며, 그러면서도
다른 두 종교의 덕택으로 부자가 된 유태인의 초상이다. 〈세파라드 유
태인〉[38]은 바로 이러한 유태인의 후손들이다. "세파라드"란 문화와 종
교 의식에 있어서 스페인계 유태인의 유산을 자신의 것으로 주장하는
사람을 말한다."

축출 당하기 전, 특히 1391년의 대(大) 위기[39] 이전의 유태인의 상황
은 어떠했을까? 농업 분야를 제외한 사회 전반에 걸친 모든 분야에서
그들은 다양한 활동을 했다. 그들은 장색, 소매상, 모피제조인, 재봉사,
보석상 등의 직업을 가졌다. 가죽 장갑이나 책의 장정에 필요한 고급 피
혁상을 하는 사람도 있었다. 인구가 적은 지역에는 유태인 지주도 있었
으며 흔히 포도를 재배했다. 권력과 밀착해 있거나 세도 있는 유태인 집
안도 있었다. 대체적으로 유태인들은 서민들의 질시를 받는 부유층이
었는데, 서민들은 그들을 부자이자 '살인자'—예수를 죽인—라고 생각
했다. 게다가 유태인들은 흔히 영주의 소득을 관리하는 회계 담당관이
었으며, 이 같은 이유로 세금 징수관(소금세, 입항세, 입시세)의 직책을 맡
았다. 그들은 특히 경제활동과 건강에 필수적이면서도 교회가 금지하
는 두 가지 활동에 대한 권리를 허가 받았다. 즉 유일하게 유태인만이
담보물을 설정하고 돈을 빌려주는 권한이 있었으며, 교회가 금지한 인
체해부를 할 수 있는 유일한 의사도 유태인뿐이었다.

1391년에는 서민들이 주도한 아주 격렬한 반(反)유태인 폭동이 일
어나 세비야의 유태인 구역을 휩쓸었으며, 안달루시아, 발렌시아, 마조

르카 등지에서도 큰 피해를 입었다. 그것은 끔찍한 약탈행위였지만 처음 일어난 일은 아니었다. 이보다는 약하지만 13세기와 14세기 내내 유태인을 상대로 한 폭동과 약탈이 끊이지 않았던 것이다. 대체 무슨 이유로 그랬을까? 역사학자 카로 바로하의 설명은 다음과 같다. "스페인에서 외모가 흉하거나 하층민인 늙은 기독교도는 귀족 앞에서는 지극히 천한 신분의 인간이었다. 그는 무수한 학대와 굴욕을 당하면서도 목소리 한번 높여 볼 수 없었다. 그러므로 그에게는 목을 죄는 듯한 이 분노와 가슴에 쌓인 증오를 쏟아 부을 어떤 다른 종류의 인간이 절실히 필요했다. 유태인이야말로 이 원한을 분출하고 표현하기에 안성맞춤인 인간이었다." 오래지 않아 변화가 왔다. 진심에서건 아니건, 많은 유태인들이 기독교로 개종했던 것이다. 소위 〈개종 유태인〉의 시대가 시작되었다. 그들은 대도시를 떠나기 시작했는데, 그렇게 해서 스페인, 특히 톨레도와 발렌시아에 있던 대규모 유태인 지구들이 일부 사라져버렸다. 1492년까지 많은 개종 유태인들이 여전히 행정부서나 통치기관의 고위직에 임명되었지만, 전체적으로 보아 여러 차례에 걸친 학살로 유태인 공동체는 이미 약화되었다. 예를 들면 1492년에 카스티야 왕국에는 3만 가구의 유태인이 남아있었는데, 그것은 전체인구의 1내지 1.5퍼센트에 불과한 숫자였다. 앞서 인용된 스페인 유태인의 디아스포라를 다룬 저서에서 루이스 라카브는 몇몇 소도시에서 유대 인구는 전체 인구의 10~15퍼센트에 달했고, 인구 1,500명에서 2,000명에 이르는 마을에서는 유대 인구가 200명에 불과한 곳도 있었다고 지적했다.

　　개종 유태인은 여러 문제를 야기했다. 진심으로 개종함으로써 개종하지 않은 유태인과 철천지원수가 된 경우도 있고, 사정상 겉으로만 개종한 척 하고 비밀리에 유대교를 신봉하는 경우도 있었기 때문이다. 가톨릭 국가의 왕들이 스페인에 종교재판소를 설치함으로써 문제는 더욱 복잡하게 되었다. 그 복합적인 이유에 대해서는 여기에서 상술하지 않겠다. 그러나 우리는 상황이 복잡하게 뒤얽혔으리라 짐작할 수 있다. 왜냐하면 종교재판소가 영향력을 행사할 수 있는 대상은 세례를 받은 사람에 한정되었으며, 이단이나 신성모독 등에 대해 재량권을 행사할 수 있었기 때문이었다. 유태인에게 강제로 세례를 받게 하여 그중 몇몇이 동의하는 순간부터 그들은 즉시 허위 개종의 혐의를 받고 종교법정의 괴롭힘에 시달려야 했다. 만일 개종을 거부하면 반역자로 간주되어 기소된다. 게다가 개종 유태인은 많은 분야에서 기독교도에게 위험한 경쟁상대자가 된다. 이래서 생겨난 아이디어가 〈피의 순수성〉이라는 개념이었다. 이것은 유태인과 개종 유태인으로 하여금 행정 분야에서 일하거나 성직자로 임명되는 것을 막기 위한 것이었다.

스페인에서 이러한 상황에 처한 유태인은 서고트 시대에는 8,000명에서 2만 명이었고, 1492년에는 30만 명에 이르렀다. 그중 15만 명은 카스티야에, 5만 명은 아라곤에, 그리고 1,000명은 나바르[40]에 거주했다. 스페인에 종교재판소가 설치된 것은 1482년이었다. 국가적 관심사가 장기적인 안목에서 고려된다고 할 때, 이 설명하기 어려운 조치를 취하는 데에는 10년밖에 걸리지 않은 것이다. 유태인을 스페인으로부터 축출하는 것은, 그 동안 산발적 거부 운동의 대상이 되었음에도 불구하고 활동적이고 지적이며 지역 사회에 훌륭히 동화된 계층 전체를 송두리째 제거하는 행위였다. 카로 바로하의 지적에 의하면, 유태인들이 그들의 신앙을 타인들에게 전파할까봐 두려워한 나머지 축출이 결정되었다고 한다. 개종 유태인 문제는 강박 관념이 되어가고 있었던 것이다.

　그러나 이 축출의 실제적인 동기는 아직까지도 문젯거리로 남아있다. 몇 세기 전의 사건과는 달리, 세례와 채찍 사이의 선택이 아니라 세례와 추방 사이의 선택이 유태인에게 강요되었다. 바르톨로메 베나사르의 추정에 따르면, 최대 15만 명의 유태인이 포르투갈, 모로코, 북아프리카, 네덜란드, 프랑스, 그리고 영국으로 떠났다. 카로 바로하가 제시하는 최대 인원수는 30만 명 내지 40만 명이다. 이것은 추방자의 수를 〈가구〉 단위로 하고, 가구당 인원을 평균 5명으로 잡아 계산한 것이다. 따라서 이것은 매우 개략적인 수치이다. "우리가 볼 때, 1492년은 스페인 유대교의 관점에서 비통한 에피소드이지만, 단순한 일화로 간주되어야 할 것이다." 한 스페인 역사학자의 이러한 고찰은 이 점에서 에드가 모렝의 관점과 흡사하다. 1492년 3월 31일 공포된 유태인 추방 명령은 그로부터 3개월 후에 시행되었다. 눈물과 고통 속에서 이루어진 이 출발 행렬에서 랍비들은 중요한 역할을 했으며, 출항지인 항구에 도달할 때까지 사람들에게 성가를 부르며 북을 치게 했다.

무어족 문제

　무어인 문제는 보다 복잡하지만 여러 가지 점에서 비슷한 특징이 있다. 강제 이주, 완강한 —요즘말로 하자면 동화가 불가능한— 사람들, 세례 혹은 추방, 배척 등등이 그것이다. 그럼에도 불구하고 유태인과의 사이에는 깊은 차이점들이 존재한다. 왜냐하면 이슬람교도는 유

역 주⋯⋯⋯⋯⋯⋯⋯⋯⋯⋯⋯⋯⋯⋯⋯⋯⋯⋯⋯⋯⋯⋯⋯
40) 프랑스 남서부에서 스페인 북부에 걸쳐 있는 옛 왕국.

태인이 겪은 방식의 디아스포라를 경험하지 않았기 때문이다. 무어인의 추방이 갖는 비극성은 그들이 수세기 전부터 스페인에 거주하고 있었다는 점, 농업 활동의 상당부분을 맡고 있었다는 점, 자신들의 풍속과 문화를 보존하고 있었다는 점, 그리고 이웃인 기독교도 및 유태인과 여러 가지 문제에서 가까운 관계에 있었다는 점에 기인한다. 이러한 사실 때문에 그라나다의 함락 이후 갈등이 표면화되었을 때, 추방 현실을 감당하지 못하고 몰래 되돌아오려는 사람들도 있었다. 가톨릭 국가의 왕들이 진격해 들어왔을 때, 그라나다에서만 50만 명의 현지 주민 가운데 10만 명의 무어인이 포로로 잡히거나 살해당했으며 20만 명은 북아프리카로 떠났다.

그런데 도대체 무어인은 어떤 사람들을 말하는가? 기독교의 지배 아래에 있던 이슬람교도를 당시 "무데하르"[41]라고 불렀는데, 그들이 세례 받기를 승낙하면 〈무어인〉이 되는 것이다. 1502년 가톨릭교도인 스페인의 이사벨 여왕은 자신의 통치하에 있는 카스티야의 무어인들에게 위와 같은 선택권을 주었다. 페르디난도 왕은 1506년이 되어서야 아라곤 땅에서 무어인들을 추방했는데, 그것은 그들이 떠나가면 관개(灌漑) 작업—무어인들은 관개에 관한 전문 기술이 있다—에 큰 문제가 발생할 것을 우려했기 때문이었다. 대부분의 무어인은 추방보다는 개종을 택했으며, 카스티야에 많은 무어인이 거주한 사실은 그들의 선택을 반증해준다.

그러나 16세기 내내 이 문제는 놀랄 만큼 복잡한 양상을 띠며 전개되었다. 이 모든 과정은 처음부터, 무어인에게 신앙과 풍습의 자유를 약속했던 〈그라나다 특별협약〉의 파기를 의미하는 것이었다. 이 약속이 무효화되는 데에는 10년으로 충분했다. 국익(國益)이 우선이었고 스페인의 통일이 지상목표였던 것이다. 1499년에 그라나다에는 강제로 세례를 받은 무어인이 4,000명이었다. 이때부터 최종적으로 추방당할 때까지 무어인의 저항은 끊이지 않았다. 1525년의 칙령은 스페인의 모든 무어인들로 하여금 자식들을 세례받게 하고 기독교 신앙을 준수하며 이슬람 사원을 교회로 개수하라는 명령을 내렸다. 이 명령을 시행하지 않으면 추방한다는 것이었다. 이것은 열 가지 조치 중 하나에 불과하다. 광신적인 종교재판관들은 무엇보다 경제적 이유를 점차 크게 유포시켰다. 로드리고 데 사야스가 언급한 것처럼, 결정적인 추방 준비는 특히 솔깃할만한 이유를 근거로 전개되었다. 즉 무어인의 추방으로 버려질 토지는 스페인의 차지가 될 것이라는 계산이었다. 그런데 아주 염려스런 상황이 전개되었다. 앙리 라페이르는 당시의 지리에 대한 연구에서, 1563년에서 1609년 사이의 인구 증가가 51퍼센트나 되었다고 기록하고 있다. 그런데 무어인들의 인구성장률이 69.7퍼센트이었던데 비해 나머지 인구의 성장률은 44.7퍼센트에 불과했다.

이 같은 사실이 1609년 무어인 추방의 직접적인 이유가 되었지만, 다른 이유도 있었다. 무어인은 서민들의 시기를 받았고, 사회에 잘 융화되지 않았다는 점에서 위험요소가 되었다. 무어인은 지속적으로 공중목욕탕을 만들어 그곳에서 신체의 〈부끄러운 부분〉를 씻었으며, 신부의 마음에 들기 위해 미사에 참석했지만 자신들의 축일과 언어를 지켰다. 그들은 스페인 통합정부에 대해 필사적인 저항을 보이기도 했다. 1568년 크리스마스에 일어난 대규모 폭동, 그리고 1571년까지 계속된 그라나다 전투가 끝나자 사망하거나 스페인을 탈출한 무어인은 약 60만 명에 달했다. 펠리페 2세는 또 한 차례의 추방이 있은 후, 무어인들을 스페인 전역에 분산시키고, 특히 도시에 재(再) 정착하지 못하도록

했다. 그럼에도 불구하고 세비야에 674명, 톨레도에 202명, 그리고 발라돌리드에 208명이 살고 있는 것이 밝혀졌다. 그러나 무어인의 분포는 결국 재편성되었다. 개종을 시키는 것도 불가능하고 스페인 사회로의 통합도 불가능했기 때문에 그들은 항상 동쪽해안에서 위험스러운 존재로 보여졌다. 해적 및 북아프리카 지역과 접촉을 하고 있어 결국 새로운 침입—필리페 2세 치하였던 1584년 바르바리아족[42]이 한차례 상륙한 것에 그쳤지만—의 기반을 제공할 가능성도 있었기 때문이다.

1609년 합스부르크가의 필립 3세는 결정을 내렸다. 추방준비는 완전한 비밀 속에서 진행되어야하며 전 지역의 무어인은, 물론 이전부터 추방의 위협에 대해 의혹을 품고 있기는 했지만, 이 추방소식을 기습적으로 전달받아야 한다는 것이었다. 라페이르는 약 700만 인구의 국가에서 무어인은 8만 명이었으며 그중 6만 명은 그라나다에 거주했다고 추산한다. 그러나 다른 역사가들은 무어인의 숫자를 이보다 훨씬 높게 잡았다. 발렌시아, 아라곤, 카탈로니아, 모르시아, 엑스트레마두라, 북쪽의 구(舊)카스티야와 남쪽의 신(新) 카스티야, 그리고 안달루시아 등지로 분산된 인구만 해도 30만 명이었다. 필립 3세 시대의 인구통계에 따르면 정확히 27만 3,000명이었다고 한다. 한편 피에르 쇼뉘는 1609년에서 1614년 사이에 스페인 노예 선을 타고 출항한 무어인을 27만 5,000명으로 추산했다.

무어인의 추방결정은 모든 면에서 파국을 가져왔다. 유태인의 경우와 마찬가지로, 국익의 이름으로 내려진 이 강제 이주를 진정으로 합리화 시킬만한 것이 아무것도 없었기 때문이다. 모든 정황이 이것을 증명한다. 가장 큰 피해를 입은 지역은 발렌시아였다. 수백 개의 마을이 텅 비었으며, 숫자가 많지도 않은 새 기독교 신하(封臣)들은 영주에 대해서 무어인만큼 고분고분하지도 않았다. 카스티야와 안달루시아에서는 노동력이 부족했고, 특히 노새몰이꾼이 귀해졌다. 인적 자원의 측면에서 비극적 상황이었고, 정치적 측면에서도 무익한 일이었다. 그 때문에 해적들의 침입이 더 심해졌다. 해적들은 또한 같은 혈족을 바다로 내던져버린 스페인 사람들을 더더욱 증오할 수밖에 없었다. 지금까지 언급하지 않은 불안한 사태가 하나 남아있다. 그것은 추방된 무어인들이 피신했던 유일한 땅인 북아프리카가 무어인을 어떻게 받아들였는가 하는 것이다. 또한 개종에 동의하고 세례를 받은 무어인들의 운명은 어떻게 되었던가?

무어인의 추방이 있은 후, 스페인의 이주 운동은 수세기 동안 변전을 겪다가 의미 깊은 변화를 맞게 된다. 켈트-이베리아족의 기원은 이베리아족과 켈트족이 큰 마찰 없이 융화한 결과라는 것은 모두가 인정하는 사실이다. 새로이 맞게 된 평화 단계는 교역의 시기가 되지만, 그것은 많은 사람들의 욕구를 충족시키지 못하는 교역이었다. 그 다음으로 지적할 것은 겉보기에 모순 되는 두 요소의 결합이다. 그것은 이민의 상대적 수가 사건 규모와 대조를 이룬다는 사실이다. 피에르 쇼뉘는 『고전주의 시대의 유럽 문명』에서 1600년경 스페인 인구는 948만 5,000명이라고 했는데, 그것은 인구 밀도가 14퍼센트였다는 것을 뜻한다.

다른 이주의 양상들

프랑스인의 이주는 16세기와 17세기 내내 꾸준히 지속되었다. 16

세기에서 20세기에 걸쳐 일어난 스페인의 인구변화를 추적한 한 연구서의 저자 호르디 나달은, 당대의 주요 현상을 주목하고 진단한 마요르카 섬[43] 총독의 1667년 발언을 인용한다. "이 섬에는 프랑스인이 한 사람도 없다. 그것은 기적 같은 일이다." 프랑스 사람들은 주로 카탈로니아, 아라곤, 그리고 발렌시아에 관심을 보였다. 그 이유는 무엇이었을까? 피레네와 페르피냥 지역은 인구과밀 현상으로 골치를 앓고 있었지만 적절한 해결책이 없었다. 그런데 카탈로니아는 페스트로 인해 자주 폐해를 당한 지역이었다. 특히 14세기에는 흑사병의 창궐로 막대한 인명 손실을 입어 공동(空洞) 지역이 생겨났다. 16세기 후반에 이르자 이러한 상황은 더욱 심화되어 펠리페 2세 치하의 카탈로니아 인구의 5분의 1이 피레네 산맥 반대쪽에서 출생한 사람들로 구성될 정도였다. 1577년에 작성된 보고서에 따르면 아라곤의 인구비율도 이와 비슷했고, 발렌시아로 이주해 들어오는 프랑스인의 비율은 이보다 약간 떨어지는 수준이었다. 무언인이 추방된 직후, 발렌시아에 거주하는 프랑스 사람은 대략 3만 명 가량이었다. 반면에 카스티야가 받아들인 극소수의 프랑스인은 하인, 상인, 도부장수 등이었고, 인구통계의 측면에서는 큰 비중을 차지하지 않았다.

　이 무렵부터 유입되는 인구는 대부분 남자들이었지만, 지역에 따라서 많은 차이가 났기 때문에 남녀성비에 큰 불균형이 생겼다. 바르셀로나 근처 어떤 마을의 사제는 1786년 다음과 같이 충고했다. "이 마을에 미혼 여자는 열둘이고, 미혼 남자는 여섯이다. 이런 경우, 여자들이 너무 괴로워하지 않도록, 남자 하나가 두 여자를 데리고 살도록 허락해야 한다." 무어인이 추방되었기 때문에 이렇게 프랑스인이 유입되었다고 볼 수 있는데, 이로 인해 발렌시아 지역에는 놀라울 정도로 인구가 늘어났다. 인구가 다시 메워진 것은 대체로 프랑스인들 덕분이었다.

우리는 여기서 스페인 전쟁이라고도 불리는 독립전쟁의 비극적 이야기는 다루지 않겠다. 나폴레옹이 40만 명 이상의 프랑스인을 스페인으로 이주시킨 것은 사실이며, 이 계획은 포르투갈 연안을 통제하고 영국을 봉쇄하려는 의도에서 이루어졌다. 그러나 자식들과 왕과 왕비가 나폴레옹의 소환 명령으로 바이온을 향해 떠나가는 것을 본 스페인 사람들은 격분하여 전쟁을 일으켰고, 전쟁은 1808년 3월 2일 마드리드 주민의 폭동을 기점으로 해서 4년간 계속된다. 예외적인 경우가 있긴 했지만, 난폭한 스페인 게릴라의 횡포에 시달린 프랑스인들은 그곳을 떠나 나폴레옹이 보충 병력을 필요로 한 러시아로 떠났다. 파죽지세로 난입해 들어갔다가 물러나고만 프랑스인들의 생생한 흔적은 오늘날 사라고사나 카딕스 같은 지역에서 확인할 수 있다.

반면 19세기와 20세기에 있었던 비슷한 유형의 이주들은 프랑스가 알제리에 식민지를 개척한 초창기라는 사정 및 스페인의 인구정책의 변화와 관련되어 진행되었다. 한두 차례의 극심한 흉년이 인구 통계의 균형을 얼마만큼이나 교란시키는지에 대해 우리는 언급하지 않았다. 19세기 전체를 통해서 스페인 농민들은 여러 번 영양실조의 고통을 받았으며 그로 인해 혼인율과 출산율이 감소되었다. 20세기 초에 예방 접종의 발견과 더불어 배가된 정부 당국의 지방인구 증식 노력은 이전 시기에도 진행되었지만 별 소득이 없었다. 인구 부족 지역에 정착한다면 특혜를 주겠다는 매력적인 제안이 모든 외국인에게 제시되기도 했다. 예를 들면, 1767년의 한 칙령은 독일과 플랑드르 출신 식민지 개척자에게 2년간 소작료와 십일조 징수를 면제하고, 시에라 모레나 지역의 정착에 필요한 편의를 지원하겠다고 제안했다. 1855년 스페인 의회는 유휴지

와 국왕 직할지에 대한 농업이민법을 가결하면서, 스페인 사람들에게
는 10년간에 걸쳐 세금을 면제해주고 외국인에게는 병역소집을 면제해
준다고 공표했다. 하지만 이 모든 조치는 별다른 실효를 거두지 못했
다. 1863년 스페인의 인구는 1,600만 명에 달했다. 그때부터 이제까지
와는 상반된 조치들이 채택되었고, 그것은 19세기의 스페인이 인구 이
동을 원활하게 조절하지 못했음을 말해준다.

결국 시민들이 본국의 영토로부터 빠져나가는 데 대한 제한을 철
폐하려는 움직임이 생겨났다. 이민법에 관한 우르타도의 지적은 이런
점에서 주목할 만 하다. "이민정책은 우리를 괴롭히는 경제적 정치적
재정적 질병을 치료하는 슬픈 약제이다. 시민이 이민이라고 하는 가혹
하고 극단적인 약제를 택하는 것은 다른 도리가 없기 때문이다." 이 같
은 발언은 내전 이후 유럽 각지로 이민을 떠난 스페인 사람들이 어떤 상
황에 직면하게 될 것인가를 극명하게 말해준다.

19세기와 20세기 초의 이주에 있어 등한시된 또 다른 상황은 북아
프리카의 스페인 사람들의 실상, 그리고 그들이 당시 발전 도상에 있던
프랑스 식민지에 이끌렸다는 점이다. 알제[44]와 특히 오랑주[45](州)는 이
러한 이주의 중심지였다. 예를 들어 1865년에는 7,400명의 스페인 사
람들이 알제에 도착했고, 오랑에는 8,300명이 왔다. 또 1869년에는
8,000명의 알리칸테 사람들이 알제를 향해 떠나는 배에 올랐다. 지나
치게 협소한 농토와 계절적 실업이 이러한 이주의 주요 원인이었다. 이
문제를 연구한 호세 페르민 본마이는 다음과 같이 지적한다. "해외 이
주, 도둑질, 구걸을 빼면 당시 스페인 농민들이 가난과 실업을 타개할
해법이 거의 없었다." 이주민의 대부분이 알메리아[46], 무르시아[47], 그리
고 알리칸테 지역에서 온 사람들이었다. 그들은 또한 유사한 풍광에 마
음이 끌렸다. 1900년까지만 해도, 오랑 지역에는 스페인 사람들이 프랑

스 사람들보다 더 많았다. 이주는 두 종류로 나뉘었다. 하나는 〈철새 이주〉라고 불린 이주였고, 다른 하나는 항구적 정착을 전제로 하는 이주였다. 이런 표현이 있던 것으로 보아, 프랑스 이민회사들에 대해 스페인 사람들은 매우 부정적인 기억이 있었던 것 같다. 1896년에 알제리에 거주하는 스페인 사람은 15만 8,071명이었고, 1931년에는 11만 명이었다. 이렇게 인구 수치가 점차 낮아진 것은 노동자들이 차츰 알제리인으로 대치되었으며, 프랑스 정부가 알제리 땅에서 태어난 모든 외국인에게 프랑스 시민권을 의무화했다는 점, ─이 사실이 스페인 사람들의 반감을 샀다─ 그리고 목재 펄프가 점차 에스파르트 펄프를 대신해 영국산 제지업계에서 선호되었다는 점에 기인한다. 뷔고 백작의 다음과 같은 지적은 당시 알제리에 거주한 스페인 인구의 규모가 어느 정도였는지에 대해 많은 것을 말해준다. "알제리 지역에 대한 프랑스 식민개척자의 정착이 외국인 인구의 균형을 잘 유지했던 것과는 대조적으로, 자유식민 정책이 실시된 다른 지역에는 스페인 사람의 비율이 압도적으로 높았다." 20세기 초부터 1914년까지 스페인 출신 농업 노동자의 비율은 줄곧 오랑 지역 인구의 50퍼센트를 초과했고, 그들은 포도나무 가지치기를 전문으로 했다. 대체로 〈알제리 스페인〉 사람들은 빈곤한 생활을 했다. 그들이 알제리에 도착했을 때, 소지하고 있던 것이라고는 흔히 매트리스, 프라이팬, 스푼과 포크, 그리고 약간의 속옷이 고작이었다. 이민회사가 집을 마련해주지 않으면 초라한 방 한칸에 부부용 침대를 들여

역 주..
44) 알제리의 수도.
45) 알제리 오랑주의 주도. 에스파냐, 오스만투르크, 프랑스 등의 지배를 증명하는 다양한 건축물이 남았다. 에스파냐에 가깝다.
46) 에스파냐 남부 안달루시아 지방 알메리아주의 주도.
47) 에스파냐 남동부 무르시아 지방의 중심도시.

놓고 그 주위에는 온 가족이 함께 잠을 잤다. 식사 역시 구운 빵을 주식으로 하는 초라하기 짝이 없는 것이었다. 1850년 알리칸테 지역의 6세~15세 연령의 인구 가운데 29퍼센트만이 학교 교육을 받았으니, 문화 수준은 일반적으로 아주 낮았던 셈이다. 이민 회사가 이들을 파렴치하게 착취할 수 있었던 것도 이러한 문맹이 원인이었다. 심지어 어떤 사람들은 아르헨티나 이민 회사의 농간에 속아 아르헨티나가 아직도 스페인 영토라고 믿고 그곳으로 가는 우회로 길을 받아들이기까지 했다.

참고로, 스페인 사람들의 모로코 이주는 모로코에 대한 스페인 정부의 내정간섭(1860~1912)과 모로코가 프랑스 보호령이었다는 사실과 관계가 있다. 카사블랑카의 경우 주로 농업 노동자들이 이주했으며 1912년 이후 그 숫자는 약 4,000명에 달했다.

내전 이후 실태

20세기에 접어들며 수많은 소소한 사건들이 되풀이된다. 역사학자 산체스 리바스는 이렇게 적고 있다. "식민지의 상실, 내전으로 인한 정치적 이주, 그리고 빈약한 국력 등으로 스페인 사람들은 프랑스로 대거 이주했는데, 스페인과 국경을 맞대고 있는 프랑스 본토뿐만 아니라 해외를 포함한 전 프랑스 영토가 이주 대상이었다." 또한 제1차 세계대전으로 야기된 노동력 부족으로 상당한 규모의 이주가 촉발되었지만 비밀리에 이루어진 경우가 많았으므로 그 숫자를 파악하기는 어렵다. 아메리카로의 이주 여행이 긍정적 결과를 가져올 가능성이 점차 줄어들기 시작했다는 것도 이 이주를 설명해주는 또 다른 이유이다. 그럼에도 불구하고 프랑스의 통계 자료는 아주 세밀하다. 거기에는 1916년 1월 1일부터 1918년 3월 31일 까지, 정확하게 11만 4,811명의 스페인 사람이 입국했다고 기록되어 있다. 1919년 님시 인구의 절반 이상이 스페인계 였다!

스페인 내전이 발발했을 때 프랑스에 정착한 스페인 사람의 숫자는 1921년의 규모, 즉 약 25만 5,000명으로 되돌아가 있었다. 승리가 프랑코 장군쪽으로 기울자, 공화파의 대규모 집단 이주가 일어났다. 휴 토마스는 『스페인 내전의 역사』에서, 17만 명의 여자와 아이들 그리고 이미 국경을 넘은 6만 명의 남자들 집단에 25만 명의 공화파 군인들이 가세했다고 기록하고 있다. 물론 그들 중 일부는 아메리카행을 택하든가 스페인으로 되돌아갔다. 하지만 대다수가 프랑스에 그대로 남게 된다.

프랑코 지배하의 스페인은 처음에는 자급자족 체제를 유지할 수밖에 없었다. 왜냐하면 프랑코, 히틀러, 무솔리니 사이의 지나친 동맹관계를 제재하려는 미국이 스페인을 봉쇄했기 때문이다. 스페인은 1950년대에 이르러 마셜 플랜의 지원을 어느 정도 받기도 했지만 농민들의 경제적 상황은 특히 최악이었다. 전력 부족, 영양실조, 토지소유가 거의 불가능한 상황에다가 정치적 억압까지 극심했던 까닭에 또다시 프랑스쪽으로 이주의 움직임이 시작되었다. 1956년부터 1960년까지, 그리고 그 후 10년간 프랑스 경제는 이 보충적 스페인 노동력에 의해 2차 대전과 알제리 독립전쟁이 몰고 온 인력손실을 채울 수밖에 없었다. 1960년의 인구 통계에 의하면 프랑스 내(內)의 스페인 인구는 외국인 중에서 가장 많은 39만 4,389명이었으며, 1968년에는 61만 8,200명으로 증가했다.

1960년 이후 스페인 사람들의 이주는 프랑스 일변도에서 벗어나 독일, 스위스, 벨기에 등으로 다양해졌다. 그러나 그것은 대부분 단기 이주로서 약 3년에서 10년 동안 체류한 다음 본국으로 되돌아가는 형태

였다. 스페인 이민 연구소는 1969년 말을 기준으로 유럽에 거주하고 있
는 스페인 사람들은 프랑스에 61만 6,750명, 독일에 20만 8,895명, 벨
기에에 3만 2,668명, 스위스에 9만 7,862명, 영국에 2만 1,241명. 총
102만 5,645명에 이르는 것으로 밝혔다. 적잖은 스페인계 〈유럽〉인들
은 대부분 시골에서 가난을 대물림해 온 사람들로, 에스트레마두라, 안
달루시아의 하엔 지방, 무르시아, 아라곤 출신이었다. 따라서 대부분
순수한 경제 유형의 이주라고 할 수 있다. 굶어죽지 않기 위해서 외국으
로 떠났던 것이다. 이 같은 현상은 〈사회적 질병〉으로 간주되었으며 그
영향은 아주 심각하기 마련이었다.

　20세기에 볼 수 있었던 또 다른 유형의 이주는 특히 스페인의 빈곤
상태를 시사하는 이주이다. 작은 마을에서 큰 마을로, 그리고 큰 마을
에서 도시로 삶의 터전을 옮겨간 시골 사람들의 집단 이주는 19세기 말
부터 있었지만 20세기가 되자 뚜렷한 형태로 굳어졌다. 가장 인기 있는
이주 지역은 물론 마드리드와 바르셀로나 두 곳이었다. 1947년에서
1970년 사이에 인구 감소가 가장 심했던 곳은 레온과 무르시아 지역이
었다. 그러나 1973년 이후 경제위기와 산업분야에서의 실업사태가 심

〈스페인의 외국인 추방〉

민족	연도	정주지역	이동방향	규모
스페인의 유태인	1391~	대도시(토레도, 발렌시아 등지)	포르투갈, 모로코, 북아프리카, 네덜란드, 프랑스, 영국	약 15만 명
스페인의 무어인	1492	스페인	체포 또는 살해	10만 명
			북 아프리카	20만 명
	1566~71	스페인	사망, 도망	6만 명
	1609	발렌시아, 아라곤, 카타르니아, 무르시아, 엑스트레마드라, 카스테리야, 안달루시아	도피 또는 이주 (일부 북아메리카 망명)	27만 3,000 명 ~ 27만 5,000명

해지자 이 지역의 인구 감소는 다소 주춤해졌고, 심지어 바스크 지방에서는 비스케[48]와 기푸스코아[49] 지방까지도 이주의 대상이 될 정도였다.

덧붙여 지적할 것은 산업의 집중화 현상 때문에 엄청나게 많은 인구가 수도로 몰려들었다는 사실이다. 경제학자 타마메스의 계산에 따르면 1950년에서 1960년 사이에 100만 명 이상의 인구가 메세타[50], 에스트레마두라[51], 안달루시아 등지에서 마드리드 외곽 지역과 북부 및 카탈로니아 산업지대로 이동했다고 한다. 동시에 국외 이주는 앞서 언급한대로 916만 5,456명에 이른다. 그것은 스페인의 인구통계사상 유례가 없는 대이동이다.

또한 스페인 해안에는 빈곤으로 인한 또 다른 유형의 이주의 움직임이 수평선에서 모습을 내밀고 있다. 그들은 〈발세로〉들이다. 이 북(北)아프리카인들은 '행운의 뗏목'("발사")을 타고 갖은 수단을 동원하여 지브롤터 해협을 건너 스페인으로 밀입국하고자 하지만 해협에 주둔한 스페인 민병대는 그들을 체포, 제지, 검문한다. 미국과 멕시코 사이의 국경을 넘으려는 멕시코인들을 지칭하듯, 사람들은 그들을 〈물에 젖은 등〉이라고 부른다. 1991년 엘 파이스 지의 자료에 의하면 거의 4,000명의 밀입국자가 체포되었으며, 해협을 건너다 익사한 사람만 해도 수백 명에 이르는 것으로 추정된다. 1991년 르몽드지는 이 문제를 다음과 같이 요약했다. "죽음의 해협 지브롤터 —수천 명의 아프리카인이 유럽에서 새로운 삶을 구축하기 위해 목숨을 걸고 있다." 이 불행한 이주자들이 흔히 협잡꾼들의 희생물이 되는 상황은, 지난 날 무어인들이 역

48) 에스파냐 북서부 오르테갈 곶에서 프랑스 브르타뉴 반도 서쪽 끝까지 이어진 곳.
49) 에스파냐 북부 자치구인 바스크의 주.
50) 반도 중부에 있는 고원.
51) 스페인의 서남 지방.

(逆)방향의 탈출을 감행하면서 당한 상황과 흡사하다. 통행세를 받은 탈출 안내자들은 배가 아프리카 해안에 닿기 전에 무어인들을 바다로 던져버렸던 것이다.

우리는 흔히 인종의 혼합이 풍요로운 결과를 낳으며 문화적 및 경제적 번영의 원천이라고 말한다. 그것은 사실이다. 예를 들어 펠리페 2세 시대의 스페인에 무엇보다도 불행했던 것은 외부로부터의 모든 수원(水源)을 차단한 것이었다. 유태인을 추방했으며, 무어인을 쫓아낼 준비를 하고, 신교를 철저하게 배격한 것이다. 그 후 외부와의 접촉이 재개되기는 했지만, 대부분의 이주는 가장 해로운 경제적 정치적 폭력 속에서 이루어졌다. 스페인은 가능하면 언제나 〈이물질〉을 제거하려 했으며, 먹여 살릴 수 없는 자국민은 떠나가게 내버려두었다. 시인 마챠도는 『카스타의 캄포스』라는 유명한 시집에서 다음과 같이 쓰지 않았던가. "옛날의 어머니는 멋진 사내들을 낳았건만 지금은 천하고 상스러운 자들의 계모일 뿐〉("A orillas del Duero"-18장). 20세기 초의 이런 비관적 관점은 보다 행복스런 종합 결산에 의해 극복되었다. 민주화와 함께 경제구조 개편이 이루어져 놀랄만한 성과를 거두었으며, 그 결과 스페인은 오늘날 세계 10위 권 안에 드는 경제 강국이 되었다. 스페인은 더 이상 계모도 아니며, 그 이주민들 또한 희생자가 아니다.

〈마르틴느 푸크〉

라틴아메리카라는 곳

"아메리카 대륙은 유럽인들에게 오늘날까지도 보이지 않는 유형지(流刑地), 이민과 망명의 환영과 유럽 문화의 어떤 내면적 형식에 대응한다. 동시에 아메리카는 유럽 문화의 난폭한 외면화, 다시 말하면 그것의 제로상태에 맞선다고 할 수 있다. 유럽 문화의 여건들을 이 정도로 해체하면서 동시에 격앙 내지 첨예화시켰던 나라는 없다."[1] 장 보드리야르가 스스로의 미국 여행에 대해 언급한 매우 주관적인 이 성찰을 단서로, 우리는 500년에 걸친 라틴아메리카[2] 이주의 역사를 간략하게 살펴보고자 한다.

구대륙 유럽이 그 문화의 많은 부분을 신대륙에 투자했을 뿐만 아

역 주

1) 장 보드리야르(1929~, 프랑스 철학자), 저서 『아메리카(Ameriique)』, 파리, 그라세, 1987, 149쪽.

2) 남북아메리카 대륙 중 과거에 라틴 민족 국가의 지배를 받아 라틴적인 전통의 배경을 지니는 지역의 총칭. 중남미라고도 한다. 앵글로아메리카와 대비하여 부르는 호칭으로, 그 범위는 북아메리카의 멕시코에서 남아메리카의 칠레에 이르는 지역과 카리브 해상의 서인도제도를 포함한다.

니라, 인간이 출현하여 그 땅에 가장 초보적인 문화를 도입하기도 전부터 신대륙은 언제나 추방과 이주의 땅이었기 때문이다. 그리고 아마도, ―신대륙의 진정한 발견자 아메리고 베스푸치(1454~1512·이탈리아 탐험가)를 기념하여―, 아메리카라는 지금의 이름이 사용된 지 오랜 세월이 흘렀어도, 아메리카는 여전히 〈미지의 땅〉으로 남아있었기 때문일 것이다. 이른바 인류의 거주지인 "외쿠메네"로부터 멀리 떨어져 있는 땅, 그 엄청난 면적 그리고 발견에 사용된 항해도구들의 원시성, 이런 것들이 그 땅의 정체에 대해 무지할 수밖에 없었던 크리스토퍼 콜럼버스의 불가피한 상황을 설명해준다. 그는 몽고나 중국 혹은 일본 어딘가에 도착했다고 우기지 않았던가? 그리고는 곧 〈항해일지〉에 중국과 일본에 이어 다시스와 우바스[3] 등을 언급하지 않았던가. 그는 가장 권위 있는 지형도에서 거창한 지명들을 차용하여 고의적으로 이 휘황한 지식의 미지수를 장식했던 것이다.

당장 목도할 수 있는 현실이 마르코 폴로가 기술한 전설적 인도의 이미지와 일치하지 않았다 해도, 그게 뭐 그리 중요한 일이었겠는가? 후일 "선량한 미개인"이라고 불려질 인간들과의 첫 대면 때부터 선장은 자신이 황금시대의 세계에 인도되었다고 믿었던 것이다. 그 후 세 번째 여행 때는 심지어 천국의 문에 도달했다고 생각했다. 환상은 잠시 동안이었지만, 진정이든지 그렇지 않든지 간에 그것은 선장을 따라 배에 오른 모든 사람들을 흥분시켰고 선장이 그들에게 불러 일으킨 야망만큼이나 거대한 대륙을 향해 돌진하게 만들었던 것이다.

여전히 기억에 생생한 소문 속의 환상의 엘도라도(황금의 나라)를 찾아 그들은 얼마나 헤매었던가? 무엇보다도 북에서 남에 걸쳐, 그중에서도 플로리다와 캘리포니아, 아마존 강과 리오 드 라플라타 강 유역은 지도상에서 각각 나름대로 정복의 서사시를 증언한다. 400년이 지난 다음 아메리카에는 또다시 수많은 사람들이 몰려들었고, 오늘날에도 그 이름은 우리를 꿈에 잠기게 한다. 저 아득한 옛날, 안개 속에서 흘깃 보았던 아메리카 대륙은, 고향의 대초원에서 멀리 떠나와 갈 곳을 찾아 헤매던 아시아 유목민들의 눈에 무성한 푸른 목초지로 보이지 않았겠는가.

선사시대 이전에 온 이주자들

아메리카인은 어디에서 왔는가? 이 질문은 콜럼버스에게 이미 답이 나와 있는 질문이었다. 왜냐하면 주지하다시피 그는 "아메리카"를 발견한 것이 아니었기 때문이다. 적어도 그는 아메리카를 발견할 의도가 없었으며, 단지 가톨릭 국가 왕들의 후원을 받아 서쪽으로 통하는 인도 항로를 개척하는 것이 목표였을 따름이었다. 목적지의 겉모습은 기대에 부합하지 못했지만, 항해 거리를 봐서나 소요 시간을 봐서나 목적지에 마침내 도착했다는 것을 그는 추호도 의심할 수 없었다. 원주민들이 몽골 제국의 백성들과 닮은 데가 없긴 했지만, 그래도 인도인임에는 틀림없었다. 이 인도, 인도인이라는 어휘는 곧 그의 항해일지에 등장하고, 그 이후 이 말은 아예 공인되어 쓰이게 된다.

이 말은 이렇게 오류에서 비롯된 말이지만, 관행적으로 사용되다 보니 인가를 받게 된 오류이다. 베스푸치와 마젤란 같은 사람들의 노력이 있었음에도 불구하고, 일단 포르투갈이 인도 항로를 개척하자, 아시아와 아메리카의 차이는 인도라는 공통 명칭에 포함되면서 거기에 각각

역 주..
3) 구약 성경의 엘도라도. 은과 금의 보고.

동인도와 서인도[4]라는 수식어가 붙었다. 이 착오는 연대기 편찬자들의 신학적 공론(空論)에 의해 더욱 굳어졌다. 창조의 단일성이 의문시되지 않도록 하는 것이 중요했다. 그러므로 신세계의 주민들은 반드시 구(舊)세계의 후손들이어야만 했다. 호세 데 아고스타(1539~1600 · 스페인 선교사) 신부[5]는 그의 저서 『인도의 자연 및 정신사』에서 다음과 같이 단언한다. "이 인디언들은 유럽 혹은 아시아로부터 미대륙으로 왔지만, 어떤 방식으로 어떤 길을 통해서 왔는가 하는 문제가 제기될 때 우리는 이에 대해 언제나 인간의 이성과 오성(悟性)에 어긋남이 없는 해명을 하기를 바란다." 『신 스페인과 신대륙 섬들의 인도 역사』의 저자인 디에고 두란 신부는 이 문제에 대해 경외할만한 신중성을 보였다. 그는 단호하게 말했다. "이 원주민들은 이스라엘의 왕 호세아(BC. 731~722)[6] 시대에 살마나자르 왕(BC. 727~722 재위, 아시리아 왕)이 포로로 아시리아로 끌고 간 고대 이스라엘 10지족(支族)의 후손이다."

이 문제를 해명하기 위해서는 19세기와 20세기에 들어와서 지리학과 인류학이 발전되기를 기다려야만 했다. 1728년에 베링해협의 횡단 탐사 결과로 분할된 두 대륙의 존재가 확인되었다. 한편 지구상의 모든 인간이 한 지점에서 비롯되어 사방으로 퍼져나갔다는 이론은 그 이후에 세워졌지만 각 종족들 사이의 아득한 연대성(連帶性)의 욕구를 회복시켰다. 아메리카 대륙의 토착민들이 정확한 의미에서 인도인들은 아니지만, 아시아에서 온 사람들인 것은 분명했다. 1947년 이 문제에 대한 결정적인 단서가 발견되었는데, 그것은 멕시코 계곡의 북쪽에서 발굴된 테펙스판 인(人)의 유골이었다. 이 여성의 유해는 당시 뾰족한 흑요석(黑曜石)과 맘모스의 뼈와 함께 뒤섞여 흙 속에 묻혀 있었다. 이러한 발굴 증거들을 비교하고 탄소 14 측정 결과, 이 화석들이 비교적 최근(기원전 1만 1000년)의 것이라는 사실이 밝혀졌다. 그 후 인근에서 발굴된 더 오래된 화석들

에 의하면, 이 곳에
사람이 살았던 시기
는 홍적세(洪績世)[7] 말
기로 거슬러 올라간
다. 아메리카 대륙에
인간이 처음 나타난
것이 이토록 늦은 시
기라는 사실로, 하트
리카[8]의 가설이 확인
되는 듯 하다. 하트리
카의 가설에 의하면,
최초의 이주자들이
미대륙에 도착했을
때, 그곳은 어떤 인간
도 거주한 적이 없는

〈크리스토퍼 콜럼버스〉

처녀지였으며, 그들은 빙하시대에 들어와 아시아와 아메리카 사이에 자
연적으로 형성된 다리를 이용해서 신대륙으로 들어왔다는 것이다.

무수한 세월이 흐르는 동안, 기후 변화에 따라 대륙간 통행이 가능

역 주

4) 뉴기니 섬 서반부를 제외한 인도네시아 제도의 호칭. 〈동인도 제도〉의 명칭은 인도
   동쪽이라는 뜻이지만, 아메리카 대륙의 서인도제도에 대응시켜 유럽 식민국가들이
   사용하였다.
5) 1539~1600, 스페인의 선교사.
6) BC. 8세기 중엽부터 북왕국이 멸망하기 전까지, 북이스라엘에서 활약.
7) 플라이스토세, 갱신세, 최신세라고도 한다. 지금으로부터 약 200만 년 전에 시작되
   어 약 1만 년 전에 끝났으며, 이 세기 중에 4회 또는 6회의 빙기와 이들 사이에 간빙
   기가 있었으며, 따라서 이 세기를 대빙하기라고 한다.
8) 1869~1943, 미국의 형질 인류학자.

했던 몇몇 시기가 있었다. 오늘날에도 11월에서 이듬해 6월까지는 부빙(浮氷)을 타고 도보로 두 대륙 사이를 건널 수 있다. 시베리아의 슈코크타 반도와 알래스카의 소우워드 반도에 있는 프린스 어브 웨일즈 곶(岬) 사이의 짧은 거리를 이런 방식으로 건너가는 것이다. 해빙기 때라도 모험을 한다면 대(大) 디오메드 섬과 소(小) 디오메드 섬이 가로놓여 있는 이 여정을 통과할 수 있다. 이때는 가벼운 소형 보트를 이용하는데 빙산과 충돌하지 않도록 조심해야 한다. 그러니까 아득한 옛날에도 이곳을 건널 수는 있었으니, 홍적세 결빙기에는 바닷물의 수위가 80미터나 낮아져 현재의 해협이 협착 통로로 변한 까닭이다. 더구나 구로시호(黑潮) 난류가 흐르는 그 남쪽 해안은 기후가 비교적 온난했기 때문에 건너갈 수 있는 가능성이 더욱 높았다. 시베리아인의 조상들이 보다 큰 사냥감, 즉 매머드, 고라니, 순록, 캐나다 순록 따위를 잡으려고 몰려들었던 곳이 바로 이곳이었다. 그 다음 단계로 곧 지구의 온난화가 시작되면, 해수면의 상승에 따라 생겨난 새로운 해협이 아시아로 통하는 문을 폐쇄해 버렸고, 반대편 기슭에 발이 묶인 이 사냥꾼들은, 자신들의 눈앞에서 유콘 계곡을 가로막고 있던 얼음덩이가 녹아내리면서 아메리카 대륙으로 통하는 길이 열리는 것을 보게 되었다.

위스콘신 빙기(氷期)[9]라고 불리는 기간에 발생한 이 같은 과정은 과감한 추산에 의하면 5만 년 전의 일이고, 가장 신중한 추산에 따르더라도 3만 년 전의 일로(알래스카에서 확인할 수 있는 인간의 최초 흔적은 이 이상 거슬러 올라가지 않는다), 여러 차례 되풀이되다가 기원전 2만 5000년경에 결정적으로 중단된다. 그 사이에 대륙의 내부를 향해 완만한 인구 이동이 시작되었다. 이 사냥꾼들이 현재의 멕시코에 도달한 것은 기원전 2만 1000년이었을 것으로 추정되며, 베네수엘라와 페루에는 그보다 5000년 내지 7000년 늦게, 그리고 파타고니아 지방에는 기원전 1만

3000년에 도달했을 것으로 추정된다. 그것은 약 2만 년에 걸친 한 주기가 끝나는 시점으로서, 그 동안 수많은 종족 혼합에 의해 형성된 약 600세대의 인간들이 완만한 문화적 변화를 시도했던 기간이기도 하다.

고생물학자들의 말에 의하면 미대륙 최초의 이주자들은 몽골인의 특징을 지녔지만 그 이후에 도래한 사람들보다 덜 뚜렷한 것이었다. 이 아모리인들은 키가 작고 얼굴이 길었으며, 그 이후에 온 사람들은 황색 피부에 광대뼈가 튀어나온 모습이었다. 오늘날 가장 널리 퍼져 있는 미국 인디언은 따라서 이 아모리인과 몽골인종이 혼합된 결과로 보이는데, 그것은 몽골인종의 후천성 형질이 발현되기 전의 일이다. 미국 중부 지역에 특정 혈액형이 특이하게 분포되어 있는 것은 이 때문이다. 다른 지역에는 B형의 분포가 평균 20퍼센트에서 40퍼센트인데 비해, 이곳의 원주민들은 85퍼센트가 O형이고 15퍼센트가 A형이며, 심지어 남쪽 지역에서는 O형이 100퍼센트를 차지하기도 한다. 이와 같은 분포 비율은 현대 시대의 혼혈로도 별 영향을 받지 않았다. 한편 유전적 자산의 변화와 관련된 인간 유형의 차이는, 다양한 정착과정에 의해 족외혼(族外婚)이 늘어나면서 심화되었다. 이 과정은 자연도태와 환경 적응의 필연성에 의해 더욱 강화되었다. 예를 들면 단신의 사람들은 저위도의 고온 지역에서 번성했고, 고원지대에서는 혹독한 기후와 산소부족으로 몽골 타입의 사람들이 번성했던 것이다.

어떤 인종적 특징, 예를 들면 마야인의 건장한 체격, 장신(長身)의 파타고니아인, 뉴멕시코인의 매부리코 등은 아시아적인 기원만으로는 설명하기 어렵다. 그 결과 생겨난 보완적인 이론들은 하트리카의 이론

역 주
9) 비름기 혹은 제4빙기라고 하며, 지금으로부터 5만 3000년 전부터 1만 년 전까지의 사이를 말한다. 인류 문화상으로는 구석기시대 후기에 해당. 크로마뇽인 생존.

을 거부하지 않은 채, 이주자들의 원주지(原住地)가 다양하다고 주장한다. 폴 리베트 같은 학자는 멜라네시아인과 폴리네시아인이 태평양의 조류를 타고 페루와 중앙아메리카 연안에 도착했다는 가설을 세웠다.

이보다 더 논란이 많은 가설은 이들이 남극을 통해 남미대륙으로 상륙했으리라는 주장이다. 파타고니아 지역 방언에서 원주민 언어의 몇몇 요소들이 발견된다는 사실이 상상력을 자극할 수는 있지만, 그러나 오스트레일리아로부터 출발해서 아메리카 대륙의 남쪽 원추에 도달한다는 것은, ―그것도 범선을 이용해서― 오늘날에도 극도로 어려운 일이며, 이런 식으로 많은 사람들을 이동시킨다는 것은 거의 불가능하다. 틀림없이 그것은 몇몇 표류자의 운명이었을 것이다. 기원전 1000년경 바이킹족이 허드슨만의 빈랜드로 공격해 들어갔다는 주장도 별 설득력이 없다. 그들의 활동이 남긴 가장 항구적인 결과는 북유럽의 영웅전설에 영감을 불어넣었다는 사실뿐이다.

콜럼버스 이전의 이주

이상이 선사시대 아메리카 인디오의 인구 분포에 관한 기본 정보들이다. 이제 에스파냐가 신대륙을 발견하기 직전의 이주사(史)를 기술하는 일이 남았다. 그런데 우리에게 남은 문자 기록이라고는 스페인 우상파괴주의자의 횡포를 모면한 몇몇 밀랍판 서적밖에 없으며, 그나마 참고할 수 있는 얼마 되지 않는 문자 기록도 대개 영토 정복 이후의 것들이다.[10] 게다가 중앙아메리카 이외의 지역에 관한 고고학적 정보에는 누락된 내용이 많고, 스페인 사람들의 연대기에는 석연찮은 구전 내용들이 수집되어 있을 뿐이다.

문자 전승에서는 이주를 보통 통과의식과 동일시한다. 멕시코에서 수집된 문자 전승 자료 가운데 가장 오래된 자료에서는 고전 문화의 초석이 된 사건들을 생생하게 그리고 있다. 멕시코 중부의 파누코에서 온 톨테크족[11]은, 바다를 건너 타모안찬[12]에 정착했고 그곳에서 디아스포라가 시작되었다. 몇몇 부족은 밀랍판 서적을 보유한 사람들과 결탁한 덕에 고대의 지혜를 전수 받았지만, 지식을 잠정적으로 박탈당한 다른 부족들은 새로운 문화를 스스로 창출해내야 했다. 두 번째 디아스포라가 끝날 무렵, 각 부족은 자립을 이루었다. 물론 이것은 위치를 정확히 파악할 수 없는 타모안찬을 올메카족, 오토미족, 타라스코족, 나와족 공동의 기원지로 삼는 통합 신화이다. 이 전승 신화에서 이주는 동서의 축을 따라, 즉 멕시코만 열대와 중앙 고원의 옥수수 경작지 사이에서 이루어진 것으로 설명되며, 이 이야기는 〈사아군〉이 수집한 멕시코의 신 케찰코아틀[13]의 우화와 일치한다. 이 문화의 영웅인 툴라[14]의 왕 케찰코아틀은 여동생과 근친상간을 범한 후 왕좌를 떠난다. 일부 백성이 왕의 뒤를 따라 멕시코만 연안의 피난처로 이동하

역 주

10) 아스텍의 아스틀란에서 콜루칸까지의 이주를 표의문자로 표시한 『Codex Boturini』나 『Tira de la Peregrinacion』이 그런 자료로, 콜루칸에서 멕시코에 이르는 마지막 부분이 누락되어 있다. 이것은 1530년경에 제작된 검은 잉크로 기록된 식민지 관리의 문서로 스페인의 영향은 거의 엿보이지 않는다. 불완전한 자료이지만, 자료이긴 하다.

11) 톨테크 문화는 고대 문화를 이어받아 각종의 기예와 수준 높은 역법, 우주관, 종교 체계를 이룸으로써 멕시코 중상고원 각지의 문화에 많은 영향을 끼쳤다.

12) 신화의 지상낙원.

13) 깃털이 난 뱀으로 물과 농경의 신. 툴라 왕국의 신관왕인 케찰코아틀은, 873~875년에 툴라 왕국을 다스렸으나, 국내의 군사계급과의 투쟁에 패배하여 쫓겨나 멕시코를 떠났다. 이 왕이 언젠가는 멕시코로 다시 돌아온다는 전설에 따라 멕시코인은 정복자 코르테스를 케찰코아틀의 화신으로 보았다.

14) 톨테크 왕국의 수도.

여 그곳에서 뱀 뗏목을 타고 바다로 사라졌지만 그들의 귀환은 사전에 예고된다. 케찰코아틀은 쿠쿨칸이란 이름으로 마야지방의 유카탄 반도에서 숭배되며, 그것은 멕시코 남부의 소치칼코[15]와 촐룰라[16]에서도 마찬가지이다. 이 우화는 옥수수 재배지 연변에 사는 주민들 간의 엇갈린 집단 이주를 증명하는 순환 시리즈로서, 케찰코아틀 신은 옥수수 재배와 연관되었다.

아스텍족의 집단 이주에 관한 이야기 가운데 가장 잘 알려진 바에 의하면, 그들은 스텝 지역에서 긴 방황을 한 다음 이주 행렬에 합류한 것처럼 보인다. 전설에 따르면, 나우아틀어[17]를 사용하는 7개의 부족이 아스틀란 지방(유타주에 있는 솔트 레이크 섬이 아닐까?)을 차례로 떠났다고 한다. 후발주자였던 아스텍족은 수호신 우이찔로뽀치뜰리[18]의 인도를 받아 기나긴 사막 횡단에 들어갔다. 그것은 지금 애리조나주와 뉴멕시코주에서 툴라에 이르는 긴 여정으로, 말할 수 없는 고초를 겪은 아스텍족은 마침내 툴라의 습지대에 이르러 쾌적한 정주기간을 가졌다.

그러나 또 다시 신탁을 받게 된 아스텍족은 아나우악 고원으로 진입했고, 그 지역 선주민을 상대로 갖가지 시련을 겪은 후, 텍스코코 호상의 한 섬[19]에서 은신처를 갖게 된다. 아스텍족이, 바위 정상에서 태양 독수리가 뱀(이 설에 의하면, 제물로 바쳐진 인간의 심장을 상징하는 선인장 열매)을 삼키는 놀라운 상징을 만나는 곳이 바로 그 섬이다. 시련기를 끝낸 아스텍족은 1325년경에 자신들의 수도 멕시코-테노치티틀란을 세웠다. 물에서 융기한 이 미래의 태양 도시는 어둠에서 구출된 주변 민족들에게 빛의 아들의 제국임을 선언했다. 나중에 건조된 이 멋진 건축물은 놀라운 권력 행사에 이바지하기 위해 만들어졌을 것이다. 신화속의 아스틀란과 아스텍의 멕시코는 너무도 닮았기 때문에 자신들이 북방 출신이라는 사실을 은폐하고 싶어 했던 아스텍족의 욕망을 숨길 수 없을 정도다. 옥타비오 파즈[20]가 강조한 대로, 트라카에렐의 분서갱유는 문명에 뒤진 민족과 입신출세한 사람들 특유의 수치심으로 설명할 수 있다. 위대한 건축가였던 트라카에렐은 분서갱유를 일으켜 표의문자의 밀랍판 서적들을 불사르고 새로운 서적들을 편찬하여 아나우악 고원의 다른 종족들을 지배하려했던 것이다.

남으로 몇 천 킬로미터 떨어진 곳에 이르면, 콜럼버스 이전의 아메리카에 있었던 또 다른 잉카 대제국을 만나게 된다. 아스텍족과 잉카족은 직접적 교류는 전혀 하지 않았던 것으로 보이지만, 그들의 건국 신화에는 어느 정도 유사한 점들이 엿보인다. 예를 들어 구전전승이 전하는, 세 개의 시원(始原)의 동굴에서 나온(변종 설화에 따르면, 티아우아나코[21]의 주랑에서 나왔다고도 한다) 선민의 이야기라든가, 문명을 전파하는 영웅들에 인도되어 쿠스코(잉카 제국의 수도) 언덕에 집결했다는 종족의 이야기가 그렇다. 만코 카팍[22]의 금 지팡이가 쿠스코 언덕에 박히면서 민족 이동이 쿠스코에서 종결되었음을 알렸다는 것이다. 나우아틀어(語)로 멕시

<멕시코의 정복자, 코르테스. 바른손에 지휘봉을 든 모습을 그린 초상화(17세기 그림. 작가 미상)>

코가 그렇듯이 케추어어(語)의 "배꼽"[23]과 동의어인 쿠스코는 아스텍족의 방랑 생활이 끝나고 정착 농경의 시대가 열렸음을 알리는 표지였다. 그것은 안데스 산맥의 고원 지대에 살던 과라니족[24]이 예언자들의 "아픔이 없는 땅"에 이르기 위해 지치지 않고 벌인 모험 중에도 해내지 못한 이주였다.

스페인 사람들이 서인도에 도착했을 당시의 주민 상황이 어떠했는지에 대해서는 이론(異論)이 많다. 처음 안틸 제도에 도착한 다음 정복 과정에서 살아남은 주민이 거의 없었기 때문에 더욱 그러했다. 라스카사스 신부[25]는 『서인도제도 파괴소사(破壞小史)』라는 논고에서 막대한 인명 피해가 있었음을 보고했다. 전체 군도의 2배에 달하는 인구 밀도를 지녔던 에스파냐 섬(도미니카 섬)[26]에서만도 100만 명에서 300만 명의 사람들이 죽임을 당했다는 것

이다. 글의 논쟁적인 성격에 민감할 수밖에 없었던 사람들은 그 수치가 실제 인구와 일치하지 않다는 이유로 그 숫자를 받아들이려하지 않았다. 엔젤 로젠블래트[27] 같은 역사가는 다른 자료를 바탕으로 카사스 보고서의 10분의 1에 해당하는 인명 피해가 있었다고 결론짓지만, 그것은 지나치게 온건한 추정수치로 생각된다. 버클리 학파의 인구 통계학자들의 연구에 따르면, "소규모 농지"[28]의 수확고를 기준으로 보면 1평방킬로미터당 최저 7~8명의 인구 밀도가 설정되며, 따라서 도미니카 제

도의 인구는 50만 명이었던 것으로 추정된다. 카리브족의 압력으로 군도의 인구가 이탈하여 도미니카 섬에 인구 과잉 현상이 있을 수 있었다는 사실을 이 수치는 고려하고 있지 않지만, 어쨌든 그것은 라스카사스의 추정에는 크게 밑돌고, 로젠블래트의 추정에는 크게 웃도는 수치다.

사실 서인도제도[29]는 기원 초에 시작된 남아메리카 3대 민족계인 아라와크족[30], 투피족[31] 그리고 카리브족의 광대한 원(圓) 운동의 진원지였다. 스페인의 정복으로 급격히 중단되었던 이 운동은 아대륙(亞大陸)의 언어지도가 확립되어 원운동이 재구성되기까지 거의 알려지지 않은 상태였다.

아마존에 뿌리를 둔 아라와크족 중에는, 안데스 산맥과 카리브 및 투피족의 지역 사이에 끼여 운신의 폭이 좁아진 나머지 서인도제도까지 이주할 수밖에 없었던 사람들이 있었다. 나머지 아라와크 부족은 남쪽 그랜 차코[32]와 우루과이로 이주하여 투피족을 몰아냈다. 이때 투피족은 브라질 해안을 따라 베네수엘라를 향해 올라가 그곳으로부터 아라와크족을 밀어냈다. 기아나와 베네수엘라의 강 오리노코 유역 해안을 침략한 카리브인들 때문에 들볶였던 아라와크족은, 이번에는 서인도제도를

역 주..
23) 배꼽은 '세계의 중심' 을 뜻하는 상징의 하나이다.
24) 볼리비아, 파라과이, 남부 브라질에 사는 민족.
25) 원주민 보호에 나섰던 신부였으나, 흑인 노예 유입은 용인한다. 네오토마스주의자.
26) '산토 도밍고' 로도 불린다.
27) 『La poblacion indigenay el Mestizaje en America』, 부에노스아이레스, 1954.
28) 산토 도밍고 섬에 산재한 화산토를 이용하여 카사바와 고구마를 혼합한 농경지.
29) 콜럼버스가 1492년 제1차 항해 때 산살바도르 섬에 상륙한 이래, 그곳을 인도의 일부라고 오인한 데서 '서인도' 라는 호칭이 생겼다.
30) 남아메리카와 카리브 해 지역 원주민 집단.
31) 아마존 유역의 인디오.
32) 아르헨티나 북동부에 있는 주.

<콜럼버스 이후의 라틴아메리카 이주>

년대	민족	규모(사람)
16C	스페인인, 포르투갈인 등	25만 명
	아프리카인(노예)	30만 명
17C	아프리카인(노예)	150만 명
18C	아프리카인(노예)	650만 명
	아시아인(노예)	30만 명~40만 명
19C	아시아계와 아프리카계	300만 명
	유럽인	5,000만 명

향해 바다를 건너지 않으면 안 되었다. 스페인 사람들보다 1세기 이상 앞서 도미니카 섬에 도착한 따이노족[33]은, 쿠바의 시보네 족과 함께 최후의 이주의 파도를 형성했다. 이렇게 하여 그들은 15세기 전에 같은 섬에 왔던 자신들의 먼 선조 시쿠아요 및 쿠아나하타히베와 합류하게 된 것이다.

이것이 수염을 기른 하얀 피부의 이방인이 원해(遠海)로부터 상륙할 무렵의 서인도제도 종족의 상황이었다. 백인들은 서인도제도의 원주민과 평화로운 관계를 맺기 원하는 듯 했으며, 백인들의 그러한 태도는 식인종의 거듭되는 공격으로 전쟁을 면치 못했던 상황과는 사뭇 달랐다. 원주민들은 자신들을 괴롭히는 기지(旣知)의 위험과 "하늘에서 온 사람들"[34]의 우정 사이에서 머뭇거리다가 어느 순간 미지(未知)의 유혹에 굴복한 듯싶다.

원주민에게 다른 선택권이 있었던가? 대륙에서나 섬에서나 서로 그토록 멀리 떨어져있음에도 불구하고, 멕시코에서 페루에 이르기까지 원주민은 놀라울 정도로 간단하게 백인을 자신의 상상의 세계 속에 통합시켰다. 케찰코아틀, 잉카의 티키비라코차[35], 뮈스카스족의 보시카, 과라니족의 페 투마 등, 참으로 불가사의하게도 이 종족 신들은 모두 흰 피부에 수염을 기르고 있었다. 레비-스트로스[36]에게도 그랬지만, 원주민의 신화에서 타자(他者)의 자리가 "빈 채로" 남아있었다는 것은 참으로 이해할 수 없는 현상으로 받아들이는 도리밖에 없을 것이다. 원주민

제국들의 붕괴와 개종은 무기의 승리로도 재간 좋은 동맹 관계로도 분명히 설명되지 않는다. 그것은 우선 콘키스타도르[37]로 변장한 백색 신(神)의 회귀가 불러일으킨 착란으로 설명될지 모른다. 아니면 그것은 선교사로 변장한 백색신의 회귀가 불러일으킨 착란 현상인지도 모른다. 왜냐하면 정복자의 승리는, 패자가 승자의 도래를 희망한 것으로 여길 때 완성되는 것이기 때문이다.

인도 제도라는 호칭

몽테뉴가 말한 것처럼, 이방인과의 접촉에서 오는 혐오감을 극복하는 데에는 "채권 증서"만한 것이 없을 것이다. 제물로 피 칠을 한 우상의 잔인한 모습도, 식인종의 식인 장면을 그린 끔찍한 부조도 콘키스타도르의 결의를 흔들 수는 없었다. 시련도 역경도 정복자의 모험 정신을 무력화하지 못한 것이다. 반역자도 있었고, 당장의 어려움 때문에 좌절한 사람들도 있었지만 그 모든 것을 극복할 수 있을 정도로 꿈은 원대했다. 폰세 디 레온, 페르난도 드 소토 그리고 피자로[38]와 같은 강철

역 주
33) 콜럼버스를 맞은 종족.
34) 『크리스토퍼 콜럼버스 전집』, 파리, 갈리마르, 1961.
35) 페루 신화에 따르면, 남쪽으로부터 티키비라코차라는 하얀 신이 와서 산을 고르게 하고 우물을 만들었으며 사람들에게 평화를 가르쳤다고 한다.
36) 클로드 레비-스트로스, 『시라소니 이야기(Histoire de Lynx)』, 파리, 플롱, 1991. 282쪽 참조.
37) 정복자라는 뜻. 16세기 초, 멕시코와 페루를 정복한 에스파냐인의 호칭.
38) 신대륙으로 건너가 발보아와 함께 1513년 태평양을 발견한 27명의 에스파냐 사람 가운데 한 사람이다. 발보아의 사후 그의 후계자가 되어 파나마를 건설하고, 콜롬비아를 탐험하였으며, 에콰도르에 도달했다.

같은 신경을 가진 코르테스[39]들은 몇 백 내지 몇 천 명의 사람들을 모험으로 선동할 수 있었으며, 적은 숫자이긴 했지만 심지어 여성들마저 끌어들일 수 있었다. 이렇게 해서 수세기 동안 지속될 "아메리카 정복"이라는 모험의 길이 열렸다.

피에르 쇼뉘에 따르면, 아메리카 대륙에서의 유럽인의 정착은 두 가지 방식으로 진행되었다. 우선 "프런티어"(토지의 몰수와 식민을 통한 실질적 점유)라는 북아메리카 특유의 현상이 있었고, 군사력에 의해 주민 구역을 분할하는 '콘키스타' 정책이 있었다. 그것은 기존의 구조를 보존하면서, 유럽인과 일정 수의 종교 사절단이 도시 경계선 밖에 정주하는 것을 금하는 정책이었다. 라틴아메리카를 장악하게 된 것은 콘키스타 정책 덕분으로, 이로 인해 스페인과 포르투갈은 공동 식민 제국을 창설하기에 이르렀다.

간단히 종합해보자. 피에르 쇼뉘는 라틴아메리카와 서인도제도의 총 이주 인구를 1,300만 명(백인 700만 명에 아프리카계와 아시아계를 합쳐 600만 명)으로 본다. 또한 쇼뉘는 19세기에 잠정적으로 인구 급증 현상이 있었지만(분리 독립 시대부터 지금까지 1,000만 명), 300년에 걸친 식민지 시대 이후(백인 50만 명에 흑인 250만 명으로 합계 300만 명) 이주 인구의 수치가 낮아졌다는 것을 지적한다. 이 추정 수치에는 이중의 해명이 요구된다. 백인 인구는 분명 소수였지만 지배 계급을 형성했고 유색 인종 여성과의 일부다처제를 이룸으로써, 인구 구성상 우위를 점했다. 따라서 이 수치는 라틴아메리카의 생물학적, 문화적 혼혈의 결과라고 할 것이다. 아프리카인의 이주는 백인의 이주만큼 비중이 높지 않았으며, 노예 매매에 대한 통계 자료가 없는 까닭에 산출이 훨씬 어렵다.

불과 반세기 만에 세워진 인디오–이베리아–아프리카–아메리카란 이 거대한 공간(펠리페 2세의 스페인 제국은 불과 250만 평방킬로미터였다)

의 형성은 라틴아메리카 독립기에도 끝나지 않았다. 북멕시코와 아르헨티나 대평원 팜파(Pampas)에서 최후의 '프런티어'가 사라지는 것을 보려면 19세기를 기다려야 했다. 처녀림으로 남은 곳은 이제 아마존 오지 정도이지만 그곳도 오늘날에는 토지 개발이 시작되었으며, 이농 현상으로 19세기와 20세기에 시작된 도시의 인구 집중 현상은 가속화되었다. 이상이 우리가 이제부터 서술해야 할 내용이다.

새로운 공간의 정복

우선 서인도제도와 카스티야 도르[40] 그리고 본토 연안을 보도록 하자. 우리의 관점으로 보면 콜럼버스의 첫 번째 여행은 말 그대로 순수한 발견으로서 중요하지 않다. 아이티 섬 북쪽 해안에 산타마리아호의 잔해로 급조된 〈신세계〉 최초의 시설물인 나비다스 성채에는 토착민들을 처벌하는데 골몰했던 정복자 일행의 흔적밖에 남은 것이 없다. 그러나 콜럼버스 제독은 가톨릭 왕들의 이름으로 그 땅을 정복했고, 욕심으로 눈먼 궁중 사람들에게 탐험의 열매를 가져다주었다. 의도적으로 데려온 인디오 몇몇과 약간의 금, 그리고 수많은 약속이 바로 그 열매였다. 소문은 순식간에 번져나가 수많은 사람들의 욕망에 불을 질렀다. 이때부터 모든 것이 급속도로 빠르게 진행되었다. 교황 알렉산더 6세 보르

39) (1485~1547) 19세에 대서양을 건너 쿠바에서 근무하였다. 인디오의 인구 격감에 수반하여 편성된 중앙아메리카 신식민지 탐험대장이 되어 1519년 병사 508명과 말 16필로 유카탄 반도에 상륙하였다. 말이나 대포에 대해 전혀 모르는 인디오들의 공포 속에서 멕시코에 들어가 황제 몬테수마 2세에게 에스파냐 왕에 대한 충성을 서약케 하였다.

40) 현재의 파나마와 콜롬비아의 북안.

자(1431~1503)의 칙서 〈Inter caetera〉과 〈Dudum si quidem〉가 1494년에 토르데실라스 조약[41]으로 수정되어 스페인과 포르투갈의 식민지권이 분할되었다. 이로써 그리스도교 국가 왕이 점령하지 않은 모든 영토, 즉 대서양의 화산제도인 아조레스제도와 세네갈 서부의 베르데 열도, 그리고 자오선 서쪽 370해리 지점은 스페인 왕의 영토가 되었고, 그 아래쪽은 모두 포르투갈의 소유가 되었다.

이렇게 르네상스 시대의 두 해상 강국은 세계를 둘로 나눠 가졌고, 세계 복음의 책임도 둘로 분할되었다. 서로 경합이 심해졌으므로 최대한 빨리 정복에 나서야 했다. 따라서 콜럼버스는 조약의 체결을 기다리지도 않고 두 번째 여행을 떠났다. 그것은 대규모 원정이었고 목적도 중요했다. 17척의 배가 사람 1,300명과 가축, 종자, 도구를 가득 실은 채 스페인으로 돌아왔다. 그러나 아이티 섬의 개발은 지역 자원의 정기적 착취로 시작되었다. 사금 채취와 광산 강제 노동에 모든 노동력이 동원되었기 때문에 토지를 경작할 사람이 없었다. 따라서 현지 생활환경은 불안정해졌다. 궁핍한 생활을 할 수 밖에 없었던 "기독교도"들은 왕립 창고에서 분배되는 변변치 않은 식사로 만족해야 했다. 작은 사발에 담긴 옥수수와 산화되어 시어진 얼마간의 돼지비곗살 그리고 곰팡이 쓴 치즈가 전부였다. 라스카사스의 보고에 따르면, 덤으로 한 줌의 잠두콩과 병아리콩이 주어졌다. 기근에 가까운 식사에다가 열병과 다른 병들로 인해 적응 생활의 어려움은 가중되었다. 환자를 저항하기 어려운 무력 상태에 빠뜨리는 수마(睡魔)병 모도라가 있었고, 당시에는 미지의 병이었던 매독이 퍼져 있었다. "나폴리병"(이탈리아 전쟁 시대)[42]이란 명칭으로 유럽에 퍼져나간 매독은 오래지 않아 이곳에서 맹위를 떨쳤다.

이제 스페인 식민지에 남은 사람은 300명밖에 없었고, 1502년에 2,500명의 징집 병사로 구성된 강력한 연대가 왕권 재건의 사명을 띠고 니콜라스 디 오반도 총독의 지휘 아래 도착했을 때, 식민지에는 확실히 반역의 분위기가 감돌았다. 몇 주가 지난 후, 새로 도착한 병사들 가운데 1,000여 명이 쓰러졌지만, 바르톨로메 콜럼버스가 산토 도밍고를 건설하고, 엔코미엔다[43] 제도가 제정된 덕택에 식민지 통치에 새로운 계기가 마련되었다.

원주민 지배를 주도한 이 제도(교화에 전력한 기독교도의 손아귀에 맡겨진 원주민은, 식민지배자를 위해 일하고 가톨릭교도인 두 왕에게 세금을 지불하는 대가로 지극히 상징적인 보수를 받았을 뿐이다)는, 오래 지나지 않아 보편화되었으며, 제국을 효율 높은 교도소와 같은 식민지로 탈바꿈시키는 데 기여했다. 알론소 니에노와 크리스토발 게라가 진주만을 발견한 후(오예다와 바스티다스의 여행과 더불어 이 여행은 스페인 전역에 커다란 반향을 불러일으켰다), 오반도는 1508년부터 1513년까지 바하마 제도의 4만 명의 원주민을 강제 이주시킴으로써 노동력 혹사로 인한 인구 격감에서 벗어나고자 했으나 허사였다. 비참한 상황에 직면한 스페인 사람들은 전진하면서 후퇴하는 방식을 택했다. 도미니카 섬이 발견된 이래로 서인도제도(푸에르토리코, 쿠바, 자메이카)와 카스티야 도르(파나마는 1519년에 세워졌다) 방면의 원정이 급증한 것이었다. 하지만 육지에 발을 디뎌보지도 못하는 경우가 많아서 당국이 원정대에 규제를 가하는 사태까지 벌어졌다.

당국의 허가 없이 멕시코 정복을 시작한 것은 코르테스[44]이었다.

역 주
41) 스페인 · 포르투갈 사이에 맺은 해외영토 관할에 관한 조약.
42) 16세기에 이탈리아의 지배를 둘러싸고 프랑스와 신성로마 제국(독일) 사이에 전개된 4차례의 전쟁.
43) 스페인령 아메리카에서 1503년에 제정된 제도. 원주민의 그리스도교화를 명목으로 스페인 왕이 식민지배자에게 원주민 통치를 위임한 제도.
44) (1485~1547) 스페인의 멕시코 정복자.

코르테스는 400명이 채 되지 않은 사람들을 이끌고 출발했다. 그는 추적자를 기습하여 군대를 보강하기도 했지만, 전체 선원의 수는 여전히 미미했다. 틀림없이 카를로스 5세에게 보내진 전리품에 넋이 나가 식민지 탐험에 나섰던 8,000여 명을 중심으로 멕시코 분지에 대한 식민지 개발이 시작되었다. 코르테스는 승리한 직후, 수도의 재건축을 명령하고 마야계의 와스테크족[45]을 굴복시켰으며, 과테말라까지 공략했으나 성공하지 못하고 캘리포니아 만을 탐험했다. 니카라과와 카스티야 도르를 최초로 연결시키고자 했던 사람은 로페즈 디 살쎄도였다.

그런데 스페인의 정복이 이렇게 빠른 속도로 진행된 까닭은 그들이 식민지에 대한 실질적 지배보다는 식민지 조직망 확보에 더 급급했기 때문이었다. 정복지역에 이주가 시작된 것은 나중 일이며, 정착이 쉽지 않은 경우도 있었다. 예를 들어 누에바 갈리시아의 저항운동은 첫 번째 식민지 총독이 파견됨으로써 간신히 진화되었던 것이다. 코스타리카에서도 사정은 마찬가지여서 코스타리카의 스페인령 수도인 카르타고는 메리다[46]와 투룸보다 나중인 1564년에 세워졌다. 유카탄 반도에서는 마야족이 몬테요에 대항하여 세찬 저항운동을 벌였다. 이곳의 내륙 지방은 17세기 말까지도 독립 상태를 유지했으며, 20세기에 치아파스주에서 벌어졌던 반란은 여러 가지 면에서 19세기 때 이 지방을 분열시킨 '카스트 전쟁' 의 재연이라고 봐야 할 것이다.

바스코 누네즈 데 발보아(1475?~1519)가 소수의 사람을 이끌고 '남쪽 바다' 에 도착한 것은 1513년의 일이었다. 태평양 연안의 탐험이 곧 시작되었지만 결과는 신통치 않아 두 번의 실패가 있은 후, 비로소 페루 정복이 실현되었다. 코르테스만큼이나 대담했던 피자로[47]는 카자마르카에서 잉카 제국의 황제를 체포함으로써 라틴아메리카의 대제국을 손아귀에 넣었다. 그곳에는 수많은 주민이 살고 있었고, 타완틴수유[48]라

는 놀라운 행정 체계가 있었으니, 사실
피자로가 이 제국을 장악할 가능성은
전무했다고 할 수 있다.

　피자로가 성공한 것은 잉카의 내
란 상태를 감지했기 때문이다. 저항 운
동은 별다른 실효를 거두지 못하고 반
세기 동안 지속되었지만, 한때 쿠스코
를 점령하면서 스페인 사람들을 곤란
한 상황에 몰아넣기도 했다. 하지만 이
런 운동은 결국 페루인의 성소인 빌카
밤바로부터 침략자를 바다로 내동댕이
치지는 못했다. 구원군 대장 툼베즈와
새로운 수도 리마와 연결된 칼라오 항

〈페루의 정복자 프란시스코
파자로의 완전 무장한 모습
(초상화, 작자 미상)〉

구로부터 더 많은 원병들이 어김없이 도착했던 것이다.

　피자로의 동지였으나 후에 불구대천의 원수가 된 알마그로[49]가 왔
고, 키토 지역과 포페얀 그리고 가망성 없는 엘도라도 원정 때문에 페루
의 일부 지역을 포기해야 했던 베날 카자르(1480~1551·스페인 정복자)
와 훗날 아마존 강의 발견자가 된 지메네즈 데 케사다와 오레예나 등이

역 주
45) 멕시코의 인디언 종족.
46) 멕시코 유카탄주의 주도.
47) (1475~1541) 발보아와 함께 1513년에 태평양을 발견. 파나마를 건설하고, 콜롬비
　　아를 탐험했으며, 잉카의 내란상태를 탐지하고 황제 아타왈파를 처형했다.
48) 잉카족 스스로가 영토에 붙인 이름으로서 '네 개의 지방' 이란 뜻을 갖는다. 잉카
　　제국이 동서남북 4개의 행정구역으로 구분되었던 사실에서 연유된 말이다.
49) (1475~1538). 1515년에 파나마로 옮겨 에스파냐군에 가담하게 되어 피자로와 알
　　게 되었다. 피자로에게 잉카의 수도 쿠스토를 요구하고 기습하여 이를 점령하였다.
　　그러나 피자로의 아우인 H. 피자로에게 패하여 반역죄로 처형되었다.

차례로 들어왔다. 이들의 뒤를 이어 무력을 휘두를 준비가 되어 있었던 무명의 사람들, 졸병들이 왔다. 봉지 매매세가 잉카의 왕 아타왈파[50]의 몸값으로 세비야에 도착한 이래로, 병사들 사이에서는 페루는 부(富)의 동의어가 되었던 것이다.

이런 사람들 사이에서는 계피의 나라 페루에 대한 소문이 들끓었고, 금으로 만든 궁전이 오마구아 왕국에 있다는 말도 떠돌았다. 떠날 방도가 없었기에, 이들 모두가 떠났던 것은 아니었지만, 되돌아와서 떠날 사람들을 만류할 사람도 없었다. 원정대 중에는 참혹한 고생을 겪은 사람들도 많았다. 칠레의 얼어붙은 안데스 산맥에 갇혔던 알마그로 원정대와 당시만 해도 녹색 지옥이라 불리지 않았던 아마존에 갇혔던 곤잘로 피자로 원정대가 그런 경우였다. 그 동안 페루의 내부 정세는 프란시스코 피자로가 알마르고의 지지자들에 의해 암살된 이후 급속히 악화되었다.

시민들이 본토 회복을 도모했으나 결국은 실패로 돌아갈 내란이 시작되고 말았다. '새로운 법'이 적용되면서, 엔코미엔다 제도[51]와 인디오의 개인적 봉사제는 폐지되었다. 개인 자산이 위협을 받게 되자 엔코미엔다의 소유자들은 스페인 국왕에 대해 반항했다. 회식용 테이블을 소유할 정도로 세력이 강했던 엔코미엔다의 소유주들은 심각한 알력 상태에 있었다. 결국 알마그로파(派) 수뇌였던 디에고 엘 모조와 피자로파(派)의 우두머리였던 곤잘로는 국가 반역죄로 광장에서 처형당했다. 콘키스타도르[52]의 아들 마틴 코르테스는 단두대를 피하기 위해 출생의 정통성에 매달릴 수밖에 없었다. 이 반란은 누에바 에스파니아[53]에서도 누에바 카스티야[54]에서도 실패했으며, 일단 질서가 회복되자 멘도자 총독은 관용정책을 펼쳤다. 1650년 페루에서 집계된 8,000명의 스페인 사람 가운데 480명이 엔코미엔다의 소유주였으므로, 전체적인 이해관계를 고려하여 '새로운 법'의 실시는 결국 중단되었다.

그러는 동안, 대서양 연안에서는 또 다른 제국이 건설되었다. 이 모든 일이 시작된 것은 1500년, 그러니까 페드로 알바레스 카브랄[55]이 바스코 데 가마가 2년 앞서 개척한 항로에서 벗어나 브라질 서쪽에 상륙하면서부터였다. 카브랄의 발견 덕에 포르투갈의 권리요구는 정당화되었지만, 이 권리요구는 수년간 사문으로 남게 된다. 왜냐하면 포르투갈은 아메리카에 뿌리를 박기보다는 인도 항로에 있는 아프리카나 아시아에 해외거점을 확보하는 데 더 관심이 컸었기 때문이다.

프랑스의 브라질 개척자 빌가뇽[56]이 리오 만에서 실패하는 바람에 결국 구아나바라 만 근처에 있었던 프랑스 식민지 프랑스 앙타르티크는 짧은 기간으로 끝났고, 1560년에 포르투갈의 손아귀에 들어갔다. 1513년에 수백 명의 이주자를 데리고 북동 해안에 상륙한 마르팀 데 수사는 페르남부크 지역에 있는 바흐아와 파라나에 세습 무역항 사무실을 설립했다. 1549년에는 토메 데 수사가 예수회 수도사들을 데리고 왔다. 이 예수회 수도사들은 상파울로를 거점으로 삼은 다음, 투피족을 통치하기 위해 북부와 중서부 내륙으로 침투하기 시작했지만 소용없었다. 수

역 주

50) 아타왈파(1500~33). 페루의 잉카 제국 최후의 왕.
51) 스페인령 아메리카에서 1503년에 제정된 제도. 스페인의 정복자 또는 식민자가 토지 또는 마을을, 현지에 사는 인디오와 함께 수여받는 제도.
52) 16세기에 멕시코, 페루에 침입하여 잉카, 안데스 문명을 파괴한 스페인 정복자들.
53) 스페인 통치시대의 멕시코의 별칭.
54) 스페인 통치시대 초기의 페루 별칭.
55) (1467~1520) 포르투갈의 항해자. 바스코 데 가마의 인도항로 발견 후 최초로 조직된 인도파견선단의 대장이 되었다. 희망봉을 향해 항해하다가 표류 중, 우연히 브라질 서해안에 도착하였다. 그곳을 포르투갈 국왕인 마누엘 1세의 영토로 하고, 다시 동진하여 희망봉을 돌아 인도에 도착하였고, 이듬해에 귀국하였다.
56) (1510~1571). 브라질에 프랑스 프로테스탄트 식민지를 개척한 항해자.

도사들은 투피족을 흑인 취급했고—그들은 투피족을 기니 사람으로 똑같이 여겼다—, 노브레가 신부[57]는 신도들의 잔악하고 음란한 기질을 공공연히 비난하면서 그들을 개, 돼지에 비유했다.[58]

하지만 오래지 않아 영국과 네덜란드에게 아시아 식민지를 빼앗긴 포르투갈은 브라질 식민지에 대한 노력을 더욱 집중했다. 1570년에서 1585년 사이 백인 인구는 3분의 1이 증가하여 20만 명에서 30만 명이 되었다. 인원수도 적고 일에 대한 적응력도 없는 원주민의 손을 빌어 제당 기계를 돌리는 데 진절머리가 난 북동부의 대농장 파젠다스의 사탕수수 농장주들은, 이제 노예 매매에 관심을 보이기 시작했다. 남부에 위치한 150세대의 작은 부락 상파울로에서는 포르투갈인들이 원주민의 난입에 대처할 수 없는 흙돌벽과 초가지붕의 집에서 살면서 개척자 생활을 하고 있었다. 포르투갈의 왕이 된 필리페 2세 치하에서, 상파울로 주민은 그 지역을 경유하는 스페인 선박들에게 식량 조달에 필요한 몇백 마리의 가축을 공급해야 했다. 인원부족으로 더 이상 일을 감당할 수 없게 된 주민들은 메소티조(원주민 종복과의 사이에서 출생한 혼혈 사생아)를 동원하여 멀리 마토 그로소[59] 고원까지 대대적인 노예사냥에 나섰다. 도중에 이 도적떼들은 훗날 미나스 지라이스[60]가 될 지역의 토지에서 금이나 다이아몬드, 보석 등을 휩쓸어갔다. 좀더 남쪽에 있는 리오 데 라플라타 강[61] 지역은 '고통 없는 땅'이라는 구아니족의 신화와 스페인 사람들의 '엘도라도'의 꿈이 만남으로써 태어났다. 양(兩) 대양 사이의 항로를 개척하는 임무를 맡은 솔리스는 라플라타 강 하구를 거슬러 올라가면 임무를 완수하게 될 것이라 생각했지만, 원주민의 손에 살해됨으로써, 그 이상 업무는 수행할 수 없었다. 알랙소 가르시아는 일명 〈은왕〉의 금은보화에 대한 소문을 접하고 가보고 싶은 욕망을 억누를 수가 없었다. 이구아수 폭포에 이른 그는 파라과이를 지나, 차코[62]를 횡단하여 안데스 산맥의 산록 지대에 이르렀는데 바로 그곳에서 잉카 군대와 충돌하게 되었다. 여차했으면, 그는 피자로보다 먼저 페루에 도착할 뻔했던 것이다.

알랙소 가르시아를 모방하는 아류들이 있었다. 부에노스아이레스가 세워진 지 11년이 지난 후, 그중 도밍고 데 이하라는 사람은 생존 환경(스페인 사람의 식인 케이스가 보고되기도 했다)이 지나치게 열악한 촌락을 떠나, 아순시온[63]으로 이주해갔다. 그런데 원주민으로부터 대대적인 환영을 받은 이 이주민 집단의 식민지는 곧 '생식 공간'으로 변했다. 이곳은 수도자를 포함한 입주자 모두를 성적 열광속에 사로잡았다. 이들에게 사용된 표현에 따르면, 이 식민지가 마치 "마호메트의 파라다이스"로 변한 것이었다. 이 식민지의 총독 알바르 누에녜스 카베자 데 바카는 놀라운 숫자를 보고했다. 인디오로부터 선물로 받은 현물을 팔 때, 도밍고 데 이하라는 덤으로 인디오 여자 30명이나 40명 혹은 50명까지 최고 입찰자에게 넘겼다는 것이다. 사정이 이러했으니, 이하라가 죽은 뒤 파라과이에 4,000여 명의 혼혈아가 남겨졌다는 것은 놀랄 일이 아니었다. 이 모든 과정에도 불구하고 스페인 사람들은 안데스 산맥에 정착하는 데 실패했다. 전설의 캉디르 왕국을 찾아 쿠스코[64]와 아순시온에서 동시에 출발한 탐험대들은 광포한 치리구아노족 앞에서 퇴각

역 주..

57) (1517~1570). 1549년 리스본을 떠나 브라질에 최초로 예수회 수사학교를 설립하여 포교의 기초를 닦았다.
58) Manoel da Nobrega, Cartas do Brasil, in Cartas jusuiticas I. Beldo Horizonte, Ed. Itatiaia, 1988.59) 마토 그로소 고원. 브라질 서남부의 고원.
60) 브라질 동부의 주. 광물 자원이 풍부하다.
61) 라플라타 강. 남미 동남 해안. 아르헨티나와 우루과이 사이를 흐르는 큰 강.
62) 차코. 남미 중부, 볼리비아, 파라과이, 아르헨티나에 걸치는 그란 차코의 일부.
63) 남미 파라과이 남부에 있는 도시로서 파라과이의 수도.
64) 페루 남부의 도시. 옛날 잉카 제국의 수도. 고대 잉카 문명의 유적이 있다.

하지 않을 수 없었던 것이다.

서인도 항로의 사람들

1572년에 미구엘 로페즈 데 레가스피(1510~1572, 스페인 식민지 정치가)가 필리핀 군도를 정복한 이후로, 스페인의 위상은 극대화되었다. 이곳에서도 원주민들은 인디오라고 불려졌다. 행정적으로는 누에바 에스파냐에 속했던 이 군도는 그 유명한 마닐라의 갈리온 선[65]을 통해 1년에 한번씩 누에바 에스파냐와 연결되었다.

이 광대한 제국의 걸림돌은 사실 교통수단이었다. 피에르 쇼뉘는 '인도 항로'를 오가는 2대 항로 운항선박들의 운행 횟수를 산출해냈다. 갈 때는 카나리아 제도의 무역풍을 이용했고, 돌아오는 길에는 멀리 북부 보스턴 위도의 높이에서 반대 무역풍을 이용하여 아소르 제도로 되돌아왔다. 속도는 쾌속범선을 이용한 콜럼버스에 의해 1502년에 갱신되어 3세기 동안 지속된다(라스팔마스와 마르티니크 섬 사이를 21일 걸쳐 이동). 역 방향의 기록 갱신은 1495년 안토니오 데 토레스에 의해 이루어졌다(도미니카와 카딕스 사이를 31일 거쳐 이동). 대형 갈리온 선은 적재 능력이 있음에도 다루기 쉽지 않았지만 대규모 항해와 함께 일년에 두 번 꼴로 왕복 운행되면서 1560년부터 자리를 잡았다. 멕시코 선단은 5~6월에 출항했고, 본토의 선단은 8~9월에 출항했으며, 선단은 튼튼하게 무장된 군함의 호위를 받았다. 공격의 위험(약탈선과 해적선이 서인도제도 바다를 누비고 있었다), 악천후로 인한 난파의 위험, 열악한 위생 시설 및 식사로 인한 질병의 위험, 여기에 장기 횡단에 따르는 각종 문제들이 덧붙여졌다. 세비야를 출발하여 카딕스와 카나리아 제도까지

가는 데는 10일이 걸리고, 푸에르토리코에서 베라 크루즈나 카르타제
느나 푸에르토리코 벨로의 노정을 완주하는 데는 3주에서 2달이 걸렸
다. 마닐라나 페루의 칼라오로 향하여 재출발할 경우 화물을 환적(換積)
할 때 드는 시간, 또 파나마나 아카풀코에서 소요되는 대기 시간 등은
여기에 포함되지 않았다. 서인도제도를 왕복하는 데에는 8개월이 걸렸
고, 멕시코나 본토 해안을 오가는 데는 두 배의 시간이 필요했으며, 페
루는 2년 내지 3년이, 필리핀은 2배 이상의 연월이 필요했다.

〈인도 평의회〉라는 상급 기관 소속의 세비야 주재 카사 데 콘트라
타시옹[66] 통상원의 사명은, 개인과 자산의 동향을 살피는 것이었으며,
이 엄격한 선별 정책은 반(反) 종교 개혁의 영향을 받은 것이었다. 유태
인, 무어인, 신교도에게는 인도 제국의 체류가 금지되었으며, 그 목적
은 이단의 영향으로부터 신세계를 지키겠다는 것이었다. 기독교를 위
장한 채 은밀히 유대화를 기도하는 콘베르소스[67]라든가, 포르투갈 사
람, 프랑스인, 영국인 등 경쟁 관계에 있는 나라의 해외 거주자 등은 될
수 있는 한 배척되었다. 다만 플랑드르 사람, 제노바 사람, 독일인을 제
외한, 가톨릭 국가의 신민이나, 왕으로부터 해외 식민지 거주를 권유
받은 사람 등은 제외되었다. 집시나 변호사 같은 달갑지 않은 존재들 역
시 추방되었다. 출항 허가를 받은 사람의 대다수는 안달루시아 사람이
었고, 그 다음에는 카스티야 사람이 숫적으로 우세였다. 그 다음으로는
엑스트레마두라, 바스크, 갈리시아 사람 순이었다. 가장 선호되었던 기
항지는 멕시코였으며, 그 다음에는 선호도에서 곧 멕시코를 앞지를 뉴

카스티야가 있었고, 광산 자원이 덜 풍부했던 뉴 그라나다와 칠레가 뒤를 이었다. 당시 이미 많은 외국인이 몰렸던 리오 데 라플라타가 인기를 모은 것은 훨씬 나중의 일이었다.

그러나 경기 침체에 빠진 서인도제도는 인기 선호도 최상에서 최하위로 전락하였다. 우리가 보유하고 있는 불완전한 통계로는 어떤 부류의 사람들이 출항을 선택했는지 정확히 짚어낼 수 없다. 콜럼버스 승무원과 로베 데 아기레의 일행 가운데 몇몇 전과자들이 섞여 있기는 했지만, 편견과 달리, 굶주림에 허덕이던 최하층 귀족이라든가 어두운 전설을 몰고 다니던 극악무도한 자들이 그리 많지는 않았을 것이다. 장남에게 상속권을 빼앗겨 다른 곳에서 한몫 잡지 않으면 안 되었던 차남들이 식민지로 몰렸다. 식민지 건설에는 장인(匠人)과 상인 외에도 공무원, 성직자, 그리고 많은 하인들을 몰고 다닌 행정 관리 등이 필요했다. 이런 특권 계급에 대해서도 똑같은 규칙이 적용되었다. 스페인에서나 인도 제국에서나 성공하려면 세 가지 길이 있을 뿐이었으니, 그것은 '교회, 바다, 왕가' 였다.

출항자 가운데 여성은 거의 없었다. 원주민 여성과의 내연관계가 일반화되는 것을 막기 위해, 왕실에서는 기혼자의 경우 처자를 동반하여 출항하거나, 그렇지 않으면 출항 후 2년 안에 처자를 데리러 본국에 되돌아올 것을 요구했다. 독신자들과 마찬가지로 많은 이들이 마지못해 이에 응했다. 백인이 아닌 여성과의 관계에서 얻은 자식은, 공직을 얻으려는 사람 모두에게 필수적인 혈통의 순수라는 조건을 충족시킬 수 없었던 까닭에, 이방 여성과의 관계 자체를 정당화할 생각이 출항자들에게 없었던 것이다. 독신 여성의 출항이 허락되자—일부 윤락 여성들이 여기에 포함될 확률이 있었지만—, 여성 여행자 수는 점차 눈에 띄게 늘었으며, 시기에 따라서는 5~16퍼센트까지 늘었다. 여러 계층의 여성들이 뒤섞인 채 1493년과 1519년 사이에 서인도제도로만 5,480명이 떠났고, 1520년에서 1559년 사이에 인도 제국으로 간 전체 여성 인구는 2만 2,578명에 달했다고 기록은 전한다. 하지만 이 기록에 밀항자의 수는 포함되지 않았다. 4만 5,000명의 여행자에 대한 신뢰할만한 정보를 가지고 있는 쇼뉘는 합당한 수치를 얻으려면 위 숫자의 6배를 곱해야 한다고 주장한다. 쇼뉘의 말대로라면, 16세기에 인도 제국으로 항해한 사람의 숫자는 약 25만 명이 된다.

노예 매매를 한 사람들

위의 총 숫자에 대한 재평가가 있어야 할 것이다. 스페인이나 포르투갈의 입장에서 보면 이주에 의한 인적 손실이 막대했지만(17세기 초에는 이주 제한 정책이 나올 정도였으니까), 아메리카쪽에서 보면 전체 백인 인구의 비율은 미미한 것이었다. 1570년 멕시코에는 333만 6,860명의 인디오에 대해 2만 5,669명의 아프리카인과 6,464명의 백인이 있었다. 4,872명의 백인-인디오 혼혈과 백인-아프리카 혼혈을 별도로 제하면, 백인 및 흑인 총인구는 전체 인구의 1퍼센트에서 2퍼센트에 지나지 않았던 것이다. 특기할만한 또 다른 요소는, 원주민의 인구가 스페인 정복 직전의 인구와 비교할 때 수직으로 감소했다는 사실이다(버클리학파의 집계에 의하면 2,500만 명, 로젠블래트에 따르면 450만 명에 불과했다).

이와 같은 현상은 이곳저곳에서 주목되었다. 그것은 스페인 정복 당시 일어난 학살 때문만도 아니었고, 그렇다고 식민지의 강제 노역이나 문화 수용 과정에서 생겨난 폐해 때문만도 아니었다. 출생률의 심각한 위기와 더불어 대량 참사가 벌어진 주된 이유는 수세기 동안 인디오

를 덮친 바이러스 때문이었다. 인디오들로서는 최초의 전염병이었던
천연두가 발생한 1519년부터 유행성 감기, 홍역, 발진티푸스 등 전염병
이 안데스 산맥을 덮친 1585년 사이, 수많은 사람들이 희생되었다. 인
디오들은 몇 천 년 동안 격리 상태에 있었던 까닭에 전염병에 대해 면역
력이 전혀 없었던 것이다. 스페인 사람들 가운데 인디오에 대해 동정적
이었던 사람들은, 과학적 설명을 할 수 없었기에 이를 신이 내린 형벌,
즉 이집트에 내려진 열 개의 재앙 가운데 하나로 보았다. 이 지방의 초
기 복음주의자 가운데 한 사람이었던 모토리니아 신부에 따르면 이 재
앙이 스페인 정복 직후 멕시코를 황폐화시켰다는 것이다.

　　아메리카에 아프리카 노예를 수입하게 된 것은 원주민의 심각한
노동력 부족을 타개하기 위해서였다. 여기에는 또 왕의 전제권력도 작
용했다. 두 번째 항해를 하면서 콜럼버스는 도미니카 섬과 본토간의 불
법 노예 거래를 제안했다. 당시만 해도 카스티야의 이사벨 왕비가 살아
있던 때라, 페르디난도 5세는 주저 끝에 콜럼버스의 제안을 거부했다.
하지만 왕비가 죽어 홀로 권좌에 남은 왕은 돌연 마음을 바꿔 먹었다.
왕은 법적 보호를 받고 있음에도 불구하고 멸종 위기에 있는 인디오보
다 강하다는 평판을 듣는 아프리카 사람을 택했다. 추기경이자 섭정이
었던 시스네로스[68]처럼 페르디난도 5세는 라스 카사스 신부의 조언을
따랐던 것이다. 역사의 아이러니가 아닐 수 없었다. 라스 카사스는 훗
날 유감을 표명할 정도로 인디오들을 옹호했던 신부가 되었다. 이해 당
사자들이 재빨리 행동에 옮겼기 때문에 아프리카인의 적이라는 명성을
얻게 되었다는 것인가. 서인도제도로 수입된 초기 노예들은 종복의 신
분으로 주인과 함께 본토를 떠났다. 아프리카 사람들은 이성이 없는 존
재이거나 샘(아버지의 나신을 보았기 때문에 노아로부터 저주를 받은 아들)
의 후손으로 비춰졌으며, 인간미 넘치는 사람들에게조차 타고난 육체

노동자로 여겨졌다.

사실 노예제도를 옹호하는 사람들로 득실대던 사회는 이런 미묘한 사항에 관심이 없었으며, 곧 이 제도의 열렬한 수호자가 되었다. 노예는 경제적으로 필요한 것이며, 노예매매는 모두의 이익을 위한 것이라는 게 그들의 논지였다. 고용주나 식민지 관리나 아프리카인조차 노예매매에서 이익을 본다는 것이다. 아프리카 소국의 왕들 사이에 벌어지는 치열한 투쟁에서 빠져 나와 대량 학살을 모면했으니, 아프리카 노예들은 결국 새로운 주인 밑에서 은신처와 보호를 얻은 것이 아니냐는 것이다. 지옥에서 빠져 나와 잡힌 몸으로 살긴 하지만 지상 천국을, 참회하고 노력하면 이를 수 있는 천국을, 제공받은 것이 아니냐는 것이었다. 고용되어 계약이 성사되자마자(노예들의 수명은 짧았다), 거래는 해안의 노예 상인들 손으로 넘어갔다. 노예 상인들은 유럽의 고용주들을 대신하여 내륙 지역에서 약탈행위를 했다. 두 손은 긴 쇠스랑에 묶인 채 노예 포로들은 줄줄이 식민지 해외 상관에까지 끌려가, 거기서 다음 배가 오기를 기다렸다. 간단한 검진이 있은 후, 인두질을 당한 노예들은 이제 장의사[69]에게 맡기기 딱 좋은 상태가 된다. 이런 식으로 배 밑바닥에서의 긴 항해가 시작되었고, 그 항해의 끝을 보는 노예는 많지 않았다. 어느 정도의 사람들이 배 밑바닥에서 죽어갔을까? 1,200만 명에서 1,500만 명의 항해자 중에 아마 150만 명에서 200만 명의 사람들이 생명을 잃었을 것이다. 1807년에 노예 매매가 금지되어 불법매매로 인한 희생자가 많았을 것이지만, 정확한 숫자는 알 수 없다. 허가받은 업자들이 세금을 덜 내기 위해 승선 인원수를 속였다면, 밀매업자들은 선박

역 주

68) (1435~1517) 에스파냐 수도사. 잔류 이슬람교도에 대해 강제 개종이나 추방 주장.
69) 포르투갈 사람들은 노예 상인들을 이렇게 불렀다.

검사를 피하기 위해 서슴없이 '선창의 짐'을 바다로 내던졌던 것이다. 요컨대 유출 인구가 지속적으로 증가되었던 것을 보면, 노예 매매에서 볼 수 있는 수익은 엄청났던 것으로 보인다. 16세기에는 30만 명이, 17세기에는 150만 명이, 그리고 18세기에는 650만 명이 매매되었던 것이다. 브라질에만 350만 명의 '검둥이'[70]가 유입되었다고 한다.

토르데실랴스 조약[71]에 따라 아프리카 해안에서 물러나게 된 스페인은 노예를 구입하기 위해 상토메와 상폴로 데 로안다에 최초의 해외 지점을 설치한 포르투갈에게 도움을 청하지 않을 수 없었으며, 그 다음에는 영국, 네덜란드에게 차례로 손을 벌려야했다. "삼각 무역"의 하나로 인정된 노예매매는 곧 무역 시스템의 중심이 되었고, 그 덕에 선주들은 어떤 경우에도 손해 보는 항해는 하지 않게 되었다. 유럽에서 출발할 때 무기, 술, 그리고 조악한 물품들을 실었던 배가, 도착지 아프리카에서는 '흑인'으로 만선이 되었고, 아메리카에 들려 흑인을 하역한 다음 모항으로 귀향할 때면 열대 지방의 물품을 가득 싣고 돌아왔다. 교역지가 바뀔 때마다 상품의 부가가치가 올랐고, 순이익은 증가되었다. 처음에는 모리타니아와 〈노예 해안〉[72]으로 한정되었던 밀무역이 수단, 콩고, 앙골라로 확대되었으며, 인도양에서는 잔지바르와 말라바르 해안 그리고 벵골만으로까지 이어졌고 벵골만에서 아메리카까지 30만에서 40만 명의 아시아인들이 수입되었다. 자치 주권을 가진 브라질에서는 독자적 용도를 위해 가까운 아프리카와 직접 거래를 하게 되었다.

항해 조건은 참혹했다. 식료품을 불충분하게 제공한 이유는 최소한의 생존만을 보장하고 아울러 노예들의 실력행사를 저지하기 위한 것이었다. 위험을 줄이기 위해 밤이면 "노예 계류장"에 자물쇠가 채워졌다. 선상 반란이 일어나는 경우 무차별 사격이 감행되었고, 반란 지도자는 공개 처벌을 당했다. 둘씩 쇠사슬에 묶여 배 밑바닥 화물창에 콩나

물시루처럼 빽빽하게 있어야 했던 불쌍한 노예들은, 갑판에 올라 몸을 푸는 짧은 휴식시간에도 순번에 따라 교대로 움직여야 했다. 상인들은 노예들을 일주일에 두 번씩 샤워를 하게 했고, 이를 잡기 위해 2주에 한 번 면도를 시켰으며, 괴혈병을 예방하기 위해 매일 양치질을 강요했다.

　　한 달 반이나 두 달이면 항구에 도착했지만, 그 이상 걸리는 경우도 많았다. 목적지는 바이아주[73], 레시페[74], 카르타헤나[75], 푸에르토 벨로, 베라 크루즈[76], 포르토프랭스[77], 하바나 등이었다. 40일간의 검역기간은 상품을 '매끈하게' 원상태로 만들어 경매에서 수익을 올리는 데 사용되었다. 경매는 관원이 알리거나 벽보를 붙여 알렸고, 매매는 선상이나 노예 시장에서 이루어졌다. 손님에게 덤으로 주기 위해 좋은 상품과 나쁜 상품을 섞어 전시했지만, 동일 종족이면 떼어놓았으니, 가족인 경우에는 더 말할 나위 없었다. 상품을 면밀히 검토한 다음 구매자는 상품에 소유자 표시를 했다. 일단 팔리고 나면 노예는 주인이나 주인의 대행인 집으로 실려 갔고, 개인 능력에 따라 집안일이나 밭일을 담당했다.

　　대농장의 노동 조건은 믿을 수 없을 정도로 참혹했다. 어떤 노예들은 '들에서' 새벽부터 해거름 때까지 감독관이나 그 하수인의 감독 아래 벌채나 제초를 했고, '방앗간'에서 사탕수수를 빻는 일을 하는 노예

역 주..
70) 포르투갈어의 영향으로 프랑스에서 18세기에 자리를 잡은 말이다.
71) 1494년의 이 조약으로 아프리카는 전체가 포르투갈의 지배를 받게 되었다.
72) 서아프리카 기니만에 면한 해안 지역. 15세기에서 19세기에 걸쳐 진행된 노예무역 가운데 이 지역 교역이 가장 활성화되자 유럽인들은 이 지역을 아예 '노예해안'이라고 불렀다.
73) 브라질 북동부에 있는 주.
74) 브라질 북동부, 대서양 연안에 있는 항구.
75) 콜롬비아에 있는 항구.
76) 멕시코 항구.
77) 서인도제도 아이티 공화국의 수도.

들도 있었다. 폭서가 심한 정오에는 2시간의 휴식시간이 허락되었지만, 밤이 오면 노예는 자신의 저녁 식사를 준비하기 전에 가축을 위해 사료 준비를 해야 했다. 조금이라도 피로한 기색을 보이면 채찍이 쏟아졌고, 사소한 실수에도 쇠고랑을 채워 노예는 말할 수 없이 고통스러운 학대를 감수해야 했다. 또 탈주를 시도하다 잡히면, 구부러진 긴 금속 막대가 달린 목걸이를 차거나 방울이 달린 쇠고랑을 차야 했다. 수색을 피해 사냥개를 따돌리는 데 성공한 노예는 내륙 지방에 있는 팔렝케[78]나 킬롬보[79]에 가야 비로소 목숨을 건질 수 있었다. 그곳은 탈주 노예들이 일말의 자유를 누리고자 힘을 결집시킨 곳이었다. 식민지에 붙들려 있던 노예들은 문화 이식의 제물이 되지 않기 위해 애를 썼다. 겉으로는 기독교도인 체 했지만, 아프리카의 의식(儀式)을 재현하고자 하는 아프리카인의 신도회가 이곳저곳에서 탄생했다. 아이티 섬의 부두교[80], 쿠바의 산테리아교, 브라질의 칸돔블레[81]와 마쿰바교가 그것이다. 숫적으로 열세였던 여자들이 이번에도 결정적 역할을 했다. 배로 도착한 여성의 평균 3분의 1이 생식 욕구를 채우는 데 희생되었으며, 그것은 노예들이 젊고 예뻤기 때문에 노예주인 역시 기꺼이 받아들인 관례였다. 위 두 가지가 〈검은 복부〉라고 불리는 법이 생겨나는 동기가 되었는데, 그 법에 따르면 주인과 흑인 노예 사이에 태어난 아이들은 노예상태에서 벗어날 수 있었다. 하룻밤의 정부에서 유모와 어머니로 자리 잡은 흑인 노예 여성은, 해방을 향해 전진하는 혼혈 사회의 정신적 이음매가 되어주었다.

새로운 식민지 사회의 농촌과 도시

남아메리카 식민지를 이베리아[82]적 성격이 강한 도시와 인디오적 정취가 흠씬 배인 농촌으로 분리해서 생각한다면 잘못일 것이다. 남아메리카의 도시 인구는 오래지 않아 국제적 생활에 흡수됐을 뿐만 아니라, 아스텍의 관개 경지(시남파 경작), 서인도제도의 소(小) 농장 코누코, 안데스 산록의 계단식 밭 등을 〈전원〉이라고 하는 지중해식 개념 안에 포함시키기가 어렵기 때문이다.

사실 아메리카 인디오의 농업은 침략자들의 영향을 강하게 받았다. 침략자들은 필요하다고 판단되면 어느 곳에서나 재래 경작물(강낭콩, 옥수수, 토마토, 카카오)의 경지를 넓혔고, 아메리카에 없던 경작물(밀, 사탕기장, 포도)의 재배도 장려했으며, 그때까지 대륙에 알려지지 않았던 가축 사육(말, 돼지, 뿔 있는 가축, 토끼, 닭)도 추진했다. 도미니카 섬에서 시작된 이 사업은 걱정스런 사태를 야기했다. 1574년의 조사에 따르면, 야생 상태로 돌아간 100만 마리의 가축은 셈에 넣지 않아도 40만 마리의 소가 생겨났던 것이다! 그것은 인디오에게 도움을 줄 방대한 단백질 공급원이었다. 새로운 생존 조건에 적응한 동물의 수가 급격히 불어났고, 사용되지 않은 거대한 보고(寶庫)가 되었던 것이다. 인간들이 입주하기 전에 동물들이 선행하여 존재해온 텍사스 평원, 베네수엘라

78) 고유명사로서의 팔렝케는 멕시코 남부 치아파스주 서부. 고전기 마야 유적이 있는 곳.

79) 팔렝케는 방책이 세워진 외딴 곳으로 탈주 흑인과 인디오들이 숨어 지냈다. 킬롬보는 임시 막사나 초가집인데 넓은 의미로 브라질 도망 노예들로 이루어진 사회를 뜻했다.

80) 서인도제도와 미국의 흑인들 사이에 행해지는 악마 숭배, 주물 숭배, 주술 등을 포함하는 관습. 쿠바의 산테리아교, 브라질의 마쿰바교와 유사하다. 아이티의 부두교는 아프리카 서부에서 서인도제도로 팔려온 흑인 노예들이 퍼뜨렸기 때문에, 초자연에 관한 근본적 관념은 아프리카에서 유래한다. 서인도제도 토착민 특유의 종교에서 오는 요소와 함께, 특히 가톨릭교적 의식의 강한 영향을 엿볼 수 있다.

81) 아프리카의 신앙과 의식을 따른 브라질의 종교의식.

82) 에스파냐와 포르투갈.

의 대초원 야노스[83], 아르헨티나의 팜파 등의 사정도 마찬가지였다. 반면에 서인도제도나 멕시코 고원 그리고 안데스 산맥에서는 가축떼의 돌연한 출현으로 풍광이 파괴되고, 농작지가 황폐화되었으며, 수확량이 감소되었다. 즉 모든 것이 마치 최초 거주자인 원주민이 육식성의 암소와 양에게 통째로 삼켜진 것처럼 진행되었다. 반면에 중세시대 스페인에서와 마찬가지로 강력한 이동 목장주 조합 〈메스타〉로 구성된 이주민들은 이동 목축과 함께 도입된 공동 방목권을 행사하며 권리를 남용했다. 이렇게 해서 유목 가축이 정주하는 장소에 해당하는 에스탄시아[84]는 예전의 엔코미엔다가 그랬던 것처럼 토지 소유권을 취득하는 형태가 되고 말았다. 인디오나 가축들이 살던 땅을 탈취하면서, 엔코미엔다와 에스탄시아 소유주들은 유휴지나 원주민이 버린 땅마저 손에 넣었다. 원주민들은 왕권의 보호를 받는 수혜자들 때문에 일할 자리를 옮길 수밖에 없었다. 왕권에서는 협약(이주자에 대해 인정된)과 메르세데스(보은의 표시로 부여된)라는 수단을 통해 부동산 취득 과정을 관리했다.

그러나 원주민 공동체 소유로서 양도할 수 없는 땅도 거리낌 없이 빈번하게 강탈되었다. 합법적인 절차를 밟았든 밟지 않았든, 토지 점유 취득에는 중세 때부터 전래된 의식이 따랐다. 토지 점유자는 점유의 정당성을 확보하기 위해 법관의 손을 잡고 소유지를 일주한 다음, 돌을 집어던지고, 풀을 뿌리 채 뽑고, 땅을 개간하는 시늉을 하면서 나뭇가지를 쳤다. 스페인 사람들의 이익만을 고려한 제도였지만, 스페인 사람이라고 해서 다 같은 대접을 받는 것은 아니었다. 말을 타고 싸웠느냐, 걸으면서 싸웠느냐, 즉 귀족이냐 평민이냐에 따라 분배의 몫이 결정되었다. 평민에게 주어지는 몫은 귀족으로 인정된 사람에게 부여된 땅 면적의 5분의 1에 불과했다. 사정이 이러했으니, 아무리 평범한 콘키스타도르도 스페인 귀족 행세하는 것이 당연했다.

유럽 사람이 워낙 소수이어서 그랬겠지만, 식민지 사회의 토대가 되는 단위는 도시였다. 도미니카 섬, 푸에르토리코, 파나마, 베라 크루즈, 멕시코, 과테말라, 산타 마르타, 카르타헤나, 리마, 보고타, 과야킬, 아순시온, 하바나, 메리다, 칠레의 산티아고 등이 그런 도시들이었다. 식민지 도시의 태반이 카를로스 5세나 조금 후인 필리페 2세 치하에서 건립되었으며, 쿠엥카, 멘도사, 투쿠만, 산 아우구스틴, 코차밤바, 마라카이보, 부에노스아이레스 등이 그런 도시들이었다. 2만 3,000세대에 대해 225개의 도시와 마을이 있었으며, 세대당 인원수는 5~6명이었다. 1574년에 22만 명이었던 유럽인이 1628년에는 50만 명으로 거의 배로 늘어났으니, 그것은 두 세대에 걸친 이주의 결과였다.

바둑판 모양의 구도가 특징인 식민지 도시는 측면 길이가 85미터인 가옥들이 얼기설기 짜여진 장소로, 거기에는 성당, 교회, 정부 관저, 시청 등 주요 공공건물들이 중앙 광장에 몰려있었다. 도시는 행정, 종교, 사법 및 지방 권력자 등의 모임 장소였다. 이따금 거대한 수도원이 있어, 획일적인 도시 분위기에 다른 색채를 부여했다. 지진의 위험으로 주변 건물들은 기껏해야 2층이나 3층으로 지어졌으며, 흑인, 흑백 혼혈, 인디오, 스페인 선조의 검은 실루엣이 눈에 띄는 혼혈 등이 뒤섞인 다색의 군중이 거리를 메웠고, 그 중 다수가 노예였다. 유럽 출신의 소매상인이나 장인들도 있었지만 대부분은 혼혈이었다. 크레올[85]들은 부자로 호화스런 생활을 영위했으며, 회식을 주관하거나 많은 하인을 부렸다. 시의회 의원이었지만 공직은 맡지 않았던 크레올은 농장이나 광산 수익에 의지해 살면서, 대부분의 시간을 일없이 편하게 보냈다.

역 주 ....
83) 남아메리카 북부 오리노코 강 유역의, 관목이 섞인 초원 및 그 분포 지역.
84) 스페인어권의 중남미 여러 나라에서의 소유지, 토지, 목장.
85) 서인도제도, 중남미에 이주한 에스파냐인, 프랑스인의 자손을 말한다.

아이마라족[86] 양치기가 포토시[87]의 은광을 발견하면서 1645년에 시작된 광산붐은, 콜롬비아의 부리티카 금광과 멕시코의 은 광맥이 발굴되면서 계속되었다. 당시 이름이 빌라 리카 델 포토시였던 포토시는, 안데스 산맥의 표고 4,146미터의 고원에 위치하여 접근하기가 극도로 어려웠지만 모든 라이벌을 능가할 정도로 사람이 몰린 장소였다. 사역에 차출된 원주민들은 처자를 뒤로 하고 최장 3개월을 걸어 탈진 상태에서 가까스로 포토시에 도착했다. 대다수의 남자들이 다시는 집으로 되돌아가지 못했을 것이다. 광산 규정상 1주일 노동에 2주일의 휴식이 주어졌지만, 이 작업 리듬은 비인간적이었다. 원주민들은 50킬로그램

〈19~20세기 라틴아메리카 이주〉

민족	이민지역	배경 등
아메리카로부터의 역류 유럽계 아시아계, 스페인인 인디오, 중국 쿨리	쿠바	1830년~ 사탕 붐 1902~31년 86만 명
이탈리아인 포르투갈인 ⎱ 339만 명 스페인인 독일인 17만 명 일본인 2만 명	브라질	1871~1920년, 유럽의 농업 위기 러일전쟁, 경제 위기
이탈리아인 160만 명 스페인인 100만 명 슬라브인 25만 명 독일인 7만 명 프랑스인 5만 명 터키인 35만 명	아르헨티나	1960년의 인구 구성
스페인인 2만 명	멕시코	스페인 시민전쟁의 공화파 망명자 수용
스페인인 이탈리아인 북아메리카인 ⎱ 40만 명 포르투갈인 콜럼비아인	베네수엘라	1948~61년 석유붐

의 광석 광주리를 짊어지고, 무너져 내리는 흙더미 사이를 아슬아슬하게 지나, 낡아빠진 사다리를 하루에 25번씩 올라야했던 것이다. 갱내의 찌는 듯한 열기에서 무사히 빠져 나와 채굴 집하장에 이르면, 가엾은 원주민은 땀으로 범벅인 상태에서 산맥의 차가운 바람을 맞아야했다. 질병에도 시달려야 했다. 쇄광 작업을 하면 규폐증에 걸렸고, 수은과 다른 금속의 합금 작업을 하면 억제할 수 없는 전신 경련이 생겼다. 몸이 이 지경에 이르면 광산 일에서 제외되었고, 남은 것은 궁핍과 절대 절명의 고난 속에서 꼼짝없이 생을 마감하는 것이었다. 이것이 잉카시대부터 내려온 강제노역 제도 〈미타〉의 참혹상이었다. 이 제도는 코르테스 드 카딕스에 의해 볼리비아 독립 직전 폐지되기 전인 1812년까지 합법적으로 운영되었다. 인적 손실이 엄청났다. 해마다 13만 5,000명의 인디오가 노역에 동원되었다. 이런 속도로 급증했던 사망률을 고려하면, 식민지 개발 초엽에 〈세로 리코〉 광산에서 희생된 사람의 수는 16개의 인접 지방 인구의 약 87퍼센트였던 것으로 추정된다. 이런 비참한 상황에서 출현한 광산 도시는 바로크식 교회, 궁전, 극장, 축일이면 은으로 장식한 거리, 도박장, 120명의 백인 매춘부가 있었다. 유럽인이 드물었던 당시로서는 굉장한 사치가 아닐 수 없었다.

그러나 나름의 분쟁과 싸움 속에서 놀라운 발전과 번영을 이뤘다. 생각해 보라. 1572년에 1만 명이었던 주민이 1580년에는 12만 명이 되었고, 1610년에는 16만 명이 되었다. 그것은 런던이나 세빌리야의 인구보다 더 많은 숫자였다. 인구 분포를 보면 기생자 인구가 얼마나 많이 늘었는지 알 수 있다. 예를 들어 1610년의 경우, 7만 6,000명의 인디오

86) 볼리비아와 페루의 티티카카호 주변의 산악 지대에 사는 인디오의 한 종족.
87) 볼리비아 남부의 도시. 옛날에는 은, 현재는 주석, 텅스텐의 채굴로 유명하다.

와 6,000명의 아프리카인에 비해 3만 8,000명의 크레올과 4만 명의 이베리아인이 있었던 것이다. 규모가 작은 다른 광산 도시들도 비슷한 인구분포율을 보였다. 장애인이라는 뜻의 별명을 가진 유명한 건축가 안토니오 프란시스코 데 니스보아[88]가 작업에 들어가기 조금 전인 1750 년, 금과 다이아몬드와 보석 광산으로 유명한 '부자 도시' 우로 프레토 [89]는 브라질 동부의 주 미나스제라이스의 17만 명의 주민 가운데 6만 명을 끌어들였으며, 그중에는 4만여 명의 백인과 2만 5,000명을 밑도 는 인디오, 그리고 1만 명을 웃도는 흑인들이 있었다.

따라서 콘키스타도르의 침공으로 남아메리카의 토지 점유는 재편 되지 않을 수 없었으며, 그것은 두 가지 방식으로 진행되었다. 식민지 도처의 신경제활동 지역에는 노예들이 수입되었고, 이에 따라 원주민 의 전체적 내지 부분적인 소멸이 있었다. 인디오들은 시골로, 흑인들은 식민지 플랜테이션(대농장)으로, 백인과 혼혈들은 행정 중심지이자 광산 센터 그리고 수출용 항구 단지인 도시로 분산되었다. 식은 것 같았던 엘 도라도[90]에 대한 열기가 두 세기 후, 다시 맹렬하게 재개되면서 모든 나 라를 사로잡게 된다.

아메리카로 떠난다는 것

정체(停滯)기였던 17세기와 18세기가 지난 후, 19세기 말에서 20세 기 초엽, 대규모 이주는 갑작스레 회복세로 돌아서면서 아메리카 대륙 의 도시화는 절정에 이른다. 그렇지만 정반대의 징후를 띤 두 가지 사건 이 이 새로운 시기를 장식한다. 중남미 식민지의 독립으로 특권을 상실 한 구체제의 회고주의자들이 퇴각했는가 하면, 1930년의 경제 위기의 여파로 유럽인의 식민지 이주가 고갈된 것이다.

　하지만 이 회귀의 움직임은 일부의 백인들, 즉 아직 식민지 사회에 통합되지 못한 신입 이주자에게 해당되는 현상이었다. 신입 이주자들은 사실 이중적인 이유로 거부되었다. 첫째 그들은 실추한 체제의 특권층이나 수혜자였고, 둘째 본토에 대한 충성심이 문제였다. 조세프 보나파르트(1768~1844, 나폴레옹 1세의 형)에 의해 유폐된 페르난도 7세[91]가 왕국을 잃은 것은 신입 이주자들 때문이었고, 주앙 6세[92]는 다행히 조신들과 함께 브라질로 건너와 잠시나마 제국을 수립할 수 있었다. 요컨대 아메리카 대륙의 에스파냐인 모두가 내전과 혁명에 휩싸인 유럽으로 되돌아가지 못했고, 그들 중 대다수가 북아메리카나 서인도제도, 쿠바, 푸에르토리코 등지로 망명하기를 택했다. 흑인 노예들의 봉기로 인해 도미니카 섬에서 쫓겨난 프랑스 이주자와 미합중국에 팔린 루이지애나 주를 떠나온 사람들도 이들과 합류했다. 감소 추세였던 이주 인구는 단기간에 증가 추세로 돌아선다. 이러한 역전은 산업혁명 중의 유럽이 호황을 누린 탓이었지만, 호황의 혜택이 모두에게 고루 돌아간 것은 아니

역 주

88) (1730~1814) 브라질의 건축가이자 조각가.
89) 17세기 말에 건설된 도시로 브라질 황금시대의 중심 지역이었다. 'Ouro Preto'는 Black Gold를 의미. 18세기에는 금광 개발로 번영을 구가.
90) 스페인어에서 '엘'은 정관사, '도라도'는 '황금의'라는 뜻이다. 아메리카 정복에 나선 에스파냐의 모험가들은 아마존 강과 오리노코 강의 중간쯤에 이 '황금 향(El Dorado)'이 있다고 믿었다. 그러나 이 설도 많아 마르코의 '동방견문록'에서는 지팡구(일본)이 이에 해당한다. 콜럼버스도 황금나라의 부에 이끌려 신세계를 발견했고, 월터 롤리도 같은 이유에서 탐험을 했다.
91) (1784~1833) 스페인의 왕.
92) 1808년, 포르투갈 섭정 중 주앙 6세는 나폴레옹의 침략을 두려워하여 브라질로 피해온 후 혁신적인 개혁을 단행했다. 그 후 1815년에는 포르투갈, 브라질, 알가르베스로 이루어진 통일 왕국을 새로 설립하면서 수도를 리오 데 자네이로에 두고 브라질을 포르투갈과 동등한 왕국의 범주로 승격시켰다.

었다. 산업혁명의 덕으로 위생시설이 현저히 발달하고 평균 수명이 연장되었으며 초과 인구가 생겨났다. 내수 시장에 직접 투입할 수 없는 인구였다 할지라도 그것이 보조적 경제 발전에 기여할 수는 있었다. 이 시기 동안, 세계 인구에 대한 유럽 인구의 비중은 23퍼센트에서 26퍼센트로 늘어났다. 300만 명의 아시아 및 아프리카계 사람의 이주가 있었다면, 유럽인 5,000만 명이 아메리카에 이주해 있었다. 전 세기와 비교했을 때 연간 이주 비율은 1850년부터 100퍼센트로 늘어났다. 이 수치는 1880년과 1915년 사이에 다시 세 배로 늘었고, 결국 연간 90만 명이 이주하기에 이르렀다(그중 30퍼센트가 지중해 출신이었다). 1880년과 1930년 사이에는 350만 명 이상의 스페인 사람이 대서양을 건넜다.

　유출 인구를 크게 웃도는 이 숫자는, 이주자들이 통과 여객으로 여러 나라를 경유할 수 있었고 여러 번 왕복할 수도 있었기 때문에 생겨난 이동 인구를 중복 계산했기 때문에 생겨난 것이다. 대서양 횡단이 보통 사람들에게 넘을 수 없는 장애물이던 시절은 지났다. 따라서 해상 교통량은 엄청나게 증대되었다. 행정 감독권의 전횡에서 해방된 구(舊) 식민지들은 유럽 전체에 대해 개방적이었고, 따라서 이주 수속도 완화되었다. 증기선의 발달로 항해 거리도 단축되었고, 비용도 절감되었다. 이제 모든 것이 준비되었다. 아메리칸 드림의 본질은 변하지 않았지만, 사정거리는 좁아졌다. 이제 아메리칸 드림은 주머니 사정이 나쁜 사람도 접근할 수 있는 길이 된 것이다. 아르헨티나는 분명 엘도라도는 아니었지만, 그 이름은 듣기만 해도 짤랑대는 현금을 연상하게 했다. "아메리카로 떠난다는 것"은 대서양을 횡단하여 다른 고장에서 기회를 잡아본다는 것, 즉 얼마 되지 않는 약소한 돈으로 기름진 땅, 보수 좋은 일자리, 혹은 사업 기반을 다진 다음 언젠가 재산을 걸머쥐고 유럽으로 금의환향한다는 청사진을 가지고 떠나는 것이었다.

19세기 후반에는 인구의 유출이 다양화되기 시작하여, 이베리아 반도뿐만 아니라 중부 및 동부 유럽, 그리고 지중해 연안인 근동으로부터 유입되는 인구도 많아졌다. 스페인의 칸타브리아 지방은 이주 인구의 최대 공급지였다. 공격할 농장주가 없는 영세 농지에서의 사회 투쟁은 희망 없는 투쟁이었다. 갈리시아, 아스투리아, 바스크 사람들이 최초의 이주자였던 안달루시아, 카스티야 사람의 뒤를 따랐다. 아메리카에 도착해서도 최종 목적지는 사람마다 달랐다. 가능성이 낮은 멕시코나 안데스 지방보다는 쿠바나 브라질 그리고 리오 데 라플라타처럼 인구 비율이 낮고 지정학적으로 유럽을 바라보는 위치에 있는 대서양 연안의 저지대들이 선호되었다.

쿠바에는 1830년부터 아메리카 출신 이주민이 퇴조하고, 대신 설탕붐을 타고 유럽과 아시아계 사람들이 밀려들어왔다. 카를로스당이 벌인 내전으로 갈기갈기 찢긴 스페인에서 군복무를 하고 싶지 않았던 이베리아 반도의 젊은이들이 대거 몰려들었고, 유카탄 반도의 인디오들과 사탕수수 수확을 위해 고용된 저임금 미숙련 중국 노동자 쿨리들이 들어 왔다. 1860년대에 중국 노동자 쿨리의 숫자는 전체 인구의 4.4퍼센트에 달했다.[93] 증기 발전소가 생기고 노예제도가 폐지되면서 인구가 대량 유입되었다. 하지만 2회에 걸친 독립 전쟁으로 인구 이동은 잠정적으로 중단되었다가 20세기 초반에 다시 재개되었다. 1899년에 실시된 조사에 따르면 13만 명의 쿠바 거류 외국인이 스페인 태생이었으니, 이것은 전체의 12분의 1에 해당하는 수치였다. 1902년과 1931

<hr>

역 주

93) 같은 시기, '구아노 붐'이 한창일 때, 페루 당국은 합법적인 중국인 쿨리 입국자의 수를 7만 5,000명으로 기록하고 있으나 실제 숫자는 훨씬 많았다. 8년 계약으로 고용된 이 가엾은 사람들은 여행 경비를 갚아야했다. 그들 중 상당수가 리마와 태평양 연안에 정착했다.

년 사이에 86만 명의 스페인 사람들이 유입되어 그 비율은 더욱 높아졌다. 새로운 정치체제가 자리 잡은 이후 30년 동안 쿠바에 들어온 스페인 사람이 4세기의 식민지 기간에 들어온 사람들보다 더 많았다.

　　브라질의 거대 산업은 포르투갈의 인적 자원만으로는 생산력을 높일 수 없었다. 바이아[94], 레시페[95], 페르남부쿠 등으로 이루어진 삼각 지대에 네덜란드인들이 살기 시작했고, 이어서 우루과이에서 온 스페인 사람들에 의해 상파울로[96]가 건설되었다. 그리고 훨씬 나중인 1818년에 주앙 6세가 노바 푸리부르에 2,000명으로 구성된 스위스 식민지를 설립했고, 1824년에는 그의 아들인 페드로 1세가 상레오폴도에 1,000명가량의 독일인을 정착시켰다. 1888년에 노예제도가 폐지되면서 외국인의 대 이주는 탄력을 받게 된다. 당시 유럽은 심각한 농업 위기로 경제가 바닥을 치고 있었다. 이탈리아의 메조지오르노[97], 베네치아, 피에몬테[98] 지방의 수많은 가족들이 굶어죽지 않기 위해 상파울로 동부의 커피 대 농장으로 와 독일 및 스페인 사람들과 합류했다. 브라질은 이 외국인 노동력 덕분에 노예제도에 의지한 구식 경제 구조에서 프롤레타리아 계급의 착취에 기초한 자본주의 경제 구조로 무리 없이 이행할 수 있었다. 대 농장 경영자들은 교통비, 숙박비, 식비 등을 우선 부담한 다음 그 비용을 이주자의 급료에서 공제하여 상환 받았다. 개척지에서 급료는 개인 소비에 필요한 약간의 금액만을 남기고 사전에 공제되었으며, 여유 돈이 있다 해도 그것은 커피 농장에서 운영하는 가게의 턱없이 비싼 물품 구입비로 사라져버렸다. 농장주는 수지계산을 통해 이익을 확보했고, 빚에 몰린 이주자와 그의 가족은 농원을 영원히 떠날 수 없는 매인 신세가 되었다.

　　농업 경작의 기계화 이후 일어난 단기간의 불황과 증시하락은 기존 시스템에 최후의 일격을 가했다. 우선, 기존 시스템에 따르자면 주민 전체가 동원되어야 할 사정이었다. 1871년과 1920년 사이에 공식 기록된 339만 명의 이주자 가운데 3분의 1 이상이 이탈리아 사람이었고, 그 다음으로는 포르투갈 사람(29퍼센트), 에스파냐 사람(14퍼센트) 순이었다. 유럽 국적의 외국인 이주자들(벨기에, 영국, 프랑스, 스웨덴, 오스트리아) 가운데 독일인의 수(1884년부터 1939년까지 17만 명)가 단연 많았으며, 그들 대부분은 리오그란데 도 술 주(州)에 정착했다. 아시아를 대변하는 이주 인구는 2만 명의 일본인이었으며, 이들은 러·일전쟁과 30년대의 경제 위기로 망명을 택할 수밖에 없었던 사람들이었다. 처음에는 커피 농장에 고용되었던 일본 사람들 가운데 몇몇은 벼농사나 야채 재배 혹은 도시 소매업 세탁업으로 전업하는 데 성공하기도 했다. 국제 도시인 상파울로에 있는 일본인 거리는 번창하는 피자 가게들로 화려한 이태리 거리와 경쟁하듯 이국 정취를 풍겼다. 주민 1,900만 명의 이 인구 과잉 도시는 전형적인 팽창 도시로서, 오늘날 멕시코시티와 남아메리카 최대 도시라는 그다지 반갑지 않은 명칭을 경합 중이다.

멕시코인이 아스텍족의 후예임을 자처하고 페루인이 잉카족[99]의 자손임을 주장한다면, 리오 데 라플라타 주민들은 틀림없이 선박을 타고 온 후손일 것이다. 평범한 아르헨티나인을 요리해내는 데 채택된 다음의 요리법을 보면 이해가 될 것이다.

다음의 순서로 집어넣을 것.

엉덩이가 넓은 인디오 여자 하나,

스페인 기병대 둘,

무지막지하게 피가 섞인 튀기(메소티조) 목동 셋,

영국 여행객 하나,

바스크 목동 절반과 흑인 노예 조금.

이것들을 3세기 동안 뭉근한 불에 천천히 끓일 것.

식탁에 올리기 전에 돌연 이탈리아(서부) 농부 다섯,

폴란드계 유태인 하나(아니면 독일계나 러시아계),

갈리시아 지방 여인숙 주인 하나,

레바논 상인 4분의 3과

프랑스 매춘부 하나를 통째로 첨가할 것.

오십 년간 그대로 두었다가,

식힌 채 포마드를 발라 대령할 것.[100]

변화는 1세기에 걸쳐 진행되었다. 로사스 아르헨티나 대통령이 실각한 해인 1850년에 80만 명으로 추정되는 전체 인구에 백인은 4퍼센트에 불과했는데, 20년 후에는 두 배가되었다. 그 이후 백인 인구는 폭발했고, 비율은 결국 역전되었다. 1910년 백인 인구는 전체 인구의 80퍼센트가 된 것이다. 아르헨티나는 1840년에서 1940년 사이에 740만 명(아르헨티나 한 나라의 이주자가 나머지 남아메리카 나라들의 이주자 수 전체보다 많았다)의 이주자를 받았고, 그중 300만 명이 아르헨티나에 정착했다. 1914년에는 인구 800만 가운데 셋 중 하나는 외국인이었고 둘 중 한 명은 부에노스아이레스에 거주했다.[101]

사실 그대로였다. 20세기 초, 아르헨티나는 이민 국가였다. 이주자들의 자손들의 수는 차치 하더라도(현지에서 태어난 500만 명의 이주자 자손들은 필연적으로 아르헨티나 시민권을 받았다), 1960년 아르헨티나에는 760만 명의 이탈리아 사람과 100만 명 이상의 스페인 사람, 약 25만 명의 슬라브인, 7만 명의 독일인 그리고 5만 명의 프랑스 사람이 살고 있었다. 오스만 제국의 몰락을 가져온 제1차 세계 대전이 끝난 직후, 라틴 아메리카로 이주한 터키 사람들은 여기에 포함되지 않았다. 터키 사람은 35만 명으로 추정되었고, 그것은 시리아 노동 인구의 4분의 1에 해당하는 인구였다. 초기에 시리아와 레바논 사람들의 이주는 브라질 서부(상파울로)와 아르헨티나 북부(멘도사[102], 코르도바, 투쿠만 삼각지)로 집중되었으나, 차츰 칠레, 볼리비아 그리고 파나마와 콜롬비아로 확장되었다(과히라 반도의 기슭에 위치한 대상들의 집합소인 마이카오에는 시리아와 레바논 이주자들이 주민의 30퍼센트를 형성하면서 지역 무역을 장악하고 있었으며, 베네수엘라, 에콰도르, 멕시코와 밀무역을 했다).

아메리카의 관문이자 유럽적이며 동시에 국제적인 현대의 바벨탑 부에노스아이레스는 이 모든 사람들이 합류하는 장소였다. 칼라브리아[103], 아브루소, 실레지아[104] 등지에서 온 프롤레타리아나 농민들은 제비처럼(이런 종류의 계절 노동자에게 제비라는 별명이 붙었다) 가을에 수확이 끝나면 떠났지만, 이들과는 달리 평균 4년 혹은 그 이상의 기간을 목장

역 주

100) 피에르 칼퐁 인용. 『아르헨티나』, Petite planète, Paris, Seuil, 1967, 51쪽.
101) 우루과이의 통계는 보다 약소하지만 위 수치를 확인해준다. 1910년, 100만 명의 우루과이 주민 가운데 18만 1,000명이 외국이었으며, 그중 80퍼센트가 수도인 몬테비데오에 살고 있었다.
102) 아르헨티나 서부 멘도사 주의 주도.
103) 이탈리아 반도의 최남부에 있는 이오니아해와 티레니아해 사이에 있는 지방을 말한다.
104) 유럽 중부의 한 지방. 포츠담 협정의 규정에 따라 폴란드령이 되었다.

에서 소작인으로 일하는 사람들도 있었다. 팜파에는 더 이상 분할할 토지가 없었기 때문이다. 나중에 이주해온 사람들 중에는 봉급생활자로서 도시에 살거나 도시 근교에서 직장인으로 사는 사람들도 있었고, 가족 중 한 사람을 정찰병으로 보냈다가 가족 전체가 이주하는 경우도 있었다. 아르헨티나 총면적의 0.15퍼센트에 해당하는 공간에 인구의 3분의 1이 모인 세계 다섯 번째의 대도시 부에노스아이레스를 온갖 종류의 사람들이 거쳐 갔던 것이다. 그러나 결국 이탈리아 사람이 대세를 이루게 되었고, 이로써 오늘을 대표하는 전형적인 아르헨티나 사람이 태어났다. 즉 검은 눈에 포마드를 바른 머리, 재빠른 몸짓과 탱고를 추는 무용수의 날씬한 둔부와 날렵한 다리를 가진 이탈리아-아르헨티나 유형의 인간이 생겨난 것이다.

범(汎) 아메리카 이주

1930년에 갑작스럽게 중단된 집단 이주는 제2차 세계 대전 이후에 채택된 경제진흥정책에도 불구하고 세계 경제공황 이후 재개되지 못했다. 재건에 힘을 모으고 있던 유럽은 자손들이 대륙을 등지는 것을 꺼렸고, 따라서 유럽 내에서 고용창출의 기회를 높이는 데 주력했다. 그런데 외국 노동력의 유입에 관심을 보이지 않았던 두 나라가 각기 나름의 이유로 문호를 개방했다.

첫 번째 나라는 라사로 카르데나스 대통령[105] 치하의 멕시코였다. 카르데나스는 스페인 내란이 끝날 무렵부터 공화파 망명객들을 수용하기로 결정했다. 1939년에 피레네 국경을 넘어 온 40만 명의 정치 망명객들 가운데 절반이 이듬해에도 프랑스에 체류하고 있었다. 많은 사람들이 독일군의 점령으로 야기되는 위험보다는 아메리카로의 탈출을 택했다. 멕시코는 이들 망명객들에 대해 적극적인 자세를 취했다. 즉 이들을 위해 비자를 발행하고, 이주를 위한 선박을 특별히 임차해 주었으며, 멕시코 국적 취득도 용이하게 해주었다. 이런 일련의 조치에 멕시코로 마음을 정한 사람은 약 2만 명이었던 것으로 추정된다. 그 외 사람들은 자비로 라파엘 레오디다스 트루히요[106]의 독재 정권 치하에 있던 도미니카 공화국을 택했다. 칠레나 아르헨티나, 베네수엘라, 콜롬비아에 정착한 사람들도 있었다. 많은 사람들이 아메리카 대륙을 일시적인 피난처로 생각했지만, 프랑코 정권이 입지를 다져감에 따라 유배 기간이 길어지리라는 사실을 받아들이지 않을 수 없게 되었다. 이주에 적극적이었던 사람들은 엘리트 계급에 속해 있던 사람들이었고, 멕시코 대학처럼 엘리트들을 위해 마련된 기관에서 재능을 발휘할 기회를 얻었다.

　　베네수엘라(91만 2,050평방킬로미터의 면적에 349만 1,159명의 주민)는, 1936년까지 반복적으로 일어난 전쟁과 풍토병 및 전염병으로 이주 인구를 받아들이는 데 문제가 많은 나라였다. 따라서 스페인 내란이 발발하기 직전에 취해진 이주를 위한 일련의 조처들은 거의 성과를 거두지 못했고, 그 다음 시기에 로물로 베단꼬울뜨가 취한 정책도 결과는 마찬가지였다. 베네수엘라가 스페인(대다수가 카나리아 제도와 갈리시아 출신), 이태리, 북아메리카, 포르투갈 그리고 콜롬비아 사람들이 찾는 이주 국가로서 40만 명 이상의 급격한 이민 인구를 받게 되려면 1948년에서 1961년 사이의 석유붐을 기다리지 않으면 안 되었다. 하지만 원유가의 하락으로 경제 호황은 단기간에 종결되었다. 야노스[107]로 유럽 목축업자들을 끌어들이려던 노력은 수포로 돌아갔다. 마라카이보만[108]의 석유 횃불처럼 정부의 이주정책은 오랫동안 열매를 맺지 못했던 것으로 보인다.

위의 두 예를 통해 라틴아메리카에서의 이주가 어떻게 진행되었는지 알 수 있다. 예외적인 경우도 있지만, 근래에 전례 없는 인구 증가를 겪은 이들 나라에서 이주는 현재 허용되지 않는다. 한때 관례적으로 말해 "발전도상국가"라는 평가를 받았지만 이제 이 나라들에는, 과도한 채무, 인플레이션, 고용 저하 등과 같은 경제 위기의 여진(餘震)이 지속되고 있고 아울러 정치 불안이라는 악재까지 겹쳐있다. 경제침체가 계속되고 있어 경제 부국으로 잉여 노동력을 수출하는 것 이외에 다른 방책이 거의 없는 실정이다.

108) 남아메리카 북단, 베네수엘라 술리아 주의 주도. 1914년 세계적인 유전이 발견된 뒤, 비약적인 발전을 이뤄 카라카스 다음 가는 베네수엘라 제2의 도시가 되었다.

제 9 장

북아메리카 이주

아메리카에서는 누구나 이주자이다. 아메리카 대륙의 가장 오래된 주민들인 것으로 알려진 아메리칸 인디언들조차 이주자이거나 이

〈유럽에서 대거 북미대륙에 이민, 거친 들을 개간하며 농경지를 이루고 있는 초기 이민자들〉

주자의 자손들이다.

　표면적으로 드러나지 않았다 하더라고 현실적으로는 항상 존재해 온 것이 이주이지만, 긴 역사를 지닌 지역에서의 이주는 토박이들에게 부정할 수 없는 문젯거리로 인식되었고, 때로는 경제적 위기로 여겨졌다. 반면에, 북아메리카에서 이주는 역사적으로 볼 때 불가피한 일, 통상적인 일, 혹은 신의 축복으로 여겨졌다. 북아메리카는 명백히 이주를 토대로 건국된 나라로, 그곳에서의 이주는 가시적이었을 뿐만 아니라 모두로부터 인정되었다. 즉 이주가 '분별 있고' '상식'에 벗어나지 않는다면, 다시 말해 문화적 전통에 부합하기만 하면 이주는 일종의 사회 모델로 여겨졌던 것이다. 그 어느 나라에서보다 미국에서, 살아있는 사회란 유동성과 변화를 전제하는 이민을 수락하는 사회를 말한다.[1]

역사적 조망

　1990년의 시점에서 미국인 넷 가운데 한 사람은 백인이 아니었으며, 3,000만 명의 아프리카계 흑인(이들 역시 이주자의 후손이지만 이들이 미국 이주를 선택한 것은 아니므로, 연구 대상에서 제외될 것이다) 외에도, 2,000만 명의 스페인계와 650만 명의 아시아계 그리고 250만 명의 아랍계가 있었다. 2000년이면 히스패닉계는 21퍼센트, 아시아계는 22퍼센트 더 증가하도록 되어 있다. 그렇게 되면, 스페인계는 아메리카 전체 인구의 10퍼센트를 차지하게 될 것이다.

　물론 미국인 모두가 이민 1세대일 수는 없다. 하지만 이주에 관한 연구는 어차피 이주 1세대에서 태어난 해외 거류 세대들에 대한 성찰을 동반한다. 왜냐하면 각기 다른 국적의 백인 남녀와 "피부 색깔이 다른"

이주자들—아니면 "피부 색깔이 다른" 이주자들의 후손들—의 미국 땅에서의 공동생활은 결국 이주의 산물이며, 공민으로서의 이들의 역할은 각자의 민족적 내지 국가적 정체성의 영향을 받기 때문이다.

구(舊) 시대의 이민

일반적으로 격리되었던가, 정부의 병참 지원을 박탈당한 프랑스와 포르투갈 범죄자들이, 별로 정착할 생각조차 없이 아메리카 대륙의 북쪽에 상륙하기 시작한 것은 1510년 이후의 일이었다. 그들은 차츰 생선을 말리거나 하면서 빈둥빈둥 생계를 유지했다. 1513년에 퐁스 드 레옹은 플로리다주에 있었고, 자크 카르티에는 1535년 퀘벡에 있었다. 이들 탐험가와 모험가들은 엄밀한 의미에서 이주자들이 아니었지만, 그 수나 체재 기간이 세월이 감에 따라 규칙적으로 늘어난 것을 고려하면 그 역할에 대해 언급하는 것이 바람직하다. 그들은 사실상 이민의 길을 열었던 사람들이라 할 것이다. 이주자들처럼 아주 정착하게 될 사람들이나 한동안 체류할 사람들은 탐험가나 모험가들이 밟았던 길을 따르게 될 것이기 때문이다.

요새는 구(舊) 이민과 신(新) 이민의 차이를 약화하거나 말소하려는 경향이 있지만, 이 두 용어는 편의상 보존하는 것이 좋다고 본다. 지나치게 단순화하는 듯하지만, 이 두 용어는 확연히 다른 두 종류의 이주를 제대로 구분해주고 있기 때문이다. 확실히 19세기 초부터 '새로운' 유

<hr>

역 주

1) 우리가 미국 이민의 특수성을 다루고, 중요한 이주의 움직임과 이주의 개념에 대한 세론의 변화를 검토할 수 있는 것은, 비록 많지는 않으나 구체적인 세부 사실들을 근거로 삼음으로써 가능할 것이다. 이주자들을 '흡수하기' 위해 미국이 이론상 채택하고 있는 두 가지 방침은 동화와 다원주의 원칙이다. 이민자 수용 국가로서의 미합중국의 사명과 이민자를 선별하여 수를 제한하지 않으면 안 되는 필연성 사이의 괴리를 생각할 때, 그것은 문화적 안전성에 중대한 결과를 초래하는 선택이다.

형의 이주자들이 —간단하게 말해 갈색 피부의 이주자들이— 보이기 시작했고, 식민지 시대의 말엽에는 뉴잉글랜드에 중국인들이 다소 있었다. 하지만 19세기 말경에 아메리카에 밀려들어 온 거대한 인원에 비하면 그것은 극소수였다.

'구(舊) 이민'은 식민지 시대인 1607년과 1776년 사이에 시작되었고, 이주자들은 주로 영국인과 북유럽 사람들이었다.

초기 이주자들의 상륙은 조신함을 넘어 소심하기까지 했다. 대부분 유럽에서의 생활 조건이 진실로 열악했기에 대서양에 몸을 던진 사람들이었다. 물리적이자 정신적이었던 이 모험, 즉 가족과 조국 그리고 문화와의 결별은 흥분을 자아냈지만, 그 열광은 모험의 어려움, 항해의 불안, 그리고 신대륙으로 향하는 과정에 놓인 함정들에 늘 저항하지는 못했다.

항해의 고초는 이루 말할 수 없었지만, 세월이 흐름에 따라 항해술이 발전하게 되어 어려움은 해마다 경감되었다. 하지만 아메리카 대륙에 발을 디디는 순간 잇따른 난관에 봉착해야 했다. 1607년에 존 스미스[2]는 자신의 일행을 버지니아주에 정착시켰는데, 정착지로 고른 땅이 너무도 척박하고 생활 조건이 어려워 일행 중 살아남은 사람이 거의 없었다. 영국에 원조를 요청하고 도구와 양식을 구하기 위해, 동료 일행들을 인디언의 화살이 미치는 늪지대에 남기고 떠난 스미스가 다시 되돌아 왔을 때, 남은 생존자는 16명에 불과했고, 그중의 몇몇은 배가 고파 사람의 고기까지 먹었던 자가 있었다는 것이다.

1620년에 메이플라워호[3]를 타고 온 순례 시조(始祖)들의 운은 그래도 좀 나은 편이었다. 그러나 첫 해 겨울은 혹독했고, 신의 이름을 걸고 시작한 모험에서 인디언의 도움과 신의 가호가 있었기에 생존할 수 있었다. 필그림 파더스, 즉 순례 시조들은 드디어 뉴잉글랜드에 자리를 잡았다. 그들이 플리머스 상륙에 앞서 전원의 운명을 결정한 메이플라워 서약서를 작성한 일화는 유명하다.[4] 이 필그림 파더스들이 새 공동체에 새 명칭을 부여하지 않고 그저 뉴잉글랜드라고 부른 점을 주의해보자. 기항지의 이름 역시 출항지의 영국 이름을 따 플리머스라고 불렀다. 이주자와 구대륙과의 관계가 조금도 끊이지 않았던 것이다. 순례시조들에 이어 상륙한 사람들도 신대륙에 이미 터를 잡고 있던 사람들의 문화에 영향을 미치기도 하고 받기도 하면서, 정착해 나갔다. 그들은 구대륙의 언어와 생활양식과 문화유산 등을 아주 조금씩 잃어가면서 새로운 문화를 수용할 뿐이었다.

미국 이주는 하나님과 돈이라는 기치 아래 진행되었다. 분리주의자[5]이었던 필그림 파더스들은 하나님을 자기들 방식으로 경배하기 위해 종교와 정치 박해를 피하면서, 아메리카로의 순례와 자유 실현에 드는 경비를 런던과 리버풀 상인들의 돈주머니에서 마련했다. 영국 왕은 분리주의자들의 움직임에서 두 가지 이점을 보았다. 분리주의자들을 떠나보냄으로써 왕은 말썽꾸러기들을 우아하게 떨쳐낼 수 있었고, 장래 유명한 신대륙에 영국기를 펄럭이게 할 수 있었던 것이다. 여행비용을 댄 상인들은 원금의 10배를 되돌려 받게 되리라 믿었다. 이와 같은

2) (1580~1631). 영국의 모험가. 버지니아주 식민지 개척자.
3) 1620년 영국 뉴잉글랜드 최초의 이민인 청교도(102명의 필그림 파더스, 즉 순례시조)를 북아메리카로 수송한 선박.
4) 당초 목적지였던 버지니아에 도착할 수 없게 되어 버지니아 회사로부터 받은 특허장을 사용할 수 없게 되자, 승선자 중 성인 남자 전원의 서약으로 자주적 식민지 정부를 수립하고 다수결 원칙에 따라 운영할 것을 결정하여 계약을 체결하였다.
5) 102명의 정착민 중 35명이 본국에서의 박해를 피하기 위해 네덜란드의 레이덴으로 피신했던 영국 분리주의 교회 성원(청교도 급진파)이었다. 종교의 자유와 보다 나은 삶을 찾고자 분리주의자들은 아메리카 순례에 드는 비용을 마련하기 위해 런던의 한 주식회사와 협상을 했다.

경험은 1681년에 퀘이커 교도였던 윌리암 펜(1644~1718, 영국의 식민지 개척자)을 통해 되풀이되었다. 왕은 펜에게 펜실베이니아라고 불리게 될 땅에 대한 지배권을 내줬고, 이로써 성가신 선동자를 멀리 내쫓을 수 있게 된 것이다. 초기 이주자들은 정치 및 종교의 자유와 부 그리고 행복을 추구했고, 왕실은 경제적 및 정치적 기회주의를 내세워 이주자들을 부추겼다.

그래도 식민지로 몰려드는 사람들이 많지 않자, 신대륙을 개발하고 있던 회사들처럼 왕은 지속적인 선전을 통해 미온적인 반응을 개선해야했다. 이주의 열기를 높이는 데 온갖 방법이 동원되었다. 왕의 영광이 들먹여지기도 하고, 식민지 사업에서 돈벌이가 되는 새로운 시장에 관해 선장과 선주들이 올린 놀라운 이득이 강조되기도 했다. 사실 선박회사들은 신 식민지에서 생산된 자원들을 유럽으로 이송하면서 승객, 양식, 연장들을 수송함으로써 많은 이득을 보았던 것이다.

이민 초대의 범위는 런던의 고아들이나 빈곤층, 그리고 악당들에게까지 확장되었다. 빚으로 죄수가 된 사람이건 도형수이건 존속 살해범이건 소매치기이건 관계없었다. 교수대행과 습기찬 독방행, 그리고 식민지행을 두고 선택을 망설이는 죄수는 거의 없었다. 영국 사회는 자비를 들여서라도 이들을 쫓아내는 것이 평생 부양하는 것보다 이득이라고 생각했다.

최초의 아프리카 이주자들은 1619년에 북아메리카 대륙에 등장했다. 아프리카 흑인들은 플랜테이션에서 노예로 일하기로 예정되어 있었으므로 연한 계약 노동자[6] 및 19세기 계약 직공들처럼 여행비를 지불하지 않는 유일한 이주자들이었다. 그들은 또한 어쩔 도리 없이 이주해 온 강제 이주자였다.

연한 계약 노동자 시스템은 여러 가지 측면에서 효율적인 제도였다. 아메리카에 이미 자리 잡은 계약 노동자는 뱃삯을 냈고, 식민지 회사(영국)에서 승객을 무료로 수송하는 경우도 있었다. 하지만 계약 노동자는 5년에서 7년 동안 봉급 없이 일한 다음에야 자유를 되찾아 독립할 수 있었다. 그럴 때는 구두 수선법, 술통이나 밧줄 제조법 등을 전수해준 옛 주인에게 피해가 가지 않도록 적당히 떨어진 거리에서 가게를 열어야했다. 증가 추세에 있는 주민의 수요를 만족시켜줄 장인의 수가 너무 적어, 고객을 확보하는 일은 쉬웠다. 흩어져 사는 것을 과거보다 덜 주저하게 된 주민 전체의 복지에 기여하면서 장인들은 초기 식민지의 서쪽 주변 마을들을 발전시켰다. 계약 노동자 시스템의 효과는 대단히 유익했다. 원기 왕성한 젊은이들이 아메리카에 노동력을 제공했고, 기술 자격증이 없는 젊은이는 불과 몇 년 만에 자격증을 취득했다. 소비자이기도 한 전(前) 계약 노동자들은 소비를 늘렸고, 살던 땅에서 떠나는 것을 거부하는 인디언들의 수탈의 대상이 된 백인 인구의 층을 두텁게 했으며, 부족한 장인 노동력을 제공했다. 그 대가로 노동자들은 새로운 삶의 기회를 신대륙에서 찾았다.

계약 기간을 채우고 자유를 되찾은 노동자들은 가족을 불러들였고, 짝을 찾는 데 조급한 젊은이들은—대개가 그랬다—, 젊은 유럽 여자들을 불러들였다. 아메리카에서 여자를 구한 축들은 그나마 운이 좋은 축들이었다. 건강한 배우자와 어머니가 너무나 부족한 나머지, 넓은 둔부를 가진 여자들로 가득 채운 배들을 본국에서 불러 들여야 했다. 이렇게 도착한 여자들은 부두에 모인 젊은 남자들 사이에서 자기 짝을 찾기 위해 배 난간으로 몰려들었다. 어떤 여자들은 "담배 여자"라고 불리어진 여인도 있었다. 그것은 배에서 내린 여자들을 당시 유럽 사람들이

역 주..
6) 17~19세기에 미국에 들어와 보통 7년간의 노동 계약을 맺은 노동자.

갖 소비하기 시작한 이 귀한 식물 담배로 채워진 봇짐과 맞바꾸는 사람들이 있었기 때문이다.

"구(舊) 이민"기의 이주자들은 북유럽 출신들이 많았다. 주로 영국인과 스코틀랜드인들이었으며, 신대륙의 금은보화에 홀려서 보다는 모국의 경제, 종교, 정치 상황을 피하고자 하는 생각에서 온 아일랜드 사람들까지 있었다. 독립 전쟁 초기에 아메리카인 가운데 61퍼센트가 영국 출신이었으며, 10퍼센트는 스코틀랜드, 아일랜드, 웨일스 출신, 또 9퍼센트 정도는 독일계였다. 뿐만 아니라 네덜란드와 프랑스 출신도 적지 않게 있어 지역 분위기를 국제적으로 만들었는데, 그것은 당시로서 의외의 상황이었다.

하지만 유입 인구는 아주 조금씩 늘었을 뿐이다. 신세계가 제공하는 가능성에 대한 소식은 느린 속도로 퍼져나갔고, 뱃삯은 비쌌으며, 아메리카로의 여행에는 상당한 위험이 따랐다. 약속의 땅에서 모든 것이 장밋빛은 아니라는 사실을 유럽인들이 알고 있었기 때문이다. 가장 확실한 정보에 따르면, 당시 현지 정착 인구와 비교해서 이주민의 비율은 1820년과 1830년 사이 1퍼센트를 웃돌았고, 1850년과 1860년 사이에는 9.3퍼센트, 1900년과 1910년 사이에는 10.4퍼센트였으며, 1920년대에는 태생주의자들의 맹렬한 공격으로 놀라울 정도로 낮아졌다.

1820년과 1880년 사이에는 감자병으로 기근에 시달린 아일랜드인들이 이주해왔고, 1850년경에는 프로이센 왕의 전횡을 거부하는 독일인들이 밀려 왔으며, 1879년 이후에는 독일 제국의 독재와 징집 명령을 모면하려는 독일인들이 이주해왔다. 대개의 경우 이주민들은 불평분자, 무정부주의자, 사회주의자들이었으며, 종교적 이유로 박해받은 것에 불만을 품고 있었다.

그들이 유럽사회를 지배하는 가치에 대한 지극히 상대적인 거부가 있었다고 해서 이주민들끼리의 싸움이 없었던 것은 전혀 아니다. 비스마르크 문제를 두고 독일인들은 아일랜드 이주민, 프랑스인 그리고 캐나다 사람들과 싸움을 벌이기도 했다. 스칸디나비아인들이 이 이주민들의 뒤를 이어 왔고, 모험을 감행하는 영국인들은 항상 많았다. 그런데 이제 대서양을 횡단하는 배에 중앙 유럽과 남부 유럽, 그리고 동부 유럽에서 온 사람들이 보이기 시작했다. 이 유럽인들에 이어 곧 중국인 및 일본인 이주민이 가세했다. 그런데 이들 동양인들의 이주의 물결은 점차 불다가 세월과 함께 감당할 수 없을 정도로 늘어, 이주 인구의 성격을 변화시키는 데 기여하게 된다. 모범적인 이주민, 달리 말하면 쉽게 동화할 수 있는 모범 이주민의 상에 부합되지 않는 이주자들이 늘어났던 것이다.

신(新) 이민

1880년과 1924년 사이에 갑자기 "신(新) 이민"이 "구(舊) 이민"을 압도하게 된다. 1890년과 1900년 사이가 전환점이었다. "신 이주민"들의 비율이 이 시기에 52퍼센트에 달했다.

이주자들이 점점 먼 곳, 영국이나 게르만의 문화와는 다른 문화 모델을 가진 나라에서 오면서부터, 미대륙에는 곧 심각한 문제를 야기했다. 광대한 영토와 풍부한 처녀지를 가졌음에도 불구하고 미국인들은 이주민의 유입을 침략으로 간주, 불안해 했다. 산업혁명의 충격으로 경제 상황은 변했고 사회도 달라졌다. 농업 노동력의 수요가 줄어든 대신 기계를 다루는 숙련된 노동력의 수요가 더 높아졌다. 이 같은 신이주자들은 초원의 부랑아로 변모한 런던 출신 고아나 파이프 애호가가 된 거구의 노르웨이 사람, 유제품 생산 분야의 전문가, 바이에른 출신자들에 비해 훨씬 눈에 띄게 되었다. 그 이전 사람들이 어느 정도 '정상인'과

'비슷하게' 보였다면, 즉 생산 수단과 정부 그리고 사회 조직을 이미 장악해버린 웝스(WASP)[7], 즉 백인 신교도 계급과 비슷하게 보였다면, 새로 도착한 사람들은 눈에 띄게 달랐던 것이다.

새 이주자들의 피부는 한층 더 구릿빛이었으며, 영국 영어와도 차이를 두기 시작한 미국 영어를 익히는 데 도움이 되지 않는 낯선 언어를 사용했다. 종교 역시 풍습만큼 야만적이었을 뿐만 아니라, 가난한 나라 출신들이라 대부분이 문맹자였다. 이런 모든 이유로 해서 새 이주자들은 미국 사회에 동화되기 어려워 보였다.

이탈리아 남부에서 배고파 죽을 지경이었던 사람들, 작렬하는 태양 아래에서 근근히 살아가던 그리스 사람들, 그리고 중국 사람과 일본 사람들이 떼를 지어 밀려들었다.

1870년에 전체 인구 556만 7,000명 중 185만 5,000명이 아일랜드 출신이었고, 55만 5,000명은 영국계, 168만은 독일계였으며, 이들 모두 외국에서 태어난 사람들이었다. 1910년에는 전체 인구 1,351만 5,000명 중 아일랜드계는 135만 2,000명에 불과했고, 영국계는 87만 7,000명, 독일계는 231만 1,000명이었으며, 여기에 폴란드인 93만 7,000명, 헝가리 사람 49만 5,000명, 오스트리아 사람 84만 5,000명 그리고 134만 3,000명의 이탈리아계가 합류했다. 남북 전쟁 초기만 해도 위 국적의 거류민이 별로 많지 않았던 것을 감안하면, 참으로 놀라운 진보가 아닐 수 없다.

이탈리아 남부 출신들이 이웃과 친지에게 기회를 잡으러 미국으로 건너오라고 독려했듯이, 일반적으로 국가별 집단들은 자기네 나라 사람 숫자가 늘어나기를 원했다. 아일랜드 출신들이 그랬듯이, 각 집단은 족벌 체제를 형성하여 자국인의 도착을 환영했다. 신출내기 이주민들이 —그것은 오늘날에도 마찬가지이다— 그들을 맞이하는 효율적인 환영 집단이 되었고, 그 정도는 이미 미국화된 이주자들의 빈축을 살 지경이었다. 그들은 잠정적으로 새 이주자들을 먹여주고 재워주었으며 일자리도 잡아주었다. 이렇게 해서 국가별 집단의 우두머리 주변에는 충실한 유권자가 될 소지가 높은 피보호자 집단이 생겨났고, 여기서 우두머리의 세력이 만들어졌다. 국가별 집단의 우두머리는 이렇게 입지를 굳힘으로써 백인 신교도 계급(WASP)과 다른 국가 집단의 위협요소가 되었던 것이다. 아일랜드 보스와 이탈리아 파트론들이 차례로 대도시의 시청을 장악했고, 아일랜드계는 아주 오랜 기간, 특히 1860년대에 뉴욕의 민주당 본부인 태머니 홀[8]의 시정을 좌지우지했다. 이탈리아와 아일랜드식 마을들이 신대륙에 재건되었으며, 이런 친목 관계는 고향을 떠나 온 남성 인구를 정서적으로 안정시키는 장점도 있었지만, '토박이' 미국인들에게는 위협적인 문젯거리가 되었다.

아시아인의 새로운 물결

1848년 이후 극동으로부터 이주 노동자들이 놀라운 기세로 몰려왔다. 다행히 당시 새로 병합되거나 구입된 서부 끝쪽 영토들이 있어 새로운 판로를 마련해 주었다. 캘리포니아가 미국에 할양되어, 이주 노동자들은 태평양 연안을 통해 아메리카 국토로 직접 침투해 들어올 수 있었다. 캘리포니아 주민들은 스스로가 이주민이거나 신참 이주 노동자라는 사실을 망각한 채, '토박이' 캘리포니아인임을 자처하면서, 앞으로 학대의 대상이 될 키 작고 얼굴빛이 노란 사람들의 이주에 반대하고 나섰다. 특히 아시아인들은 1873년과 1877년에 경제 위기가 닥쳤을 때,

말 그대로 희생양이 되었다.

아시아인들을 내쫓고 그 동류들이 이주를 포기하도록 폭력도 심심치 않게 자행되었다. 연방 정부의 정책도 아시아인들을 소외지대로 몰고 갔다. 그들은 헤집고 들어갈 수조차 없는 좁은 게토에서 비좁게 살았다. 외모가 너무 달라 동화할 수 없었으며, 상상할 수조차 없이 힘든 일을 떠맡으면서도 박봉으로 만족해야 했다(저임금 미숙련 노동자 쿨리의 생활). 그들은 또한 전통적인 생활 방식과 가족 구조, 의상, 풍습을 고수했기 때문에 악의적인 농담거리마저 제공했다. 그중에서도 특히 그들의 헤어스타일은 곧 비웃음의 대상이 되었다. 그들은 돼지 꼬리 모양의 아주 우스꽝스러운 머리 모양을 하고 다녔던 것이다. 1878년 캘리포니아에서는 차이나타운에 대한 처벌식 습격 사건이 자주 일어났고, 쿨리와의 접촉이 금지되었다. 미합중국 대부분의 지역에서 다른 나라 이주자 대다수가 누린 선거권도 아시아인들에게는 거부되었다.

캘리포니아가 외국인 혐오에서 비롯된, 본질적으로 인종적인 폭력 사건을 겪은 유일한 지역은 아니었다. 1885년 와이오밍에서는 28명의 중국인이 살해되었다. 중국인은 백인 여자와 결혼할 수 없었으며, 1879년 캘리포니아주는 중국인의 본토 유입 금지를 겨냥한 법안을 제출한 첫 번째 주가 되었다. 그러나 헤이즈 대통령[9]은 이 법안에 반대했다. 캘리포니아가 아닌 다른 주에도 생득설(Native American) 지지자들이 많았지만, 그때만 해도 "황화론(黃禍論)"의 전조들을 아직 절실히 느끼지는 않았던 때이었다. 따라서 외국인 수용 국가로서의 미합중국의 오랜 전통을 포기할 태세가 갖춰지지 않았다. 어쩌면 일이 그렇게 된 데에는, 오래 전부터 소수로 동부 해안에서 살던 중국인들이 그곳에서 훌륭히 동화되었기 때문일 수도 있고, 그 수가 적었던 탓일 수도 있다. 또 그곳 중국인들이 지역 경제 발전에 적잖이 기여했던 덕일 수도 있다.

헤이즈는 노동 인구의 유입을 지연시키기 위해 1880년 중국과 조약을 맺는 선에서 일을 마무리지었다. 실제 전환점은 중국인에게 미입국이 전면적으로 거부된 1882년이었다. 중국인의 노동력이 필요하여 특별 관세를 부가시키면서도 입국을 장려했던 남북 전쟁 직후인 1868년만 해도, 중국인 노동자는 미국에서 환대받았다.

1860년에 미 대륙에는 일본인이 거의 없었지만, 1880년경부터 일본인은 중국인의 뒤를 이어 대륙에 들어오기 시작했다. 일본인의 숫자가 너무나 급격히 늘어나는 바람에 미국인들은 일본인의 유입을 "황화론"의 두 번째 공격으로 받아들였다. 오래지 않아 반작용이 나타났다. 특히 황금의 서부 출신자 협회(Native Sons of the Golden West)와 아시아인 축출 연맹은 노동조합들의 적극적 지지를 받으면서 1905년 아시아인의 유입을 제한하기 위한 노력을 기울였다. 아시아인들을 강타한 인종 차별 및 다양한 유형의 차별은 많은 미국인들에게 ─특히 아시아인들이 정착한 지역에서 멀리 떨어진 곳에 거주하는 미국인들에게─ 충격을 주었다. 특히 캘리포니아주에서 맹위를 떨친 교육차별은 남부 아메리카의 대다수의 지역에서 흑인 어린이들이 겪은 차별을 상기시켜 많은 충격을 주었다.

루스벨트 대통령이 이런 폐습에 종지부를 찍기 위해 개입하지만, 결국 일본 스스로 이민 인구를 조절하도록 교섭을 벌일 수밖에 없었다. 1913년에 일본인들은 더 이상 캘리포니아에 땅을 매입할 수 없게 되었고(외국인 토지법), 잘하던 어업도 할 수 없게 된다.

일본 스스로 이민 인원을 제한하기로 한 신사협정이 있었던 1907년 이후 미국으로 이입되는 일본인의 수는 점점 줄었다.

하지만 일본인들은 태생주의자들의 주장은 아랑곳하지 않았고 신사협정의 법망과 기본 원칙을 피하는 데 주력했다. 예를 들자면 일본인들은 가족 재결합 규정을 이용하여 '사진결혼'을 했는데, 그것은 미국에 거주하는 일본인이 사진만으로 여자를 골라 결혼하는 것으로, 목적은 전적으로 합법적인 상황에서 여자를 미국으로 불러들이는 데 있었다.

1920년 초엽에 국가별 이민 할당 제한법이 생겨 아시아와 남유럽계의 대규모 이주는 종말을 고하게 되었고, 이후 다양한 국가의 사람들이 미국에 이입되었다. 남아메리카계의 집단 이주와 불법 이주로 대규모 이주의 균형이 흔들리면서 제2차 세계 대전 이후 통계 비율에 동요가 있긴 하지만 이주민의 다양성은 오늘날에도 어느 정도 유지되고 있다.

오늘날의 상황

1960년 이래로 북아메리카로 오는 이주민은 계속 바뀌어, 남아메리카 및 중앙아메리카, 서인도제도의 카리브 그리고 아일랜드 등지로부터 수많은 사람들이 미합중국으로 대거 이입됐다.

1920년 이후, 푸에르토리코 사람들도 이 이주 대열에 합류하여, 1990년 북아메리카의 이입민이 된 푸에르토리코 사람은 230만 명이나 되었다. 1917년 이래로 미국 국적을 갖게 된(미합중국은 1898년에 푸에르토리코를 사들였다) 이 특수한 이민 집단의 물결은 1945년과 1965년 사이에 크게 불어났는데, 그 원인은 본토에 속하는 수도 산후안과 연결되는 간편한 비행기 노선이 늘어나 미합중국의 다른 도시들처럼 왕래가 쉬워졌기 때문이다. 푸에르토리코인들은 미국 시민권이 있어 특정한 법적 지위를 누리지만, 어두운 피부색과 독특한 풍속 및 행동 양식을 갖고 있기 때문에 어렵지 않게 식별된다. 이들이 뉴욕의 게토나 시카고, 보스턴 내지 다른 대도시에 한데 모여 살 경우 특히 눈에 띄게 마련이

다. 영화 웨스트사이드 스토리는 푸에르토리코계의 특수성, 그들의 문
제, 적대감의 희생자가 되고 있는 상황, 다른 집단이나 인종에 대한 그
들의 적대감 등을 잘 보여주었다.

본토 미국인이 볼 때, 푸에르토리코인은 미국인이 아니다. 푸에르
토리코 계절 노동자는 '얼마 되지 않는' 활동 기간이 끝나면 대부분 푸
에르토리코로 되돌아가기 때문이다. 그것도 노동으로 벌어들인 돈이나
"본토 미국인들로부터 갈취한" 돈을 좀더 속 편한 곳에서 쓰겠다는 생
각에서 말이다. 요컨대 섬과의 밀착된 관계를 지속하는 푸에르토리코
인은 "최상의 것을 취하면서 세금은 내지 않으려는" 임시 방문객에 지
나지 않는다는 것이다. 따라서 푸에르토리코인은 이방인으로 간주되
고, 보다 나은 사회 보장 제도의 혜택을 누리고 상주인구의 일자리를 가
로채기 위해 대륙으로 건너온다는 비난을 항상 받는다. 푸에르토리코
인들이 다른 이주민들보다 미국 문화에 훨씬 친숙한 것은 사실이지만,
무엇보다도 푸에르토리코인으로 남아있기를 고집하는 그들이 본토 미
국인들은 마땅찮은 것이다.

진정한 미국 시민도 아니면서 미국 시민이기를 자처하는 푸에르토
리코 섬사람들은 오랫동안 전에 없던 이상 현상으로 받아들여졌다가,
그 이후에는 새로운 공포, 즉 "히스패닉 공포"를 알리는 첨병으로 간주
된다. 즉 북아메리카가 남아메리카 전역에서 온 이주민들로 점령되지
않을까 하는 두려움이 팽배해 한 것이다. 1990년, 미국에는 멕시코계가
1,260만 명, 라틴아메리카의 나머지 나라에서 온 사람들이 250만 명,
110만 명의 쿠바인, 다양한 출신의 비(非) 백인이 160만 명, 그리고 통계
에 포함되지 않는 비합법적 이주민들이 있었다.

멕시코인들이 미국으로 이주한 것이 어제, 오늘의 일이 아니지만,
최근 들어 멕시코 이입자의 수가 급증하여 이들의 존재는 이제 미국에

서 뾰족한 해결책이 없는 문젯거리가 되었다. 미국에 병합되기 전에 멕시코 영토였던 남부 캘리포니아주와 애리조나주 그리고 뉴멕시코주와 텍사스주는, 자연 경관으로 보나, 캘리포니아 해안을 장식하는 '미션 양식'의 가구들처럼 건축 및 기념물로 보나, 전반적 분위기로 보나 미국의 여타 지역보다는 멕시코와 더 비슷하다. 사정이 이러하니, 새로운 유형의 이 이주민들은 이 지역을 제집처럼 여겨 정착하려 한다. 서부에서 자리 잡기 시작했던 멕시코인들이 이제 중서부에까지 흩어져 산다. 뉴멕시코 인구의 37퍼센트가 라틴아메리카계이며, 텍사스주에는 21퍼센트, 캘리포니아주에는 20퍼센트가 그렇다. 텍사스주의 서부 도시인 엘파소 주민의 62퍼센트가 라틴아메리카계이며, 텍사스 남부 도시인 산 아토니오에서는 54퍼센트가, 로스앤젤레스에서는 28퍼센트가, 뉴욕에서는 20퍼센트가 라틴아메리카계이다. 라틴아메리카계의 84퍼센트가 도시에 살고 있는 까닭에 그들의 존재는 더더욱 눈에 띈다.

피델 카스트로의 체제에서 벗어나기 위해 쿠바인들은 수 년 전부터 쿠바를 탈주해왔다. 쿠바인들 역시 플로리다 지역으로 몰렸고, 특히 마이애미에 있는 유명한 오초 거리 8번지는 현재 완전히 라틴아메리카 구역이다. 마리엘리토[10]들은 마리엘 항구를 통해 쿠바를 떠났는데, 그 중에는 정치 망명객, 예술가, 작가 그리고 돈을 안전한 미국에 두려는 부자도 있었지만, 플로리다의 사회 질서를 교란시키고 미합중국의 문화를 좀먹게 하기 위해 카스트로가 1979년에 석방한 전과자들도 섞여 있었다. 우스갯소리로 뗏목 타는 사람들이라 불리는 카리브 해의 사람들은, 카리브 해의 섬들과 키 웨스트[11] 섬을 가르는 해협을 건너기 위해 튜브-뗏목에 매달리거나, 콩나물시루 같은 보트에 몸을 싣는다. 아이티 섬 사람들도 자기 나라의 가난과 소요에서 벗어나기 위해 목숨을 건 도항 대열에 합류했고, 해안 경비대들은 섬사람들을 궁핍의 나라로 되돌려 보내기 위해 온갖 노력을 기울인다.

　점점 더 많은 남아메리카 나라들이 경제 정세와 정치적 이유를 들어 자국의 넘쳐나는 빈곤층들을 미합중국으로 쏟아 붓고 있다.

　남아메리카 사람들의 미국 행렬에 점점 더 많은 수의 아시아 사람들이 합세하게 되는데, 특히 베트남과 캄보디아 출신들이 많았다. 1965년 이후 아시아 사람들에 대한 일률적 이민 거부는 사라지고, 가족 재결합 규정이 강화되기까지 했다. 중국인의 수 역시 증가 추세에 있었으며 (1960년대에는 83퍼센트, 1970년대에는 85퍼센트 증가), 남자보다 많은 여자의 수는 출생률에 영향을 미쳤을 뿐만 아니라 중국식 가족 단위를 재창출하게 함으로써 미국 사회내의 중국인의 동화 속도를 지연시키기도 했다. 중국인 집단의 평균 연령은 다른 집단보다 젊고, 높은 취학률을 보인다(중국 남성의 71퍼센트, 중국 여성의 56퍼센트가 고등 교육을 받은 반면, 미국 남성의 37퍼센트, 여성의 27퍼센트만이 고등교육을 받았다). 또한 중국인 가운데 18퍼센트가 학위 소지자인데 반해 미국인 학위 소지자는 8퍼센트에 불과하다. 이는 중국인의 보다 흡족한 사회 통합과 중국인 출신 엘리트 집단의 출현을 예상하게 하며, 미국 사회와 문화도 이에 영향을 받게 될 것이다.

　1990년에 미합중국에 거주하는 650만 명의 아시아 사람의 대부분이 홍콩이나 타이완 출신이었다. 프랑스의 파리 코뮌 가담자들이 정치 망명객들이었던 것을 생각하면 정치 망명객의 이입이란 것이 새로운 현상은 아니었지만, 보트 피플의 증가로 문제는 심각해졌다. 20세기 들어 이민의 성격은 많이 바뀌었지만, 두드러지게 지속적인 현상이 있었다. 그것은 동화되기 쉬운 조건을 갖춘 유럽인들의 미국 이주가 계속 감소되었다는 것이다. 1901년과 1920년 사이에 85퍼센트를 차지하던 유럽인의 비율이 1981년과 1990년 사이에는 60퍼센트로 낮아졌다. 미국에 정착하기를 희망하는 영국인의 수가 영국인에게 할당된 비자의 수를 더 이상 채울 수 없었다. 반면에 남아메리카 출신 이입민의 비율은 같은 기간 동안 각각 10퍼센트에서 36퍼센트로 늘어난 뒤로 38퍼센트, 47퍼센트에서 44퍼센트(이 가운데 15퍼센트가 멕시코인이다)로 줄어들기도 했다.

특이 사항들

다양한 양태의 이주

서부에서 출발했든, 좀더 극적으로 동부에서 출발했건 미국 영내에서 이루어진 갖가지 이주의 움직임은 분명 19세기에 있었던 특별한 이주의 한 형태로 간주될 수 있다. 국토가 원체 광활하고, 풍경, 기후, 자원, 경제 상황 그리고 문화 등이 다양해서, 동부에 정착했던 사람들이 서부로 옮겨가든지, 중서부 중간 어딘가에 주저앉는 경우라 할지라도, 대체로 이주로 간주되었다. 사회 제반 구조가 거의 존재하지 않거나 있다 해도 수용 능력이 없었기 때문에 국내 이주자들은 새로운 사회, 경제, 문화 구조에 합류해야 하는 의무가 지워지게 마련이었다. 따라서 그들도 이주민이 처한 상황, 말하자면 모든 것을 구축하거나, 재구축해야 하는 상황에 놓이게 되었다.

따라서 국토 깊숙히 내부로 진입한 사람들은 문자 그대로 제2차 이주자가 되었으며, 그만큼 위험도 뒤따랐다. 이들은 대서양 지역의 도회

〈새로운 개척지를 찾아 황야를 누비며 호롱마차를 타고 서부지역으로 향하는 초기
개척민들〉

적 환경에 적응하자마자, 안주(安住)를 모르는 채 다시 힘겨운 활동을
재개했다. 서부 개척자들은 낙천적이고, 건강하고, 개방적인 사람들이

었으며, 거기에다가 모험심도 강하고 창조적이었으며, 자신을 방어할 줄 알고 동부보다 악조건인 서부 환경에 탈 없이 적응할 줄 알았다. 일반 이주자처럼, 국내 이주자들은 새로운 환경에 적응하고 새로운 조건에 순응하면서 새로운 개성과 사회성을 창출했고, 항상 극복하기 어려운 도전에 응해야 했다.

동부 대도시 거주민에게 있어, 대초원의 모험가는 외국인이나 다를 바 없었다. 원시 상태로 돌아가 '황야인'이 되었기 때문에 동부인이나 그 이웃인 이주자들과는 공통점을 갖지 못한 낯선 존재였다.

연안과 도시를 떠난 서부 개척자들은 아메리카 시민이 되고자 하는 사람들에게 신선한 유혹이 되었다. 교통수단의 발달과 함께 이주를 선택한 개척자들은 북동부 산업을 위해 새 노동력의 창출이 요구되는 새로운 시장을 열었고, 이는 눈덩이처럼 점점 더 많은 이주 인구를 서부로 끌어들이는 결과를 낳게 된다.

지리적 분할

이주자의 대부분이 유럽인이었던 시절, 이주민들은 당연히 동부 해안을 통해, 즉 유럽이 보이는 쪽을 통해 미국으로 들어왔다. 이주민들은 출입국에 대해 거의 무지했고, 도착 장소에서 그곳에 자리 잡은 동포들을 만나게 되는 까닭에, 그들이 이주 동포들을 중심으로 둥지를 틀게 되는 것은 지극히 당연한 일이었다. 적어도 이민 초기에는 그랬다. 초기부터 뉴욕은 이주민들이 특별히 많이 몰리는 지역이었지만, 나중에는 캘리포니아가 앞서게 된다. 처음에는 중국인이 그 다음에는 일본인과 남아메리카인들이 몰리면서 캘리포니아가 뉴욕을 앞질렀다.

남아메리카와 중국, 그리고 일본에 개방적이었던 캘리포니아주는 동일 지역의 많은 이주민들을 끌어들였다. 중국인, 일본인, 멕시코인이

샌프란시스코와 로스앤젤레스와 같은 대도시에 집결되었다.

대서양에서 온 신 이주민들이 재분할되어 거의 편중적으로 서부로 간 것은, 아메리카 이주 제2기인 19세기가 되어서였다. 당시 북부는 유럽과 캐나다인들이 이미 차지하고 있었고, 남부에 대해서는 극소수의 이주민만이 관심을 보였는데, 그곳에는 이미 노예 노동력이 있어 자격증 없는 이방인이 희망할 수 있는 모든 일자리를 차지해버렸기 때문이다. 남부의 비옥한 땅은 이미 대농장주들의 수중에 들어간 다음이었으니, 이주민이 남부에 정착할 수 있는 가능성은 희박했던 것이다. 반면에 서부는 약속의 땅이었다. 고작해야 몇몇 유목 인디언 집단이 산발적으로 지나간 광활한 대지는 정복과 개척만을 기다리고 있었다. 성경을 봐도, 대지는 경작하는 사람의 소유였던 것이다.

고용이 감소하거나, 분쟁이 일 때, 또는 '도덕적' 위기가 닥칠 때, 안전판은 바로 서부였고, 연방 정부에서는 누구에게나(토지 증여 제도)[12] 서부 공간의 일부를 증여했다. 특히 처녀지나 인구가 희박한 지역을 연방 정부에 귀속되도록 토지 개발을 조직한 서북 법조례[13]가 생겨난 1787년 이후, 서부는 마치 흡입펌프처럼 가동했다.

출신이 각각 다른 이주민들이 여러 지역으로 몰려들었다. 가족 대부분이 대도시에 정착했던 유태인들은 그대로 대도시에 머물렀다. 유태인 집단 내에서는 이디시어[14]가 쓰였고, 쉽게 그 공동체로 들어갈 수 있었다. 항상 그랬듯이 유태인 공동체는 이주민들에게 도약대가 되어

역 주
12) 주로 17세기에 채용되었던 제도로서, 식민지 또는 회사가 그 노동력 확보를 위해 이주자 또는 고용인의 운임 지불인에 대하여 행했던 토지의 증여.
13) 오하이오 주 강 이북의, 지난날의 서북부 속령 지역의 통치 방법을 정하고, 그 지역이 장차 단계적으로 독립주로서 연합에 참가할 수 있다는 것을 규정한 연합 정부 시대인 1787년의 법률.
14) 동유럽의 유태인들이 쓰는 독일어와 히브리어의 혼합어.

주었으며, 이미 정착을 마친 집단이나 경쟁 대상인 외국인들에 대해서는 보호자 역할을 해주었다.

이주민들은 대개 동부 해안에 밀집되었다. 그곳에 일자리가 있었기 때문이기도 하지만, 이주민들이 후견인을 중심으로 대도시에 조직을 이루었기 때문이기도 했다. 특히 이주민들이 주(主) 고객이었던 민주당의 후견인들을 중심으로 조직이 형성되었다. 아일랜드 사람들은 대개가 가톨릭이어서 성사를 베풀 수 있는 유일한 존재인 성직자가 사는 대도시에 거주해야 했다. 그것은 이탈리아 출신들도 마찬가지였다. 이탈리아인들은 일반적으로 "소(小) 이탈리아"라고 불린 게토를 형성해 살았고, 아일랜드 출신들은 '샨티 타운'이라는 빈민촌에서, 일본인들은 '리틀 도쿄'에서 살았다. 도시의 인종 게토는 계속 늘어갔고, 상대적으로 위축된 민족 집단이나 직업 세계로의 통합 조건이 열악한 민족 집단에 강했던 이런 군집 본능은 부정적인 이미지를 주었다.

일반적으로 농업 분야에서 두각을 나타냈던 독일인들은 네브래스카, 위스콘신, 미네소타로 갔지만 뉴욕에 정착한 독일인도 많아 1856년에 독일어로 작성된 신문이 56종이나 되었다(1873년 미국 전역에 472종의 독일 신문이 발행되었다). 폴란드 출신들은 시카고를 택했고 뉴욕 몇몇 구역에도 정착했다. 반면에 스칸디나비아 출신들은 기후 조건이 지나치게 황당하지 않은 다코타, 미네소타, 위스콘신 같은 캐나다 국경지대를 선호했다. 이미 영어를 구사하는 까닭에 아주 유리한 이주 조건을 가졌던 영국인들은 각자의 자격 조건과 관심, 그리고 정착에 필요한 자본금의 한도액에 따라 사방으로 분산되어 나갔다.

이주 인구의 지리적 밀집 현상은 모험 정신과는 대치되는 군집 본능의 소산이었으며, 그것은 국가 집단 내에서 자신의 뿌리를 찾고자 하는 욕망의 발로로, 이주민들을 한층 눈에 띄는 위험한 존재로 보이게 했다.

직업 분포

각각의 국가 집단은 직업상 특수성도 보였다. 스칸디나비아 출신과 독일계는 주로 농부나 원예가였다. 독일인들은 대도시 근교에 머물면서 야채를 공급하거나 유제품과 치즈의 공급을 도맡았으며, 시카고 근처에 자리 잡은 스위스나 네덜란드계도 그랬다.

이탈리아 남부 출신의 이탈리아인들은 농사꾼 노릇도 했지만, 대부분의 경우 조선장이나 건축 공사장 내지 도로 공사장에서 일했다. 또영어를 충분히 익히게 되면, 이탈리아 출신은 사무실 하급 직원이 되거나 식당업계에서 일했다. 또한 상대적으로 많은 이탈리아 출신들이 전문 음악가로 일했다. 건국 시조들은 프랑스 건축가들을 동원했지만, 갓새로 지은 건축물들을 장식함으로써 공화국에 대한 존경심을 표했던 프란조니와 같은 조각가들은 거의 항상 이탈리아 출신들이었다. 이탈리아 출신의 화가들도 다수 이입했다. 하지만 화가들 대부분은 조선장에서 일하거나 하인으로 일했다. 이 두 분야는 같은 유형의 일자리를 구했던 아일랜드 사람들과의 힘겨루기가 불가피했던 곳이었다.

아일랜드 출신들의 사회적 지위가 높아짐에 따라 이탈리아인들은 항만 노동자 혹은 광부로 일하거나, 중국인들과 함께 초기 철로 건설 현장에서 일함으로써, 아일랜드인들을 대신해갔다. 이탈리아인들 가운데 농사에 관심 있는 사람들은 많지 않았지만, 캘리포니아에서 포도 재배를 시작한 사람들도 있었고, 많은 이들이 어업에 종사했다.

아일랜드 출신들은 광산이나 건축업, 도로 관리, 운하 굴착장 혹은 철로 건설장에서 일했고, 그들의 딸과 아내들은 하녀로 고용되어 일했다. 대부분이 시골 출신들이었지만, 농사에 몰두하는 아일랜드인들은 거의 없었다. 왜냐하면 아일랜드인들은 이탈리아인들처럼 땅을 살 재력이 없었으며, 새로운 농사법에 적응할 줄 몰랐고, 아일랜드에서 했던 농사에 대해 그다지 즐거운 기억이 없었기 때문이었다.

각 국적에 상응하는 직업이 있었다고 말하기에는 뭣하지만, 식당 주인, 세탁소 주인, 선로 부설공으로 그려지는 중국인 풍자화가 현실과 거리가 있다고 하기 어렵다는 사실은 받아들여야 할 것이다.

유인 인자와 반발 인자

미국으로 이주하려는 사람이 항상 신세계가 주는 매력에 끌리기만 했던 것은 아니다. 신세계 이주에는 반발력도 있었다. 그들은 무엇인가 탈피하려는 성향이었기때문에 흡인력과 동시에 반발력이라는 이중적 현상이 작용하여 출발을 촉진했다.

독창적인 출발 동기는 없었다. 아마추어 모험가와 전문 모험가가 있었고, 운세를 바라보고 싶어하는 사람들도 다소 있었지만, 대부분은 극한적이기까지 한(기근의 희생자였던 아일랜드 사람들) 열악한 생활 환경, 유럽의 전쟁, 프랑스와 독일 그리고 영국까지 휩쓴 종교적 박해 등을 피해 떠난 사람들이었다. 영국의 실업과 가난, 아일랜드 지주의 횡포, 유태인 박해 등 온갖 종류의 억압이 이주 행렬의 물결을 한층 촉발시켰다. 이주자의 수는 미국의 경제 불황 시기에는 줄어들다가 호황기에는 증가했다.

미국과 출국 지역 안팎에서 일어난 사건과 이주민의 흐름을 비교하면 이해가 쉬울 것이다. 이를테면 1850년과 1860년 사이, 이주자의 수는 그 전 10년에 비해 증가했지만(259만 8,000명 대(對) 171만 3,000명), 1860년과 1870년 사이에는 훨씬 적은 수의 이민자가 미국의 문을 두드렸다. 유럽에서는 미합중국이 남북전쟁으로 아수라장이라는 것을 알고 있었고, 남부의 이탈로 미국의 매력은 격감되었다.

또한 1873년의 경제 위기는 신대륙으로의 출발을 염원하던 사람들의 막연한 꿈을 가라앉혔다. 1890년대의 불황도 같은 결과를 낳았다 (1870년과 1880년 사이 520만 명이었던 이주 인구가 1890년과 1900년 사이 360만 명으로 줄었다). 20세기 들어 처음 10년 동안 놀라울 정도의 인파가 미국으로 몰려들어 이주 인구는 870만 명에 달했다. 하지만 제1차 세계 대전이 터지면서 비약적 상승세는 마감되었고, 1920년대에는 늘어나는 여론의 압력으로 할당제 이민법이 채택되었다. 1929년에는 경제 대공황으로 이주 인구는 52만 8,000명으로 격감했다. 미국에 관한 소식은 대서양을 타고 급속하게 전해졌고, 유럽의 상황 역시 이주 인구 상승에 유리하게 전개되고 있지 않았다.

불법 이민

다른 곳에서도 그렇듯이, 미국에서도 불법 이민은 상처이자 만병통치약인지라, 경제 위기가 닥칠 때마다 여론은 불법이민을 제물로 삼는다.

불법 이민이 만병통치약임이 분명한 것이, 역대 정부는 불법 이민의 과잉 현상을 두고 눈을 감거나 때때로 신음하는 시늉만 해오고 있기 때문이다. 사실 이 만병통치약 덕분에 중소기업 고용주들과 거대회사들은 일 잘하고 말 잘듣는 노동자들을 마음대로 부릴 수 있는 것이다. 이 노동자들은 근로조건과 급여가 어떻든간에 항상 복종적이며 언제든지 일할 태세가 된 이상적인 인력 양식장 구실을 하고 있었다. 특히 남부 캘리포니아에 사는 중산층 가정부인들은 신분증명서 없는 밀입국 멕시코 여성을 모두가 보는 가운데서도 주저 없이 고용하며, 그 고용인과 의사소통하기 위해 어지간한 멕시코 말을 배우기까지 한다. 이 불법이민이라는 것이 없다면, 일할 손을 구할 수 없음에도 불구하고, 사람들은 불법이민이란 재액에 대해 여전히 한탄을 늘어놓는다.

밀항자들은 지극히 온순하고 적응력이 뛰어나며, 고용시장에 따라 자리를 옮긴다. 이것 때문에 실적이 좋은 노동자 집단에서도 단체나 조합은 없다. 미국이란 나라에서 말이다! 밀입국자들은 법적으로 존재하지 않는 사람들이므로 어떠한 경우에도 불만을 토로할 수 없으며, 권리가 없으므로 권리를 주장할 수도 없다. 그들은 사회보장 제도의 혜택을 전혀 받을 수 없기 때문에 고용주도 사회보장 부담금을 내지 않으며, 따라서 그들에게 드는 비용도 상대적으로 적다. 그들은 현물 급여도, 기업에서 일하는 동일 자격의 노동자가 받는 직종별 이익(부가 급부)[15]의 혜택도 받을 수 없다. 해고 시즌이 오면, 조합은 〈정상 노동자〉들을 엄중히 수호하므로 불법 노동자들이 우선적인 해고 대상이 되는 것은 자명한 일이다.

어쩌다 들어가는 교육비나 질병 치료비마저 출신 국가에서 부담하게 되어 있기에, 밀항자들은 아메리카 사회에 전혀 비용이 들지 않는 존재들이다.

그들은 병이 나도 원칙적으로 어떤 원조도 청할 자격이 없다. 그들의 자녀들에게 보건 시설의 혜택을 허가한다하더라도 교육 기관에까지 받아들여야 하는가에 대한 문제가 제기되기 시작하였다. 그들에게는 퇴직금이 없으니, 요컨대 일할 권리와 입을 봉하고 있을 권리밖에 없는 것이다. 따라서 그들은 고용주 입장에서는 귀중한 상품이며, 그들 덕택에 고용주는 음성적인 경로를 통해 국가 경제에 공헌할 수 있었다. 자금력에 한계가 있긴 하지만 소비자이기도 한 이들 노동자는 몇몇 필수 제품의 수요를 지탱하게 한다.

사람들이 그들에게 곱지 않은 시선을 보낼 수밖에 없다. 그들은 합법적 이민자보다 낮은 급여로 고용할 수 있을 뿐만 아니라, 아무 때나 부릴 수 있는 이동 노동력이기 때문이다. 불법 노동자들의 이러한 행동 양식은 조합 활동의 기초를 붕괴시키기도 했다.

밀입국자의 태반이(엄청난 수의 아일랜드 밀항자 집단을 제외하면) 남쪽나라에서 온 비(非) 백인들이기 때문에, 19세기 이주민들에게 퍼부어졌던 동업조합의 비난에다 민족 집단에 대한 상투적인 온갖 비난들이 보태졌다. 그들은 새 환경에 제대로 적응하지도 못하며, 노출되는 것을 꺼려 아메리카 국적을 요구하는 것조차 때로 마땅치 않아 하며, 고국에 남겨둔 가족을 부양하기 위하여 "외국환"을 집에 송금하고 가족과 긴밀한 관계를 유지하며, 기묘한 풍습과 종교적 관행을 버리지 않는다는 것이다. 이것은 밀입국자에 대한 아주 잘 알려져 있는 논거들이다.

그들의 수가 비대해지면 조심스럽게 입국에 제동을 걸고, 숫자가 지나치게 많아졌다 싶으면 강권적 방법이 동원된다. 남서부의 여러 주들과 플로리다주에서 벌어지는 일이 바로 그 예이다.

레이건 대통령은 연방정부차원에서 비합법적 이민을 봉쇄할 목적으로 국경기동경찰대의 숫자를 증가시켜, 기동경찰대는 일명 〈젖은 등〉(Wet Backs)이라 불리는 밀입국자들을 추격하는 데 온갖 진을 다 빼앗기는 꼴이 되었다. 리오그란데 강을 헤엄쳐 도강하여 아메리카의 태양 아래에서 젖은 몸을 말리는 멕시코 사람들, 밤이 되면 큰 불가에 모여 앉은 브라세로[16]들, 쿠바나 아이티 섬에서 출발하여 플로리다 해안 연안경비대에 있는 곳까지 몰려드는 "발세로"들을 바로 〈젖은 등〉이라고 부른다.

심프슨-마조티법(1984)과 심프슨-로디노법(1987)은 남쪽에서 몰려오는 인구의 압력에 종지부를 찍거나, 안 되면 지연시키기라도 할 목적으로 만들어졌지만 별로 지켜지지 않았다. 무슨 수를 써서라도 별천지로 가기로 작정한 이주자들도, 싼값의 노동 자원이 고갈되는 것을 바라지 않는 고용자 측도, 유효한 적용 방법을 찾지 못한 당국까지도 이 법을 제대로 지키지 못했다. 불법 이주자들은 송환되더라도 곧 되돌아왔고, 경우에 따라서는 송환 당일 되돌아오기도 했다. 결국 태반이 목적을 달성했다. 이중에는 밀입국을 주선하는 〈복덕방〉들을 따라 미국 본토로 입국하는 사람들도 있고, 도중에 사막에서 버림받는 사람들도 있었다.

캘리포니아주 유권자들은 SOS(Save our State의 약자)의 활동으로, 1994년에 일명 〈187 제안〉을 채택했다. 그것은 불법 이주자들에게 주어진 알량한 권리마저 고갈시키고, 병원의 응급실 출입을 통제하며, 교육 당사자들로 하여금 불법 이주민 부모들을 고발하게 함으로써, 이주자들을 자국으로 귀국하게 하고 나아가 다른 사람들이 더 이상 불법 이주를 감행하지 못하도록 만들어진 제안이었다. 캘리포니아 주민들은 멕시코 사람들이 특히 사회보호제도 때문에 캘리포니아로 온다고 생각하는 것이다.

혁신자들 가운데는 멕시코 사람들이 자국에서 일터를 구할 수 있도록 경제 원조를 제안하는 사람들도 있었으나, 연방정부 결정은 이를 사문화(死文化)시킨 것으로 보인다. 장기적 안목으로 투자하여 발전도상국의 자급자족을 지향하거나, 1995년에 그랬듯이 파국의 수렁에 있는 저개발국가의 경제를 지원하는 정책은, 강경책을 써서라도 불법 이주의 흐름을 차단하기를 바라는 여론이 보기에 지나치게 완만한 정책으로 여겨졌기 때문이다. 불법 입국자를 정확히 셀 수는 없지만 그 수는 년

30만 명 전후라고 한다. 1970년에 신분증명서를 가진 노동자가 250만 명이었고, 증명서가 없는 노동자는 600만 명에서 1,000만 명 사이로 추정되었다.

이민과 여론

이주의 효과

출신지를 불문하고 이주자들이 생산자라는 것은 명백한 사실이다. 그들은 또한 소비자이지만, 이주자의 이 두 번째 역할은 대개의 경우 무시되어졌던 것 같다. 하지만 이주자는 이렇게 이중의 의미에서 경제 호황과 불황에 참여한다. 그들은 어떠한 종류의 일도 마다하지 않으며, 가난하지만 필수 제품의 소비자들이다. 이런 상황을 잘아는 광고업자들은 이 잠재 고객들을 고려한 TV 광고를 만들고, 민족지 독자에게 광고 메시지를 내보낸다.

이러한 광고선전들은 모든 일이 잘 풀릴 때면 미국인들이 애지중지해마지 않는 민족적 · 문화적 다원주의의 보충적 실례에 불과하다. 그것은 마이캘 카멘이 말했듯이 〈불안정한 다원주의〉이며, 이주자 집단 자체가 가변적인 까닭에 비롯되는 불안정성이다. 밀물 듯이 밀려오는 이주자들의 물결은 집단 전체에 부러워할만한 사회에 산다는 느낌을 강화시킨다. 사람들이 아메리카에 둥지를 틀고 싶어 야단들이니 말이다. 따라서 미국으로 들어오는 이주의 물결은 미국인들에게 마치도 전 세계의 억압받는 사람들에 대해 자선적 사명을 다하고 있다는 인상마저 심어준다. 지속적으로 이주민이 몰려든다는 것은 이주민을 받아들이는 나라로서 기분 상하는 일은 아닌 법이다.

연령 피라미드를 볼 때 결코 무시할 수 없는 존재가 불법 이주자들로, 그들은 항상 젊고 역동적인 나이대의 사람들로 구성되어 있기 때문이다. 게다가 그들은 얌전하게 사회 최하층 일원으로 잠입한다. 그들은 아메리카에 입국하자마자 일을 시작할 태세가 갖추어져 있다. 사실 그들은 일을 하기 위해 왔고, 그 외에 다른 선택이 없는 사람들이다. 가족들이 그들과 합류하는 순간 비로소 그들에게 의존하는 사람들에 대한 책임이 공동체에게로 돌아간다. 하지만 그들의 자녀들은 곧 돈벌이에 투입되고, 안사람들은 가계 사정상 맞벌이를 해야 할 경우 바로 일을 찾아 나선다. 그것은 대체로 가정부 일이나 자격증이 없어도 할 수 있는 노동으로서 본토 미국인들이 달가워하지 않는 종류의 일들이다. 미국인들은 불법 노동자들의 아이들을 학교에서 받고 생활을 관리하지 않으면 아니 되므로, 서비스 부문의 고용을 창출했다.

그들은 강압적인 노동조건에 실망하거나 이전 이주자들이 누린 조건과 자신들의 조건을 비교해보기도 하지만, 이주자들은 본래 낙관적인 사람들이었다. 그리고 오랜 옛날부터 아일랜드 사람들을 따라다니는 이미지와는 달리 그들은 의무 사항을 잘 준수했다.

이주자들은 사회 계층 피라미드에서 최(最)하층민보다 더 낮은 계층을 형성함으로써 그들을 안심시키고 가치를 높여주었다. 하지만 이주민들은 차츰 최하층민이 점유해온 일자리를 차지하여 그들과 경쟁관계에 놓임으로써 불안감을 조성하고 앞날의 위험 인자로서 평등주의를 지지하는 전통에 반(反)하는 일종의 "하층 프롤레타리아" 계급이 된다. 따라서 이 이주민들의 욕구는 더욱 커져 〈본래의 위치〉를 유지하려고 한다.

새 이주자들은 거의 항상 사회계층의 하부에 통합되었기 때문에 유동 요인이 되었다. 따라서 이 점에서 끈덕진 국민 신화 가운데 하나를 확고히 하게 한다. 그것은 아메리카의 사회구조는 유연하고 가변적이며, 누구나 능력만 있으면 정상에 오를 수 있다는 "기회의 신화"이다. 이렇게 해서 그들은 본의는 아니었지만, 연대적 특권계급을 만들어 냈으며, "가장 오래, 가장 존경받을 만한 것"이라고 여겨지게 된다. 말하자면 "아메리카 혁명의 딸들"(이민 초기 세대의 여성 자손들)이라든지 "자유의 자식들"(독립을 위해 싸운 사람들의 자손)은 최정상의 인물로 투영된다. 비합법이민자들은 특히 아프리카계 아메리카인과 빈곤층 사이에 편입되어 일종의 안정 장치 구실을 하는 계층을 형성한다. 최하층의 입장에서 누군가 자기 아래 있다는 것은 안정감을 주는 일이고, 그것은 각자 차례가 따르기 마련인 것이다.

이민자들은 항상 미국 문화의 특질들을 찬미하여 왔다. 그것은 변화와 낙관주의와 역동성으로 수렴되는 젊음과, 민족적 문화적 종교적 다원주의체제로 규정되는 것으로서, 이 특질들은 관용의 전통이라고 하는 내구력 있는 또 다른 신화를 위험에 빠뜨릴 정도로 격앙되기도 한다.

이주를 지지하는 사람들

아메리카를 국가로 창건한 선조들과 그들의 가까운 계승자들 거의 대부분이 이주를 찬양했으며, 이주는 당시 나라 전체 사정으로 보아 경제적으로나 정신적으로나 절대적으로 필요한 일이었다. 그것은 1795년 이래 아메리카를 〈다른 나라의 딱한 처지에 있는 사람들의 피난 장소〉로 생각한 국부 조지 워싱턴[17]으로부터 배운 것이다. 아이작 쟁그월은 "융해점"이란 극작품에서 한 등장 인물을 통해 다음과 같은 말을 한다.

역 주··
17) 미국의 초대 대통령.

"이 대륙은 하나의 호리병이고 세계 각처의 국민이 이곳에 와 뒤섞이면서 미국인이라는 새로운 제품을 생산한다." "아메리카라는 환경의 연금술"과 "낡은 유형을 멀리하고 몇 가지 신(新) 유형을 지향하는 경향"에 대해 논한 맥스 러너[18]는 아메리카는 "생물학적 및 심리학적 거대한 실험장"이 되었으며, 이 실험장은 각 민족과 그 문화유산을 필연적으로 변형시키며 새로운 사회적 총체를 창조해 낸다고 생각했다.

태생주의에 반대하는 사람들은 경제적으로나 인구 통계적으로나 이주가 가져오는 바가 많다는 것을 강조한다. 이주자들은 태생적으로 강인한 사람들이며, 노동의 의지가 강하고 적극적이며, 적응력이 우수하다. 그것은 스스로의 기원을 부정하지 않은 채 새로운 국민성을 완전히 받아드린 "이태리-아메리칸"이나 "게르만-아메리칸"처럼 소위 연결부호가 붙은 아메리카 사람들이 보여 준 동화력이다.

태생주의

건국 초기에는 이민자들이 필요했고 따라서 환영받았지만, 능력이 떨어지거나 동화 능력이 없든지 동화 자세가 갖춰지지 않는 이민자들은 오래지 않아 근심거리가 되었다.

그런 이민자들은 항상 손가락질을 받았고, 그것은 미국이 이민으로 설립된 국가라는 것을 생각할 때 역설적인 일이다. 이민자들의 상위점(相違點)은 일상의 조롱 내지 풍자 거리가 되어 강조되었다(아일랜드 사람은 싸움질 좋아하는 술꾼으로 남성은 〈파디〉, 여성은 〈브리짓〉이라고 불렸고, 이태리 사람은 〈마피아〉, 멕시코 사람은 〈치카노〉 혹은 기름덩이들이라고 불렸다). 그러다가 마침내 조류 이름과 욕설까지 동원되었다. 이태리 사람은 '스픽크스' (동사 'speak(말하다)' 를 정확히 발음하지 못했기 때문에)나 '워프스 혹은 따고스' 이며, 폴랜드 사람은 '포락크스', 독일 사람은

'크라우츠'이다. 안티 독일의 폭력적 십자군 운동은 2차 세계 대전 중에 퍼져나가, 우스꽝스러운 짓거리가 되기도 했다. 예를 들어 뉴욕 보도에서 프렛즈엘[19]이 사라져버렸으며, 식당에서는 사우어크라우트[20] 대신 리버티 캐비지를 주문하게 되었던 것이다.

예나 지금이나 특정 민족 집단의 덩어리가 커지면, 태생주의자와 시민집단은 근심스런 낯을 내보이기 시작한다. 1990년 로스앤젤레스에는 37퍼센트의 황색인종, 30퍼센트의 아프리카계 아메리카인 그리고 히스패닉계가 있었으며, 이에 비해 백인은 33퍼센트밖에 살고있지 않다는 사실이 강조되었다. 말하자면 백인은 다른 사람들처럼 소수 인종이 된 것이다.

아메리카라는 나라가 이주민을 바탕으로 형성된 나라이며 이주는 이 집단의 철학을 이루기 때문에, 이에 대한 문제 제기는 항상 양면성을 갖는다. 이주자들의 출신 국가가 기록되기 시작한 것은 1850년부터였다. 이는 국가적 다원주의를 선양하기 위한 정보 수집 노력으로 해석되기도 했지만, 태생주의와 외국인 배척 운동의 최초의 징후들 가운데 하나로 간주되기도 한다.

방임적인 거대 이주를 반대하는 사람들은 복리 후생을 중심으로 하는 사회보장제도가 세금을 지불하는 공동사회에 비싸게 먹히며, 이 주자들은 이를 부담하는 경우가 거의 없다고 본다. 또한 태생주의자들은 이주자들이 다른 사람들보다 한층 더 사회부조 및 실업보상제도, 사회보험제도(저소득자자나 신체장애자를 위한 의료부조인 메디 에이드, 65세 이상을 대상으로 한 정부의료보장인 메디 캐어), 사회보조금, 식량공급혜택

및 각종 원조에 기대어 살 뿐만 아니라, 이런 식으로 드는 비용은 이주자들이 사회에 환원하는 것보다 훨씬 크다는 반론을 펼친다.

비난은 사회 동화를 희망하지 않는 새로운 이주 세대에 대해서도 퍼부어진다. 새로운 이주 세대의 자세와 행동 양상은 전 세대의 이주자와는 크게 다른 것이 사실이다. 특히 히스패닉계 사람들은 전(前)세대 중국인이나 일본인처럼 이주국의 생활양식이나 사고방식 내지 문화를 받아들이는 것을 거부한다. 또한 그들 중에는 19세기 중엽 즈음에 합병된 멕시코 영토의 "레콘키스타"[21]를 논하는 사람까지 있다. 그렇게 되면 아메리카는 캘리포니아주를 잃게 될 것이다. 히스패닉계가 새로운 문화에 적응하여 "진짜" 아메리칸으로 변신하는 것은 대부분의 경우 그리 어려운 일이 아니다. 그들은 오랜 세월 자국어를 계속 사용하며, 귀화 국가 스스로 인정하는 미덕들, 특히 히스패닉들의 이민을 받아들인 미덕을 인정하는 것을 거절한다.

비(非) 아메리카적인 가톨릭교회의 구성원인 천주교도들은 개인주의를 약화시키고—가톨릭교회는 고도로 조직화되어 있으며, 그러한 교계제도를 존중할 것을 촉구한다—, 로마교황이라는 이국 왕에게 복종했으며, 아일랜드, 이탈리아 그리고 독일의 망명자들로 구성된 강력한 압력단체를 생겨나게 했다는 비난을 종종 받았다. 이런 비난은 이제 양상은 다소 다르지만, 히스패닉계와 같은 몇몇 소수민족에게 겨냥된다. 예를 들어 히스패닉계들이 "진짜" 아메리칸들이나 타민족 집단에 대항하여 자국 문화를 지켜야 할 경우라든지 혹은 투표를 할 때, 내부 책임자들을 중심으로 여러 동질 집단 내지 "하나의 동질 집단"을 조직하는 경향을 보일 때 비난은 쏟아진다.

지난날 중국인이나 타 민족 집단에게 그랬듯이, 이들에게 "철새"라는 비난이 퍼부어진다. 말하자면 아메리카는 사랑하지 않으면서, 아메리카가 제공하는 온갖 이익들, 즉 일과 보다 나은 생활 조건, 그리고 사회 보조금은 물론 자유의 혜택까지도 누리려 한다는 것이다. 그들은 고국에 외국환을 보내고 때로 고향에 집을 매입하며, 이탈리아 사람이나 중국 사람들이 그랬듯이, 자산만 확보되면 고국으로 돌아가 선조의 땅에 묻히고자 하는 일념뿐이라는 것이다.

2047년에는 아메리카 인구의 47퍼센트가 백인이 아닐 것으로 추산된다. 당국은 해결하기 어려운 문제에 직면해 있다. 여론의 방향이 새로운 국면에 접어든 것으로 여겨지기 때문이다. 혜택받지 못한 사람들을 받아들이는 것도 필요하겠지만, 아메리카는 무엇보다도 백인과 프로테스탄트의 아메리카로 남아야 한다는 것이 대세인 것이다. 원칙이 침해된다 하더라도, 열악한 처지의 사람들을 모두 받아들이다 보면 국가재정을 위태롭게 할 수도 있다는 것이다.

사회의 변화속도가 빨라지고, 경제적 및 사회적 위기가 몰려와 중산 계급이 소외계층의 유지를 위해 지출한다는 생각을 갖게 되면, 항상 이에 대응할 속죄양을 찾게 마련이다.

이주에 대한 대응 자세에 등질성(等質性)이 결여되어 있는 점, 찬반 양론의 협공에 빠진 당국이 강제하는 연방정부의 지침에 극도의 혼란이 있다는 점, 갖가지 건국이념 사이에 주저와 망설임이 계속되고 있다는 사실 등은, 이민국으로서의 사명과 다원적 문화 그리고 현실 사이에 모순이 있음을 드러낸다. 어떻게 하면 필요불가결한 원칙과 결정 내용들을 융화시킬 수 있을 것인가? 전통은 아메리카가 모든 억압받는 불행한 사람들을 받아들이기를 희망하고, 그러한 자선적 사명이 문화적 요청

역 주..
21) 711년에서 1492년까지 780년 동안 에스파냐의 그리스도교가 이슬람교도에 대하여
    벌인 실지(失地)회복 운동.

이라는 것을 여론은 알고 있다. 즉 이 나라의 역사적 사명은 다민족국인 것이다.

이 나라에 "문을 두드리는 사람들"의 숫자가 걱정스럽게 여겨지는 것은 사실이다. 1991년에는 2,000명을 웃도는 보트 피플이 플로리다에 유입되었고, 1992년 5월과 1993년 1월 사이에는 6,000명의 아이티 섬 사람들이 포르토프랭스로 송환되었다. 아메리카의 난민캠프는 이제 포화 상태에 이른 것이다.

압력 단체

압력 단체의 수는 이루 말할 수 없이 많다. 그것들은 대개 심각한 위기 상황이 벌어지거나 심각한 사태가 언제 터질지 알 수 없는 주(州)에서 생겨난다. 그중 가장 강력한 단체들만 주목해 보자.

〈아메리카 태생 협회(Native American Association)〉가 생긴 것은 1837년이지만 태생주의는 사실 1844년경에 시작되었다. 이 시민단체는 1850년대에 유력 단체가 되었으며, 그 뒤를 이어 "노우 낫싱(Know-Nothing)당' 이 생겨나, 미국 문화 및 생활 정신을 강력하게 권고하며 때로는 폭력적으로 옹호하고 나선다.

1865년에 탄생한 〈쿠 쿠럭스 크랜(Ku Klux Klan)〉단은 유난히 아메리카 태생 미국인들 옹호에 전력을 기울였다. 오랫동안 활동이 뜸했던 이 단체는 1920년대에 부활하여, 대부분의 경우 당시 이민자들이었던 공산주의자와 천주교도들에 대해 격렬한 퇴치 운동을 벌였다. 그들 시각에서 볼 때 공산주의자와 천주교도는 너나 할 것 없이 아메리카의 기반을 뒤흔드는 외국 권력으로 아주 위험하다는 것이었다. 이후 이 단체는 재차 기억 속에 사라졌다가, 근자에 이르러 이전과 비슷한 주장을 펼치며 컴백하고 있다. KKK단의 공인후보인 데이빗 듀크는 1995년에

루이지애나주에서 44퍼센트의 득표율을 획득했는데, 그것은 루이지애나주의 백인 인구의 60퍼센트에 해당하는 것이었다.

사회 변혁이나 어떤 이데올로기를 전개하기보다는 회원들의 권익 수호를 소명으로 여겨 온 〈아메리카 노동조합들〉은, 우리가 앞서 언급한 갖가지 이유들을 들며 이민자들에 대해 공공연히 적대적 입장을 취해 왔다. 따라서 노동조합들도 태생주의를 주장하는 압력단체에 포함된다고 할 것이다. 조합마다 태생주의에 참여하는 정도는 다양하여, 가장 냉정한 성찰주의자가 있는가하면 온건하지만 요지부동의 견해를 주장하는 태생(생득)주의가가 있고 국수주의와 인종주의 그리고 외국인을 혐오하는 폭력주의자도 있다. 하지만 조합들이 내세우는 동기는 늘 조금씩 비슷하다. 요컨대 이민자들은 권리요구 활동을 할 생각이 없으며, 파업이 있을 경우 이에 불참할 뿐만 아니라, 아메리카의 이데올로기와는 전혀 상관없고 책임 원칙에도 부합하지 않는 "프롤레타리아" 무산계급을 형성하면서 조합의 성실한 노동자들의 빵을 먹고 있다는 것이다. 런던 출생의 유태인으로 미국의 훌륭한 노동조합 지도자가 된 사무엘 곰퍼스도 열렬하게 위와 같은 논지를 펼쳤다.

〈캘리포니아 노동당(WPS)〉의 테니스 카니는 1878년에 중국민의 이민에 대한 격렬한 반대 운동을 펼쳤으며, 워싱턴의 의원들을 상대로 막후 공작을 벌여 중국인 배제 법안이 통과되게끔 했다. 캘리포니아 노동당이 행사한 압력은 아마도 가장 괄목할만한 것이었지만, 이외에도 많은 운동이 있었다.

〈독일인 연합노동조합〉이나 〈유태인 연합노동조합〉 그리고 〈이탈리아 노동회의소〉 등의 활동은 여러 가지 의미에서 시사적이었다. 효율적으로 권리를 옹호하고자 하는 이민자들은 아메리카 노동조합과 나란히 자체적으로 노동조합을 만들어야 한다는 것을 그들은 보여 주었던 것이다. 또한 "민족 조합"이라 부를 만한 이 조합들이 공고히 뿌리를 내려 영향력을 과시하기 시작하면서, 거대 조직의 입장을 받아들여 국적이 다른 외국인의 입국뿐만 아니라 동일 국적민의 입국까지도 제한하였다. 그만큼 그들은 경제위기에 조합원이 실직 당하거나 급료를 삭감당하게 될까봐 두려웠던 것이다.

계급의식을 갖기는커녕, 노동자들의 분열 양상은 극심했다. 서로 다른 노동조합의 조합원 사이에서 벌어진 난투극은 헤아릴 수 없을 정도로 많았으며, 1844년에 아일랜드 노동자와 아메리카 노동자 사이에 일어난 싸움이 그런 예였다.

이런 문제가 발생하는 경우, 사회주의자들은 조금의 양보도 하지 않았다. 특히 사회주의자였던 하원의원 빅토르 베이저는 이민자였지만 1910년에 이민을 제한하기 위해 특단의 조처를 감행하기도 했다.

1880년대에 〈아메리카 노동연맹〉의 책임자였던 테렌스 파우더리는 새 이민자들의 연맹 가입을 거절했다. 그들은 새 이민자들을 동화불가능한 사람들로 단정했고, 새 이민자들이 연맹의 이미지를 손상시킬까봐 두려워했던 것이다. 연맹의 조합원은 지배 이데올로기에 절대 헌신적이며 양식 있는 시민으로서의 책임의식이 있어야 한다고 본 것이다. 또한 〈조직화노동동맹과 노동조합(Federation of Organized Trades and Labor Unions)〉은 박봉의 노동자—이민자를 암시—의 고용과 아메리카로 오기 전에 선(先) 계약을 체결한 노동자들의 수입을 금하는 연방법을 채택시키고자 시도했다(1881). 이렇게 하여 이 조합은 1878년에 이미 외국인 노동자의 수입을 반대하여 싸웠던 〈노동기사단〉의 전철을 밟았다.

다른 나라에서와 마찬가지로 국가주의를 주장하는 단체들의 결성과 가입이라는 수순이 아메리카의 역사를 수놓았다. 때로 공격적인 방식으로 집결한 이 단체들은 19세기 후반기에 '100퍼센트의 아메리카 정신', '아메리카인의 아메리카', '무엇보다 우선 아메리카' 그리고 '아메리카를 사랑하든지 아니면 꺼져라' 라는 식의 슬로건을 내걸며, 폭력 행사를 하기도 했다. 이런 식의 입장은 다음과 같은 두 가지 결정적 요인들이 결합될 때 더욱 더 표면화되었다. 하나는 태생주의를 주장하는 집단과 조합들의 활동으로 불안이 집단의 차원에서 표현될 때이며, 또 다른 하나는 상주인구만으로도 경제성장과 복지를 유지하는 데 충분하다고 여겨지는 경우이다.

이민 반대법

이민에 관한 법률의 논지가 항상 용의주도하게 이민을 단념하게 하는 쪽으로 흘러왔고, 애매모호한 논법의 위선적 담론을 펼쳐 온 까닭은, 이 문제에 관한 집단의 위기의식 때문이다.

1790년 법률은 비(非) 백인의 귀화를 금지했다. ─이 법률이 당시의 문화적 흐름과 합치되지 못했거나 광활한 국토와 지방 분권화의 범위가 방대해서 적용이 용이하지 않았기 때문인지 실제로는 시행되지 못했다. 하지만 이 법률은 소멸되지 않았으며, 기회가 무르익자 1878년에 중국인에 대해 적용되었다. 1798년에는 〈외국인 폭동에 관한 법령〉이 정해져, 새로 온 이민자들에 대한 정치적 권한을 규제하였다. 이 새로운 방침은 서부 캘리포니아주와 같이 외국인의 쇄도에 대한 의식이 높은 지역에서 특히 긍정적으로 받아들여졌다.

1880년대는 이민의 문을 봉쇄하든가 선별적 이민을 시행하자는 논의가 분명히 이루어지지는 않았지만, 실제로 그런 방향으로 일이 진행되었다.

남북전쟁 직전에도 계약직 노동자의 도입이 장려되었으나, 1885

년에는 〈외국인법〉이 —이런 종류의 법률은 1885년, 1887년, 1888년에도 계속해서 생겨났다— 제정되어, 계약직 노동자의 귀국을 의무화했으며, 고용자에게는 외국인 노동자의 유치를 금지시켰다. 그리고 교사나 가사 노릇 노동자와 같은 일손이 딸리는 분야의 노동력에는 어느 정도 법률 적용에 예외를 두면서, 불법 입국자들을 체포하여 강제 퇴거시켰다.

1882년 연방정부당국은 처음으로 일정 국가집단에 대한 입장을 밝혔다. 즉 태생주의자들과 노동조합 그리고 일반 여론의 압력에 못이겨 〈중국인 추방령〉을 채택한 것이다. 이로써 10년 동안 미국 영토 내의

〈미국의 반이민법〉

법률 · 운동	년도	내용
비백인 귀화 금지법	1790~	1878~ 중국인에 적용
외국인 폭동법	1798	신입국자의 정치적 권한 제한
중국인 추방령	1882	1892~영속화
외국인법	1885, 87, 88	외국인 노동자 유치 금지
1875년 연방법 부활	1885	정신병자, 범법자, 빈곤자의 입국 금지
이민 소유권 제한	1887	
비합법 이민국의 추방	1888	
미국보호협회	1890	아일랜드 가톨릭 신자 폴리가미 배척
건강에 관한 제약	1891	빈곤자 배척
게리법	1892	중국인 배척 10년간 연장
중국인 입국 결정적 제한 법률	1902	
맥킨리 대통령 이후	1901~	무정부주의자 입국 금지
데링검 위원회 일람표	1911	갈색인종과 가톨릭 이민 배척
독해능력 테스트 · 입국세 2배	1917	
폭동법	1920	혁명적 인사 외국인 강제 송환
긴급할당법 · 이민강제법(인수제한법)	1924	중국인 · 일본인 입국 제한 동구 · 지중해 연안 이민 불인정
국가 출신법 · 존슨 · 리드이민법	1929	북구이민 우대 · 캐나다인, 포르투갈인 대량입국 →비합법 이민의 증대
케네디 존슨 대통령 정책	1968	인수제한법 소멸

중국인노동자입국이 금지되었으며, 1892년에는 이것이 영구화되었다. 상당히 놀라운 이 연방법은 정신병자, 저능아 그리고 국가의 부담이 될 소지가 있는 부류의 모든 이민을 배제시켰다. 그리고 일종의 통행세의 명목으로 입국 때마다 50센트의 세금을 징수했다.

1885년에는 정신병자, 범죄자 그리고 빈곤층(그러나 이런 식의 분류가 항상 그렇게 명백했다고 볼 수 있을까?)의 입국을 금지하는 1875년의 연방법이 부활되었다. 1887년에는 이민자의 소유권을 제한했다. 1888년에는 불법 이민자들을 본국으로 송환(즉, 국외추방)시켰다. 당시 미국은 이미 비합법 이민의 문제에 직면해 있었기 때문이다.

1890년 〈아메리칸 보호협회〉는 아일랜드계 가톨릭교도들에 대하여 아메리칸 옹호 작업을 착수했고, 1890년 이후 일부다처가 포착되는 경우 엄하게 다스려졌다. 이 문제는 당시 공공연하게 일부다처제를 실천했던 모르몬교도들로 인해 공공연하게 제기되었으며, 그들은 기이하게도 이주에 어떤 영향력을 발휘했다. 1891년에는 건강 규정이 정해졌으며, 쿼터제에서 제외된 일부다처주의자들과 빈곤층에 대한 규정이 강화되었다. 또한 외국인 노동자에 대한 구인은 법으로 금지되었으며, 이를 위해 검찰관 단위체가 각 항구에 창설되기도 했다. 1892년에는 〈계리법령〉이 제정되어 중국인 배척은 10년간 연장되었다.

19세기 말 10년 동안 태생주의자들의 운동은 다시금 고개를 들었고, 그들은 1894년 〈이민제한연맹〉의 기수가 되었다. 1902년에는 중국인 입국을 결정적으로 금지하는 엄격한 법률이 채택되었다.

국가 이념에 상처를 내지 않으면서 귀화 국가로서의 아메리카의 이미지를 지키는 데 노심초사했던 대통령들은, 1897년과 1912년에 그랬듯이 때로 거부권을 행사하면서 의회에 대항했다. 특별한 자격은 없었지만 매우 능률적인 이민 노동자들의 입국에 장애가 될 식자검정(識

字檢定) 테스트의 적용을 대통령들은 당시 거절했던 것이다.

1903년에 맥킨리 대통령[22]이 암살당한 이후 무정부주의자들의 입국은 금지되었다. 그러나 도대체 어떻게 아나키스트들을 가려낼 수 있다는 말인가?

1912년에 〈델링검위원회〉는 이주민에 대해 종말론에 가까운 묘사를 했다. 이민자들, 특히 "황인종"과 가톨릭교도로 구성된 새로운 이민자들은 대부분의 경우 건강상태가 불량하며, 알코올 중독자가 되거나 폭력과 범죄에 빠질 확률이 다른 이민자들에 비해 훨씬 강하다고 했다. 이렇게 하여 1917년에는 결국 〈식자 검정 테스트〉제도가 도입되었고, 입국세는 두 배로 올랐다. 국제 분쟁과 특히 미국이 세계대전에 참전하면서 생겨난 병적인 공포증으로 인해, 정치가들은 〈폭동에 관한 법령〉을 가결시키지 않을 수 없었다. 이후 국가의 치안을 침해할 우려가 있는 사람들의 입국이 금지되었고, 1920년에 혁명적 성향이 있는 외국인의 강제송환이 〈스터링 존슨 법령〉에 의해 명기되었다.

1921년에는 아메리카 공동체의 주된 관심사를 드러내는 매우 시사적인 법률 조항들이 의결에 부쳐져, 24년에는 〈긴급 할당제〉와 〈이민 제한법〉이 채택되었다. 〈인원수 제한법〉이란 이름으로 알려져 있는 이 두 법은 선발기준을 분명히 명시하지 않은 채 이민 대상자를 선정하는 법률이다. 아메리카는 귀화국가로 남아있고, 여론은 이를 자랑스럽게 여기지만, 위선적이며 실효성 있는 법률의 비호 아래 선택적인 입국제한이 행해지고 있는 것이다.

위의 법의 원칙은 인원수 할당에 있었다. 예를 들면 1921년에는 1910년에 아메리카에 상주하는 일정 국가의 이민자의 3퍼센트 한도에 해당하는 인원만이 이민자로서 받아들여진 것이다. 이렇게 해서 이민자의 수는 제한되었으며, 1910년 아메리카에 거주자가 거의 없었던 중국이나 일본 등 몇몇 국가의 국민들은 불이익을 받게 되었다. 이러한 원칙은 1924년에 의결된 인원수 제한법에 의해 공고해진다. 착상은 같았지만, 이번에는 동구권과 지중해 지역의 이민이 거의 받아들여지지 않았던 1890년이 기준년도가 되었다. 이후 이민율은 2퍼센트가 되었으니, 그 효과는 실로 확실했다. 이어서 1929년에는 〈출신 국가법〉과 〈존슨 리드이민법〉이 생겼는데, 이 두 법은 북유럽의 이민자들을 우대했으며, 캐나다 사람과 포르투갈 출신 이민자들의 대량 입국과 불법 이민의 증대라는 결과를 낳았다.

확실히 1920년에는 이민자와 소수 민족들이 많았고, 그 수가 전체 인구에 비해 빠른 속도로 증가하긴 했지만, 소문만큼 대단한 숫자는 아니었다.

1860년에 미국 사람 여덟 명 중 하나는 외국인이었고, 1900년에는 일곱 명 중 하나가, 1920년에 가서는 다섯 명 중 하나가 외국인이었던 것이다. 1920년 미국인을 양친으로 태어난 5,800만 명 가운데, 4,700만 명이 독립 초기에 350만 명밖에 되지 않았던 주민의 자손이었다.

지난 세기에 있어 출생률은 항상 중시되었다. 1920년 이민자의 수는 1,100만 명이었으며, 외국에서 태어났거나 외국인 양친을 둔 사람은 3,600만 명밖에 없었으며, 그 태반은 이미 어느 정도 동화된 상태였다. 출생지가 외국인 미국 사람의 수는 1850년에서 1950년에 이르기까지 고정적이었다(1850년에는 9.7퍼센트였다가 이후에는 13퍼센트정도가 되었고, 다시 1930년에는 11퍼센트로 떨어지고 1950년에는 6.9퍼센트가 되었다).

역 주⋯⋯⋯⋯⋯⋯⋯⋯⋯⋯⋯⋯⋯⋯⋯⋯⋯⋯⋯⋯⋯⋯⋯⋯⋯⋯⋯⋯⋯⋯
22) (1842~1901) 미국 25대 대통령.

케네디[23]와 존슨[24] 행정부 시절에는 이민 가족의 재결합을 용이하게 하는 규정이 1965년에 채택되었으며, 1968년에는 이민 인원수 할당제가 사라졌다. 하지만 입국자격자의 총수는 일정하여 1년에 출신 국가당 2만 명을 넘을 수 없었다.

현재 문제가 되는 것은 이주 자체가 아니라, 불법 이민 노동자의 수가 제어할 수 없을 정도로 급증하는 데 있다. 1987년에 레이건 정부는 법률을 의결하여 이 문제를 해결하려고 했으나, 비전도 없었고 그리 큰 성과도 없었다. 다만 연방정부는 균형을 깨지 않는 정도의 분별 있는 이민은 기꺼이 수락하는 듯한 정책이다. 1991년 연간 50만 명이었던 이민 할당수는 94년까지 70만 명이 되었고, 인정을 받은 정치 망명자의 수는 12만 5,000명에서 13만 1,000명으로 늘었다. 이러한 정책의 지침은 분명하다. 미국은 특히 전체주의 국가의 이민자들에게 귀화 국가로 남아 있기를 희망하며, 일정 국가나 민족 집단의 편향적 대량 입국은 피하면서 이민 인구의 전체 수량을 조정하고자 하는 것이다.

미국은 물론 이민에서 얻을 수 있는 이득을 빠뜨리지 않고 챙긴다. 말하자면 전문 연구 인력인 경우 미국에 보다 쉽게 이민할 수 있으며(14만 명), 특별 투자가들 또한 수혜 대상으로 1만 장의 비자가 이들에게 부여된다. 꼭 필요한 사람은 입국 수락의 차원을 넘어 모셔가는 모양새이다. 하지만 이것은 보내는 쪽에서 본다면 두뇌유출이다. 시대에 따라 교육자나 교회 당국자, 법률가 내지 거물급 과학자 등이 환대의 대상이었다. 하지만 이들의 존재가 절대적이지 않게 되면, 입국을 거절하기도 한다.

"그린카드"(구직을 가능하게 하는 체류증)는 호락호락 교부되지 않는다. 그러므로 가족결합과 불법입국자라는 상황을 해결하기 위한 노력이 지금도 계속되고 있다. 이에 대한 전략은 여전히 상당히 모호하여,

정부 당국이 예나 지금이나 이 문제에 관한 한 딜레마에 빠져 있다는 것을 보여준다.

수백만 명의 그린카드 발급 희망자가 있었지만, 1990년 법령에 의거하여 4만 장의 그린카드만이 배부되었다. 이 카드는 추첨을 통해 워싱턴 근처에 위치한 아링톤우체국에서 배부되며, 이 추첨에 할당 인원제가 고려되는 것은 물론이다. 건강에 하자가 없고 정규직을 갖고 있으며 전과 기록만 없다면, 이 카드는 불법 입국자에게 사회적 신분을 정상화할 수 있는 기회를 제공한다. 그런데 기이하게도 이 카드의 40퍼센트가 우선적으로 아일랜드 불법 입국자에게 배부되며(아일랜드 압력단체의 힘은 예나 지금이나 여전히 대단하다!), 나머지 60퍼센트는 주로 유럽 출신들에게 돌아간다. 왜냐하면 유럽 출신의 미국인과 그렇지 않은 미국인 사이의 비율적 균형을 회복하는 것이 목적이기 때문이다.

새로운 점은, 운좋게 그린카드를 배부받는 사람들을 뽑는 다소 놀라운 선정 방식에 있다. 선정 신청자가 항상 너무 많기 때문에 희망자들은 우선 아링톤 우체국에 정확한 날짜와 시간에 등록하여 신청서를 접수하지 않으면 안 된다. 이때 현장에 대기 중인 수천 명의 후보자들은 기회를 놓칠세라 일제히 우체국으로 밀려든다. 우편을 통한 서류 접수라도 정해진 시각에 우편물이 도착하게 하지 않으면 안 된다. 신청서는 희망자 수만큼 교부되며, 입국 기피 인물을 추리고 나면 추첨에 들어간다. 미국 정부 당국의 곤혹스러움은 십분 이해되지만, 이 규정들은 실로 기이할 뿐만 아니라 놀라운 면이 있다. 정부 당국은 어떻게 해야 여론을 존중하면서 동시에 국가의 이익을 지키고 '피난처 국가'로서의 소

<hr>

역 주

23) (1917~1963) 미국 35대 대통령.
24) (1908~1973) 미국 36대 대통령.

명을 다할 수 있는지를 모르고 있는 것이다.

동화주의인가 다원주의인가?

오늘날 엘리스 섬[25]에는 〈약속의 땅〉으로의 입국을 상징하는 박물관이 서 있지만, 이 섬은 거의 항상 유럽의 낙오자 집단을 체로 가리는 비참한 선별 캠프에 지나지 않았다. 그곳은 우수한 종자와 나쁜 종자를 가리는 선별작업장이었고, 유럽의 낙오자들이 고용주나 후원자가 요행히 나타나 자신들이 낙원의 철책을 넘는 것을 도와주지나 않을까 기다리던 곳이었다.

기존의 정착 이민자들은 새로운 이민계층이 밀려 들어와 자신들의 일자리를 차지하는 것을 싫지만 관망하는 수밖에 없었다. 새로운 이민계층의 국적이 다르거나 그들이 혐오하는 민족일 경우는 더더욱 그랬다. 확실히 지적하고 넘어가야 할 것은 이민 집단이 하나의 계급을 형성하거나 연대의식으로 연계된 동질 집단이었던 적은 한번도 없었다는 것과, 인종차별주의와 외국인에 대한 혐오 감정은 현지 미국인에게나 이민자에게나 동일하게 존재했다는 사실이다. 아일랜드인은 영국인을 싫어했고, 영국인도 아일랜드 사람을 싫어하기는 마찬가지였다. 또 이탈리아 사람이 그리스 사람을 높이 평가하는 경우는 거의 없었고, 독일 사람은 스칸디나비아 출신을 바보 취급했으며, 유태인은 모두가 싫어했다. 히스패닉은 현재 라이벌이자 이웃인 한국인 및 아프리카계 미국인과 싸움을 벌이고 있으며, 나라 대(對) 나라의 분쟁을 일으키며 심하게 서로를 헐뜯고 있다.

또한 동일 국가 동일 인종 출신의 대량 입국은 대체적으로 커다란 위협으로 간주된다. 중국과 일본이 그랬으며, 이탈리아인과 가톨릭교도가 그랬으며, 오늘날에는 히스패닉계가 그렇다.

이론과 실제

백인 앵글로-색슨 크리스천(WASP) 이론에 따르면, 아메리카는 백인의 신교도 국가이며, 이민자가 진정한 미국인이 되고자 한다면 위의 사실을 받아들이거나 그것이 여의치 않은 경우라도 적어도 존중은 해야 한다고 본다. 문화적 내지 인종적 이질성의 수용은 예외적이라면 받아들일 수 있는 결함이며, 그것은 또한 자랑할만한 문화적 내지 종교적 관용의 하나로서 상찬거리가 된다. 이쯤 되면, 이민자들이 자신들의 독자적인 문화를 점진적이되 급속히 포기하고 귀화국의 문화를 섭취하는 문화적 변용이 결국 원칙이 되는 셈이다.

이민 온 사람들이 적절한 시기에 전체 속으로 융화되기를 바라고 또 그럴 수 있을 때만이 이민을 받아들일 수 있다는 것이 동화주의자들의 생각이다.

반면에 다원주의자들은 미국 문화의 독창성은 다(多) 민족성과 다문화성(多文化性)에 있으며, 외국인들을 있는 그대로 받아들인다면 그것은 모두에게 큰 이익으로 본다. 문화적 상이성은 훌륭한 시민이 되는 데 방해요소가 될 수 없으며, 오히려 그것은 지배문화를 풍부하게 할 것이라고 그들은 믿고 있는 것이다.

미국 사회는 이민에서 비롯된 다양한 인종 및 국민집단의 공존에서 탄생했으며, 이런 아메리카 사회를 그리기 위해 갖가지 이미지들이

역 주...

25) 뉴욕 만의 작은 섬으로 자유의 여신상이 있는 리버티 섬에서 북쪽으로 0.5킬로미터 거리에 있다. 이 섬에는 미국에 입국 관리 시설물과 이민국의 각종 설비가 있다.

동원되었는데, 물론 그중에서 가장 잘 알려진 것은 도가니의 이미지, 즉 〈멜팅 포트〉(melting pot)이론이다. 하지만 백인들의 자기민족중심 주의에 떠밀려, 그야말로 도가니에 빠진 것은 아프리카 사람들뿐이다. 노예제도가 실시된 오랜 기간 동안, 아프리카의 상이한 지역에서 온 사람들의 문화적 차이는 전혀 고려되지 않았으며, 아프리카계 아메리카 인은 모두 그 사람이 그 사람인 것으로 여겨져왔다. 따라서 대농장의 노예는 흑인성이라는 미분화된 개념 속에 용해되지 않을 수 없었던 것이다. 장그윌이 말하는 "인종 도가니"는 더딘 속도이지만 확실히 작용했으며, 그것은 아메리카 문화와 그다지 이질적이지 않은 문화를 가진 사람들을 위해 작용했다.

〈인종 도가니〉라는 이미지와 함께, 불안정하면서 창조적인 다원주의를 표현하는 〈만화경(萬華鏡)〉의 이미지가 종종 동원되었는데, 이것은 특히 이민 2세대를 특징지었다. 요컨대 각각의 파편이 그 색채와 형상을 유지하면서, 아메리카 사회와 같이 등질적이며 동시에 다양하고 변화무쌍한 전체 이미지를 만들어 간다는 것이다. 만화경이 그리는 현실과 비슷하지만, 변하지 않는 고정된 현실을 묘사하는 〈모자이크〉의 이미지를 선호하는 사람도 있다. 또한 〈샐러드〉 그릇의 이미지는, 가지각색의 원료가 혼합은 하되 합체(合體)되지는 않는 새로운 인종 도가니의 양상을 보여준다.

이런 모든 이미지들은, 이주가 미국의 집단 정서에 얼마나 중요한가를 보여주며, 이 이미지들은 하나같이 결단코 긍정적이다.

민족의식은 이주와 직접적 관계를 맺는다. 대통령 출마를 위한 민주당 예비선거에서 아프리카계 아메리카 사람들의 후보가 된 재시 잭슨도 〈무지개〉 연합이란 명칭의 통합조직을 만들어 소수민족과 국가들을 포함시키는 것을 빠뜨리지 않았다. 다원주의는 미국 역사에서 탄생한 현상이다. 아프리카 노예매매가 그랬듯이 이주도 유전적, 문화적 다원주의를 만들어 냈기 때문이다.

언어학적 다원주의, 아니 보다 정확히 말해 2개 국어 병용은 오늘날 적잖은 문젯거리를 낳고 있다. 언어는 문화 통합적인 요소다. 따라서 두 가지 언어의 사용은 대부분의 경우 문화 통합에 위험한 요소로 간주되며, 다(多)언어를 사용하는 경우, 위험은 한층 더해진다. 실제에 있어 언어는 전통적으로 집단의 공유된 경험을 표현하며, 모두에게 알려지고 인정된 코드를 사용함으로써 암묵적 합의를 드러낸다. 형편없는 영어를 구사할 뿐만 아니라, 영어를 배울 생각을 아예 포기했거나, 자신들 집단의 언어만을 사용하려는 소집단들이 무수히 존재하고 있다는 사실은, 국가적 정체성에 문제를 야기할 수 있기 때문이다.

예를 들면 대부분의 경우 끼리끼리 모여 사는 "민족 집단" 구역의 이주 2세대들에게 영어를 외국어로 강제로 가르쳐야 하는가, 아니면 교육과정을 새롭게 개선하여 그 과정을 의무화하거나 다민족 학교로 전학시키는 방식으로 이주 2세대들이 다른 민족 집단이나 본토 아메리카인과 자연스럽게 대화를 할 수 있는 상황을 조성해주어야 하는가가 문제가 되는 것이다.

1968년에 만들어진 〈두 나라 언어 교육법〉은 당면한 상황을 인정하고, 이 난제에 "다원주의적" 해답을 제시할 수 있는 해답을 학교 교육의 차원에서 찾는 혁신을 보였다.

이와 같은 해결 방안이 모색된 것은, 아프리카계 아메리카 이주민의 자녀가 백인 앵글로-색슨 신교도의 자녀만큼 훌륭한 학습 성과를 내지 못하는 원인은 영어실력때문이라는 확인에서 비롯되었다. 아프리카계 이주민 자녀들이 수학이나 역사에서 약한 것은 지능지수가 낮아서가 아니라 다른 이유에서, 특히 표현방법이 뒤떨어지기 때문인 것이다.

그들에 대한 실수를 되풀이하지 않기 위해, 이민 2세대들의 진로에 또 다른 장애물이 없도록 하기 위해, 그들에게 영어를 가르쳐야 하는 것은 당연하며, 다른 과목들을 그들의 모국어로 별도로 가르쳐야 한다는 것이다.

같은 학교, 같은 교실 내에서 아이들을 언어 그룹에 따라 모으는 것은, 아이들에게 핸디캡을 조성하는 일이라고 생각하는 사람들도 있다. 보충 수업에 불과하더라도 중국인 자녀의 영어 향상을 위한 수업을 창출함으로써(1974년의 결정), 게토의 존재로 이미 불가피하게 되어 버린 인종 격리 현상이 만들어질 가능성이 있는 것이다. 즉 같은 국적을 가진 이민자 자녀들이 자기들끼리 모이는 특정 지구 학교들을 만들어낼 소지가 있는 것이다.

문제는 이민 자녀들에게 그들의 언어로 과학처럼 "딱딱한" 과목을 가르칠 때가 아니라, 1972년의 〈아메리카 민족유산법〉에서 권장하듯이 출신국의 문화를 전수해야 할 때 더욱 심각하게 대두된다. 모든 문화는 동일하게 존중되어야 하며, 이민자 자녀들은 선조의 문화를 알고 사랑해야 한다는 것이다. 그러면 동화주의자들은 1848년에 일어난 아메리카와 멕시코 전쟁을 히스패닉 출신의 젊은이들에게 어떻게 이해시킬 작정인가라고 묻는다. 샘 휴스톤 장군[26]은 멕시코 사람을 증오하는 잔학한 광인이었는가? 아니면 산타 아나[27]의 독재를 괴멸시키는 데 급급했던 용감한 민주주의자였던가? 어떻게 아이들에게 문화적 정체성의 토양을 다져줄 것인가? 어떻게 그들에게 뿌리를 제공할 것이며, 어떤 뿌리를 제공할 것인가? 그리고 그 뿌리는 백인 앵글로-색슨 크리스천(WASP) 자녀와 중국계 자녀, 그리고 아일랜드계 자녀가 알게 될 뿌리와 아무 탈 없이 다름을 유지할 수 있을 것인가?

여기에서 진짜 문제는 길을 묻거나 시각을 알고 싶을 때 소용되는 의사소통 언어와, 가정에서 친구끼리 사용하는 공동체 언어 사이의 관계에 있다.

1990년 로스앤젤레스에서는 80종의 언어가 사용되고 있다. 애리조나 주 피닉스의 아일랜드 이민자들은 현재 고국과의 관계를 긴밀히 하고 있으며, 보스턴의 아일랜드 이민자들은 자국어 일간지인 "고국"을 매일 받아보고 있으며 과거의 언어인 켈트어를 보급시키기도 한다. 민족 신문의 구독자층은 폭이 매우 넓어 선택권의 여지도 넓다. 예를 들어 히스패닉계 신문으로는 "엘 가토", "엘 그리토", "라 라자", "엘 누에보 헤랄드" 등등을 꼽을 수 있으며, 그 신문들에서는 멕시코의 멕시코인들에 관해서뿐만 아니라, 아메리카의 멕시코인들에 대해서도 같은 빈도로 다룬다.

아프리카계 아메리카 사람들에서 시작하여, 아메리카 인디언과 다른 민족 집단으로 확산된 인종 및 민족의 아이덴티티에 대한 긍정은 날이 갈수록 격화되고 있으며, 대학들은 〈새로운 민족성〉이란 기치 아래 차이성을 옹호하며 다(多) 문화에 관한 강좌를 더욱 더 많이 개설해오고 있다. 예를 들어 스탠포드 대학은 1989년부터 아메리카 문화가 아니라 아메리카 제(諸) 문화에 관한 강좌들을 기획해 왔으며, 콜롬비아 대학은 1990년부터 주요 제(諸) 문화들에 관한 교육을 실시해 왔다. 주요 종합 대학들은 모두 아프리카-아메리칸 문화와 아메리카 인디언 및 멕시코 문화를 주로 연구하는 학과들이 보유하고 있다. 뿌리에 대해 언급하기만 해도 반발하던 이민 자녀들이, 점점 더 과거사를 되살리며 흡족해하고 있다. 스스로의 뿌리에 대해 긍지를 가진 연자부호 붙은 아메리칸들

(독일계-미국인, 이탈리아계-미국인)의 존재는 늘 있어왔지만, 그것은 대체로 이미 사회 동화나 통합이 이루어진 제3세대의 현상이었던 것이다.

용어에 대한 의미부여 자체에 이미 변화가 드러난다. 오늘날 "민족"이란 말은 적극적인 암시적 의미를 내포한다. 인종과 종교 그리고 출신 국적은 결함으로 여겨지기는커녕 오히려 그 반대이다. 미국 땅에서 태어나지 않은 아메리칸에 대해 미국인들은 "foreigner"와 "alien"이라는 두 단어를 쓰고 있지만, 그 용어는 단지 '외국인이란 의미만 갖고 있다. 프랑스에서는 "sranger"라는 말만 있으며, "stranger"는 낯선 사람을 뜻하는 단어다. 그런데 "alien"은 프랑스어의 "sranger"처럼 '기묘한 사람', '의구심을 자아내게 하는 사람', 더 나아가 은근히 위협이 되는 사람을 가리킨다. 사실 에어리언(alien)이란 말은 '소외시키다', '격리시키다', '배제시키다'라는 동사에 가깝다. 스스로 외국인임을 자처하며 어떤 종류의 특전도 기대하지 않는 사람을 뜻하는 "foreigner"라는 말과 비교할 때, 더 이상 alien이고 싶지 않은 사람들을 가리키는 공적 용어가 alien이라는 사실 자체는, 시사적(示唆的)이다.

우리 시각으로 볼 때 아직도 생소하기 짝이 없는 〈정치적 정당성(Political Correctness)〉이라는 운동도 성찰을 요하는 운동이다.

〈정치적 정당성〉은, 예전에 명명백백하게 직설적으로 명명되던 것을 신조어나 수사를 사용하여 우회적으로 표현하는 방법으로 본질적으로 대학사회에서 시작된 것이다. 그런데 이런 식의 표현법은 민족 단위에만 적용되는 것이 아니었다. 여성을 의장직에서 배제하는 것처럼 보이는 "chairman"이라는 말보다는 "chair-person"이란 말이 오래 전부터 선호되어 왔고, 남자들이 결혼을 했건 하지 않았건 그대로 "미스터"로 불리는데, 여자들은 이미 '팔렸거나' 앞으로 '팔릴' 존재로 지칭되는 것을 피하기 위해 기혼과 미혼을 동시에 나타내는 〈미즈〉라는 표현이 선호된 것이다. 인디언이란 말은 더 이상 쓰이지 않으며 그 대신 네이티브 아메리칸(native american)이란 말이 사용된다. 프랑스에서 이제 '검둥이(nègre)'란 말 대신 '흑인(un noir)'이란 말이나 아프리카 사람(un africain)이라는 표현을 쓰듯이, 미국에서도 '검둥이(Black)' 나 '유색 인종(colored person)'이란 말 대신 —물론 이보다 더 심한 '니그로(negro)'나 한층 더 모욕적인 '니거(nigger)'라는 말 대신— '아프리카계 아메리카 사람(African American)'이란 말이 사용된다. 이런 단어들이 입에서 새는 것을 느낄 때 화자는 거북스러움을 느낀다. 말하자면 화자는 무의식적으로 불안감을 느끼고 있으며, 언어를 통해서라도 잠재적으로 존재할지 모르는 인종차별이나 성차별, 외국인 혐오와 같은 감정을 쫓아내기를 희망하고 있는 것이다.

미국이란 나라에게 있어, 이주는 항상 필연적인 것이었으며 동시에 상징이자 두통거리였다. 이주라는 과정을 통해 국가가 생겨났고, 인구가 증가되었으며, 경기가 활성화되어 왔던 것이다.

이주는 미국이란 나라의 소명과 혼(魂)을 드러내므로, 그것은 이제까지 필요했고 지금도 그 필요성은 여전하다. 따라서 이주로 제기되는 문제가 크다고 해서, 행정부의 결정에 기대어 이주를 간단히 중지시킬 수도 없는 것이다. 그러므로 우회 정책을 쓰든지, 우물쭈물 핑계를 대든지, 눈을 감고 위험을 얼버무리는 정책을 쓰든지, 아니면 양립될 수 없는 것을 양립시키는 못된 늑대의 정책을 고수하지 않으면 안 되는 것이다. 즉 흡인 장치를 마련하지도 않은 채 문호를 개방하거나, 기회 균등의 원칙을 강조하면서 동시에 아링톤 추첨에서처럼 검열 장치를 작동시키거나, 또 몰려오는 이민자들로 인해 휩쓸리거나 와해되지 않으면서 세계 사람들이 볼 때 —그리고 무엇보다 우선 스스로의 눈으로 볼 때— 새로운 예루살렘이자 새로운 오아시스로 존재하기를 계속하는 정책을 써야만 하는 것이다.

〈장-피에르 피슈〉

제 10 장

인도의 이주

〈인도의 이주〉란 표현은 얼핏 보면, 인도의 주민—인도인—의 국외 이주라는 명명백백한 사실을 상기시키는 것처럼 여겨진다. 하지만 이 사실을 구체적으로 규정지어보겠다고 하는 순간, 개념 자체의 추상성으로 말미암아 명명백백한 단순성은 처리 불가능한 복잡성으로 변질되고 만다. 도대체 〈인도인〉은 어떤 사람들이며, 〈인도〉는 어디를 말하는 것인가?

지리학적 관점에서 인도아대륙(印度亞大陸)을 광의적으로 잡아보면, 어느 정도 분명한 정의를 확보할 수 있다. 오늘날 인도아대륙은 여섯 개의 국가를 포함하며, 크기 순서로 나열하면 인도, 파기스탄, 방글라데시, 네팔, 스리랑카, 부탄 등이 된다. 반면에 인문적인 관점에서 보면, 문제는 그리 간단하게 해결되지 않는다. 인도라는 영토 내에 등재된 인류학적 기본 데이터가 너무도 다양하여, 그 다양성을 축소하고자 인도의 개념을 영토의 차원에서 줄인다하더라도 실제로 정의를 쉽게 내릴 수 없다.

언어학적 관점에서 보면, 인도아대륙은 서로 전혀 관련이 없는 네 개의 어족(語族)에 속한다. 절대 다수의 언어 사용자를 고려하면, 인도 아대륙은 두 개의 어족(인도 유럽어족과 드라비다어족)으로 나뉘는 것이 사실이지만, 이 두 어족에는 ─수십 종에 달하는 지역어를 계산에 넣지 않는다 해도─ 서로 다른 알파벳을 사용하는 필사체의 여러 언어들이 포함되어 있다. 종교적인 차원에서 보면, 다양성은 한층 더 커진다. 인 도인의 대다수가 모든 면에서 판이하게 다른 두 개의 중심 종교 ─힌두 교와 이슬람교─ 가운데 하나를 인정하고 있지만, 두 중심 종교 또한 수 많은 종파로 세분되어진다. 인도에서 생겨났기에 전형적인 인도 종교 라고 할 수 있는 자이나교(인도에서 자이나교는 이전부터 소수의 종교였다) 나 불교(인도에서 불교는 이제 거의 고려되지 않는 종교이다) 그리고 부족 종교들은, 인도에서 소수 종교에 불과하다. 이런 식으로 사회학적 관점 (카스트 제도의 문제) 혹은 형질 인류학적 관점에서 분류의 범주를 확장 시켜 나가다보면, '인도인'이란 개념은 수백 가지로 희석되거나 수천 개의 면으로 잘게 쪼개지는 것을 확인하게 될 뿐이다.

사정이 이러니, '인도인의 이주'라는 표현은 어느 특정 집단의 이 주를 뜻하지 않을 것이다. 여기서 이주는 그 정의가 매우 불확실한 다 양한 공동체들─지리적으로 어느 정도 근접해 있다는 사실을 제외하면 서로 아무런 관련이 없는─의 복잡한 이주 동향을 의미하게 될 것이다. 따라서 유동성과 부분성 그리고 내용의 불연속성을 감안할 때, 인도란 개념의 사용은 그리 타당성 있다고 할 수 없으며, 진정한 의미에서 "인 도의 이주의 역사"를 그린다는 것은 기획할 수조차 없는 일이라 할 것 이다.

그럼에도 불구하고 "인도적인 것"이란 개념이 있으니, "인도의 이 주"도 있다고 봐야 할 것이며, 문제는 그 공통되는 움직임을 파악하는

데 의미가 있다 할 것이다.

　이런 공동체가 동족간의 살육으로 수차에 걸쳐 분열되어 또 다른 그룹으로 세분되면서, 지리적 분류는 다양해질 수밖에 없다. 따라서 언어와 종교도 지속적으로 재(再) 정의되어야 했지만, 그럼에도 불구하고 이 공동체들은 어느 정도 공통된 가치관을 보여 왔다. 말하자면 그것은 역사에 대한 동일한 감각, 어떤 미(美)의식, 음식과 복식 그리고 음악적 관습, 언어학적 구조의 징후 같은 것들이다. 즉 "인도의 이주"란 표현은 다면성을 드러내는 개념이지만, 이주는 역사 언어학적으로 말하면 준거(準據) 핵을 중심으로 조직되었으며, 그 양상은 기원전 2000년 말에 인도에 도착한 아리아족이 전파한 언어 및 문화적 모델과 비슷하다.

　그러므로 별도의 문화적 모델들에서 차용한 유산을 담은 아리아 문화의 직접 계승이 문제가 되든지, 아리아 문화의 유산을 비(非) 아리아적인 고유의 문화에 포섭시킨 간접 계승이 문제가 되든지, 인도의 이주와 아리아인의 이주, 그리고 그들의 계승자인 자손들의 이주는 분리 연구되어야 할 것이다. 〈이주〉의 지표 가운데 하나는 바로 비(非)아리아 집단에 대한 "아리아" 문화 모델의 침투이며, 아리아라는 민족 개념이 인도의 지리적 개념에 동화되고 나면 비(非)인도인 집단의 인도화가 지표가 될 것이다.

　〈아리아화(化)〉나 〈인도화(化)〉라는 현상은 점진적으로 진행된 현상이며 그 양상은 일률적이지 않다. 상당히 높은 수준의 인도화가 시간을 앞질러 고립적으로 이루어진 경우도 있었다. 스리랑카가 바로 그런 경우로, 섬 주민 대다수가 사용한 스리랑카어(語)는 인도-유럽어의 하나로 그것은 드라비다족[1]이 사는 남쪽 반도 너머에서 고립된 상태로 존속

역 주..
1) 남인도 등지에서 사는 비(非) 아리아계의 종족.

〈인도로 가는 길–이주자들이나 정복자들이 현재의 아프카니스탄 국경지역 해발
5,000미터 힌두쿠시 연봉사이를 누비며 인도에 들어가는 유일의 입구〉

했던 것이다. 그렇다고 해서 인도화한 집단들 한가운데서, 언어학적으로 보나 문화적으로 보나 비(非)인도−유럽어족이었던 지역에서의 생존이 불가능했던 것은 아니다(파키스탄의 켈트어, 드라비다어의 언어 브라이어, 동부 인도의 오르스토−아시아족의 문다스어). 하지만 펀자브 지역에서 멀어질수록 인도화는 점점 더 피상적으로 진행되었다. 네 단계로 진행된 인도화 과정에 상응하는 네 개의 지역을 꼽을 수 있다.

- 인도 북부 지역에서 진행된 인도화의 첫 번째 단계는, 아리아화(化)가 훌륭히 이루어져 주민들이 인도−유럽어족의 언어를 사용하는 단계이다.

- 두 번째 단계는 인도 남부로 대변된다. 특히 토착의 언어 능력을 그대로 간직한 채, 이 문화는 〈인도적〉이라는 말에 동일시될 정도로 깊이 인도화되었다.

- 세 번째 단계는 소위 갠지스 강 건너편이라고 불리는 지역(동남아시아의 대부분의 지역)에서 진행되었으며, 이곳에서는 보다 급진적인 상황이 전개되었다. 지역 사회의 〈민족적〉 아이덴티티는 그대로 보유된 채, 몇몇 상부구조(공식 종교, 문자, 권력의 상징체계 등) 만이 인도화한 것이다. 몇몇 사회에서는 이러한 상황을 언어 속에서 아주 훌륭하게 녹여냈다. 문명이란 개념을 '산스크리트'의 신조어인 〈아리아인의 법〉으로 풀어내었던 것이다.

- '디아스포라' 현상에 나타나는 전형적인 극단 상황이 이 네 번째 단계에서 벌어졌다. 즉 〈인도인〉(경우에 따라 '인도화한 사람'에 지나지 않는)은 문화 내지 민족 전체를 기준으로 할 때 고립된 소집단을 형성할 뿐 인도적인 것이라고 할 만한 것은 아무것도 없다. 이 인도인들이 소외되거나 이방인으로 취급되면서 배제되는 것이 네 번째 단계이다.

〈인도의 이주〉가 현대의 디아스포라로 축소 분석되는 것을 피하기 위해, 위에 소개된 단계들을 차례로 살펴보기로 하자.

아리아족[2]

아리아족은 선사시대 말기에 뿌리를 둔 선(先)인도인의 운명을 가지고 있었다. 우선 언어학적 기준으로 볼 때 이 민족은 인도-유럽어족의 지류를 형성한다. 아리아인을 방대한 인도-유럽어족의 테두리 안에 정확히 배치하기에는 논쟁의 여지가 많다. 하지만 아리아족은 지리적으로 동방에 속하는 어족과 연결될 수 있다. 이 동방 어족은 〈발트-슬라브-게르만〉어군과 〈이탈리아-켈트〉어군을 포함한 4개의 어군과 대립된다. 이 동방 어군에서 〈그리스어〉, 〈아르메니아어〉, 〈인도-이란어〉와 같은 3개의 하위 그룹이 분리된 것 같다. 그런데 하위 그룹 〈인도-이란어〉에는 훗날 인도인의 언어가 될 가장 동방적인 언어들이 전체를 구성했으며, 우리는 나중에 그 언어들의 운명을 살펴보게 될 것이다.

구전으로 전승되는 이 인도어들 가운데 가장 오래된 것으로 확인된 것은 기원전 2000년 말기에 나타난 베다-산스크리트어이다. 과도기에는 힌두교의 언어인 고전 산스크리트와 불교의 언어인 파리어가 있었지만 사어(死語)가 되었으며 —두 언어는 언제나 학자들의 언어였을 뿐이다— 그럼에도 불구하고 그것들은 아주 중요한 문화 언어로 남아있다. 오늘날 5억 명 이상의 인도인들이 사용하는 인도의 인도-유럽어족에는 벵골어(180), 힌디-우르두어(90), 펀자브어(80), 마라티어(65), 구자라트어(40), 오리아어(30), 아삼어(20), 신디어(13), 신스리랑카어(13), 네팔어(12) 등이 있다.

〈아리아어〉가 생겨난 언어학적 그룹과 나머지 인도-유럽어 그룹에서 파생된 언어그룹은 기원전 3000년 이전에는 형태를 갖추지 못했던 것으로 보인다. 아무튼 기원 이전, 인도-유럽어 전체가 놀라운 〈이주〉의 운명을 겪었으며, 〈아리아〉인의 이주가 인도의 발전 단계의 하나라는 것은 틀림없는 사실이다. 상고 시대에 관한 연구에는 갖가지 가설이 격돌하게 마련이고, 특히 연대와 공간 설정이 문제가 될 때 그러하다. 우리는 이주의 논리를 가장 제대로 전개시키는 데 유효한 가설들을 종합해서 제시할 것이며, 그 논리는 아리아인과 그들의 후예들이 증명해 줄 것이다.

이제 다음과 같은 사실들을 염두에 두자. 연대는 순전히 단순 지표로서 표기되었다는 사실과, 지역적으로 분산 발전했거나 다른 소규모의 이주에 합류한 집단들은 고려하지 않은 채 주요한 이주의 움직임들만이 기술된 것, 또한 이주가 진행됨에 따라 다른 집단들이 이 움직임에 흡수되어 버렸다는 사실 등을 잊지 말아야 할 것이다. 또한 제도와 사회 조직 체계가 변화함에 따라, 하위 계층의 문화 흐름은 점점 더 다양화되었다는 점도 고려해야 한다.

도식화를 위해, 인도의 이주의 역사를 각각 4000년을 지속 기간으로 하는 네 단계(아직 미완에 있는 마지막 단계는 별도로 하자)의 역사로 구분해 볼 수 있을 것이다.

- 〈구석기 시대〉에 속하는 제1단계는 기원전 1만 2000년에서 8000년에 이르는 시기이며, 서부 유럽의 후기 구석기 시대의 집단들이 북유럽으로 옮겨가 〈최초의 인도-유럽어족〉을 형성한 시기였다.
- 기원전 8000~4000년의 〈중석기시대〉에 해당하는 제2단계에는, 〈최

2) '고귀한'이란 뜻을 가진 인도-유럽 어족계의 지파로 중앙아시아에 살다가 인도와 이란에 정주한 민족. 바라문을 정점으로 하는 사성제도(카스트)를 만들고, 경전 '리그베다'를 완성.

초의 인도-유럽어족〉들 가운데 일부가 동부 유럽의 숲을 횡단하여 우크라이나의 스텝지역으로 가 그곳에서 〈쿠르간〉족으로 조직된 시기였다.

- 기원전 4000년부터 서기(西紀)에 이르는 〈신석기시대〉가 전개되는 제3단계는, 아리아인으로 탈바꿈한 〈쿠르간〉 집단이 중앙 유라시아의 스텝지역을 횡단한 다음 인도에 도착하여 전체를 이룬 시기였다.
- 서기에서 시작된 제4기에는, 인도인들이 바다로 나가 인도양을 거쳐 세계로 퍼져나간 시기다.

인도-유럽어족 이주의 3단계

현재 프랑스에서 규정한 바에 의하면, 인도 유럽어족은 후기 구석기 문화에서 생겨났다고 하는데, 때는 극심한 혹한의 최후 빙하기인 마그달레니아 문화기(期)였다. 놀라운 예술작품(집기 예술, 라스코 벽화와 알타미라 동굴 회화 등등)과 창조적인 기술력으로 이름 높은 이 문화는 국부적으로 5000년간 계속되었고, 그 탁월성에 힘입어 서부 유럽으로 확산되었다. 하지만 확산의 움직임이 있었는가 하면, 전혀 다른 이유에서 시작된 이주가 포착되기도 했다. 기원전 1만 2000년경에 시작되어 현재까지 지속되고 있는 기후의 온난화로 인해, 일부 〈마그달레니아기의 사람들〉이 한랭한 건조 기후를 좋아하는 〈순록〉들을 쫓아 동북부 유럽으로 북상하여 방대한 이주의 행렬의 첫 스타트를 끊었던 것이다.

북유럽 스텝 지역을 횡단한 〈마그달레니아 문화기〉 후예들

이 이주의 초기단계에는 일련의 기술적 적응력을 갖고 있었기 때문에 이주를 계속할 수 있었다. 이주 초기, 마그달레니아 사람들은 돌칼 형태에서 세석기(細石器)로 진화한 자신들의 문화적 경험을 단순히 발전시켰을 뿐이지만 결국 점점 새로운 기술력을 높이게 되었다. 이주의 첨병으로 활동한 〈후기 마그달레니아 사람들〉이 당시 형성 중이던 발트 해를 우회하여 이주를 계속한 반면, 북유럽 현장에 남아 남부 유럽의 집단과 합류하게 될 마그달레니아 문화의 후예들은, 일명 북방과 북동의 〈문화권〉이라고 할만한 새로운 문화양식을 실현시켰다. 이것을 〈중석기시대양식〉이라고 부른다. 이 시기의 가장 잘 알려진 문화로는 기원전 9000년 북유럽 평원에 펼쳐진 스웨덴 문화이며, 뒤이어 라트비아[3]와 에스토니아의 쿤다 문화 등이 있다. 이 이주의 전진 부분에 있었던 사람들은 북쪽지역까지 올라가 거기에서 〈전(前) 인도-유럽〉 문화라고 명할 수 있는 문화의 가장 오래된 제반요소들을 구체화시키게 된다. 그것은 낮과 밤의 주기 현상에 근거한 이원적 상징체계를 지닌 문화였다. 이러한 상징체계는 생태학적 맥락이 근본적으로 뒤바뀌는 상황이 벌어졌다해도 이 문화의 후손들에게 지속적인 영향력을 미치게 된 것 같다.

　이러한 이주의 움직임은 마그달레니아 문화기의 관습이었지만, 극권(極圈) 지방은 지리적인 면에서나 생태적인 차원에서 뛰어넘을 수 없는 한계령이 되었다. 게다가 기원전 4000년경부터 답습되어 온 〈사냥감을 쫓아 이동하는〉 생존 방식은, 충적세 초엽에 최적 기후가 시작됨에 따라(기원전 8000년이나 7000년 사이) 결국 불안한 것이 되고 말았다. 최적 기후가 시작됨으로써 수렵 채집자의 전통적인 생태 기반은 비극적이다시피 축소되었고, 상대적인 인구 과잉 현상이 발생했다. 이런 식으로 후기 구석기 시대로부터 물려받은 생활양식을 더 이상 유지할 수 없었던 까닭에, 몇몇 잔류 집단을 제외한 북방 집단의 대부분이 보다 적절한 생태 환경을 찾아 나서지 않으면 안 되었다.

동부 유럽 삼림지대의 〈인도-유럽어족〉

〈전(前) 인도-유럽어족〉은 새로운 생태 조건을 피하기 위해서가 아니라 전진을 계속하기 위해 남쪽으로 향했다. 이렇게 하여 제2단계의 이주가 시작되었다. 그들은 당시 동부 유럽을 뒤덮고 있던 삼림지대로 결연히 들어갔다. 약 4000년 동안이나 그곳에 정주했던 〈전(前) 인도-유럽어족〉은 삼림 환경에서의 생존양식을 정하고, 그들이 북극권에 체류하면서 싹트기 시작한 〈인도-유럽〉문화의 제반 요소를 보다 분명히 하게 될 것이다. 이렇게 하여 사회질서의 삼위 기능적 분석과 인도-유럽어라는 강력한 잠재력을 가진 언어도구를 기초로 이 역동적인 모델이 구체화되었을 것이다. 삼림환경에서의 이와 같은 생존 양식과 문화모델은, 언어고생물학연구(言語古生物學研究)에서 쉽게 드러난다. 위에 설명한 공간은 동부 폴란드와 서북 러시아 지역에 해당하며, 식자에 따라 이 지역을 인도 유럽어족의 발상지로 보는 사람도 있다.

일단 삼림 지역에 이르게 되자, 인도-유럽어족 가운데 몇몇은 계속해서 방사상을 그리며 이주를 계속하거나 앞서 진행된 이주의 논리를 좇아 삼림지대 남쪽으로 살림을 넓혀나갔을 것이다. 그러다가 마침내 "쿠이비체프-사라토프"와 동일한 위도의 볼가 강 중부 유역에 펼쳐진 수십 킬로미터에 달하는 울창한 숲지대, 스텝지역에 도착했던 것으로 보인다. 그들은 삼림 지대의 자연 생활조건과 매우 흡사한 조건을 가진 강 연안의 토양들을 점거하면서, 우크라이나 스텝 지역으로 잠입해 들어가기 시작했을 것이다. 그곳에서, 혼합 생태계가 형성하는 다양한 자

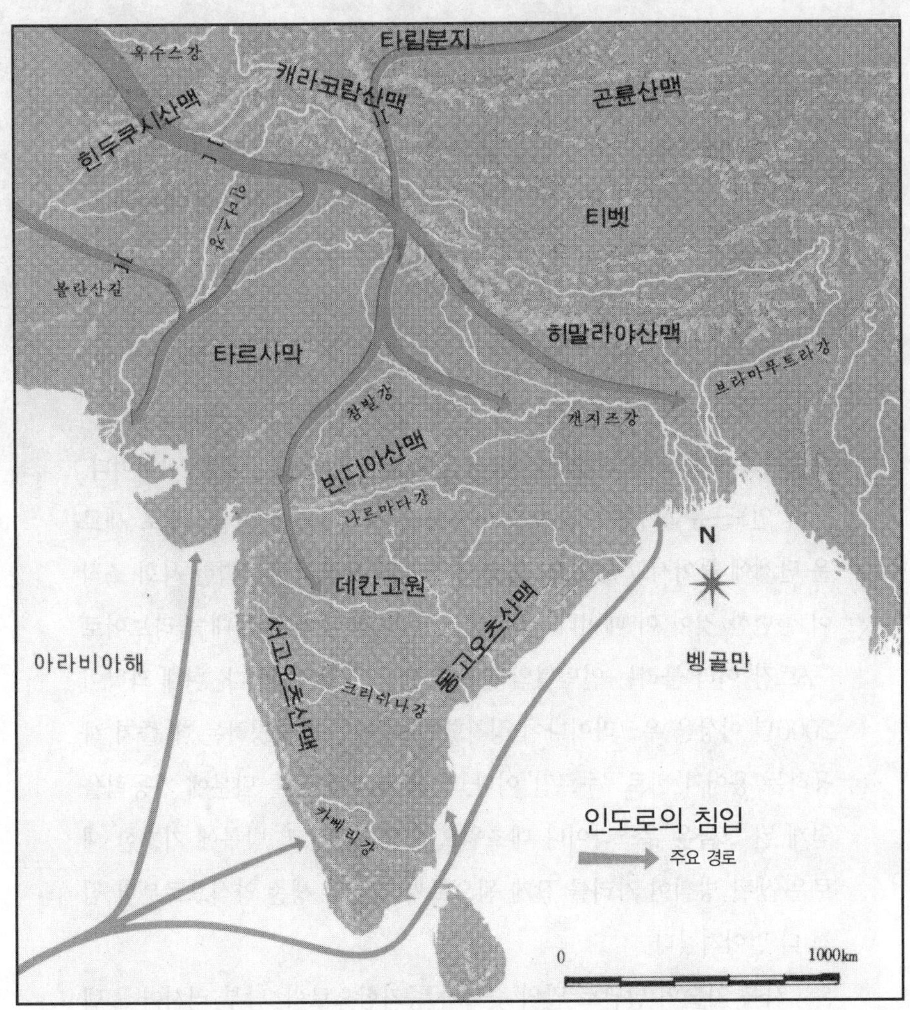

〈인도로 가는 항로-스페인·포르투갈 사람들이 향신료와 황금을 찾아 인도로 가기
위해 아프리카를 돌아 지름길로 가는 항로를 개척, 경쟁적으로 진출했다〉

원과 다뉴브 강 유역에서 카스피 해로 이어지는 남부 신석기 사회 집단
들 덕분으로, 이 이주민 사회는 어업과 소규모 수렵 그리고 채집에 근거
한 포식경제에서 도예(陶藝)나 가축 사육과 같은 기술적 진보에 의지하
는 생산경제로 이행했을 것이다.

이 단계는 시기적으로 촌락이 최초로 출현한 기원전 6000년경과 맞물릴 것으로 보인다. 스텝 지역을 접하게 됨으로써 인도-유럽어족은 말과 친숙해졌을 것이다. 말은 처음에는 식육용으로 사용되었으나, 인도-유럽어족이 말의 사육 방법을 익히게 되면서, 말은 그들의 문화 모델의 주요한 구성 요소의 하나가 되었다.

쿠르간, 유라시아 스텝 지역의 기수

이주의 제3단계는 기원전 5000년경에 시작되었다. 이때는 인도-유럽어족이 말타는 법을 배우면서 말과의 친밀도를 완성한 시기이다. 당시 인도-유럽어족은 금속을 사용하기 시작하면서 기술적으로 새로운 단계에 들어서고 있었다. 족장 수장제로 운영되는 강력한 사회 조직이 출현한 것이 이 때이다. 족장들은 총(塚)을 뜻하며 현대 슬라브어로 "쿠르간"이라 불리는 언덕형의 분묘를 만들기 시작하였다. 현대 과학이 2000년 이상을 우크라이나에 정착했던 이 집단을 지칭하는 데 즐겨 사용하는 용어가 바로 '쿠르간'이다. 말을 부리는 기술 덕분에 기동력을 얻게 된 그들은 우크라이나 대초원으로 뻗어나갔고, 방목에 기초한 새로운 생활 방식이 자리를 잡게 됨으로써 기존의 생존 양식으로부터 점점 더 멀어져갔다.

사육 기술의 발달로 말의 숫자가 증가함으로써, 남부 러시아 스텝 지역의 사료 공급 능력과 급속히 증가한 말먹이 수요 사이의 자연스러운 균형이 파괴되었다. 쿠르간족은 새로운 목초지를 찾아 우크라이나 대초원을 넘어 유라시아대륙을 횡단하는 광대한 확장운동에 들어갔고, 이로써 발칸 지역 농경사회와 충돌하게 되었다.

진보된 집단과의 접촉으로 쿠르간족은 동(銅)의 야금술을 개량하게 되었으며, 차륜의 사용으로 쿠르간 기수들은 이제 새로운 활동력을 얻게 되었다. 중량이 훨씬 큰 화물을 운반할 수 있는 바퀴 달린 운반구를 사용하게 됨으로써, 복잡한 사회 집단(여성, 아이들, 가족 등등)의 이동이 가능해진 것이다. 이와 병행하여 쿠르간족은 유목 경제(우유 소비)의 기반을 확립하게 되었고, 이는 중앙아시아의 유목 생활양식의 기초가 되었다. 다시 말하면 쿠르간 문명은 기원전 4000년경에 시작된 이후, 드네프르 강 유역에서 카자흐스탄 대초원에 이르는 동쪽 지역의 광대한 영토에 걸쳐 퍼진 것이다.

쿠르간족의 지리적 확장은 언어상의 분리를 가져왔고, 얼마 지나지 않아 공동의 운명과 언어와 문화를 짊어진 엄밀한 의미에서의 인도-유럽어족은 존재하지 않게 된다. 이러한 중간 휴지기는 기원전 3500년과 2500년 사이에 도래했다. 기원전 3000년경에는 자치(自治) 민족들이 생겨났으며, 그중에 인도-아리아족이 있었다(과학적 재분류).

인도-아리아족

대체로 언어적 기반을 토대로 정의된 인도-유럽어족과, 영토를 기반으로 정의된 인도인 사이에 이행집단이 출현한 것은, 이주의 움직임이 컸던 제3단계(기원전 4000년부터 서기까지)였다. 이 이란-아리아 집단에 의해서 아리아족이 약 2000년에 걸쳐 카자흐스탄 스텝지역에서 인도의 남단까지 퍼져 나갔다.

카자흐스탄의 대초원에서 남쪽 산악 장벽까지

가지각색의 집단으로 구성된 인도-유럽어족이 유라시아 대륙으로 퍼져 나간 후(기원전 2500년경 인도-유럽어족은 서네덜란드로부터 동 바이

〈모든 힌두교도들이 생전에 한번은 찾아가 보려하는 인도의 정신적 고향 갠지스 강에서 목욕을 하며 참배하는 모습〉

칼 호까지 퍼져있었다)에도, 그들은 남쪽으로 확장을 계속하여, 자신들의 생활양식을 지속할만한 모든 남은 공간을 점유하고자 하였다. 이렇게 해서 그들이 점유하게 된 지역은, 목초지가 있는 유럽의 삼림지대와 중앙아시아의 건조한 스텝지역으로, 넓은 의미로는 알프스 산맥에서 티벳에 걸친 산악지대의 장벽으로부터 북쪽에 있는 유라시아 내륙이었다. 이란-아리아족은 러시아의 투르키스탄처럼 잘 알려진 지대를 점유했다. 그들이 새로운 기술을 확보함으로써(청동기술과 전차 제조) 넓혀간 영토의 확장세는 고고학적 탐사에서 꽤 많은 주축화석(흑색 도기 등)을 통해 그 내용이 밝혀졌다.

최초의 스텝이 산악장벽에 가장 가까운 곳—흑해근처—에서는, 기원전 3000년이 끝날 무렵, 많은 수의 인도-유럽어족이 남부의 안정된 정주(定住)사회와 경계가 이루어지던 산악장벽을 넘어오기 시작했다. 가장 먼저 눈에 띈 것은 히타이트족으로, 그들은 기원전 2000년 초엽에 소아시아를 점령했다.

기원전 2000년 초, 기후 악화로 인해 남부 정주사회에 대한 중앙아시아 인도-이란족의 압력은 크게 증강되었다. 그들 사회에 쌍봉낙타가 가축의 일원으로 사육되었다는 것은 이를 증명한다. 인도-이란족의 일부가 국부적으로 목양경제(牧羊經濟)에 적응했던 것이 점점 확장되어, 몇 세기를 지나자 중앙아시아 사람들은 양에 의한 유목생활을 이어나가게 되었다. 그동안 투르키스탄 최남단에 있던 사람들은 이란고원으로 쐐기를 박듯 침입했고, 이후 세 갈래로 나뉘어졌다. 그중 하나는 서쪽을 전진하여 미탄니 왕국[4]의 주도권을 장악하였고, 이란인은 이란에 정착했으며, 아리아인은 인도로 전진을 계속했다.

북인도의 점령

기원전 2000년 중엽에 아리아인이 인더스 강 유역에 도달했을 때, 그 지역은 문화적인 의미에서 처녀지는 아니었다. 실제로 북동인도는 기원전 8000년부터 농경 신석기 문화가 가장 화려하게 펼쳐진 지역의 하나였다. 그곳에는 기원전 2600년과 2500년 사이에 도시 문명을 이룬 근동 문화에 비견할만한 문화가 형성되어 있었다. 인도-유럽어족의 이주 행렬이 아프가니스탄 협로를 빠져 나가기 시작하자, 이 도시문명

4) 기원전 3000년경, 북메소포타미아에 진출한 후르리인이 기원전 15세기에 세운 왕국. 히타이트족에 패한 뒤, 아시리아에 의해 기원전 13세기에 멸망.

은 심한 퇴행상태에 빠졌다. 이로 인해 중앙아시아의 기마 유목민을 통한 이란의 무역이 붕괴되었으며, 그런 상태에서 이 도시문명은 기원전 1000년까지 계속되었다.

아리아 사람들이 이렇게 인더스 강 유역에 분산되어 있을 때, 쇠퇴일로에 있던 도시들은 차츰 작은 부락으로 변했으며 그 이후 농촌경제 때문에 소멸되었다. 양사육의 반(半) 유목생활을 계속해오던 부족사회의 아리아인은 비교적 호전적이었는데 주로 펀자브 지방을 차지했다. 인더스 문명을 계승한 정착민들과 다소 호전적인 공존기간을 거친 후, 문화적 통합과정의 첫걸음으로 타협 방안이 확립되었다. 이로써 1000년에 걸친 인도 지역의 "인도화"가 이루어지고 동시에 아리아 사람의 "토착화"가 진행되어 지역 현실에 따른 적응이 쉬워졌다. 기원전 1000년이 시작되기 직전에 두 집단의 통합이 이루어져 이후로는 인도-아리아어가 사용하게 되었다.

기원전 1000년 초엽에 철의 제련법을 터득한 인도-아리아인은 펀자브 지방을 넘어 갠지스 강 유역까지 잠입해 들어갔다. 이 시기에 인도-아리아인은 영토 연합을 위해 부족 연합 단계를 포기하고 복잡한 종교의식을 만들어냈다. 힌두교의 기원이 된 이 종교의식은 인도-아리아인이 차례로 정복하게 될 집단들의 인도화 과정을 가속화했다. 창설 신화들은, 힌두교의 성지가 된 중심지(현재의 하리아나주5))에 새로운 질서를 뿌리내리게 했으며, 인도-아리아 사회는 이 땅을 통일의 상징으로 삼았다. 갠지스 강 유역의 식민지화에 발맞추어 쿠란의 수장(首長) 관할 구역들이 생겨났고, 그중에서 옛 펀자브 지방과 갠지스 강 유역 개척기지 사이에 정착한 쿠루족6)은 지배적 위치에 올라 그들의 모험은 대서사시 '마하바라타'로 남게 된다. 이후 북인도는 지역 단위로 조직화되고, 그중에서 주요 지역 단위들은 "거대 왕국"이라 불렸으며, 쿠루족은 그 중심에서 상징적 주도권을 행사했다.

인도의 통일조직

기원전 7세기 경, 새로운 변화가 일어났다. 사회·정치 조직이 복잡해지면서, 수장들 가운데 사실상 군주가 되는 자들이 나타난 것이다. 이어 기원전 650년경에는 북인도의 두 번째 도시화가 시작되었다. 갠지스 강 유역은 기원전 7세기 말에 완전히 장악되었고, 도시화의 파도는 "인도인"의 인도의 중심이 된 〈마가다〉[7]까지 퍼져나갔다. 당시 아리아인은 데칸 고원[8]을 조직적으로 지배함으로써(아리아인의 장악력은 데칸 고원의 중심지인 아사카에 마하자나파타스[9]들의 설립으로 표면화되었다), 또 부족사회들이 지배하던 남부 인도를 향해 이주를 계속했다. 아리아인의 이 모험은, 서사시 〈라마야나〉[10]를 통해 전해 내려오고 있다. 〈라마야나〉는 이후 "인도화"과정을 보여주는 국민적 대서사시가 되었다.

기원전 6세기에 이렇게 하나가 된 인도에서, 역사는 실제적 사실로서 확인되기 시작했다. 기원전 6세기 후반부터 소왕국과 공화국들이 합병을 시작하면서 동시에 인도의 진앙(震央) 지역은 동쪽으로 옮겨졌고, 요새화한 중심지 주변에 조직화된 권력들이 갠지스 강의 항행 관리를

역 주

5) 인도 북부에 있는 주. 고고학 성지로서 힌두교 전통과 문화를 보유.

6) 기원전 1000~600년 사이의 고대인도의 부족. 푸루족, 판차라족과 더불어 갠지스 강 유역에 자신들의 왕국을 세웠으며, 이 모험은 대서사시 〈마하바라타〉에 담겨있다.

7) 인도의 비하르주 남부의 파트나와 가야 두 현의 옛 지명. 갠지스 강 유역의 패권을 잡았고, 불교, 자이나교가 발달했으나, 굽타 왕조의 멸망으로 급속히 퇴락한 지역.

8) 인도 반도를 이루는 광대한 개석지대.

9) 16개에 달하는 대단위의 주(州)들.

10) 〈마하바라타〉와 더불어 아리아인의 인도 침입과 함께 일어난 문화적 충돌과 융합을 볼 수 있는 고대 인도의 2대 서사시의 하나.

둘러싸고 대립했다. 기원전 538년에 빔비사라(기원전 544~493년)가 즉위하여 인도에서 처음으로 치안과 세금 징수를 담당하는 행정 서열 기관을 설치했다. 이무렵 역사적으로 증명된 최초의 왕조 하리안카(기원전 575~410년)가 자리를 잡았고, 〈마가다〉의 지위는 격상하여 북쪽지방의 중심주(州)가 되었다.

이렇게 확장과 사회-정치적 재정립이 진행되던 상황에서, 힌두교에서 석가(기원전 562~483년)의 불교와 마라비라(기원전 540~468년)의 자이나교라는 두 가지 개혁 운동이 일어났으며, 승려 공동체의 존재로 카스트 제도의 초월과 '인도성'의 보급이 용이하게 되었다. 이와 병행하여 파니니[11]가 산스크리트어를 성문화(기원전 5세기 중엽)함으로써 인도의 고대시대는 정착되었으며, 인도의 정치 공간은 인도 남부까지 왕국으로 점차적으로 조직화되기 시작했다.

알렉산드로스 대왕[12]으로부터 자극을 받은 모험가 찬드라굽타[13]는 BC. 4세기 말에 정치적 발전 사업을 착수하여, 최초의 범(汎)인도 제국 마우리아를 탄생시켰으며, 불교를 통해 통일을 기도했던 아소카[14] (기원전 272~232) 왕 시대에 이르러 마우리아 문화는 정점에 이르게 된다. 언어적 차원에서의 아리아화(化)가 데칸 고원 한복판에서 중지되기는 했지만, 이제 인도는 적어도 문화적으로는 통일체가 되었다. 이에 따라 제국이 패권을 장악한 시기와 지역성이 강한 왕국들 간의 분열로 특징지어지는 기간이 번갈아 이어지게 되었다.

인도인의 해상 이주

인도인이 된 인도-아리아인은 인도를 영토상 점유하고, 문화적으로 아리아화(化)하는 것으로 만족할 수가 없었다. 인도-아리아인들은 바다의 세계로 눈을 돌렸고, 이주의 네 번째이자 마지막 단계(서기 이후 현대에 이르는 단계)가 시작되었다.

최초의 동남아시아 진출

갠지스 강 삼각주에 항구가 개항됨으로써, 북인도는 동 인도의 해안지방과 교류하게 되었고, 인도 정복이 계속되자 해로를 통한 동남아시아 진출이 시작되었다. 인도-아리아의 고문서에 동남아시아는 우선 황금의 나라 〈수반나부미〉라는 신화적 지명으로 나타날 뿐이며, 후일 〈라마야나〉가 개작되면서 산발적으로 다시 언급된다. 이때 동남아시아의 지명은 '사마타라'란 새로운 지명으로 정해졌는데, 그것은 아라칸 주(州)[15]를 가리키는 것 같다. 하지만 인도-아리아의 전통을 계승한 인도인이 동남아시아와 직접적인 접촉을 갖게 되는 것은 인도 제국이 최초로 세워지고, 불교로 개종한 아소카 왕이 해외로 파견대를 파견하면서부터이다. 그렇지만 마지막이자 네 번째 단계에 해당하는 이주가 실질적으로 시작된 것은 서기 이전이 아니었다. 해상 공간의 장악은 점진적으로 조금씩 진행되었던 것이다. 동남아시아의 인도화(印度化) 과정은 상당히 많은 고고학적 유물(조각상이나 비문 등)을 통해 구체화되었으며,

역 주..
11) 기원전 5~4세기경의 문법학자. 서북인도 지식계급의 언어를 기초로 하여, 문법서 〈아시타디아이〉를 썼다.
12) 기원전 356~323. 마케도니아의 왕. 그의 문화사적 업적은 유럽, 아시아, 아프리카에 걸친 대제국을 건설하여 그리스 문화와 오리엔트 문화를 융합시킨 새로운 헬레니즘 문화를 이룩한 데 있다.
13) 인도 마우리아 왕조의 시조(재위 기원전 317?~296?).
14) (기원전 272~232). 인도 마우리아 왕조의 3대 왕. 그의 치세 중에는 불교를 비롯한 갠지스 강 유역의 문화가 다른 지방으로 보급되어 문화 발달을 촉진시켰다.
15) 미얀마 남서부 해안의 주.

크라 지협[16]을 경유하는 인도-중국의 해상 교역로와 순다 해협[17]으로 향하는 인도 항로에도 남아있다. 인도인들이 배역의 감시 지대와 해상 중계지에 설치한 해외지점들은 인도화한 왕국들의 전진기지가 된다. 이러한 활동은 헬레니즘과 로마 시대의 유물들이 증명하고 있듯이 원양 항해 상인들에 의해 시작된 것으로 보이며, 〈통일 인도〉는 유럽과 동남아시아 그리고 중국의 중계 역할을 했던 것으로 여겨진다. 이어서 이런 활동은 첫 번째 디아스보라가 시작되었을 때처럼 인도 모험가들에게로 넘어갔다. 인도 모험가들은 아직 원사시대(原史時代)[18]에 있던 지역 족장들에 기대어 동맹관계를 맺고, 인도 남부에서 이미 검증된 과정을 따라 인도화를 피상적으로나마 가능하게 하는 인도문화들을 배치하였던 것이다. 인도 문화의 영향을 받은 동남아시아의 왕권 창조 신화들은 이런 인도 문화의 이야기들을 호의적으로 그린다.

인도의 새로운 제국인 쿠샨 왕조[19]가 붕괴한 3세기 이후, 동남아시아의 인도화는 커다란 의미를 지니게 된다. 중앙아시아에서 일어난 소요로 약체가 된 쿠샨 왕조는, 세계 무역의 중심지라는 지위를 사산 왕조[20]의 이란(242)에게 넘겨주게 되었다. 이와 함께 인도의 중심점은 이제 남부 아시아와 무역 관계가 있는 동부 지방으로 옮겨졌으며, 이로 인해 인도인의 동남아시아 이주는 가속화되었다.

한편 동남아시아쪽에서도 인도의 인도화 과정과 유사한 상황이 전개되어, 인도화된 주들은 강력한 사회 구조를 갖게 되었다. 이같은 인도화 과정이 성공한 것은, 스칸다굽타(455~467)[21]가 백인의 훈족의 침입으로 무너져 인도에서의 신생 제국 건설이 좌절된 직후의 일이었다. 이 인도 제국의 상징체계를 승계한 것은, 남부인도네시아에 포진해 있던 해양제패국가 후난의 군주들인 동남아시아의 "인도인 왕후(王侯)"들이었다. 그러나 후난의 성공 자체가 실패로 이어진 이유는, 후난의 인도화로 인해 부수적으로 인도화한 주변 부족들이 얼마 지나지 않아 자주독립을 주장하고 나섰기 때문이다. 인도화한 동남아시아 사회에는 인도에서 실각한 왕후와 브라만[22]들이 왕의 비호(庇護)를 받기 위해 망명해 왔다. 이와 같은 사회의 〈제국적〉 증식은 북인도의 지속적인 정치 분열과 경제 불황과 큰 대조를 이루었다.

이러한 상황은 해양무역으로 자산을 축적한 인도 남부의 "드라비다"[23] 왕국들에게 호재로 작용했다. 촐라스[24]족과 함께 지상권을 주장할 수 있게 된 드라비다족(1005~1070)은 스리랑카에서 벵골에 이르는 항로를 제패한 다음, 인도네시아의 해협을 지배하고 있던 스리비자야[25]를 예속시키고(1025), 인도와 인도화한 동남아시아들 사이에 자리 잡은 〈제국〉 건설을 감행할 정도로 성장하게 되었던 것이다.

이러한 시도는 이슬람교의 비호를 받으면서 좌절되었다. 인도 제국에서의 그들의 활동은 우선 인더스 강 지역에 전위 함대를 포진하는 것으로 그쳤다(712년의 신드주[26] 정복). 그러나 드라비다족의 존재로 말

역 주

16) 타이 남부와 미얀마 남단부의 접경지점.

17) 자바 섬과 수마트라 섬 사이에 있는 해협.

18) 고고학에서 선사시대와 역사시대의 중간에 해당하는 시대. 문헌과 전승이 단편적으로 존재하고 유물 및 유적에 따라 문제 민족과 국가의 양상을 알 수 있다.

19) (AD. 45~388) 대승 불교와 간다라 미술이 유명하다.

20) 아르다시르 1세가 정복 시기인 208~224년에 세워 651년에 멸망한 중세 페르시아의 왕조.

21) 쿠산 왕조의 왕.

22) 인도 최고계급인 승려 계급.

23) 남인도의 데칸 고원에서 동해안과 실론 북부에 걸친 넓은 지역에 대한 옛 명칭으로 아리아인이 인도로 들어오기 전의 인도에 살던 드라비다인들의 거주지역이다.

24) 북인도의 굽타 왕조의 멸망 이후, 남인도에서 번영을 이룬 판드라스, 체라스, 차루카스, 팔라바스와 같은 대제국 중 하나.

25) 7~13세기 영화를 누린 말레이 반도의 해양 제국.

26) 파키스탄 인더스 강 하류에 있는 주(州).

미암아 지역 세력 간의 균형이 깨졌다. 그 여파로 인더스 지역과 라자스탄[27] 경계에서 유목생활을 하던 이동 부족과 보헤미안족이 이주를 시작했다. 인도-유럽어인 로마니 어를 사용하는 보헤미안족은 건국한 지 얼마 되지 않은 이슬람 제국에 침투하여 대단위 이주를 시작하였으며, 결국 500년 후인 14세기부터 그들은 유럽으로 이주하게 된다.

인도의 이슬람 문명화에서 영국령 인도에 이르기까지

촐라 왕조가 남인도와 서부 동남아시아의 연계를 모색하고 있던 때에, 공국(公國)으로 세분화된 북인도는 이슬람화한 터키인의 압력에 무릎을 꿇고 말았다. 11세기 초엽에 가즈니 왕조의 마흐무드[28]가 노도와 같이 밀려들어왔고, 12세기 말에는 구르 왕조의 모하메드가 두 번째로 공격해 들어왔다. 이들의 후계자들이 세운 델리 왕조[29]는 13세기 중엽에 북인도의 눈부신 힌두 문명을 파괴시켰고, 이어 14세기에는 인도의 나머지 지역에 대한 정복을 시작하였다. 그러나 델리 왕조가 봉건제도화하고 이슬람교가 상관 관계적으로 인도화하면서, 힌두교 세력이 남인도에 형성되어 1336년에는 마이소르[30]주에 비자야나가르 왕국[31]이 창건되었다. 이 비자야나가르 왕국은 200년 이상 동안 이슬람교와 대립하게 된다.

인도에서의 이슬람의 활동은 상대적인 실패를 거듭지만, 인도 문명화된 동남아시아가 입은 폐해는 비참했다. 이슬람은 교역망을 역으로 거슬러 올라 동남아시아에 침입했고, 14~15세기경부터 동남아시아 군도(群島)[32]를 이슬람화하는 데 성공했다. 인도의 배후기반(背後基盤)으로부터 단절된 군주국들은 세력을 회복할 능력을 잃었고, 어떤 반도국들은 시론 불교로, 군도들은 이슬람교로 방향 전환을 했다. 이슬람이 자바 섬[33]에서 승리를 거두고 마자파히트 힌두 제국을 폐허로 만들었을 때(1520), 군도에서의 인도화 과정은 종지부를 찍게 된 것이다.

"이슬람에 의한 인도화"는 동남아시아뿐만 아니라 인도양 주변에 이슬람 상인들의 공동체가 있는 것으로 알 수 있으며, 그곳에서 현대의 디아스포라가 새로이 시작되었음을 감지할 수 있다. 그렇다고 해도 "인도인" 공동체—서구의 고문서에서 "무어인"으로 불리면서 다른 이슬람 공동체(하드라미, 페르시아 등)와 혼동되기도 했던 공동체—들이 한때 큰 역할을 했다는 사실에는 변함이 없다. 그럼에도 불구하고 이 공동체는 오늘날까지도 잘 알려지지 않았다.

상황이 이러했으니, 페르가나[34]의 한 제후[35]가 델리 왕조를 격퇴하고 이슬람 제국의 새로운 기초를 다질 무렵(1526년)[36], 인도와 인도화한 군도 사이에 모종의 정치적 공조 관계가 모색되었으리라는 것은 쉽게 짐작할 수 있을 것이다. 실제로 무굴 제국 바부르 계열의 왕후(王侯)들은 그의 아들 후마윤(1555년)과 손자 악바르(1556~1605년)의 이름으로 지배자 행세를 했고, 악바르는 남인도 최후의 힌두 세력이었던 비자야

역 주
27) 인도 북서부의 주.
28) 아프가니스탄 가즈니 왕조의 제7대 왕(재위 998~1030). 10여 차례 인도를 침입하여 카슈미르, 펀자브 지역을 점령했다.
29) 13세기 초부터 16세기 초까지 인도의 델리를 수도로 300여 년간 지속된 인도 이슬람 5개 왕조의 총칭. 이슬람 술탄 왕조라고도 불린다.
30) 인도 남부 카르나타카주(州).
31) 남인도의 힌두 왕조(1336~1649년).
32) 동남아시아에 널리 퍼져 있는 크고 작은 섬들로 이루어진 세계 최대의 도서국가 인도네시아를 지칭한다.
33) 인도네시아의 중심을 이루는 섬.
34) 중앙 아시아의 시르 강 상류 지역의 명칭으로 오늘날의 우즈베키스탄 페르가나주와 타지키스탄 레니나바드주가 여기에 해당한다.
35) 무굴 제국의 시조 바부르를 말함.
36) 6세기 전반에서 19세기 중엽까지 인도 지역을 통치한 무굴 제국(1526~1857년)의 건국을 말한다.

나가르 왕국을 타도했다(1565년). 그러나 인도의 대부분 지역에 대한 무굴 제국의 100년간의 관용 통치가 마감하자, 6대 황제 아부랑제브(1658~1707년)는 제국을 약체화하는 이슬람교에 대한 불관용과 무굴 제국에 대한 헌신적 존경을 모체로 하는 정치를 펴나갔다. 하지만 황제가 죽자 제국은 제위 계승을 둘러싼 골육상쟁으로 분산되고 만다.

무굴 제국이 분할되자, 영국은 자국의 이익을 위해 인도 제국을 넘겨받았다. 이렇게 하여 19세기 초엽, 이슬람 인도는 영국 인도로 바뀌게 된 것이다.

근대 및 현대의 상황

인도화가 진행된 그밖의 지역들(동남아시아 및 아프리카 동부지역)은 서구의 식민지 확장 운동의 지배를 받게 되었다. 하지만 역설적이게도, 이슬람 세력보다 훨씬 이질적이며 외부 세계에 속한 권력에 복종함으로써 "인도 문화"는 오히려 새로운 확장기를 맞게 된다. 단지 인구와 지정학적인 이해 문제로 비롯된 관심이긴 했지만 이제 영국이라는 진앙의 축은 인도로 쏠리게 되었다. 이때문에 인도가 영국에 의해 장악됨으로써 인도는 세계적으로 알려지게 되었던 것이다. 인도가 이렇게 갑작스럽게 국제적 차원에 오르게 되자, 인도양에 대한 인도의 지배력은 고양되었고, 이어서 새로운 디아스포라가 일어나게 된다.

실제로 인도인은 인도 제국을 손안에 넣은 영국인의 완벽한 보좌역임이 곧 드러났다. 이제까지 주로 상업적이거나 정치적(예를 들면, 왕조의 동맹) 이유에서 진행되었던 인도인의 디아스포라가, 인도양 주변에 펼쳐진 영국의 식민지 확장 운동의 항적을 따르게 되면서 기본적인 군사 및 행정 차원(인도인 병사, 공무원, 종업원 등)을 부여받게 된 것이다. 이렇게 차출된 인도인들은 식민지 사회에서 중간관리직을 맡았다. 이런 기형적 현상은 영국의 식민 통치와 더불어 시작되었다. 이는 16세기에 포르투갈이 인도 군대에 의지하여 말라카 제도를 탈취할 때 이미 사용된 정책이었다. 포르투갈의 정략들을 승계한 영국은, 인도인의 병력으로 〈7년 전쟁〉 중에 마닐라를 공격했으며(1762년), 종전 이후 동원 해제된 수백 명의 인도인은 그곳에 정착했다. 1786년 이후 말레이시아에 대한 정책 역시 같은 맥락에서 이루어졌다.

이런 관행에서 비롯된 디아스포라는 어쩌면 에피소드 수준이다. 오히려 육체노동과 결부되어 진행된 이주는 민족 이산의 새로운 국면을 제공했다. 즉 19세기 전반에 영국(1833~38년)에 이어 프랑스(1848년)가 노예제도를 폐지한 이래로, 인도인의 이주는 세계를 무대로 확대된 것이다. 사실 노예 노동력이 사라지자, 수송 수단의 기계화로 확장 일로에 있던 사탕 재배를 비롯한 농공업 경제는 심각한 어려움을 겪게 되었고, 대신할 노동력을 구하고 있었다. 인도의 노동 현장에 있던 서구 열강들은 인도가 노동 인구의 "고갈되지 않는 양식장"이라는 것을 금방 알아차렸던 것이다.

이렇게 해서 전통적인 대농장의 아프리카 노예 노동력을 대신할 인도의 노동력 수송이 조직되었다. 인도의 노동력은 우선 인도양과 — 모리셔스 섬(1834년부터) — 남아메리카로 떠났고 — 영국령 기아나(1835년), 거기에서 다시 서인도제도 — 트리니다드[37](1844년)와 자메이카(1845년)로 향했다. 프랑스 식민지에서 노예제도가 폐지되자 프랑스는 영국인이 사용한 작전방법을 다원화했고, 인도의 노동 징집병들은 레유니옹 섬과 프랑스령 기아나 그리고 서인도제도쪽으로 가서 일을 승계했다.

이주는 일단 산발적으로 진행되었다. 예를 들어, 1834년에서 1837년 사이에 캘커타를 떠나 모리셔스 섬으로 향한 인도 사람은 2,000명 미만이었던 것이다. 이후 가속도가 붙어, 1851년 레유니옹 섬에서 2만 3,000명의 인도인 노동자가 있었다. 초기에는 여행조건이 아주 좋지 않아 사망률이 높았다. 또한 노동조건 역시 신통치 않아 원칙적으로 임시 계약 시스템이 운용되었으며, 특별한 기술이 없는 싸구려 노동자를 지칭하는 '쿨리'라는 유명한 표현은 이 시스템에서 생겨났다. '쿨리(Coolie)'는 원래 봄베이 북부 구자라트에서 노동력을 공급한 집단을 가리키는 말에서 파생한 표현으로 이후 일상용어가 되었다. 노예제도를 묵인하는 사고방식을 상당수의 서구 사람들이 갖고 있던 시대였던 것이다.

크림전쟁에서 돌아온 부대가 무력으로 진압한 1852년의 〈세포이대 반란〉[38] 이후, 인도 국내에서 무굴 제국의 시대는 막을 내렸기에 — 무굴 제국은 1858년에 정식으로 멸망했다— 이런 종류의 이주는 한층 더 많아졌다. 이런 식으로 인도의 국가적 잠재력은 100년 동안이나 정치적 소수 집단으로 자리 매김되었고, 근대 국가들의 공조에서 소외되었다. 국외적으로 보면, 대영제국은 미얀마[39]에까지 세력을 확장하여 19세기 후반에는 또 다른 이주가 요청되었다.

항해 기술의 발달(증기선)로 서구 열강들의 신식민지 개발 사업(산업화한 플랜테이션의 개발, 산림과 광산의 개발 등)이 활성화하자, 지역 주민들이 자본주의적 급여 방식에 별다른 매력을 느끼지 못하는 지역으로 인도 사람들의 노동력이 수입되었다. 즉 인도의 노동력은 남아프리카, 나탈[40](1860년), 보루네오(1860년), 피지(1877년)로 수입되었고, 1880년

대부터는 말레이 반도로 대대적으로 들어갔다. 이러한 성공에 자극받은 네덜란드는 인도 사람들을 수리남[41]으로 이주시키고자 했다(1873년).

인도 주민의 이러한 강제 집단 이주로 인해 실제로 이주 식민지가 형성되었고, 인도인의 인구가 절반을 웃도는 여러 나라에서 사회 문제를 야기하게 되었다. 예를 들어, 1920년대 말레이시아의 셀랑고르주 인구의 3분의 1이 인도인이었고, 같은 시기에 피지와 영국령 기아나 인구의 절반, 그리고 모리셔스 섬과 트리니다드 인구의 3분의 2 이상이 인도 사람이었다. 인도에서 단거리에 있는 나라들—스리랑카, 말레이시아, 미얀마 —에서 인도인이 차지하는 비율은 상당했지만, 그것은 대개 유동 인구로서 정세에 따라 이 나라에서 저 나라로 옮겨 다녔고, 귀국과 출발을 반복하는 집단이었다.

20세기 초, 당연히 동쪽으로의 이주는 태평양을 건너 아메리카 서해안으로 이어졌다. 영국 여권을 소지한 인도 출신 공무원에게 일자리 기회가 많았던 캐나다로는 더 많은 사람들이 이주했다. 그럼에도 불구하고, 이런 사람들은 그때만 해도 수천 명에 불과했다.

인도 인구는 100년의 세월에 걸쳐 다양한 형태로 이주했으며, 제2차 세계 대전이 발발하기 전까지의 이주를 토대로 하면 아래와 같은 일람표가 작성되며, 그 주요 특질은 다음과 같다.

• 초기 이주는 전체로 보아 비교적 미미한 비중의 이주였다. 이주 인구는

역 주..

38) 1857~1859년 사이, 인도의 병사 및 농민에 의해 일어난 민족적 대반란.
39) 동남아시아 인도차이나 반도와 인도 내륙 사이에 있는 나라. 1989년에 국명이 버마에서 미얀마로 개칭되었다.
40) 브라질 리오그란데 두노르테주의 주도. 목화, 설탕, 사이잘삼, 피혁류 등의 집산지.
41) 남미 대륙 동북 대서양 연안.

약 350만 명이었으며, 스리랑카로 향한 대륙 인구까지 포함하면 400
만 명 이상이었던 것으로 추정된다. 이것은 당시 아대륙(亞大陸) 인구
의 1퍼센트에 미치지 못하는 수치로, 다른 디아스포라에 비하면 상대
적으로 하찮은 것이었다.

• 이주 인구가 주로 "국경지대"에 분포되었기 때문에, 인도 인구의 디아
스포라는 엄밀한 의미에서의 이주라기보다는 1000년 동안 진행된 이
주 운동의 필연적 과정으로 볼 수 있다. 인구의 3분의 1이 엄밀한 의미
에서의 인도의 요충지에 살았다. 최대 공동체는 미얀마에 있었으며,
110만 명의 인도인이 있었다.

• 끝으로, 육지이든 해상 공간이든 이 공간을 지정학적으로 디아스포라
전체와 직접 관련 있는 지평으로 확장시키면, 말레이시아의 인도인 75
만 명(전체 인구의 9퍼센트) 그리고 모리셔스 섬의 인도인 30만 명(섬
전체 인구의 70퍼센트)으로 구성된 100만 명이라는 숫자는 3분의 1의
인원수가 된다.

그러므로 엄밀하게 말해서 디아스포라(이산) 현상은 이론상 디아스
포라의 마지막 3분의 1에만 해당된다. 또한 이 3분의 1은 두 가지 유형
의 공동체로 세분될 수 있다. 단적으로 말해 주요 이주 공동체는 절대값
의 크기로 파악되거나, 이주 국가의 정착 인구와 비교했을 때 나오는 비
율에 따라 정해진다. 이 이주를 통해 형성된 다섯 개의 주요 공동체는
다음과 같다.

(1) 남아프리카의 20만 명의 인도인(〈나탈〉에 인도인은 백인만큼 많았다)

(2) 트리니다드의 11만 명의 인도인(인구의 75퍼센트)

(3) 영국령 기아나의 15만 명의 인도인(인구의 44퍼센트)

⑷ 부수적으로, 네덜란드령 수리남의 4만 명의 인도인(인구의 24퍼센트)

⑸ 피지의 8만 5,000명의 인도인(인구 42퍼센트)

화답이라도 하듯, 나머지 인구는 몇 개의 소규모 공동체를 형성했다. 미얀마와 말레이시아의 배경에는 동남아시아 전역을 횡단하여 홍콩까지 확산된 인도인의 작은 공동체들이 있었다. 모리셔스 섬, 레유니옹 섬, 남아프리카에도 마찬가지였다. 동부 아프리카의 나머지 지역에 있던 약 15만 명 인도인의 경제적 역할은 무시하지 못할 것이었지만, 이주 인구의 비율은 정착 인구의 1퍼센트에 지나지 않을 정도로 미미한 것이다. 끝으로 서인도제도에는 수만 명의 인도인이 분산되어 있었다.

제2차 세계 대전 이후, 인도인의 디아스포라에 대한 이미지는 두 가지 이유로 크게 변모했다. 식민지에서의 해방과 석유산업의 발전이 그 이유였다.

이방인이자 동시에 식민지 운동의 첨병으로 간주된 인도인들은, 피식민지 국가였던 여러 나라에서 도망치지 않으면 안 되었다.

- 미얀마는 1960년경 인도인을 강제 퇴거시켰고, 따라서 이제 미얀마에는 수백 명의 인도인이 있을 뿐이다.

- 소규모 공동체들만이 형성되었던 나라들을 보자. 동아프리카와 특히 우간다에서 인도인들은 1970년대에 추방되었다. 케냐와 탄자니아에는 이제 소수의 인도인만이 남아있을 뿐이다. 1970년대에 프랑스령 인도차이나의 인도인은 모두 도망가지 않으면 안 되었다.

현재 인도인의 디아스포라 인구는 800만에서 900만 명으로 추정되지만, 이와 같은 통계 조사에는 주의가 요청된다. 왜냐하면 채택된 분류 방식의 성격에 따라 지역적으로 산정 결과가 크게 달라질 수 있기 때문이다(동화, 혼교, 일시적 이주나 위법 이주, 공식적 국적, 사용 언어, 종교 등). 예를 들어, 태국에 거주하는 인도 사람의 수는 평균 5만 명으로 추정되지만, 어떤 자료는 주저 없이 그 인원을 2배로 높여 잡기도 한다. 상당히 분명한 인구 조사 자료가 확보되어있는 브루나이[42]를 예로 들면, 공제 비율은 2대 3이 될 수 있다. 보통 힌두교나 이슬람교의 신자이면서 브루나이에 실제 거주 인구이자 노동 인구인 2,000명의 인도 사람만을 고려해 넣느냐, 아니면 탄트라 불교 신자인 4,000명의 네팔 사람을 더하느냐 마느냐에 따라 결과는 달라지는 것이다. 사실 이 네팔 사람들은 주민과의 아무런 접촉도 없이 병영 생활을 하면서 술탄의 근위대 구실을 하는 구르카[43] 연대의 일원이기도 하다.

이렇게 해서, 인구를 800만 명에서 900만 명으로 산정하면 인구의 유출이 끝난 것처럼 생각될 수도 있다. 왜냐하면 1950년 이후, 실제 이주 인구의 증가율이 자연증가율과 맞먹는 것 같기 때문이다. 그것은 연간 비율 2퍼센트 이하를 기준으로 한 것으로 광의적으로 해석하면 이 표본 인구에 해당하는 비율이다. 따라서 위와 같은 산정 결과는 신축성 있게 해석 되어야 한다.

- 제2차 세계대전 직전에 산정된 인도인 인구 가운데 4분의 1이, 신생 독립국 당국자들의 입장에서 보면 송환 조처 대상이었다(미얀마, 동아프리카 등).

- 전쟁 발발 직전, 여전히 인도인으로서의 정체성을 가지고 있던 수많은 인도인들은 그 후손들이 서구의 현대 생활 방식에 동화되어 주변 민족 문화에 용해되는 것(결혼, 개종, 지역 문화 수용 등을 통해)을 보게 되며, 이와 같은 과정은 300년에 걸쳐 진행되기도 했다. 그리하여 제2차

세계대전 발발 이전에 동남아시아에 정착한 정통 자이나교의 소매상 조부의 손자가, 지역 문화에 동화하여 주목받는 정치가가 되거나 설상가상으로 민족주의자가 되는 경우가 있다. 반면에 대도시의 서구 학문과 생활양식에 완전히 빠져 유럽 여성과 결혼한 뒤, 프랑스인이나 영국인 혹은 오스트레일리아 사람이 되어버린 자손을 둔 조부들도 있었다. 서인도제도의 대농장으로 일하러 와서 현지에서 결혼한 쿨리들은, 인도적(印度的)인 것이라고는 성씨 밖에 없는 자손들을 두게 되었던 것이다.

요컨대 제2차 세계대전 직전에 집계된 실제 디아스포라 인구의 3분의 1이, 이와 같은 동화 과정을 밟으면서 소실되었던 것으로 추정된다. 그리고 결손 인력은 아대륙 나라에서 온 새로운 인도인의 피를 주입하여 보충하는 수밖에 없었다. 그것은 결국 제2차 세계 대전 전후에 이주한 인도인의 수가 200만 명 전후라는 것을 뜻하며, 이 숫자는 새로운 이주 인구가 독자적 인구 증식 잠재력을 가지고 있다는 사실을 고려한 것이다. 1990년대에 들어, 약 200만 명의 인도인이 석유 산유국에서 임시 계약제 노동자로 활동하고 있지만, 이들은 언제 본국으로 송환될지 모르는 상황에 있기 때문에 실제 이주자로 보기 어렵다. 즉 인도인의 실제 이주 인구는 지난 50년을 통틀어 200만 명에 미치지 못했으며, 그것은 연간 3만 명에 해당하는 미미한 수치라고 하겠다. 상황은 변하고 있고 특히 유럽 이주에서 그런 것 같지만, 통계 수치상 느껴질 정도는 아니다.

하지만 일종의 브라운 운동[44]이 끊임없이 계속되고 있다. 상당수의 디아스포라 인도인들이 새로운 이민국을 찾아 내부적으로 움직이고 있으며, 그들은 주로 "서쪽에 위치한" 나라들을 택하고 있다. 따라서 수십 년 내에 남아프리카나 영국, 미합중국, 캐나다, 서부 유럽 등은 200만 명 이상의 인도인을 이주민으로 받아들이게 될 것이다. 이런 양식의 이주는 현재 발전도상에 있는 것 같다.

상당수의 이주 인구에도 불구하고 "인도인"에게는 중국인과는 달리 통일적인 공동체를 형성하려는 성향이 보이지 않는다. 언어와 종교 그리고 카스트 제도에 기초한 다층적 분할 운동으로 인해, 이주 인도인은 세분된다. 그러므로 막대한 수의 전체 이주 인구 뒤에 자리한 수많은 공동체들을 현실적으로 고려하지 않으면 안 된다. 인도인의 이주 현황을 파악하려면, 작은 공동체들의 존재로 생겨나는 오차를 계산에 넣어야 하지만 그것은 항상 쉬운 일은 아니다.

제 11 장

중국의 이주

오늘날 지구촌 사방팔방에 중국인이 분산되어 있다. 이주가 중국 문화의 주요한 특질 중의 하나로 보일 수도 있지만, 중국인 전체 인구에 비하면(20세기 말, 12억 6,000만 명) 약 3,000만 명에 이르는 중국인 이주자의 숫자(전체 인구에 2.5퍼센트에도 미치지 못한다)는 사실 아무것도 아니다. 이러한 상황을 어떻게 설명할 수 있는가? 답변은 질문이 잘못되었다는 것이다. 중국인의 이주를 〈대륙 중국〉(중국 인민 공화국, 홍콩, 마카오, 대만)과 이주민 사이의 대립으로 보는 것은, 흔히 저질러지는 실수로 그것은 중국인의 이주가 경계가 확실치 않은 유동적인 공간에서 장기간에 걸쳐 이루어졌다는 사실을 고려할 때 적절치 못하다고 할 것이다. 사실 중국인의 이주 과정은 3단계로 나누어 파악될 수 있다.

- **제1단계**(기원전 2000년 중반부터 서기 10세기까지)는 〈한(漢)〉 민족의 출현과 확장의 시기였으며, 중국으로 정의되는 공간이 기원후 10세기 말에 확정되었다(오늘날의 중국과 내륙지역의 구릉들을 가로지르는 대

하(大河)들이 있는 평야).

- 제2단계(송나라 시대에서 19세기 초까지)는 엄밀한 의미에서 중국으로 확정된 공간에서 중국 이민 집단이 빠져 나오는 시기로, 인구 통계적 차원에서 보면 무시해도 좋을 정도로 이동 인구는 양적으로 미약했으며, 동남아시아에서 그 움직임이 감지되었을 뿐이다.
- 제3단계는 아편전쟁(1840년)과 함께 시작되었다. 특히 수송 수단의 혁신적 발전 및 노동시장의 세계화와 결부되었던 이 시기는, 지구 차원에서 일어난 기존의 동향이 승계되면서 수적으로는 열약했던 시기이다.

중국 공간의 형성과 예비적 이주 단계

중국인의 확산 시작

이른바 중국 민족으로 규정할 수 있는 민족이 형성되기 시작한 것은 고작해야 기원전 2000년 전반의 일이다(기원전 1600년, 최초의 역사 왕조인 〈은殷〉의 출현과 상응하는 시기). 중국인의 출현은 황하 강 하류의 황토평야라는 아주 협소한 공간에서 이루어졌다. 여러 개의 민족 언어 집단에 속하는 비(非)균질적 그룹들로 구성된 중국 세계의 핵심 집단은, 그곳에서 교역과 전쟁 그리고 상호 동화의 과정을 거쳐 중국 문명의 기초를 이루는 문화적 종합을 성취해냈다. 그리고 그 문화적 집단은 종교와 표의문자(表意文字)에 바탕을 둔 것이었다. 고고학적 탐사를 통해, 정치적으로나 사회적으로 우위에 있던 집단들의 이주가 이러한 과정에 수반되었다는 것이 확인되었다. 이 집단들은 본래의 은나라 영토에서 황하평야로 널리 퍼져나가 문화적 균일화를 시도했던 것이다. 하지만 아

〈중국 문명의 발상지인 황하〉
(낙양유역)

〈수백만 명의 노동력이 동원되어 축성된
만리장성〉 (하북성 팔달령에서 본 모습)

직 엄밀한 의미에서의 이주를 논할 수 있는 시기는 아니다.

여전히 막연했던 문화적 공간은 두 번째 역사 왕조인 서주(西周)[1]
(BC. 1025년 건국)에 이르러 비로소 명확해졌다. 서주(西周)는 봉건적 왕
권을 중심으로 황하 유역의 주민들에 대한 편제 작업을 끝난 다음, 기원
전 8세기부터는 주민들이 황하 강 유역의 남쪽(회하淮河 유역)으로 몰려
가는 것을 허용했고, 이어서 장강(長江) 하류 방향으로 주민들을 전진배
치시켰다. 그것은 중국 민족의 확산이 처음으로 다소 구체적으로 확인
된 사건이었지만, 고작해야 수백만 명에 지나진 않는 인구가 약 30만

역 주
1) 평왕(BC. 771년)의 동천 이전을 서주라 한다.

평방킬로미터의 공간에서 행한 이동이었을 뿐이다.

1000년간의 성숙 기간을 비교적 한정된 공간에서 보낸 후, 급진적 정치 변화가 일어났다. 기원전 1000년 중엽에, 주(周) 왕권의 붕괴로 기존의 권력 집단이 균열하기 시작한 것이다. 그리하여 일련의 군소 정치 집단들이 생겨났다. 그중 변방에 있던 집단들은 외부의 미개 집단들에 대한 정복 운동을 시작하였으며, 이로써 군소 정치 집단들은 대립 관계에 돌입하게 되었다. 소(小)왕국 간의 경합 끝에 BC. 5세기 말에, 위하(渭河) 유역에 자리한 진(秦)이 상대적으로 두각을 나타내어 200년 동안 중앙평야를 지배하게 된다.

적대 세력들과의 오랜 대립이 끝날 무렵인 BC. 221년에 진(秦)은 중앙 평야의 제(諸) 왕국들을 장악하여 중국 제국이라는 중앙 집권적 통일 체제를 갖춘 제국을 세웠다. 진(秦) 왕조라고 이름 붙여진 이 제국은 지나(支那)라는 명칭으로 세상에 알려지게 된다. 정치적 용어로 정의된 "지나"라는 개념이 만들어진 이후 '지나 사람'이라는 개념이 출현하는데, 그것은 "한(漢)민족(漢民族)"이라는 차기 왕조의 이름에 의해 문화적 용어로 규정되었다. 중국 세계를 가리키는 이 두 개의 정의는 제국 확장 계획의 기초가 된다.

최초의 제국통일과 대초원 지대의 긴장 고조
—한(漢)(BC.221~AD.220)에서 수(隋)(581~681)까지

최초의 제국 통일

이렇게 하여 발전의 새로운 단계가 펼쳐졌다. 그것은 기원후 1000년 내내 계속된다. 아울러 이제 이주의 움직임은 점점 더 명료해졌다.

장기적 안목에서 이주의 힘은 중국사에서 결정적 요소가 되었다. 동시대에 서구에서 일어난 사례들과 대조 평가하면, 알렉산더 대왕과 그 추종자들의 헬레니즘 세계가 피정복지에서 지속적인 문화 동화 현상을 일궈내지 못한 반면, 중국의 정복은 단순한 군사적 행동만이 아니었다. 그것은 중국 주민의 이주를 촉발시킨 정복이었다. 이주자는 제국 질서를 비판하는 반체제 인사들로 구성되었으며, 군대가 관리하는 국경 주변 식민지 전초 기지에 정착하는 것이 기본이었다. 이러한 절차는 군사 식민지라는 명칭으로 BC. 2세기 중에 체계화되었다. 중국 영토의 빠른 성장세가 가져오는 역효과—제국 통일을 위협할 소지가 있는—를 완화하기 위해, 중국 당국은 식민지 체제에 있는 영토의 주민이동을 제한했다. 주로 중국-타이 집단에 귀속된 주민들을 목표로 진행된 이런 운동들은 결국 중국화(化) 과정을 촉발시켰다.

그러나 타(他) 민족의 한나라 풍습 수용과 주민의 이동 상황에 대한 단편적인 정보가 있다 해도, 이 두 현상을 구별하는 일은 여전히 쉽지 않다. 당시의 인구조사 자료에 의거하면, 과세 징수가 가능한 주민 수가 늘었을 때 이주현상이 두드러졌다는 것을 추정할 수 있을 뿐이다.

중앙 평야에서 시작된 제국 확장 계획은 주요 하천과 연안지방의

역 주

2) 현실적으로 중국 민족이라는 분류는, 라틴 문화권이란 개념과 더 나아가 인도-유럽 문화권이라는 개념에 비견할만한 민족 언어학적 다양성을 담고 있는 분류이다. 사실 오늘날 중국 민족은 언어학적으로 두 그룹으로 나뉜다. 첫 번째는 북부와 내륙부의 〈표준중국어〉를 말하는 집단이고, 두 번째는 남부와 연안 지역의 비(比) 표준어인 〈지역어들〉을 사용하는 혼합 집단으로서 이들 사이의 의사소통은 잘 되지 않는다. 이렇게 지극히 불(不)균질한 기반위에서 발달한 언어의 기발한 점은, 〈소리〉가 아닌 〈의미〉에 주력하면서, 다양한 방언들을 극복하는 문자에 의한 의사소통 방식을 발달시켰다는 데에 있다.

지배를 겨냥하고 있었으며, 그 최종 목표는 중국 해상 공간을 둘러싸고 있는 두 개의 커다란 만, 즉 북의 발해만(渤海灣)과 남의 통킹만[3](東京灣)에 도달하는 것이었다. 이 두 만 사이에 있는 내륙 지역들을 연결하기 위해, 제국 권력은 도로망을 발달시켰고 그 덕에 이주의 움직임이 보다 용이해졌다. 제국 확장 운동은 북방 지역과 한반도 지역에서 거의 성과를 거두지 못했지만, 장강(長江)의 중류 유역에서 시작하여 지류(支流)를 거슬러 주강(珠江)[4] 삼각주(광동지방)에 이르고, 거기서 다시 홍하 강 델타(통킹은 BC. 2세기 말부터 제국에 통합되었다)에 이르는 것을 목표로 한 남쪽 지방에서의 확장 운동은 지속적인 성공을 거두었다.

중국의 인구는 황하유역이라는 중국의 전통적인 역사 공간을 중심으로 발전해 왔다. 하지만 인구가 6,000만 명에 약간 못 미치는 제국이 기획한 제국 확장 운동 결과(AD. 1세기 초) 한(漢)민족의 4분의 1이 장강(長江) 남쪽에 살게 된다.

대초원 지대의 긴장 고조

AD. 3세기부터 중국 북부의 대초원 지대에 살던 유목 민족의 압력이 커지는 바람에, 500년에 걸쳐 계속된 중국 확장운동에 버팀목이 되었던 제국의 안정에 균열이 생기기 시작했다. 흔들리던 제국 권력은 세분화되었고, 중국 북부에 대한 방어 능력을 상실함에 따라 북부는 외세의 침략에 무방비 상태가 되고 만다. 상황이 이렇게 되자, 중국 북부 주민은 북부와는 달리 여전히 중국 행정기관의 강력한 통치를 받고 있던 중국 남부로 후퇴하기 시작했다. 남부로 유입되는 인구가 너무 많아, 제국이 분열한 후에도 가장 오래까지 존속했던 남중국의 왕국 동진(東晉)(317~420)[5]은 정착 주민과 유입 주민을 구별하는 등록 제도를 제정해야 했다. 이러한 이주 집단에 대한 전형적 이미지는 "하카(Hakka)"

⁶⁾—객가(客家)를 뜻한다—라고 할 수 있으며, 오늘날에도 이 민족적 호칭에는 이주자라는 뜻이 담겨 있다.

스텝 지역의 압력이 마침내 줄어들자(5~6세기), 중국 북부는 이방(異邦) 왕조 북위(北魏)의 비호 아래 다시 안정을 찾게 된다. 이 무렵 이주의 움직임에 일종의 역전현상이 일어나게 된다. 황하 유역의 퇴락해가는 중국 주민에 편입되었던 스텝 지역 주민들이 이제 그 주민과 동화와 융합을 이뤄 중국 북부 인구의 재편성에 공헌하게 되었던 것이다. 이러한 안정화로 1000년 전에 그랬듯이 제국 건설이 가능해졌고, 이렇게 하여 6세기 말에는 통일 제국 수(隋)(581~618)⁷⁾가 세워졌다.

제국의 재구성과 경제 개방 준비(581~960)

제국의 재구성으로, 수(隨)를 이은 당(唐)⁸⁾(618년에 창건)은 이주 제도를 다시 제정할 수 있게 되었다. 이제까지 중국 제국의 관심은 주로 남쪽에 쏠려왔지만, 당나라라는 대륙 교통로들, 특히 북부 국경 지대와 실크로드(비단길)로 이어지는 서역로(西域路)에 관심을 보였다. 당나라의 교통로에 관한 관심은 대규모 이주 운동의 재개로 이어졌고, 수세기 전부터 진행되어온 장강(長江) 남부 지방에 대한 식민지 개발은 황하 서편에서 서안(西安)에 이르는 지역에 대한 식민지 개발로 승계되도

역 주

3) 베트남 북부 홍하의 삼각주를 중심으로 하는 지역.
4) 중국 화남 지방 최대의 강.
5) 진나라 후반에 해당하는 중국의 왕조.
6) 객가(客家)의 뜻, 특히 광동의 방언. 하카 말을 하는 사람이라는 뜻도 있다.
7) 중국의 통일 왕조(581~618).
8) 수나라에 이은 중국의 왕조. 618년 이연(李淵)이 건국하여 907년 멸망.

록 계획되어 있었다. 하지만 이 사업은 전면성도 지속성도 가질 수 없었다. 중국인들이 스텝 지역에서 야기하는 문제로 난관에 봉착했기 때문이다. 농경 사회인 중국과 목축을 주로 하는 스텝 지역을 가르는 경제 문화적 차이를 극복할 수 없었던 중국인의 서역 확장 운동은, 현실적으로 제대로 시작되기 힘들었고, 8세기 후반에 들어서는 사실상 주춤해버렸다.

반면 한(漢) 민족의 남부 지방 점령은 계속되었고, 결국 장강(長江) 중부 유역과 광동 사이의 지역은 한(漢) 민족의 땅으로 통합되었다. 이렇게 하여 AD. 10세기 말, 그보다 2000년 앞서 시작된 중국 이주의 첫 단계는 마침내 잠재적 목표에 도달했다. 황하 강 하류와 위하(渭河) 강 그리고 홍하(紅河) 강[9] 삼각주 사이에 펼쳐진 평야와 구릉들, 중국인의 정착 생활의 배경이 될 지역들에 대한 중국화가 이루어졌던 것이다. 하지만 산악지대는 비(非) 중국계 민족들의 터전으로 그대로 남게 되었다.

교역로를 따라 진행된 이주

고고학적 탐사와 구전 정보를 액면 그대로 받아들이면, 해상 교역로를 통해 주로 진행된 이주의 제2단계는 오래 전부터 있어 왔다. 그런 식으로 이주한 소수 중국인은 상대측 이민 사회에 늘 융합되었다. 하지만 그 이동 규모는 "이주"라는 말로 표현되기에는 너무도 적었다. 전에는 이주민을 100만 명 단위로 셌지만, 이제 1,000명 단위에 불과했던 것이다. 그럼에도 불구하고, 이 움직임은 중국인이 중국-태국이라는 문화 맥락과 중국 공간에서 벗어났다는 점에서, 즉 중국인이 엄밀한 의미에서 이주했다는 점에서 근본적인 변화가 된다. 이같은 이주는 전(前) 시기의 이주가 근거리 이주였던 것에 반해 외부 세계의 불연속적인 외곽 지도가 그려졌고, 대륙의 정치권력으로부터 독립된 유동적이며 일시적인 중국 시설들이 만들어지기에 이르렀다.

예비적 단계

송(宋)(960~1279)과 몽고제국(1214~1368) 시대의 최초의 대(大)교역;

송(宋) 왕조 초기, 동남아시아로 향하는 해로들이 개발되던 시기에 항해 기술의 발달로 원해용 정크[10] 건조가 가능해진 시기와 거의 일치한 것은 결코 우연이 아니다. 몽고 정복(13세기)에 따라 먼저 중국 남부와 해로망을 이용한 세계 무역이 재개되고, 일본에서 동남아시아로 이어지는 교역 시스템에 중국인이 투입된 상황에서, 이번에는 중국 상인이 육로에 의존하는 제2의 교역망을 이용할 수 있게 되었다. 중국인은, 당시 몽고의 신탁 통치 하에 있던 시대에 이란으로 펼쳐진 비단길의 남쪽 로드와, "타이가[11] 침엽수 지대" 외곽에 펼쳐지는 북쪽 로드로 이어지는 대상로(隊商路)의 연결 지점에 자리 잡게 된 것이다. 일단 몽고로 간 중국인들은 이어서 예니세이 강 상류에 도착했고, 몇 십 년 후에는 황금 군단[12]의 칸(汗)의 영토 서부 외곽과 모스크바와 노브고로트에 이

역 주...
9) 중국의 윈난 성에서 발원하여 통킹만으로 흘러드는 강.
10) 중국에서 연해나 하천에서 승객이나 화물을 실어 나르는 데 쓰는 특수한 모양의 배.
11) 북반구 아한대(亞寒帶)에 분포한 침엽수림지대
12) 몽고족 최고의 부족.

르게 된다. 그러나 몽골족의 중국 침입은 해로를 통한 이동에 새로운 충격을 주었다. 중국인은 해협에 정착했고(중국과 아랍의 고문서 자료에 의하면 중국인이 오늘날의 싱가포르인 〈투마식〉의 말라카 해협에 살았다고 한다), 그중에는 아시아의 다른 항구로 옮겨가 인도의 동해안으로 가는 상인들의 중계 역할을 하는 사람들도 있었다. 이출민이 너무 많아 14세기 후반에는 중국인에 의해 운영되는 자치 독립적 소규모 정치 조직들이 여러곳에서 생겨났다. 팔렘방(수마트라 동부에 위치)의 자율적 "해적 국가"가 그런 조직이었다. 그러나 이 중국인 공동체들은 계승의 역사가 없는 불안정한 단체들에 불과했기 때문에 결국 항상 피(被)이민 사회에 귀속되었다.

명(明)나라[3]와 해로를 통한 이주의 발전

몽고 제국 말기(1368), 해로를 통한 중국인의 이주는 전혀 다른 방식으로 전개되기 시작했다. 사실상 육로는 또 다시 막혀버렸다. 따라서 새로운 왕조 명(明)은 교역이 확대되었다는 점을 빼고는 송(宋)이 놓였던 것과 똑같은 처지에 놓이게 되었다. 15세기 초(1405~1433)에 명(明)나라가 일곱 차례나 해로 원정을 계획한 걸 살펴보면, 중국인에게 바다가 얼마나 점점 중요해졌는지 알 수 있다. 사실 소규모 상인 공동체들이 이주를 계속하긴 했지만, 그들의 해외 진출은 고작해서 동남아시아에 그치는 수준이었다.

명나라는 처음부터 상거래를 장려하려 했지만, 예측하기 어려운 정치 상황으로 인해 거래는 단기간에 그쳤고, 지속적인 해외 이주로 이어지지 않았다. 해적행위가 기승을 부리자, 중국 당국은 16세기 내내 개인적 대외무역을 금했다. 그 결과 육로를 통한 접근이 지극히 힘든 광동 항이나 복건성 연안항과의 사적교역도 불법이 되어 제한을 받게 되었다. 이렇게 하여 상인들이 이동할 수 있는 지역은 광동, 하카, 차오저우[14], 호키엔 등 4개의 민족 언어 집단이 살면서 경제적 면에서는 매우 취약한 약 10개소의 연안지방으로 축소되었다. 따라서 해외 중국인 공동체를 구성하는 민족도 제2차 세계대전까지 이렇게 고정되었다.

이주의 흐름이 계속 이어져도, 이런 공동체들은 소멸하지 않을 수 없게 되어 있다. 유럽인의 도래와 같은 외적이면서 우발적인 사건이 일어나지 않았다 해도, 결혼이나 지역 종교의 수용과 같은 일이 영향을 주었다. 또한 유럽인의 도래는 중국인 공동체의 조직화를 초래하여 그 역할을 변화시켰다. 사실 아시아 민족 간의 교류 촉진은 16세기에 도래한 유럽인에게 통풍 작용의 역할을 했다. 아시아에서의 유럽인의 존재는 처음에 아무런 내용적 변화를 가져오지 못했지만, 중국인이 중국과 일본에서까지 유럽 사람이 선호하는 상업의 인터페이스가 되었다는 점에서 의미를 갖게 되었다. 중국인은 서구인이 만든 마닐라[15](1571)와 바타비아(1619, 지금의 자카르타)와 같은 신도시와 해외지점에 정착하여 자립적인 공동체를 형성했던 것이다. 마닐라에서는 지역 상인과 장인이 부족하여, 기초 경제 활동을 담당한 사람들은 푸젠(福建省)[16] 출신 중국 사람들이었다. 서구인과 중국인의 시너지 작용에 힘입어 17세기 이후, 후대들은 연속적으로 남겨진 자료들을 참고하여 공동체 발전에 기여할 수 있게 되었다.

청(淸)나라[17]와 정치에 관심을 가진 이출민의 출현

서구인과 중국인 사이의 이런 멋진 상호보완적 관계는 1644년에 청(淸)이라는 만주족(滿州族) 왕조가 나타나면서 도마 위에 오른 것 같다. 중국인의 이주에 대한 청조(淸朝)의 입장이 긍정적으로 보였던 시기가 있었지만, 결국 청은 금지 선고를 내린다. 16세기 중에 세(勢)를 확장한 해적 조직이 명나라를 우군으로 삼았고, 1650년대 중엽 장강(長江) 하류를 장악할 정도로 위협 세력이 되자, 만주족은 해상 해외무역에 대한 금지명령을 내렸다. 그러나 그 조처가 실효를 거두지 못하자 1661년 산동(山東)에서 광동(廣東)에 이르는 해안에 대한 퇴거 조처를 결정한다. 이와 같은 초토화 정책 때문에 수십만 명이 이주를 선택하지 않을 수 없었다. 이렇게 하여 그들은 대만으로 후퇴한 명나라 잔존 군대와 함께 대만에 남게 된다.

도피와 함께 강제 이주라는 이중적 흐름으로 중국인의 이주는 활기를 띠게 되었다. 이와 함께 군사기획이라는 간접적인 수단을 핑계삼아 상업 기반을 바탕으로 한 독립 "공국(公國)"들이 잠정적으로 출현했다. 서방에서는 코싱가라고 부르는 정성공(鄭成功)[18]의 지휘 아래 20년 동안 해상 제패의 중심이 된 대만 공국이나 캄보디아 남동의 "하티엔"(1671년 창설) 공국이 그 예다.

그러나 이 모든 것은 사실상 지속적 이민에 해당하지 않는다. 즉 이들 "군사 식민지"들은 수십 년 후 중국 제국에 병합되거나(대만, 1683년), 지역 세력에 의해 흡수되었다(하티엔). 1643년 일본이 중국 무역에 대해 제한 조치를 취한 이후, 명나라 체제 유지자들의 유일한 탈출구이자 청의 반대 세력의 온상이었던 동남아시아 공동체들과 새 중국인 이민자들이 의기투합하는 것을 막기 위해, 청(淸)나라는 모든 종류의 이주를 금지했기때문에 중국인 해외공동체들은 결국 수용 사회에 융화 내지 동화되지 않을 수 없다.

그럼에도 불구하고 정반대의 사태가 벌어졌다. 이번에도 유럽인의 존재로 인해 중국인의 이주에 새로운 힘이 실린 탓이다. 아시아 물품에 대한 유럽의 수요가 계속적으로 증가함에 따라, 중국은 새로운 생산 활동을 전개하게 되었으며, 여기에 교역의 중개(仲介)라는 중국인의 전통적인 활동이 부가된 것이다. 이렇게 해서 해외 중국인은, 토착 세력과 지역 세력 그리고 서구 실세들로부터 농업과 산업의 독점 개발권을 따내게 된다. 18세기 중엽 보루네오 남부의 회교 군주국에 살던 하카(客家) 후손들은, 중국 대륙 가족과의 협력을 주도하는 특수 조직체 상회(商會)에 의한 자치 통치권을 부여받았다. 말레이 반도의 페라크 회교 군주국에서 18세기 말(1777년) 주석광 개발권을 낙찰 받은 것은 광동 사람들이었다. 네덜란드의 신탁통치를 받고 있던 자바에서도 사탕수수 생산을 도맡은 것은 중국인 하카들이었다. 해외 중국인 공동체들은 내부 결속을 통해서만 국제적 교류역할로서의 존재 기능을 확장할 수 있었으므로, 중국 사람으로의 정체성을 강조하는 정도에 그 존속 여부가 달렸다. 경제라는 간접 수단을 통해 만들어진 해외 중국인 공동체들은, 북경 정부가 해외 중국인들을 몰라라 했기 때문에 경쟁 과열시 군사적 개입을 마다하지 않았던 식민지 당국과 주기적으로 마찰을 일으켰다(17~18세기 내내 계속된 마닐라 긴장상태, 1740년의 바타비아 대량 학살 등).

18세기 말 해외 중국인 공동체 대부분은 동남아시아에 소재했으며

역 주 ……………………………………………………………………

17) 명나라 이후 만주족 누르하치가 세운 정복 왕조로서 중국 최후의 통일왕조 (1636~1921).
18) (1624~1662) 명나라 부흥 운동의 중심 인물. 명말 청초에 대만과 대륙연안에서 활동한 세력의 지배자.

항만이나 하천 유역을 주요 정착지로 삼았다. 이 공동체들은 둘로 분류되었다. 첫째, 넓은 지역에 분산된 농지공동체가 있었는데, 그곳에서는 동화 성향이 강했다. 필리핀은 그중 가장 주목할 만한 실례로 꼽힌다. 1764년 이후 지방에 정착하는 것이 금지된 중국인은 중국-필리핀 혼혈들로 교체되었고, 혼혈들은 기본 농공업 생산품의 생산과 유통을 발전시켰다. 둘째는 도시와 광산 공동체로서, 이 경우 중국인의 상업 내지 기술적 수완이 경제적 차원에서 점하는 비중이 컸기 때문에 수용 이민 사회와의 통합은 상대적으로 강했다.

문화 정체성의 해체와 보존이라는 이중적 절차가 담긴 중국인의 이주를 인구 통계만으로 평가하는 것은 어려운 일이다. 실질적으로 중국 여성의 이주는 드물었기 때문에(중국 아내들은 본토에 남아있었다), "중국인"이라는 명찰에는 다양한 상황이 은폐되어 있었다. 그것은 중국인이라는 정체성에 대한 동일한 자의식을 지녔으며 〈열여덟 개의 주〉 가운데 하나에 자리 잡은 조상들의 태생지를 가족과 왕조의 뿌리로 보는 중국인에서부터, 강도 높은 혼혈 공동체까지를 포함한다. 스스로를 중국인으로 규정하는 중국인과 동남아시아의 "중국인"은, 중국 전체 인구의 0.5퍼센트 이하에 해당하는 100만 내지 150만 명이 될 것이다.

이 공동체들은 산업 혁명이라는 서구의 새로운 자장(磁場) 안에서 성장하기 시작하였으며, 그것은 중국인의 이주에도 영향을 미치게 된다. 18세기 말, 서구의 정책은 〈생산적〉 식민지 개발로 바뀌고 있었다. 이 정책은 자연 자원의 합리적 개발을 목표로 삼았으므로 노동력을 필요로 했고, 이는 〈쿨리〉라는 계약 노동자의 수출이 시작되었음을 뜻했다. 영국은 지역 생산물을 상품화할 수 있는 중개 지점을 배치하기 위해, 페낭, 말라카, 싱가포르 등 말레이시아 해협의 요지를 지배하여 통과화물 면세항(港)으로 만들어 버렸다. 그 결과, 중국인 인구는 싱가포르와 페낭에서 30년 동안(1820~1850) 3배, 말라카에서는 4배나 늘었다.

중국인의 디아스포라

위와 같은 추세는 19세기 초엽 계속 가속화하여, 중국인 이주는 그 규모와 비중에 있어 새로운 변화를 맞게 된다. 서구의 당시 식민지와 구(舊) 식민지에 노예제 폐지를 초래한 서구 제국의 공업발전은, 중국의 정치적 위기 상황을 불러들이게 되었고, 이에 따라 점점 많은 중국인들이 이주를 택하는 결과를 낳았다. 특히 아편전쟁(1840~1842년, 1857~1860년)과 타이핑[19]의 난(1851~64년)이 일어난 중국 남부에서 이주 인구는 급증했다. 예컨대 1840년대에서 19세기 말에 이르기까지 — 홍콩, 마카오, 대만과 같은 중국의 남쪽 주변부로 이동한 사람들의 수는 계산에 넣지 않는다 해도— 약 250만 명이 중국을 떠났다. 이주 인구가 눈에 띄게 급증하자 서구세계에서는 "황화론(黃禍論)"[20]이 차츰 고개를 들기 시작했다.

그것은 지난 세기와 비하면 분명 규모 있는 이주였지만 근대의 이주의 움직임이라는 세계적 맥락에서 보면, 지극히 한정된 것이었다. 그것은 아메리카로 향한 유럽 이민자(같은 시기에 1,800만 명이 이주)의 7분의 1에 불과한 수였는데, 유럽 인구는 당시 중국 인구의 약 3분의 2에 불과했던 것이다. 게다가 중국인 이주자 모두가 엄밀한 의미에서의 이

<hr>

역 주
19) 太平天國의 亂.
20) 청일 전쟁 말기인 1895년에 독일 황제 빌헬름 2세가 주창한 황색 인종 억압론.

민을 했던 것도 아니었다. 이주 인구의 3분의 1이 서구의 노동력 수급을 위한 임시 이주를 했기 때문이다. 서구는 진보된 교통수단을 이용하여 아시아라는 거대 노동 시장에서 점차 노골적으로 계약노동자들을 모집했던 것이다.

그런데 임시 노동력의 수출도 이주 지역에 정주하는 잔류 인구를 생산했고(일시적 유출 인구의 약 3분의 1), 따라서 잔류 인구는 이주 인구에 포함되었다. 하지만 계약노동자의 대부분은 처음부터 정주를 선택하지는 않았다. 이주지 선택이 자발적 의지에 의해 이루어지지 않았으며, 매력적인 경우도 많지 않았기 때문이었다. 그것은 이런 종류의 노동력을 청한 것을 보면 알 수 있는 일이었다. 게다가 이주 지역은 인도양과 태평양을 넘어 넓은 범위에 분산되어 있었던 것이다.

이주 인구의 지리적 분산, 1840년~1900년

그럼에도 불구하고 이주 지역들은 늘어나는 유출 인구에 의해 정비되어갔다. 이주 인구의 대부분이 계속해서 전통적인 이주 지역인 동남아시아로 갔지만, 전체의 4분의 1에 해당하는(70만 명) 적지 않은 사람들이 새로운 목적지를 향해 떠났다.

새로운 목적지를 향한 중국인 노동자의 이동-두 가지 형태

• 가장 대대적이고 가장 지속적이었던 첫 번째 이주 양식은 "새로운" 이출민의 절반 이상을 차지했다. 그것은 1840년대 시작하여 1880년경까지 계속되었다. 중국인의 수가 많지 않았던 인도양의 사탕수수 섬의 노예 노동력이 중국인 노동력으로 교체되었다. 모리셔스 섬과 레

유니옹 섬에는 수천 명의 쿨리가 있었다. 하와이에는 3만 명 그리고 주로 중국인 노동자가 있었던 카리브 해에는 모두 21만 5,000명이 있었는데 그중 4분의 3은 쿠바에 있었다. 또한 남아메리카의 광산에도 중국인 노동자가 동원되어 페루의 동과 조분석 광산에는 12만 명의 중국인 노동자가 있었다. 이민자 대부분에게 있어(쿠바와 페루는 이 대체 노동력의 거의 4분의 3을 받아들였다), 노동조건이 너무도 지속적으로 열악하여 중국인 이민 역사상 처음으로 중국 정부는 자국의 해외 거류민의 이익을 위해 중재에 나섰고, 이후 1874년에는 페루와 쿠바에 대한 노동력 수출을 전면적으로 금지시켰다. 그러다가 19세기 말에 다시 대거 중국 노동자의 송출이 재개되었다(제1차 세계 대전시, 쿠바에는 1887년에 조사된 4만 5,000명의 중국인 노동자 가운데 4분의 1만이 남아 있었다).

　•1850년대부터 전혀 다른 성격의 두 번째 이주 양식이 추가되었다. 두 번째 이주는 주로 현대 경제의 비약적 발전 도상에 있던 오스트레일리아와 북아메리카의 태평양 연안 지방으로 진행되었다. 중국인 노동자 이주의 절반 이하를 점하는 두 번째 이주는 서로 비중이 다른 3개의 그룹으로 분류된다. 지엽적이었던 이주의 전초부대(새로운 목적지로 향한 중국인 노동자의 6의 1)는 〈금을 쫓는 사람〉이라 불린 개별적 모험 집단이다. 그들은 100년 이상 전부터 보루네오에서 이어 온 활동을 태평양 양안광맥(兩岸鑛脈)으로 확대했다. 그들은 북아메리카 서해안(1848년 캘리포니아의 광상(鑛床)과 1858년 영국의 콜롬비아 광상에서는 5만 명의 광부를 끌어들였다고 한다)이나 오스트레일리아(1851년과 1870년에 약 7만 명)를 향해 떠났다. 두 번째 이주가 본격적으로 전개된 것은 1860년대이며, 그것은 현대의 경제 시스템이 필요로 한 이주 노동자 인원의 대부분을 공급했다(중국인 이주자의 4분의 1 이상이 새로운 목적지로 출발했다). 또 다른 계약노동자 집단이 형성되어(20만

명의 중국인 중 상당수가 '금을 쫓는 사람'으로 전직), 북아메리카의 태평양 연안 지방의 철도공사에 투입되었다.

식민지형 활동과는 달리 이 〈산업〉형 활동은, 중국인 노동력에 너무 잘 맞았기 때문에 결국 이주 노동자들은 자신들의 산업적 성취의 희생자가 되었다. 중국인이 앵글로-색슨 지방의 노동력을 위협하게 된 것이다. 중국인 노동자의 이주가 시작된 지 20년도 지나지 않아 해당 정부들은 이 〈위협 요소〉 때문에 아시아인 이민 금지법을 발표하고, 차별 수단을 강구해야 했다[21]. 따라서 중국인은 19세기 말부터 오스트레일리아에 이어서 미국에서 점차적으로 추방되었다. 이렇게 하여 오스트레일리아보다 훨씬 많은 기회를 제공해 주던 미국에서 1880년과 1900년 사이에 중국인 공동체 인구의 3분의 1이 줄었다. 19세기 말 중국인 공동체의 5분의 4(약 7만 명)에 해당하는 잔류 중국인이 태평양 연안 몇몇 소도시에 집중적으로 모여 살았고, 나머지는 대서양에 분산된 소구역에 거주했다.

중국인 노동자의 이민은 1880~1890년대부터 앵글로-색슨 지역 밖에 있는 지역들, 즉 파나마 운하라든가 아프리카 남부(모잠비크, 벨기에령 콩고, 마다가스카르 철도) 등지에서 진행되는 몇몇 사회기반시설 공사장에서만 계속되었고, 또 계약이 만료하면 모든 중국인들은 떠났기 때문에 부대(附帶) 현상으로 축소되었다.

태평양 양방향의 움직임이 증대된 것은 사실이지만, 그것은 부차적인 이주 인구에 지나지 않았다. 무수히 많았던 이 작은 공동체 집단에서 결국 남은 사람은 통틀어 약 20만 명에 불과했다.

　19세기 중국인의 이주는 사실 동남아시아라는 전통적 이주 지역으로 한정되었다. 중국인 이주 인구의 거의 4분의 3을 받아들인 동남아시아에서 계약직 노동자 쿨리의 90퍼센트가 정주하여 과거의 이출 인구를 압도했다. 예를 들어, 1840년과 1900년 사이에 필리핀의 중국인 인구는 2배가 되었고, 인도네시아와 태국에서는 3배, 네덜란드령 인도에서는 5배, 버마에서는 10배가 되었다.

　하지만 이런 증가율에 현혹되어서는 안 된다. 동남아시아 지역 자체가 강한 인구 압력을 받고 있었기 때문이라고 해도, 중국인 공동체의 비중은 상대적으로 약해 동남아시아 전체 인구의 5~8퍼센트 사이를 넘나들었을 뿐이었다. 인도차이나 반도의 주요 지역과 동남아시아 제도에서 중국인 인구는 전체 인구의 5퍼센트 이하였다. 1900년 버마에 약 4만 명, 필리핀에 6만 명, 월남에 22만 명, 네덜란드령 인도에 50만 명의 중국인이 있었다. 요컨대 전통적 인구 균형에 별로 변한 것이 없었던 것이다. 중국 제국(帝國)과의 정치 및 무역 관계가 가장 긴밀한 동남아시아 국가이면서, 1840년과 1900년 사이에 중국인 이주 인구의 약 4분의 1을 받아들인 태국에서조차 중국인의 인구는 전체 인구의 10퍼센트에 불과했다.

　하지만 이와 같은 법칙에 예외가 되는 곳도 있었다. 서구의 압력이 가장 현저했던 말레이 반도가 바로 그곳이었다. 영국인이 직접 광물 및 농업 자원의 개발에 나서자 중국인 노동력의 수요가 이 지역에서 급증했으므로 전반적 도시 분포의 개발이 이루어졌다. 말레이 반도의 중국인 인구는 이전에도 이미 적지 않았지만, 1840년과 1900년 사이에는 8

역 주
21) 1898년에 하와이가 미국에 귀속되면서 이 법률은 하와이에도 적용하였다.

배로 늘었고 1900년에는 약 60만 명이나 되었다. 그리고 싱가포르에서는 17배가 불었다(1900년, 중국인은 20만 명). 이렇게 하여 19세기 말 이작은 말레이 반도는 해외 중국인 공동체의 4분의 1 이상을 수용하게 되었다. 19세기와 20세기 사이, 말레이 반도의 서안과 싱가포르에는 중국인이 말레이 사람보다 더 많았다.

1900년 결산

19세기 말에 중국인의 이주 인구가 아무리 많았다 해도, 1900년 해외 중국인 공동체의 전체 인구는 여전히 500만 명에 불과한 미미한 숫자였다. 그것은 미합중국의 한 주(州)의 인구에 해당하며 중국 제국 전체 인구의 1퍼센트에 지나지 않는 것이었다. 지구의 민족 지도를 변경한 전체적인 이주의 움직임에도 불구하고 아프리카와 오스트레일리아와 남아프리카에서 중국인의 이주란 부대현상에 지나지 않았으며, 1900년 북아메리카의 디아스보라의 6퍼센트만이 중국인의 이주와 관련되었을 뿐이다. 해외 중국인 공동체의 90퍼센트가 동남아시아에 계속해서 살고 있었던 것이다.

그러므로 중국인의 이주라는 문제가 제기되는 유일한 장소는 동남아시아였다. 그곳에서 지역 사회와 중국인 공동체 사이의 융합은 정치 및 기술적 이유로 감속하고 있었을 뿐만 아니라 역전하는 경향까지 보였다. 사실 해외 중국인 공동체는 정치적 파워를 형성하고 있었다. 이주 노동력의 잠정적 성격으로 인해 이주자들은 계속 중국쪽으로 시선을 돌렸고, 식민지 권력이 중국인 이주자들을 열등한 위치에 붙들어 두려했기 때문에 그들은 중국인이라는 정체성을 가일층 강조했다. 요컨대 이주자들은 만주 정권에 대해 이의를 제기하는 국가주의 집단이 되었고, 1912년에는 청(淸) 제국을 붕괴시킨 혁명세력의 주요 자금원이 된다. 또한 중국인의 이주가 산업화 발전과 밀접한 노동력 수급에 부응했기 때문에, 이주는 신기술(수송, 중공업)의 발달로 이어졌고 중국인은 서구화 과정의 주요 매개자가 되었다. 이와 같이 중국인 공동체는 이주 지역 주민과 이중으로 사회학적 괴리를 형성했으며, 그 수가 많았기 때문에 더더욱 눈에 띄는 존재가 되었다.

20세기 중국인의 이주와 탈(脫)식민

1900~1945, 중국인 이주의 새로운 내적 변화

20세기 전반에 중국인의 이주는 전(前)세기의 이주 양태를 그대로 답습했던 것처럼 보인다. 서양의 과학 기술의 발전에 발맞추어 이주 중국인의 직종이 다양하게 변화하기는 했지만 말이다.

중국인의 이주 현상은 명백한 연속성이 있긴 했지만, 인구의 측면에서나 지리적인 측면에서나 근본적인 변화가 있었다. 이 움직임이 지엽적이긴 했지만, 일시적 이주 인구가 영국과 네덜란드로 향했고, 제1차 세계 대전 중에는 프랑스에도 갔다. 다른 한편 주목할 것은 여성의 이주가 시작되었다는 점이다. 19세기 말엽부터(1893년), 이민을 떠나는 중국 여성들이 생겨났다. 중국 제국 행정부가 귀환 금지 조처를 철회하여, 외국에서 쌈짓돈을 모은 남성이 신부를 구하러 본토로 되돌아오는 것이 허락되었던 것이다. 몇 십 년 후 외국으로 이주하는 여성들은 더욱 많아졌다. 말레이시아(1930년)와 싱가포르(1933년)와 같은 초기 이민지에서 중국인 남성의 노동력은 제한했지만 여성 노동력에 대해서는 그렇지 않았다. 이민의 흐름은 점차 일방적으로 여성화하여, 동남아시아의 중국인 공동체에서 여성의 비율은 4배가 되었다. 이러다보니 1940년대

초, 해외중국인 공동체에의 여성과 남성의 비율은 대략 1대 1이 되었다.

이주 인구의 여성화는 중국인 공동체의 역동성에 변화를 주었으며, 19세기부터 시작된 이런 변화는 돌이킬 수 없는 것이 되었다. 이주 인구의 여성화로 중국인의 문화적 동질성은 회복되었고, 생물학적 민족성의 유지가 보장되었다. 이러다보니, 동남아시아나 인도양 그리고 폴리네시아 섬처럼 중국인 공동체가 비교적 밀집된 모든 지역에서 "혼혈"이었던 공동체들이 "재(再)중국화"하는 일까지 벌어졌다. 이런 움직임은 문화 단체들(신문, 영화 등등)의 활동을 근거로 퍼져나갔으며, 그중에서 가장 큰 역할을 한 단체는 중국인 학교들이었다. 문화적 동화에 대한 거부 운동은 지나치게 거세져 지역 당국의 커다란 근심거리가 될 지경이었다. 〈타이의 왕국〉을 뜻하며 오늘날 태국이라 불리는 사이암에 1932년 국민정권이 수립되고, 아이러니컬하게도 중국인 지구의 지도자 중 한 사람(피분송크람)[22]이 15년간 권력을 장악하게 되자, 중국인 학교문제는 중국인 공동체와 정치권력 사이에 반복적인 논쟁거리가 되었다.

1945~1995, 통일 중국의 회복과 탈(脫)식민

해외 중국인의 힘이 중국이란 뿌리에 다시 실리고 중국 공동체의 잠재력이 증강하여 탄력을 받는 상황에서, 제2차 세계대전과 서구로부터의 탈(脫)식민에 이어진 필연적 이민 현상에 변동이 일어났다. 즉 중국 대륙이란 수원이 고갈됨에 따라, 중국인의 이주가 동남아시아의 다소 혼혈화한 중국인 공동체를 중심으로 계속된 것이다. 그동안 왕조가 변할 때마다 반복된 일이 1949년에 공산주의자들이 권좌에 오르자 반복되었다. 수백만 명의 사람들이 중국의 남쪽 주변부로 이동해 간 것이다(200만 명의 체제지지파는 대만으로 갔고, 약 100만 명의 "자본주의자"는 홍콩으로 떠났다). 중화인민공화국의 빗장은 잠겼고, 대륙으로부터의 이주는 중단되었다.

동남아시아의 상황은 이와 정반대였다. 탈(脫)식민을 옹호하는 토착 민족주의의 목소리가 높아짐에 따라 중국인 이주 공동체와 이민 수용 사회 간(間)의 오랜 계약 관계가 마침내 흔들리게 되었다. 그 계약 관계의 근거는 이민 수용 사회 속으로 중국인 공동체가 점진적으로 융합하는데 있었기 때문이다. 중국인이 지역 사회에 완전히 흡수된 듯이 보이는 태국과 필리핀, 이 두 동남아시아 나라를 제외한 다른 모든 나라에서 중국인은 수십 년 전부터 안고 온 정체성에 대한 자각 때문에 대가를 치르고 있었다. 중국인들은 점점 더 소외 계층이 되었고, 결국 수용 사회에서 부분적으로 배척되었다.

동남아시아의 중국인 배척은 중국인 정착 지역의 집단화, 대량 살상, 그리고 소위 추방이라는 세 가지 양상을 띠었다.

중국인 배척 운동은 1960년대에 말레이시아에서 시작되었다. 말레이시아에서는 중국인과 말레이시아인 사이의 긴장관계가 반복되던 끝에, 주민 75퍼센트가 중국인인 싱가포르라는 도시 국가가 탄생했다. 싱가포르는 현대적 표현을 쓰면 역사 속에 이미 선례가 있는 시도(14세기의 팔렘방, 17세기의 하티엔), 즉 상업적 기반을 바탕으로 한 해외 중국인 국가 창립이라는 시도를 재개하여 처음으로 지속적 성공을 거두게 된 케이스이다. 다른 한편, 인도네시아에서는 중국인 공동체가 중화인민공화국의 도구가 될 공산주의 쿠데타의 위협을 구실로 삼아, 중국인 공동체의 5분의 1에 가까운 사람들이 살상 당했고, 목숨을 건진 사람들은 문화적 아이덴티티를 나타나는 모든 외적 표지들을 포기해야 했다(창씨

개명, 중국인 학교와 한자 사용금지 등).

　　인도네시아의 중국인 배척 운동은 공산당의 승리로 지역 민족주의가 비등해져 중국인 공동체가 대거 추방당한 1975년을 기점으로 1976년에서 1985년에 이르는 10년 사이에 절정을 이뤘다. 이렇게 하여 월남(越南)에서 중국인 공동체는 반으로 축소되었다. 중국 국경과 인접한 북부 월남에 사는 중국인들(약 26만 5,000명)은, 선조들이 넘은 육로국경을 되밟아 돌아가야 했다. 남부 월남의 중국인(약 70만 명) 가운데 반수 이상이 해로로 떠나야했고(보트피플), 가장 운 좋은 사람들은 난민캠프에 수용되었다. 캄보디아에서는 대량 학살로 4분의 3이 줄어든 공동체에서 수십만 명만이 겨우 살아남아 태국으로 갔고, 라오스에 남은 수천 명의 중국인도 태국의 중국인 그룹과 합류하게 된다.

<중국인의 이동상황>

이동방향	규모	
동남아의 전통적 수용지대 (필리핀, 태국, 인도네시아, 네덜란드령 인도, 버마, 베트남, 말레이시아 반도)	250만×3/4	250만 명
인도양의 여러 섬, 사탕밭 경작섬, 칼리브(21만 5,000명) 페루 광산(12만 명)	70만×1/2	
북아메리카 서해안(금광, 1848~58년 5만 명) 오스트레일리아(1851~70년 7만 명)	70만×1/6	
현대 경제가 바라는 이민(1860~)	70만×1/4 이상	
북아메리카 태평양측 철도공사	?	
중화인민공화국 건국(1949~)	• 체제지지파 200만 명→대만행 • 자본주의자 100만 명→홍콩행	
동남아시아의 탈식민지화와 중국인 거절 (300~500만 명의 중국인 이주자)	• 싱가포르: 주민 75퍼센트 중국인 • 인도네시아: 1/5에 가까운 중국인 공동체 파괴 • 베트남: 북베트남의 26만 5,000명 추방 　남베트남 70만 명 보트 피플 • 캄보디아: 대량 학살, 수십만 명 태국행 • 라오스: 1,000명 태국행	

이렇게 하여 4반세기가 흐르는 동안(1955~1980년), 말레이시아 반도에서 중국인의 존재가 확고해진 반면, 동남아시아 주변 지역에서는 더더욱 후퇴하는 경향이 보였다. 동남아시아에서 온 중국인 이주자는 대다수가 거주 지역의 국적을 가지고 있기 때문에 그 정확한 숫자를 산정하기 힘들지만 약 300만에서 500만 명 사이로 추정된다.

동남부 아시아 중국인의 이주는 논리적으로 두 지역을 목표로 이루어졌다. 첫 번째 이주는 19세기에 배치된 근대적 경제루트를 재(再)활성화했고, 두 번째 이주는 옛 식민지 지배세력의 연계망을 거슬러 올라갔다. 이렇게 해서 20세기 초에 거의 소멸한 오스트레일리아의 중국인 공동체가 급속히 커져 8만 명을 넘어섰다. 북아메리카와 유럽(영국, 프랑스, 네덜란드)의 중국 출신 이주자는 계속해서 늘어 1990년 초에는 250만 명의 중국인이 두 대륙에 똑같이 배치되었다.

동남아시아로부터 온 중국인이 뚜렷이 늘었다고는 하나, 중국인 출신 이주 인구의 지도에 근본적으로 큰 변화가 일어난 것은 아니다. 1995년 말 동남아시아는 여전히 해외 중국인 공동체의 약 85퍼센트가 모여 있는 곳이었고, 말레이시아와 싱가포르를 제외한 다른 동남아시아 이주 수용 국가에서 중국인은 항상 전체 인구의 일부를 점해 왔다. 기껏 해서 아시아 동남부의 공동체의 일부가 서구에 세워진 공동체들 때문에 약간 축소되는 정도였다(이 공동체는 대체로 재(在) 해외 중국인의 10퍼센트를 점유한다). 세계의 다른 나머지 지역에 사는 중국인의 비중은 여전히 대수롭지 않은 수준이다.

중국인 이주의 진정한 변화는 다음과 같은 두 가지 사실에 있다. 첫째, 이주자들은 이제 엄밀한 의미에서 진정으로 중국인들이 아니다. 왜냐하면 그들은 앞서 정착했던 지역의 문화적 지층을 몸에 새긴 사람들이기 때문이다. 1995년에 약 3,000만 명의 해외 중국인 가운데 태반이 이주 2세대나 3세대인 것이다. 둘째, 이주민의 사회학적 내용이 근본적으로 변화했다. 점점 더 많은 중국 출신 이주자들이 이주 수용 사회의 상층부에 속하게 되면서 정치 변화에 가장 큰 위협을 받는 존재가 된 것이다. 예컨대 이제 그들은 더 이상 쿨리라는 하급 노동자가 아니라 크고 작은 사업가들이다. 중국 출신 이민자들은 이제 이민 수용 사회의 하부구조가 아닌 상부구조를 점하며, 따라서 질적으로 그 영향력은 한층 더 눈에 띄고 명백해졌다.

중국인 이출민의 "고가품(高價品)"적 성향은, 1970년대 말 중화인민공화국의 자본주의에 대한 문호 개방과 함께 중국 대륙을 시발점으로 한 이민이 재개되면서 다시 한번 강화 되었다. 문호 개방과 함께 재개된 이민은 사회 고위 계층 인사들, 즉 공산주의 노멘클라투라에까지 영향력을 끼쳤던 것이다. 중화인민공화국에서 온 이출민의 수가 아무리 적다해도(1990년대, 연간 약 10만 명), 그들의 존재가 이중적으로 사회학적인 측면에서 중요하다는 데에는 변함이 없다. 한편으로 그들의 존재로 중화인민공화국과 이민 수용 사회 사이에 수준 높은 매체가 배치된 셈이다. 다른 한편으로 이제 이민자 그룹은 남부 중국의 전통적 이민공동체(동남아시아의 중국인들이 본래 여기에 속했다)에 국한되지 않고, 중국 대륙의 한민족 전체로 그 범위가 넓혀지고 있다는 것을 의미하는 것이다.

새로운 디아스포라의 형성

기업가적이며 엘리트주의적인 새로운 사고 논리와 증가일로의 탈(脫)속령주의가 합류하면서, 중국인 이주는 이제 또 다른 성격의 디아스포라를 형성했다. 정체성의 근거를 귀속 영토보다는 사회학적 닻이 내려진 곳으로 정하는 사람들로 구성된 국제적 조직망의 디아스포라가 형성된 것이다. 이제 중국인의 이주에 중국성(中國性)이란 용어로 정의되는 전체적 응집력을 부여한 것은, 19세기 말부터 시작된 해외 중국인의 동질성 회복 운동과 거기서 비롯된 재중국화 과정이었다. 하지만 이 응집력은 통일된 형식이 아니라 분절적 형식으로 작용한다. 말하자면, 언어, 씨족, 영토를 기반으로(예컨대 중국에서 고향이 어디냐를 기준으로) 이루어지는 가족 모임의 형태로, 즉 중국인 이주 수용 국가 어디에서나 접할 수 있는 중국인 공동체 협회라는 형태로 작동하는 것이다.

하지만 이 분절적 논리는 해외 중국인의 전체적 응집력을 축소하기는커녕 오히려 점점 더 동화된 초국가적 구조를 발전시키는 데 기여했다. 실제로 가족의 분산은 기업의 영토와 전문성의 다양화를 초래했고 가족은 병참 기지의 기반이 되었다. 또한 이러한 다양화는 상호적 방어 시스템으로 운영되는 중국인 공동체들의 역할로 사회학적으로 보호를 받을 수 있었다. 즉 경제적 차원에서 구성원의 활동을 상호 연결했고(재정, 교역, 인간관계), 정치적인 차원에서는 지역 권력에 대응하기 위한 방어체제를 관리하는 것이 중국인 공동체의 역할이었던 것이다. 오늘날이 단체들은 지역과 국가 및 세계의 차원으로 조직되어 있으며, 그 〈보장 시스템〉은 5대륙에서 작동되어 왔다. 이러한 전통적 보장 시스템의 효율적 운행으로, 해외 중국인은 2차 세계대전 이후 무역세계화를 가속화하는 데 적합한 도구들(자본 조달, 위험 부담 보장)을 제공받아왔다. 따라서 경제적인 차원에서 중국인의 디아스포라는 눈부신 발전을 보았던 것이다.

해외 중국 자본을 기반으로 한 다국적 기업이 출현하기 시작한 1960년대 중반부터 중국인의 디아스포라는 주목을 받게 되었다. 해외 중국인의 오랜 정착지대인 동남아시아에서 "용" 혹은 "범"으로 불릴 신생 공업국이 탄생한 것은 이러한 기업조직의 발달에 있었다. 동남아시아의 몇몇 나라들이 경제적인 발전을 이룩한 순서는, 총인구 가운데 중국인의 비율이 차지하는 순서와 맞먹었던 것이다. 중국인 인구가 상대적으로 가장 많은 나라가 우선적으로 경제적 발전을 이룩했으니, 싱가포르(총인구의 75퍼센트), 말레이시아(35퍼센트), 태국(10퍼센트) 순(順)이었다.

게다가 해외 중국인 조직망(網)은 100년이 넘는 역사를 가진 유기적 공동체들을 설립하여 중국 대륙에 있는 친족들의 정착을 보호해왔으므로, 해외 중국인은 자신들의 동질성에 대한 자각을 경제로 표현할 수 있었다. 사업에 성공한 해외 중국인들은 이런 식으로 활동 방향을 모국으로 재조정했다. 대부분이 절강성(浙江省)에서 광동에 이르는 남쪽 지역 출신이었던 그들은 중화인민공화국에 지원체제를 제공했고 그것은 자신들의 출신 지역의 발전으로 이어졌다. 이렇게 하여 그들은 개방 이래 계속된 투자 사업의 절반 이상을 차지함으로써 오늘날 중국인민 공화국의 최초의 외국인 투자자가 되었다. 자본주의 기술력의 출자는, 성공한 해외 중국인의 선례를 밟을 준비가 된 중국의 타지방 출신 엘리트들이 이주하는 계기를 마련해 주었다.

이제 중국인의 디아스포라는 모국을 대상으로 한 영토적 정착이라는 의미로 재정의(定義)될 수 있다. 따라서 20세기 말에 이르러 중국인의 디아스포라는 역설적으로 〈역이민〉이 되었다. 중국인 디아스포라의 기능과 활동 내용을 고려해 볼 때, 그 대차대조표는 특별히 경제 부문에서의 성과로 파악될 것이다. 우리가 눈으로 확인할 수 있는 것은, 중국인이 이주 수용 국가에서 관리하는 생산량과 중국 대륙(홍콩과 대만을 제외한)에서의 간접투자를 통해 창출해내는 생산량은 1994년 GNP로 약 6,000억 불에 해당한다는 사실이다. 20세기 말 현재 중국 출신 이민 집단의 경제력은 세계 7위이다.

〈마리 시빌 드 비엔느〉

제 12 장

오세아니아의 이주

광대한 태평양에서 인류의 이주는 공간적인 거리와 시간 때문에 시대를 막론하고 특별한 성격을 띠워왔다. 이주민의 대다수는 8세기가 지나서야 도착했던 것으로 보인다. 이스터 섬[1]과 같이 육지에서 멀리 떨어져 있는 섬에서 주민들은 대개의 경우 엄청난 간격을 두고 군도를 형성하며 결집해 있으며, 하와이 제도의 섬들은 2,600킬로미터에 걸쳐 펼쳐 있다.

약 5만 년 전 한파가 몰려오자 이주를 결심한 중소 부족들은 간단한 쪽배를 타고 좀더 따스한 기후를 찾아 뉴기니와 오스트레일리아에 기착한 것으로 추정된다. 그리고 1만 5000년 후에는 문화적으로 아주 다른 이질적 중소 부족들이 대거 이주를 시작하였으며, 약 8000년이 지나자 오스트레일리아와 아시아 대륙 사이의 작은 섬들이 차례로 이들

역 주·····
1) 칠레 서쪽의 남태평양에 있는 섬으로 지구상에서 육지에서 가장 먼 자리에 있는 섬이다.

에 의해 점거되기에 이르렀다. 이 중소부족들은 낚시와 농사로 먹고 살았으며 이들로부터 내쫓긴 선주민(先住民)들은 다른 섬으로 가든지 아니면 좀더 북으로 올라가 살아야했다. 그 후 약 3000년 전에 새로운 침입자들이 오세아니아에 들어와 현지의 주민과 혼교하면서 다른 유형의 인류를 형성하게 되었다.

보다 앞선 기술을 지녔던 침입자들은 태평양 전역을 정복했다. 1만 5000년에 걸쳐 진행된 이들의 이주 덕분에 오세아니아는 멜라네시아, 폴리네시아, 그리고 미크로네시아 등, 이렇게 세 개의 거대 지역으로 구분되었다.

로베르 라쿠르-가예는 1973년, 인류가 처음으로 오스트레일리아에 정주한 시기를 기원전 3만 5000년에서 2만 년 사이로 추정했다. 새로운 주민의 이주를 초래한 도구의 기술적 변화를 근거로 정주시기를 이렇게 길게 잡은 것 같다. 그러나 사실대로 말하면, 태즈메이니아 섬의 원주민 때문에 이러한 견해를 받아들이기가 쉽지 않다. 태즈메이니아 섬의 초기 원주민들의 도구를 봐도 그렇고, 오스트레일리아 토착민 아보리지니의 충실한 친구였던 〈들개 딩고〉가 존재하지 않은 점을 봐도 그렇다. 어쩌면 오스트레일리아 토착민보다 더 오래되었거나 어쨌든 그들과는 다른 사람들이 있었던 것으로 추정되기 때문이다. 태즈메이니아족은 동쪽, 십중팔구 뉴칼레도니아에서 온 듯 하지만, 오스트레일리아 토착민은 당시 오스트레일리아의 도서(島嶼群)에 불과했던 인도네시아와 뉴기니를 경유하여 동남아시아에서 온 것 같다.

빙하가 녹으면서 태평양의 수량이 급증하는 바람에 오스트레일리아는 고립되었고, 오스트랄로이드[2]는 몇 천 년 동안 세계에서 가장 큰 섬의 유일한 거주자로 지내게 되었다.

오세아니아를 점거한 최초의 이주민은 최후의 빙하기에 필시 남아시아에서 쫓겨난 니그리토들[3]이었으며, 적도의 삼림생활(수렵과 채집)에 적응된 아프리카의 피그미족과 니그리토들은 같은 혈통이었던 것으로 추정된다. 또 다른 가정이 있을 수 있다. 그것은 니그리토들이 보다 강력한 근처 원주민에 의해 쫓겨났으리라는 것이다. 말레이시아의 일정 지역을 점거했던 니그리토들이, 몇 개의 해협을 건너 뉴기니와 오스트레일리아 그리고 주변 섬의 삼림지대에 정착하여 좀더 밀도 높게 번식했다는 것이다. 니그리토들의 섬은 이후 아시아에서 온 다른 이주자들의 침입을 받아 뉴기니와 멜라네시아의 섬의 험한 산악 지대로 물러나는 처지가 되고 만다. 그들은 자신들보다 발달된 문명을 가진 근처 원주민의 도구와 농업경제를 받아들였던 것 같다.

훨씬 후, 이번에는 다른 니그리토인 멜라네시아 제족이 인도네시아에서 축출되어 서태평양으로 퍼져나갔다. 그들의 자취는 인도, 인도네시아, 마다가스카르 섬뿐만 아니라 아메리카의 여러 지방에서도 발견된다. 뉴질랜드와 하와이 제도에 니그리토의 흔적들이 남아 있는 것을 보면, 그들이 태평양의 폴리네시아와 미크로네시아에 분산된 것으로 추정된다.

인도네시아의 이주

폴리네시아의 이주는 이주의 물결이 세 번이나 연속으로 밀어닥치면서 완결된 것으로 보인다. 그것은 멜라네시아와 유럽과 인도네시아

역 주
2) 오스트레일리아 원주민과 그 유연인종을 가리킨다.
3) 동남 아시아, 필리핀 등의 오지에서 사는 신장이 작은 준 흑인종.

의 이주의 물결이었다. 그들은 두 개의 주요 경로를 따라 움직였다. 하나는 적도 북쪽에서 팔라우[4]를 경유하여 캐롤라인 제도[5], 길버트 제도[6], 마셜 제도[7]에 이르는 경로였고, 다른 하나는 남쪽 뉴기니로부터 사모아 제도[8]에 이르는 길이었다. 사모아 제도는 통가[9]와 쿡 제도[10]를 목적지로 한 이주에 큰 영향을 미친 것으로 보인다. 이후에 피지 섬이나 뉴질랜드로 향하는 사람들은 통가 제도와 쿡 제도에서 출발했던 것으로 보인다. 특히 동(東)폴리네시아 섬을 목표로 했다가 이스터 섬이나 심지어 아메리카 연안에까지 이른 사람들은 통가 제도와 쿡 제도에서 출발했던 것 같다.

중부 폴리네시아에서 출발한 항해자들은 하와이 제도에 이르렀다(다른 곳을 경유하지 않고 곧장 하와이에 이르는 경우도 있었지만, 소시에테 제도[11]나 마르키즈 제도[12]를 경유하는 경우도 있었다). 적도 북쪽에 위치한 섬들에서 온 서쪽 이주자들은 아마도 그 이전에 이미 하와이 제도에 도달했었을 것이다.

엄청난 여행의 규모는 폴리네시아 사람들의 각별한 항해 취미와 능숙한 항해술로 설명되기도 하지만, 경제 상황과 우연도 배제할 수 없는 요인이다. 자원이 한정된 군도에 세워진 폴리네시아 사회는 독신 생활이나 임신중절, 영아 살해, 인신 제공 등으로는 해결되지 않는 인구 과잉이라는 문제에 부딪칠 수밖에 없었다. 플라톤은 그리스 식민 집단의 엑서더스를 '협소한 토지"와 "더 이상 주민을 먹여 살릴 수 없게 되어버린 국토"의 비극으로 설명했다. 부족들은 남아 있는 섬들을 놓고 쟁탈전을 벌였고, 패자는 "파도에 몸을 맡겨야" 했다. 갬비어 제도[13]의 망가레바 섬의 두 탈주자도 그런 식으로 자신들의 사정을 설명했다. 노예 상태에 가까운 상황을 받아들이기보다 그들은 차라리 "패자라는 수치감이 더 이상 노골적으로 억누르지 않는 다른 섬을 찾기로 결심했던 것이다." 때로는 카누로 구성된 소함대가 신관들의 노래에 맞춰 노를 저으며 새로운 섬을 찾아 떠나기도 했다. 어쩔 수 없는 상황에 몰려 이주자들은 철새의 뒤를 쫓으며 뉴질랜드나 채텀[14]과 같이 멀고 한랭한 땅을 찾아 나서야 했다. 12세기는 음유시인들이 노래했듯이, 이주자들이 망가레바 섬이나 하와이 제도, 뉴질랜드, 혹은 이스터 섬에까지 이른 이주의 성수기(盛需期)였다. 통나무에 몸을 싣고 몇 백 킬로미터나 되는 길을 해류나 바람에 끌려 밀려다니다가 미지의 섬에 도착하여 그곳에서 정주하는 일이 흔한 시절이었던 것이다.

오세아니아 섬들은 지리적 여건보다는 민족학적 여건에 기초하여 멜라네시아, 미크로네시아, 폴리네시아라는 세 개의 거대 단위로 재편성되었다. 멜라네시아[15]는 주민의 검은 피부색에서 비롯된 명칭으로, 그것은 북오스트레일리아와 동말레이시아에 걸쳐 궁형으로 배열된 군도들을 포함한다. 즉 비스마르크 제도, 솔로몬 제도, 뉴 헤브라이즈 군도, 뉴칼레도니아 군도, 뉴기니 등이 여기에 속한다. 미크로네시아는 뉴기니의 북쪽과 북 동쪽에서 화환 모양을 형성하며 펼쳐 있는 작은 섬들로 구성되며, 마리아나 제도, 팔라우 제도, 캐롤라인 제도, 마셜 제

역 주⋯⋯⋯⋯⋯⋯⋯⋯⋯⋯⋯⋯⋯⋯⋯⋯⋯⋯⋯⋯⋯

4) 태평양 서부에 있는 나라. 필리핀 남쪽의 태평양.
5) 필리핀 동쪽의 서태평양 제도.
6) 태평양 서쪽 미크로네시아 마셜 제도의 남동부에 있는 섬들.
7) 태평양 중서부에 있는 섬.
8) 남태평양 중부 폴리네시아 서부에 있는 제도.
9) 남태평양 중부에 있는 나라.
10) 남태평양에 있는 뉴질랜드 령의 제도.
11) 남태평양 프랑스령 폴리네시아 서부에 있는 제도.
12) 남태평양 프랑스령 폴리네시아를 형성하는 제도 중 최북단에 있는 섬들.
13) 남태평양 프랑스령 폴리네시아에 속하는 투아모투 제도의 남동부에 있는 섬들.
14) 영국 잉글랜드 켄트주의 도시.
15) 그리스어로 '검은 섬들' 이라는 뜻이다.

도, 길버트 제도가 여기에 속한다. 폴리네시아는 오스트레일리아에서 아메리카 대륙 연안에 위치한 수많은 군도들을 포함한다. 즉 사모아 제도, 마르키즈 제도, 소시에테 제도, 투아모투 제도, 통가 제도가 여기에 속하며, 이런 제도들로부터 멀리 떨어져 있는 뉴질랜드와 하와이 제도도 여기에 포함된다. 아웃리거 카누[16]를 타고, 기원전 2000년부터 14세기에 이르기까지 피지, 솔로몬(기원전 8세기), 사모아와 마르키즈(기원전 5~기원전 2세기), 타히티(1000년경), 하와이 제도(1250년경)에 도착했으며, 이렇게 하여 결국 12세기와 14세기 사이에는 이스터 섬에 도착했고, 1000년부터는 뉴질랜드에 정착한 사람들은 폴리네시아인들이었다.

유럽인의 도래

투르크족이 극동에서의 실크로드와 향신료 유입통로를 폐쇄한 이후, 포르투갈의 항해 왕 엔리케와 유럽 왕족들은 새로운 길을 찾기 위해 노력을 기울였다. 1498년 포르투갈 선장들은 케이프타운을 지나 인도에 도착했다. 1511년에 포르투갈 제국은 동인도 제도까지 세력을 확장했지만, 포르투갈이 말라카 해협[17]까지 정복하자 스페인은 이의를 제기했다. 콜럼버스가 아메리카 대륙을 발견한 지 21년이 지나, 태평양을 발견한 에스파냐 모험가 발보아는 앞으로 자신이 정복하게 될 모든 해안은 스페인 왕의 지배 하에 놓일 것임을 선언했다. 그런데 이 선언은 세계의 서쪽 절반은 스페인이 차지하고, 동쪽 절반은 포르투갈이 지배하기로 한 토르데시야스 조약에 위배되는 것이었다. 스페인 왕의 휘하에 들어간 포르투갈 사람 마젤란은 1519년에 향신료 섬에 이르는 최단 항로를 찾으라는 명령을 받았다. 그는 1521년에 마젤란 해협을 통과했고, 그해 3월에는 마리아나 제도에 뒤이어 필리핀에 도착했다. 그리고 1522년에는 당시 포르투갈령이었던 몰카 제도에 도착한다. 멕시코 해안과 필리핀을 정기적으로 기항한 스페인의 갈리온 범선[18]들이 항로에서 만나게 되는 곳은 괌 섬[19]뿐이었다. 이렇게 하여 괌 섬은 스페인의 식민지가 되었고, 1898년까지 식민 상태는 지속되었다. 그러는 사이, 뉴기니를 발견한 스페인과 포르투갈은 서로 권리주장에 나섰다. 당시 지도학자 중에는 뉴기니가 전설적인 "오스트레일리아의 미지의 대륙(Terra australis incognita)"의 북쪽 땅이라고 주장하는 사람들이 있었다. 1567년에 페루의 총독은 조카 멘다나[20]에게 2척의 배를 내주며 그 미지의 대륙을 발견하여 근거지를 확보하고 토착 원주민들은 모두 기독교도로 개종시키라는 임무를 주었다. 하지만 원정대는 아무것도 발견하지 못한 채 마르키즈 제도와 투아모투 제도 사이를 통과했고, 결국 솔로몬 제도의 산타 이사벨 섬에 도달했다. 반 년 동안 그곳에 머물렀던 스페인 사람들은 약탈과 살육이라는 관례적 자취를 남기고 떠났다. 그로부터 25년이 지난 후, 멘다나는 식민지를 창설하고 연옥의 화염으로부터 원주민의 영혼을 구할 작정으로 사관과 부인들, 그리고 수도사 여러 명을 동반한 채 다시 항해를 떠났다. 이렇게 기발하게 짜여진 모험대들은 그후 마르키즈 제도를 발견했다. 그곳에 오랫동안 머물면서 십자가를 세우고 200명의 원주민들을 학살한 후, 산타크루스 제도[21]와 마닐라 방면을 향해 떠나갔다.

16) 외양 항해용 카누로서 한쪽 또는 양쪽에 통나무로 된 플로트를 매단 것.
17) 동남아시아 말레이 반도 남부 서해안과 수마트라 섬의 동해안 사이에 있는 해협.
18) 아메리카에서 금, 은을 스페인으로 나르던 대형 범선.
19) 서태평양 마리아나 제도의 중심이 되는 최대의 섬.
20) 1568년 솔로몬 제도를 발견했다.
21) 볼리비아 동부에 위치.

1605년 멘다나의 독실한 부관 페드로 페르난데즈 키로스는 전설의 대륙을 발견하여 수많은 이교도를 구하고자 새로운 항해 계획을 세웠다. 페루를 떠난 그는 마침내 그토록 오랫동안 찾아 헤맨 대륙을 발견했고, "성령의 오스트레일리아(Australia del esperitu Santo)"라고 이름지었다. 성대한 감사 기도식이 이 새로운 예루살렘에서 거행되었지만, 원주민의 적대와 선원들의 반란에 부딪친 키로스는 자신이 발견한 땅을 버리고 멕시코로 퇴주하지 않으면 안 되었다. 사실 그것은 뉴기니라는 섬에 지나지 않았다.

그 이후 태평양 지역에서 스페인 파견대는 자취를 감췄다. 이와 함께 원주민을 개종하겠다는 열망 또한 소멸되었다. 1581년의 승리로 독립을 이뤘으며 스페인의 무적함대를 제패하면서 힘이 붙은 네덜란드에게 태평양을 양보할 수밖에 없었던 것이다. 네덜란드는 재빨리 움직여 1602년에 인도를 손에 넣었다. 타고난 상인 기질의 네덜란드 사람은 영혼을 구한답시고 에너지를 낭비하는 따위의 일은 하지 않았고, 금이나 향신료 같은 손에 잡히는 물질적 이익만을 추구했다. 네덜란드 동인도회사는 자본이 넉넉한 상인과 왕실의 지원으로 지역 교역 독점권이라는 혜택을 누렸으며, 마젤란 해협과 케이프타운이라는, 이 두 개의 근접 루트를 독점권 행사에 이용했다.

네덜란드 동인도회사의 독점권은 때로 독립 상인들의 침해를 받기도 했다. 독립 상인들은 항해 도중 수많은 섬들(투아모투, 통가, 웰리스 및 푸투나 제도 등)을 발견했다. 반면에 네덜란드는 제국 개발에 지나치게 몰두한 나머지 지리적 발견에는 거의 관심을 보이지 않았다.

영국도 태평양 원정에 뛰어들었다. 그런데 영국의 태평양 원정은 드레이크 제독[22]이 1578년부터 1580년 사이에 스페인의 갈리온 범선과 식민 근거지에 대한 약탈 원정을 감행하면서 실질적으로 시작되었다.

그러나 영국과 프랑스가 명예를 걸고 남쪽 바다 탐험에 나선 것은 18세기였으며, 이 원정대의 지휘자는 바이런[23], 윌리스[24], 카트렛[25], 부겡빌[26] 쿡[27] 등이었다. 쿡 선장의 암살이 당시 일어난 유일한 사건으로 이것을 제외하면 하와이 사람들의 태도는 우호적이었다. 태평양 섬들에 대한 탐험은 쿡 선장과 함께 완료되었다.

나폴레옹 전쟁으로 영국과 프랑스가 다른 지역에 신경을 쓰는 통에 오세아니아에 휴지기가 찾아오자, 아메리카 포경선이 태평양에 모습을 드러냈다. 영국은 1812년 전쟁으로 아메리카를 격퇴할 수 있었지만, 이 기회를 영국은 고작해야 죄수들을 송출하여 오스트레일리아에 정주시키는 데에 사용했을 뿐이다. 최초의 수형자 수송대가 보타니 만에 상륙한 것은 1788년의 일이었다. 수형자 수송대의 파견 목표는 새로운 영토의 확장보다는 달갑지 않은 인간 청소에 있었다. 또한 영국이 오스트레일리아와 뉴질랜드 정주(定住)를 내키지 않지만 받아들인 이유는, 프랑스의 정주를 우려해서였고, 초기 입주자들의 압력 때문이기도 했다. 그러나 빅토리아 왕조가 들어서면서 프로테스탄트 전도단은 정치인의 소명을 승계 받았다. 이 복음 전파라는 사명에 전에 없던 경제 상황이 가세한 것이다. 즉 특전제도의 혜택으로 영국에서 포경(捕鯨) 사업이 부흥하기 시작했고, 유럽은 바다 동물의 아름다운 가죽에 매겨진 가격에 고무되었다. 이 때문에 대폭 늘어난 포경 사냥은 고래 기름의 무역 거래로 더더욱 격화되었다. 영국, 러시아, 아메리카는 포경 사냥을

리드했고, 모피, 백단 향, 진주, 해삼 같은 특별한 먹거리를 좋아하는 중국인의 수요에 응했다. 미국 상인들은 이런 물품들을 명주나 차와 교환했지만, 고래 사냥은 다른 모든 거래를 무색하게 했다. 그러므로 고래 사냥에는 수백 척이 넘는 포경선과 수천 명의 수부가 동원되었다. 1776년부터 오세아니아는 포경선들이 선호하는 어장이 되었고, 1850~1860년 사이에는 최전성기를 맞이했다. 상선의 선원들이 성가대의 소년들 일리 없었다. 타히티, 마르키즈 제도, 뉴질랜드, 하와이 등의 기항지에서는 럼 술통이 대량으로 비어졌고 수많은 여자들이 피랍되었다. 이와 함께 아메리카와 유럽 상품을 중국의 명주, 차, 자기 그릇 등과 교환하는 눈치 빠른 상인들이 무수히 생겨났다. 또한 사방에서 밀매업자들이 약탈 폭력 등 수많은 범죄를 자행하여 식민지 역사상 가장 더럽고도 어두운 장을 기록했다. 그러므로 현지인들이 예전과 달리 "불친절해졌다"고 선교사들이 말하게 된 것은 놀라운 일이 아니었다. 식민지 형무소 탈주자, 온갖 부류의 밀매인, 포경선과 상선에서 탈주한 도망자, 모래 해변의 부랑자 등 온갖 사람들이 섬으로 찾아들어 왔다. 부녀자 납치, 현지인을 상대로 한 모욕 행위, 그리고 태평양 반대편에 위치한 플랜테이션에 현지인을 강제 이송하기 등과 같은 잔혹행위에 몇 차례의 의례적 살인, 몇몇 약탈자와 지각없는 여행객들에 대한 "범죄 행위", 역시 분별없는 여행자들이 섬에 들어왔다.

　　반면에 선교사들은 도덕적으로 모범을 보였다. 선교사들을 통해 폴리네시아 사람들은 자신들의 여자도 재산도 강탈하지 않는 백인들이 존재하는 것을 보는 참으로 놀라운 경험을 겪게 되었던 것이다. 물론 나체로 살아가는 타이티인의 소박한 풍습이 처음에는 의복 위주의 생활 습관과 제대로 합치되지 못했다. 정부 지원금을 받지 못했던 많은 프로테스탄트 선교사들은 스스로 농부나 상인이 되면서 섬의 사업에서 실질적 이득을 취하기도 했다. 선교사들 중에는 백인 모두가 유해한 존재이며 현지인 지도자들에게 끊임없이 압력만을 가하는 그런 인간들이라고 생각하는 사람도 있었다. 1799년 영국에서 조직된 교회선교사협회(Church Missionary Society)는 오스트레일리아의 뉴사우스웰스로 자리를 옮겼으며, 뒤이어 1814년에는 뉴질랜드로 이동했다. 뉴질랜드에서의 이들의 활동은 열렬한 신앙 그 자체였으며, 선교사들은 마오리족으로부터 토지를 구입하여 영국을 포함한 강대국들의 독점 및 병합 정책에 반대하는 운동을 벌이기 시작했다. 1814년 영국에 설립된 웨슬리 선교사협회는 뉴질랜드에 선교 파견단을 설치하고 그 활동범위를 통가, 피지, 로얄티 제도까지 확대했다. 뉴헤브리드 제도에서의 프로테스탄트 선교사 사업은 대담한 장로교파에서 시작했으나 현지인들의 맹렬한 저항에 부딪쳐 수많은 순교자를 내면서도 시설 유지조차 하기 힘들었다. 뉴질랜드와 오스트레일리아의 지원을 받은 영국 성공회는 뉴헤브리드 제도와 솔로몬 군도에 자리를 잡았다. 하와이의 프로테스탄티즘은 아메리카 보스턴 선교단의 선교사들에 의해 1820년에 정착되었다. 대다수의 주민을 개종시키는 데 성공한 이들은 현지 공무(公務)에 커다란 영향력을 행사하게 되었고 이후 마셜 군도, 동부 캐롤라인과 길버트 제도로 그 전도(傳道) 지역을 넓혀 나갔다.

　　가톨릭 선교사가 프로테스탄트 선교사보다 몇 세기 앞질러 오세아니아에 왔던 것이 사실이다. 16세기부터 스페인 사제들이 초기 탐험가들을 동반했기 때문이다. 그러나 18세기에 오세아니아에서 스페인이 물러났고, 그와 동시에 가톨릭 포교 계획도 중단되었다. 그러다가 19세기에 들어서면서 프랑스 덕분에 가톨릭 포교 사업은 다시 시작되었다. 프랑스 왕정과 로마 교회가 영국의 영향력과 프로테스탄티즘이라는 이단에 맞서 싸우겠다는 의지 아래 뭉친 결과였다. 하지만 1827년 가톨릭 선교사들의 하와이 포교 사업은 좌절로 끝났다. 그들보다 7년 앞서 포교를 시작한 보스턴 선교단이 폴리네시아 지도자들을 이미 개종시켜버렸고, 로마교황주의의 위험성에 대한 각성 교육을 빠뜨리지 않고 해놓았기 때문이다. 이후 얼마 지나지 않은 1836년에 예수 성심회와 마리아 성심회라는 두 개의 프랑스 종교단체가 병합하여 만든 〈오세아니아 포교단〉이 그 유명한 프리차드가 통치하는 타히티 섬에 상륙했다. 이때 프랑스 함대가 개입하면서 가톨릭이 승리를 거두었다. 이렇게 하여 타이티 섬은 마르키즈, 투아모투, 투부이, 수루방 제도 등에 가톨릭을 포교하는 중심 거점이 되었다. 19세기 중반 경에 가톨릭은 뉴칼레도니아, 피지, 사모아 등을 향해 재차 떠났고, 1853년 성모 마리아 수도회는 뉴칼레도니아를 프랑스와 합병시키는 데 적잖은 공헌을 했다.

20세기가 되어서도 세계의 정치 정세와 경제 변화는 오세아니아의 역사를 계속 지배했다. 펜실베이니아에서 석유가 생산되고 코르셋의 받침 살대로 고래의 뼈 대신 강철이 사용되면서 고래 사냥은 퇴락기에 접어들었다. 점점 더 많은 유럽 사람에게 비누와 식용유를 공급한 야자유(油) 산업이 같은 시기에 발달했다. 농업기술의 혁신적 발전으로 서구에서는 비료 수요가 늘었고, 이에 따라 인산비료 비축을 위한 맹렬한 개발이 오세아니아 섬들에서 진행되었다. 철강 산업으로 인해 니켈, 크롬, 코발트, 망간과 같은 희소 금속이 중요시됨에 따라 뉴칼레도니아 섬의 광맥 개발이 집중적으로 진행되었다.

외부 세력의 오세아니아에 대한 지배권 행사는 여러 가지 여파를 몰고 왔다. 그중에서 가장 특기할 만한 것은 플랜테이션 경영자와 피고용인을 노예 대하듯 하는 고용주와 대형거래회사가 오세아니아에 들어온 것이었다. 반세기 전의 포경 사냥꾼이나 떠돌이 밀매업자나 해변의 부랑자나 선교사, 이들 모두를 대신하여 주역이 될 사람은 이제 플랜테이션의 경영주들이었다.

　사탕 산업은 가장 중요한 산업이 되었지만, 사탕 생산 자체의 성격상 피할 수 없는 여건 때문에 플랜테이션 경영자들은 다른 곳에서 노동력을 조달하지 않으면 안 되었다. 강제적으로 연행되었다가 5년이나 지난 후에 수천 킬로미터 떨어진 또 다른 섬으로 송환된 지원자들의 일을 생생하게 기억하고 있던 현지 주민들이 플랜테이션의 일을 기피했던 것이다. 하와이에서는 중국인, 일본인, 필리핀 사람들을 데려왔고, 피지에서는 인도인들이 도입되었다. 야자수 기름과 목화와 사탕생산이 발전하자 투기꾼들이 몰려왔다. 식민지에서는 결코 피할 수 없는 악질적인 인간 대열에 투기꾼들이 합류한 것이다. 투기자들의 활동상은 문서상으로 표출되는 것이었으니 노예 상인들의 활동상보다는 그럴싸해 보였다. 몇 천 헥타르의 토지 횡령 사건보다 현지인을 몇 명 살해하는 것이 항상 더 극적으로 받아들여졌기 때문이다. 멜버른의 한 유명 회사는 총면적이 100만 헥타르 밖에 되지 않는 피지 섬의 왕에게서 8만 헥타르의 토지를 사취하려 한 사건도 있었다.

　남쪽 바다의 기후가 말 그대로 "용납할 수 없었던" 백인들은 농업과 광업개발을 위해 아시아계 노동자를 무더기로 끌어들였고, 동시에 거래계약이란 명목으로 경우에 따라서는 아주 먼 섬에서 토착민들을 데려오기도 했다. 사실상 노예상이라고 할 수 있는 노동력 징집 담당관들이 나타나, 계약서에 서명하는 토착민의 머릿수가 필요한 만큼 채워질 때까지 족장과 그 가솔들을 인질로 잡아두곤 했다. 계약사가 있다고는 하나, 고용주들은 대개 이를 지키지 않았으며, 계약기간이 만료된 노동자의 송환도 거절했다. 미크로네시아와 폴리네시아 주민들은 멕시코와 페루로 수송되어 플랜테이션 경영자나 인공비료 퇴적장 소유주에게 팔려 나갔다. 열강 대사관들이 주의 경고를 받을 정도로 파렴치한 행위가 저질러졌지만, 영국 및 강대국들은 그 유명한 1872년 "유괴 조례"에도 불구하고 노예무역 단속에 놀라운 정도의 태만을 보였다.

백인의 이주는 1788년에 오스트레일리아의 보타니만에서 시작되었는데, 이때 이주자는 유형수들이었다. 그 뒤에 온 다른 사람들은 거의 전원이 영국인이었다. 농경과 목축업이 발전했고, 특히 1850년 금광이 발견되자 수천 명의 이주자들이 몰려들었다. 1939년 이민자의 수는 700만 명에 이르렀다. 그중 95퍼센트가 영국인이었으며, 이태리, 독일, 스위스 사람이 소수 포함되었고 수천 명의 중국인이 있었다. 그 뒤 오스트레일리아의 〈백호주의 정책〉으로 유색인종의 입국은 저지되었다. 보

〈유럽인의 오세아니아 이주와 원주민〉

민족	시기	이동방향	규모
오스트레일리아	1700년대말 1850~1939 (금의 발견)	영국인 영국인(95퍼센트) 이탈리아인, 독일인, 스위스인, 중국인	아보리니족 30만 명 → 6만 명 (1700년대 말) (1939년)
뉴질랜드	1844	입식사 15,000	마오리족 25만 명 →4만 2,000명 (18C 후반) (1900년)
뉴칼레도니아	1871 1872~80 1894 닛켈 발견	카빌리인 파리 콤뮨반란파 및 정치범 프랑스 침입 아시아, 인도네시아, 폴리네시아 와리선 주민, 유럽인	카크닌 격감(20C에 회복) ◎20세기의 인구 구성 카나크인 42.6퍼센트 유럽인 37퍼센트 와리섬 사람 8.4퍼센트 타히티인 3.8퍼센트 베트남인 1.6퍼센트 인도네시아인 3.7퍼센트
하와이섬	19C	일본인　　15만 6,000명 백인　　　11만 5,000명 필리핀인　11만 5,000명 혼혈자　　 4만 8,000명 중국인　　 2만 8,000명 한국인　　　　6,000명	33만 명→소멸 (18C 후반) (19C) (하와이제도 출신자 1만 4,000명)
피지	1872~	인도인 1939년 9만 4,000명 　　　　1953년 34만 명	

타니만에 이주가 처음 시작될 무렵 30만 명이었던 원주민이 1939년에는 6만 명에 불과했으며, 3만 5,000명에서 4만 명은 중앙 사막에서 구석기 시대의 생활양식을 고수하며 살고 있었다. 또한 수만 명이 보호캠프에 수용되었는가 하면 목축업장에서 일하는 사람도 수만 명이었다. 약 25만 명이 알코올과 질병으로 희생되었고, 백인 소유주의 악착같은 수색몰이에 걸려들어 생을 마감하기도 했다. 이러한 비극은 태즈매이니아[28]와 같은 끝단의 섬에까지 미쳐 1847년 2,000명의 태즈매이니아 주민이 살육당하는 일이 벌어졌다. 생존자들마저 병과 알코올로 희생되었으며, 최후의 생존자가 사망한 것은 1876년이었다.

1642년 네덜란드인 타스만[29]이 뉴질랜드를 발견하고 18세기 쿡 선장이 다녀간 다음, 영국인과 뉴질랜드 선주민인 마오리족 사이의 교역이 급속한 속도로 진행되었다. 교역 초기에 온 유럽인은 당연히 밀매업자들이었으며, 그들은 럼주와 총기 —이것은 점점 더 늘어났다— 대신 아마와 목재를 받아 선창 가득히 실어갔다. 그러나 1830년과 1840년 사이 선교사들이 뉴질랜드에 상륙했으며, 선주민이 방치한 광대한 토지에 매료된 이주자들이 선교사들을 따라왔다. 1840년 2월 6일, 마오리족의 수장들은 영국의 통치권을 인정하는 와이탕기 조약[30]에 서명하였다. 그것은 선의로 가득찬 매우 멋진 문서였지만, 온갖 종류의 폐습을 만들어냈고 1860~1870년에는 유혈 전쟁을 유발시켰다. 뉴질랜드 주식회사는 마오리족 수장의 "토지 소유권 보장" 조항을 완전히 무시한

<hr>

역 주

28) 호주 본토에서 240km 남위 40도 부근에 위치한다.
29) (1603~1659) 네덜란드 항해사.
30) 1840년 영국 왕실과 뉴질랜드 원주민인 마오리족 사이에 체결된 조약. 이 조약으로 마오리족은 전통 문화와 토지에 대한 권리를 인정받았으며, 영국은 자신들의 문화를 뉴질랜드에 유입시킬 수 있었다.

채 1844년 이주자 1만 5,000명을 입국시켰고, 약 4만 헥타르의 토지를 입수하여 근거지를 늘여갔던 것이다. 이렇듯 폐습이 누적되자 1853년 전면적인 반란이 일어났고, 그로 인해 마오리족의 인구가 크게 격감하게 되었다. 즉 쿡 선장 시대에 25만 명으로 추산되었던 마오리족이 1900년에 가서는 4만 2,000명으로 줄어든 것이다. 평화가 회복되자 영국 정부는 1907년에 뉴질랜드를 자치령으로 선포했다. 마오리족에 대한 모든 인종차별은 폐지되었으며, 마오리족은 4명의 대표를 의회에 내보낼 수 있게 되었다. 현재 뉴질랜드의 인구는 345만 명이며, 그중 50만 명이 마오리족이다.

1774년, 쿡 선장이 발견한 뉴칼레도니아 섬을 프랑스 사람 당트르카스토[31]가 답사한 것은 1792년의 일이었다. 하지만 포경 사냥꾼과 상인 그리고 오스트레일리아를 정기적으로 왕복한 밀매업자들이 뻔질나게 드나들었던 뉴칼레도니아 섬의 위치가 뒤몽 뒤르빌[32]에 의해 지도상에 정확하게 포착된 것은 겨우 1827년의 일이었다. 뉴칼레도니아의 카나카족은 폴리네시아 사람들처럼 외지인을 열렬히 환호하지 않았다. 나폴레옹 3세가 보통법 유형자의 수감 교도소를 섬에 설치하기로 한 1853년까지 프랑스는 이 섬에 관심을 보이지 않았다. 1871년에는 저항이 심한 카바일족[33] 역시 이곳으로 추방되었으며, 1872~1880년 사이에는 파리코뮌 가담자들과 그 밖의 성가신 정치범들이 이곳으로 쫓겨 왔다. 이 식민지 교도소 덕분에 1863년 이주가 시작되었다. 이주 초기인 1877년 교도소의 수감자 인원은 1만 1,000명으로 주민의 수를 압도했다. 10년 후에도 9,700명의 형사범에 5,000명의 주민이 있었을 뿐이다. 자유민에 의한 식민지화는 1894년 6월 페예 총독이 도착하면서 비로소 시작되었다. 페예 총독이 철저한 일꾼에다가 자손 또한 많은 농민들을 식민지로 불러들이기로 작정한 것이다. 총독은 식민지 개발 영토를 넓히기 위해 카나카족 소유의 32만 헥타르에 달하는 토지를 12만 헥타르의 불모지로 축소시켰고, 이 때문에 카나카족의 인구는 감소했다. 농촌 지역에 대한 식민지 개발은 토지 사기, 멜라네시아인의 '보호 구역' 수용, 반란군에 대한 피의 진압으로 점철되었으며 그중 가장 끔찍한 사건은 경작지와 촌락을 황폐화한 1858년의 사건이었다. 10년 동안 수많은 반란이 끊임없이 일어났고, 카나카족은 노역을 거부했다. 족장들은 추방되었고, 부족민의 토지는 국가에 귀속되었다. 1878년 식민지 지배자들이, 엄청난 규모의 양떼를 방목하는 데 거대 회사들이 사용할 땅을 약탈하기 위해 압력을 넣자, 이에 대응하여 다시 한번 반란이 일어났다. 1917년에 일어난 또 다른 반란으로 원주민 통치 제도가 완화되었다. 그러나 카나카족은 전체적으로는 쇠락하여 유럽인에게 할당된 전체 토지는 멜라네시아 부족에게 남겨진 구역의 두 배에 해당하는 25만 헥타르나 되었다. 이런 일련의 사건들이 카나카족의 인구에 미친 영향은 참담했다. 유럽 사람들의 이주가 시작되던 때에 5만 명이었던 멜라네시아의 인구가 1983년에 3만 1,000명으로 크게 떨어진 것이다. 누메아[34]와 "니켈"이 아시아, 인도네시아, 폴리네시아 특히 윌리스 섬 주민들을 끌어들였다.

　폴리네시아 언어를 사용하는 중소부족들이 11세기~13세기 사이에 중부 폴리네시아를 떠나 이주를 거듭함으로써 하와이 제도의 주민이 형성되었다. 쿡 선장이 도착할 당시 원주민의 수는 33만 명이었지만, 19

세기에 일련의 경제변화를 겪으면서 일본인 15만 6,000명, 백인 11만 5,000명, 필리핀인 11만 5,000명, 혼혈 4만 8,000명, 중국인 2만 8,000명, 한국인 6,000명으로 판도를 달리하게 되어, 하와이 제도 출신 주민은 고작해야 1만 4,000명에 불과하게 되었다. 이렇게 많은 주민들이 하와이 제도로 이주하게 된 것은 아메리카 및 중국과의 활발한 교역 덕분이었다. 1790년에 발견되어 1805년부터 활발하게 진행된 자작나무 교역과 개발 사업으로 최초의 경제 혁명이 이루어졌던 것이다.

이후 이루어진 포경선과의 접촉으로 해체가 가속화된 선주민의 사회생활은 사탕 혁명으로 완전히 붕괴되었다. 사탕수수 사업은 다른 모든 활동을 정체시켰다. 7만 명밖에 남지 않은 폴리네시아인들이 플랜테이션에서 일하는 것을 거부했으므로, 대농장주들은 1852년부터 중국인 쿨리를 수입하지 않을 수 없었다. 1878년에서 1913년까지 2만 명의 포르투갈 사람이 수입되었고, 이어서 1894년에서 1939년까지는 18만 명의 일본인과 그 가족이 수입되었다. 하지만 플랜테이션에서 가장 비중이 큰 노동자집단은 1905년부터 수입되기 시작한 필리핀 사람들(11만 5,000명)이었다. 파인애플 통조림산업은 뒤늦게 시작되었지만, 사탕산업과 같은 길을 걸었다. 1939년 하와이 제도는 전 세계 통조림 생산량의 80퍼센트를 공급했으며, 이 산업의 주요 노동력은 일본, 필리핀, 포르투갈 사람들이었다.

피지 섬은 1874년 영국에 합병되어 1872년 제당산업이 도입되면서 크게 변모했다. 폴리네시아 사람들과 마찬가지로 피지 사람들도 뉴헤브리디스나 솔로몬 제도로부터 일손을 수입해야 했던 백인 주인들의 제분소에서 일자리를 얻을 생각과 필요도 없었다. 수입 노동자들이 본국으로 돌아가자 궁지에 몰린 제당업자들은 인도 정부와 노동자 파견에 관한 협정을 체결했고, 이렇게 해서 인도 노동자들은 10년의 노동 계약

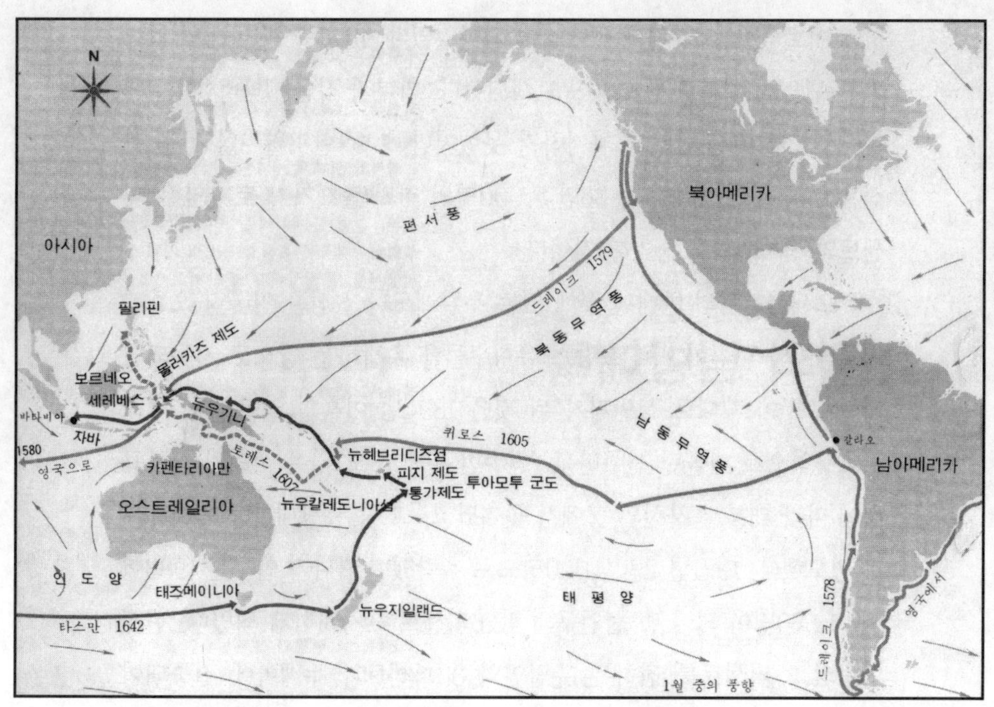

〈남태평양을 중심으로 오스트레일리아와 남아메리카 대륙을 왕래하며 침략과 탐험으로 새로운 이주지를 개척한 항해시대의 항로〉

이 끝나면 본국으로 돌아갈 수 있다는 약속을 받아내게 되었다.

1916년 이 계약 제도가 폐지되었을 때, 피지 섬에는 5만 명 이상의 인도인이 있었는데 그 중 반 수 이상이 계약기간이 끝났음에도 불구하고 섬에 잔류하는 쪽을 택했다. 1884년 사탕가격의 하락으로 플랜테이션 경영자 모두가 도산하여 오스트레일리아의 〈식민지 제당회사〉만이 유일하게 남게 되었다.

인도인 노동자들은 처음부터 가족들을 섬으로 불러 들였다. 따라서 1939년에 피지에 거주하는 인도인의 숫자는 현지인과 맞먹은 9만 4,000명에 달했으며, 그것은 다른 주민 집단 전체의 5배 이상인 엄청난 수였다. 이렇게 하여 1953년에 이르자 피지군도의 인도인은 34만 명에 이르렀고, 제당경제의 주역이 되어있었다. 1970년 피지 섬의 독립과 87년의 쿠데타로 중재안이 모색되었다. 라부카 장군(멜라네시아인)의 정당은 의석의 과반수를 차지하지 못했지만, 1992년 6월 2일 장군 자신은 수상에 지명되었다. 36만 8,000명의 피지 출신자가 토지의 80퍼센트와 정치권력을 장악한 것이다.

오세아니아의 반대편 끝에 있는 뉴칼레도니아 섬은 영국령 오스트레일리아와 마찬가지로 프랑스 유형수들을 수감하는 땅으로 지목되었지만 그곳이 제대로 식민지가 된 것은 1894년 이후의 일이었다. 정식 보호구역으로 내몰린 선주민은 〈원주민 통치 제도〉라는 식민지 신분규정에 따라 대부분 자신의 땅에서 쫓겨났고, 그 땅은 광대한 전원소유지로 변모했다. 1921년 2만 7,000명으로 추락했던 카나카 인구는 1983년 6만 1,870명이 되어 총 섬인구의 42.6퍼센트를 차지하게 되었다. 전체 인구의 37퍼센트를 점하는 유럽인의 80퍼센트가 누메아에 집중되어 있다. 프랑스는 주로 광산업(니켈)과 상업을 통해 식민지 개발을 주도했으며, 여기에 동원된 대부분이 구(舊)제국에서 온 다민족들이었다. 즉 월리스(8.4퍼센트), 타히티(3.8퍼센트), 월남(1.6퍼센트) 인도네시아(3.7퍼센트) 출신들이었다. 하지만 민족과 문화의 조화로운 이종 교배가 이루어진 적은 없었다.

카나카족 독립 운동 단체가 결성되어 활동을 계속했으며, 1958년부터는 각종 사건들이 다발적으로 일어났다. 하지만 히엥헨-우베아 학살 사건을 계기로 1988년 지바우-라플러 조약이 체결되었다. 마티뇽에서 조인된 이 조약으로 잠정적 분할이 이루어졌고, 독립 문제를 현안으로 하는 국민투표를 실시하게 되었다.

〈기 리샤르〉

관 련 연 표

년	사항
5만~3만년 전	아시아 기원의 네이티브 아메리칸의 아메리카 대륙 침입.
35000~25000년 전	오스트레일리아와 아시아 대륙간 섬마다 소부족 이주.
기원전 13000년경	중국 북동부에서 아시아인 제1파 아메리카에 도착.
기원전 1만년경	사하라 사막의 건조 시작, 북아메리카 주민 남쪽으로 축출.
전 12000년~전 8000년	유럽 북방 지역, 유럽 구석기 최종기에 몇 몇 집단이 북동 유럽에 침입, 최초의 인도-유럽어족을 형성.
전 8000년~전 4000년	최초의 인도-유럽어족 집단이 우크라이나의 대초원지대에 도달, 크루간인으로 조직화되다.
전 7000년경	중국 북동부에서 아시아인 제2파가 아메리카 대륙에 도착.
전 4000년말 이래	셈계족, 점차로 비옥한 델타 지대에 침입.
전 4000년~	아리아인으로 변화된 크루간인이 인도에 도착, 종족 단원을 이루다.
AD.전 3000년경	아프리카의 아트라스 산맥을 넘어 온 사람들이 이베리아 반도에 정착(이베리아인)
전 3000~전 2500년경	키구라데스 제도, 크레타 섬에 원주지 불명종족이 정주하기 시작.
전 2500년경	인도-유럽어계의 최초의 침입자가 트로이아의 초기 마을을 파괴.
전 2500년 초	히타이트족, 소아시아를 점거. 중앙 아시아의 이란-인도족의 압력이 증대.
	인도-유럽어계의 종족, 2개 이주 흐름으로 분리. 한 유파는 서구 사회에 분산, 다른 한 유파는 이란 고원에 도달. 메디아인과 페르시아인이 되다.
	이탈리아, 인도-유럽어계의 민족에 정기적으로 침략당함.
	중국 북동부에서 아시아인 제3파가 아메리카에 도착.
전2000년	켈트인, 그리스인, 이탈리엇트가 구대륙을 향해서 이동 시작.
전 2000년 반	아리아인, 인더스 강 유역에 도달.
전 2000년 후반	황하 하류 지역에 중국 민족 형성.
전 2000년~전 14세기	폴리네시아인 피지에 이주.
전19세기경	셈계어족 등 몇 개 족 가나안에 침입, 헤브라이인이라고 총칭.
전1800~전1600년경	인도-유럽어계의 침입자 물결(아카이아인)이 뎃사리아에서 크레타섬 근처에 범람.
전1700년경	이스라엘인이라고 호칭되는 몇 개 집단. 이집트에 칩입.
전1600년	중국에 최초의 역사적 왕조 은(殷) 건국.
전1230년	모세의 출애굽.
전12~전18세기??	페니키아인 수많은 식민지 건설.
전1025년	주(周) 왕조 설립.
전1000년직전	인도의 인도화와 아리아인의 토착화에 의해 인도-아리아어가 사용되기에 이름.켈트인, 이베리아 반도에 이주(켈트-이베리아인)

년	사항
전1000년경	나이지리아와 카메룬 고지에서 동방과 남방을 향해 반투어족의 이동 시작, 이 이동은 비교적 최근(아프리카 남부에서는 16세기) 까지 진행.
전1000년 초	인도-아리아인 갠지스 강 유역에 침입.
전1000년대 반	슬라브족의 초기 부족이 카루파치아 산맥의 북동 지대에서 발흥.
전814년	페니키아에 의한 카르타고의 식민지 창설.
전 8세기	폴리네시아인, 솔로몬 제도에 이주.
전8~전5세기~	켈트인, 영국에 최초의 침입자 파송, 동시에 갈리아, 스페인 압박.
전 7세기	페니키아가 아시라아에 굴복, 이오니아의 그리스인 전 지중해에 이주하는 기회 포착.
전650년경	북인도에서 제2의 도시화 시작, 아리아인 남인도 향발.
전588년	예루살렘 파괴, 이스라엘인의 바빌로니아 유폐.
전5~전2세기	폴리네시아인 사모아제도와 말키즈 제도에 이주.
전390년	로마, 켈트 부족에 복종하다.
전3세기경	마우리아 왕조의 아소카 왕, 불교의 힘을 빌려 인도 통일을 기도.
전221년	진(秦) 나라 전 중국 통일.
전218년	한니발 장군, 알프스 넘어 이탈리아에 침입.
전202년	진(秦) 나라 멸망, 전한(前漢) 건국.
전58~전51년	줄리어스 카에잘, 갈리아 정복.
전27년	로마공화국, 제정(帝政)으로 이행.
기원~	인도인, 바다에 진출. 먼저 인도양, 세계 바다 횡행.
25년	후한(後漢), 낙양에 도읍.
70년경~	디아스포라(이산) 시작, 유태인을 지중해 주변, 메소포타미아, 볼가강 하류역, 에티오피아에 이산, 분산.
1~2세기 사이	약 600만 명의 로마인이 스페인 남부 연안 지방에 정주.
3~5세기	유럽, 로마 제국 문전에서 부족간 침입 및 전쟁의 무대가 되다.
212년	카라카라, 이탈리아의 모든 자유인에 로마 시민권 부여. 로마인, 라틴인, 지방인 모두 동일시 됨.
242년	인도, 쿠샨조, 사산조 이란을 위해 세계 무역의 극점이라 할 위치 개방, 인도인의 동남 아시아 이주 가속화.
370년경	게르만 민족 대이동(3~6세기)의 태동.
382~395년	서고트족, 다뉴브 강을 건너 모에시아에 거주.
406년	훈족에 쫓겨난 게르만 민족이 라인 강을 도하, 야만적 침입 개시.
443년~	부루군트 족, 갈리아에 유폐.
470년	서고트족, 에스파냐의 태반을 정복.
476년	서로마 제국 멸망.
6세기 이후	아랍인의 진전과 함께 페르시아와 인도양 연안지대에 아프리카인 노예 시장 확립.
507년	크로뷔스의 프랑크족, 서고트족을 정복, 서고트족은 이베리아

년	사항
	반도의 전토를 횡단 후 최종적으로 스페인에 정착.
581년	중국에서 수나라 발흥.
6~7세기	터키인의 소부대 유럽 침입.
618년	당(唐) 왕조 건국, 서방 실크로드에 관심사
639년	이슬람교에 개종한 아랍인, 이집트에 기반을 두고 북아프리카에 이름.
711년	서고트족 최후의 왕 로드리고, 권력을 탈취, 아랍인 개입으로 서고트 왕국 멸망. 이슬람교도의 침략 시작.
732년	프랑크족, 아랍인의 침입을 분쇄.
793년경	노르만인, 영국에 공격 개시.
800년	칼 대제, 서로마 제국 부흥.
837년	프랑크족의 캘로링 왕가, 아바르족을 분쇄.
836년	노르만인, 런던 침범 약탈 행위.
850~860년경	동방의 슬라브족, 러시아 국가 건설.
10세기~	아랍인(이슬람 상인), 인도양 왕래.
911년	프랑크 왕국과 노르만인 바이킹 간에 조약 체결.
960년	중국에서 송(宋)나라 건국, 동남 아시아 해로에 관심 갖다.
10세기 후반	레콘키스타 성행.
1000년경	폴리네시아인, 타이티, 뉴질랜드 이주.
11세기 초	셀죽크 투르크 왕조 출현.
	바이킹, 아메리카 대륙에 도달.
11세기	마자르인, 중구와 동구 짓밟고, 헝가리인으로서 판노니아에 정주.
13세기	이슬람화한 터키인의 압력, 북인도의 힌두 문명 소멸 시킴.
1223년	몽골군, 카루카 강 전투에서 러시아 격파.
1243년	몽골인, 셀주크투르크 제국 일소.
1250년경	폴리네시아인, 하와이 제도에 이주.
1271년	몽고제국(원나라)개국, 중국 상인 중국 남부, 해안 항로 통해 세계 무역 거래.
12세기초~14세기 사이	폴리네시아인, 이스터 섬에 이주.
14~15세기	동남 아시아 군도, 이슬람 종교화.
1325년	아스텍족, 방랑 끝에 현 멕시코의 수도 티노치트란 창설.
1336년	인도 남부에 힌두교 대권력 부흥, 비자야나갈 왕국 일어남.
1368년	중국에 명(明) 왕조 성립,
1405~1433년	명나라 정화(鄭和) 7차례 남해 원정.
1410년	폴란드인, 독일인 격파, 슬라브 정신의 방어진 되다.
	동로마 제국 붕괴.
	오스만 터키족, 남구와 서구 전역, 그리스, 루마니아, 발칸 반도를 침략.
1483년	러시아인 오비강 강안에 도달(러시아 영토 확장).

년	사항
1487년	유럽인 희망봉에 도달.
1492년	콜럼버스, 아메리카 '발견' 이후 스페인, 포르투갈, 네덜란드를 비롯, 유럽인의 대서양 횡단 이주 시작.
	그라나다 왕국, 가톨릭 왕들에 점거되어 레콘키스타 종결됨에 따라 에스파냐 통일.
1494년	토르데시리야스 조약에 따라 스페인과 포르투갈 해외 영토 분할.
1498년	바스코 다 가마, 케이프타운을 넘어 인도양에 도달.
15세기	포르투갈인, 아프리카인 노예를 유럽에 수입.
15세기 말	포르투갈인, 앙골라, 서아프리카, 아프리카 동해안 전역 관할.
1500년	가브랄, 브라질 해안 발견.
16세기 이후	스페인의 가톨릭 선교사가 탐험대를 데리고 오세아니아에 들어감.
1510년 이후	프랑스 및 포르투갈 범죄자, 아메리카 대륙 북부에 상륙.
1511년	포르투갈 제국, 스마트라, 자바 발견.
1513년	발보아, 태평양 연안을 발견.
1521년	마젤란, 마젤란 해협을 통과해서 마리아나 제도, 필리핀 도착. 코르테스, 멕시코 정복, 스페인에 의해 아스텍족 멸망.
1532년	피자로, 페루를 정복.
1533년	잉카제국 멸망.
1572년	레가스피에 의해 필리핀 군도 정복.
1540년~	아프리카 흑인 노예 대서양 횡단 무역 절정기 이룸.
1578년	드레이크 선장 세계일주 항해 성공.
17세기	유럽 출신, 식민지 이주자 남아프리카에 정착.
1602년	네덜란드, 동인도회사 설립.
1605년	페드로 페르난데스 데 키로스, 뉴기니아를 발견.
1607~1776년	아메리카 식민지 시대 개막, 주로 영국과 북구인들 이주.
1620년	메이플라워호에 탄 영국인. 필그림 파더즈, 미 신대륙에 상륙, 뉴잉글랜드에 입주.
1629년	러시아인, 레나강 유역 도착(러시아 영토 확장)
1644년	중국 청(淸)왕조 성립.
1645년~	남미에 광산붐 일어남.
17세기 반	네덜란드인과 독일인을 중심으로 한 600명의 입식자, 케이프타운 지방에 정주.
1681년	영국 국왕, 윌리엄 펜에게 아메리카 토지 증여, 펜은 그 땅을 펜실베이니아라고 명명.
1685년	낭트 측령 폐지. 이 해부터 89년에 걸쳐 20~30만 명의 유그노가 프랑스 탈출.
18세기	650만 명의 아프리카인이 대서양을 건너 미국에 이송됨.
18세기 이후	영국과 뉴질랜드 선주인 마오리족간에 교역 개시.

년	사항
1776년~	오세아니아, 포경선 작업 어장으로 1850~1860년에 걸쳐 최성기. 영국, 미국, 러시아인들이 바다를 황폐화함.
1788년	영국인 수형자 태운 최초 수송선, 오스트레일리아의 보타니만에 상륙.
1796년	러시아 제국의 인구, 영토 확장 운동 결과 3,600만 명으로 증가.
1798년	「외국인 폭동법」으로 미국은 신규이민자의 정치적 권한을 규제.
1799년	영국의 프로텐스탄트 교회 선교사 협회가 오스트레일리아의 뉴사우스웰스에 배치되어 영국 선교사들 파견.
18세기 말	네덜란드 출신 보어인 피슈리버에 도달, 생산의 식민지화에 따라 노동력 수요로 중국인들이 라틴아메리카에 수출.
1807년	영국, 노예제도를 폐지.
1808년	스페인 전쟁 일어남.
1815~1846년경	유럽 대륙에서의 대서양 횡단 이민 제기. 많은 영국인, 스코틀랜드인 등이 미대륙, 오스트레일리아 대륙에 눈을 뜨다.
1820~1930년	독일 이민, 650만 명을 넘어섬.
1825~1940년	영국 제도의 이민 2,100만 명을 넘어섬.
1830년~	쿠바에 사탕붐 일어남. 아메리카, 유럽, 아시아에서 이주자 물결.
1835~41년	6,000명의 보어인 이주자, 나타르, 오렌지, 트랜스발에 식민 입주, 그 후 독립국가 조직.
1840~1940년	아르헨티나, 740만 이민자 수용.
1840~19세기 말	아편전쟁(1840~42)과 태평천국의 난(1851~64) 영향으로 중국인 이주자 격증. 이 기간 약 250만 명이 중국을 떠남.
1844년경	미국에 시민단체 「네이티브 아메리칸 어소시에이션」 설립, 네이티브론 대두.
1850년	오스트레일리아에서 금 발견, 수천 명 이민 흡수, 1939년에는 그 수가 700만에 이름.
19세기	아프리카의 즈루왕국인들이 폭력적으로 이주를 감행. 스와지족, 소토족, 가자족, 응데베레족, 응그니족이 퇴각.
19세기 반경	인도인, 아프리카 출신 노예집단과 교대 이주 움직임. 인도양 방면에서는 모리셔스섬(1834~) 남 아메리카에서는 영령 기니아(1835~), 안틸제도에서는 트리니다드(1844~)와 자메이카(1845~) 등.
1846~1880년	유럽대륙에서 대서양 횡단이민 제2기 이룸.
1848년	200만 명의 아일랜드인, 미국에 이주, 프랑스 노예제도 폐지.
1852년~	하와이에서 중국인 쿨리 도입 시작.
1858년	무갈제국 소멸, 영국의 인도 직접 통치 시작.
1860~1912년	모로코에 대항한 스페인의 군사 개입, 스페인인 모로코에 이동.
1863년	프랑스인의 뉴카레도니아도 식민지 이주 시작.
1874년	피지군도, 영국에 병합.

년	사항
19세기 후반	인도인의 이주, 서방측 식민지에 입주. 남아프리카와 나타르 (1860), 보르네오(1860), 피지(1877), 말레이시아(1880), 네덜란드에 의한 스리남에 이주 촉진 등.
1863년	링컨 미국 대통령, 흑인 노예해방선언, 네덜란드 노예제도 폐지.
1865년	스페인인 7,400명, 알제리에 도착, 포르투갈 노예제 폐지.
1880년대 전후	미국에 일본인 이민 급증, 중국인 이민에 이어 '황화(黃禍)' 제 2물결로 간주.
1880~1914년	유럽 대륙에서 대서양 횡단 이민 제3기, 이동 인구 급격히 상승.
1880~1924년	아메리카에서 남부 이탈리아인, 그리스인, 중국인, 일본인, 한국인 등 새로운 이민이 오래된 이민을 능가하는 현상.
1882년	미국, 중국인 이민을 10년간 금지.
1890~1940년대	러시아인, 영토 확장 정책에 따라 700만 명이 러시아령 아시아에 이주.
20세기 초	아프리카의 나마족과 헤트로족이 대륙내부에 대형 이주.
1904년	시베리아 철도 완성.
1907년	영국, 뉴질랜드에 자치령 지위 부여.
1912년	중국에서 청(淸) 나라 멸망, 중화민국 성립.
1913년	이탈리아 이민 87만 3,000명으로 팽창.
1914~18년	제1차 세계대전, 전화를 피하기 위한, 일반 시민의 대집단 이동과 군수공장에 노동자 유입현상 일어남.
1917년	러시아 혁명 발발, 420만 명의 러시아인과 200만 명의 정치적 망명자(백계 러시아인)가 국외 이주.
1919~1940년	유럽대륙에서 대서양 횡단 이민 제4기 물결. 강제 이민 증가한 특색 발생.
1924년	「인수제한법」(긴급할당법과 이민제한법)으로 미국은 선택적인 입국 제한을 시작.
1936년	프랑코, 스페인 국가 주석에 취임.
1937년 이후	일본군의 작전 위해 대다수 중국인 비전투원 이동.
1939년	독일군, 폴란드 침공, 폴란드인의 집단 이주 연속 현상.
1939~1945년	제2차 세계 대전, 전화를 피하기 위해 일반 시민의 대집단 이동과 군수공장, 탄광 등 노동자 대량 유입 현상.
1945년	국외거주 폴란드인, 발트제국인, 알사스 로렌 지방 주민들 고국에 복귀. 100만 명의 일본인, 중국, 한국 등지에서 일본 열도에 귀국.
1948~1961년	베네수엘라 석유붐 일어나 40만 명 이상 이민 압력 발생.
1948년	이스라엘 독립, 아랍 연맹 제국과 팔레스티나 전쟁(제1차 중동 전쟁)
1949년	중화인민 공화국 성립.
1956년	수에즈 동란 일어남.
1960년 초	중남미, 카리브, 아일랜드에서 이민 급증.

년	사항
1960년 반 이후	해외의 중국 자본 다국적 기업이 속속 출현.
1967년	제3차 중동 전쟁 발발.
1968년	미국의 인수제한법 소멸됐지만 비합법 이민 계속 증가.
1970년	피지 독립.
1973년	제4차 중동전쟁.
1980년 이후	코드지보와르, 나이지리아, 남아프리카 등 국가가 인접국가로부터의 비합법 이주 목적지로 등장.
1989년	베를린 장벽 붕괴, 동유럽 인구 이동 수문이 열리다. 독일, 프랑스 이민 통제정책 이행.
1990년	미국, 히스패닉화(禍)와 새로운 아시아계 물결에 요동, 독일 통일.
1991년	2,000명 이상의 보트 피플이 미국 플로리다주에 유입. 만안전쟁. 유고슬라비아 내전, 보스니아 독립 선언, 남아프리카, 아발트헤이트 체제 종결, 소비에트 연방 소멸, 독립국가 공동체(CIS) 창설.
1992년	유고슬라비아 사회주의 연방공화국 해체.
1993년	이스라엘과 팔레스티나 해방기구(PLO), 평화조약에 조인. 구주연합(EU) 조약 발효.
1994년	르완다에서 정치적 분쟁에 의한 후츠족과 쓰치족 집단 이동 발생.
1997년	홍콩, 중국에 복귀, 1국 2제도 개시, 보스니아 헤르체코비나 공화국 발족.
1998년~	코소보 분쟁 격화.
2001년	9월 11일, 대 미국 동시다발테러 발생. 미국의 아프카니스탄 공격, 팔레스티나인과 이스라엘의 충돌이 각지에서 격화.
2002년	동티모르, 인도네시아에서 독립. 프랑스 대통령 선거 계기로 이민 배제 정책 대격론. 중국, 심양, 북경 등 외국공관에서 북한 망명자 속출.

<h1 style="text-align:center">참 고 문 헌</h1>

전체적 문헌

ANCELIN Alain, *L' immigration antillaise en France–La troisième île*, Paris, Karthala, 1990.

BARNAVIE Eli, *Histoire universelle des Juifs de la Genèse à la fin du XXe siècle*, Paris, Hachette, 1992.

CARATINI Roger, *Dictionnaire des nationalités et des minorités en URSS*, Paris, PUF, 1990.

CHESNAIS Jean–Claude, *Histoire de la population mondiale*, Paris, Bordas.

CORDEIRO Albano, –*L' immigration*, Paris, La Découverte/Maspero, 1983,–*Si les immigrés m'étaient comptés*, Syros–Alternatives, 1990.

①COURCELLE Pierre, *Histoire littéraire des grandes invasions germaniques*, Paris, 1964 (3e édition).

COURTOIS Christian, *Les Vandales d'Afrique*, Paris, Scientia Verlag, 1964.

DUPAQUIER Jacques (sous la direction de), *Histoire de la population française* (4 volumes), Paris, PUF, 1988.

GEORGES Pierre, *L' immigration en France–Faits et problèmes*, Paris, Armand Colin Actualités, 1986.

JACQUES André, *Les déracinés–Réfugiés et migrants dans le monde*, Cahiers Libres–La Découverte, 1985.

JORRE M, *Les migrations des peuples–Essai sur la mobilité géographique*, Paris, Flammarion, 1955.

LATOUCHE Robert, *Les grandes invasions et la crise de l' Occident au Ve siècle*, Paris, 1946.

LE GOFF Jacques, *La civilisation de l' Occident médiéval*, Paris, Arthaud, 1964.

LEQUIN Yves (sous la direction de), *La mosaïque France–Histoire des étrangers et de l' immigration en France*, Paris, Larousse, 1988.

LOT Ferdinand,–*Les invasions barbares* (2 volumes), Paris, Payot, 1937, –*Les invasions germaniques–La pénétration mutuelle du monde barbare et du monde romain*, Paris, Payot, 1945 (2e édition).

LOUVIOT Isabelle, *Migrations Est–Ouest, Sud–Nord*, Paris, Hatier, 1991.

MOURRE Michel, *Dictionnaire d' Histoire Universelle*, Paris, Editions Universitaires, 1968.

MUSSET Lucien, *Les invasions.* Tome I : *Les vagues germaniques*, Paris, PUF, 1969 (2e édition).

NOIN Daniel, *Atlas de la population mondiale*, Montpellier, RECLUS, 1991.

＊LÉON Pierre, *Histoire économique et sociale du monde*, Armand Colin, 1978, tome IV.

QUIMINAL Catherine, *Gens d'ici, gens d'ailleurs–Migrations Soninké et transformations villageoises*, Christian Bourgois, collection 《Cibles》, XXI, 1991.

REINHARD Marcel, ARMENGAUD André et DUPAQUIER Jacques, *Histoire générale de la population mondiale,* Paris, PUF, 1968.

RICHARD Guy, *L' histoire inhumaine,* Paris, Armand Colin, 1992.

②RICHE Pierre, *Les invasions barbares,* Paris, PUF, 1953.

SIMON Gildas (sous la direction), *Les effets des migrations internationales sur les pays d' origine : le cas du Maghreb,* Paris, Sedes, 1992.

VIDAL–NAQUET Pierre et BERTIN Jacques, *Atlas historique–Histoire de l' Humanité,* Paris, Hachette, 1992.

Encyclopaedia Universalis (édition de 1985), Paris, Encyclopaedia Universalis, 1985.

정기 간행물

De l ' Oural vers l' Atlantique–La nouvelle donne migratoire, Strasbourg, Conseil de l'Europe, 1992.

Population n° 1 de chaque année, Paris, Institut national d'etudes demographiques.

Hommes & migrations, bimensuel, Hommes et migrations.

International migration review, 26ᵉ année (1992), New York, Center for Migration Studies of New York.

Revue européenne des migrations internationales (1984 à 1992), Poitiers, Université de Poitiers.

Migrants : Nouvelles, CNDP.

Panoramiques

N° 5(3ᵉ trimestre 1992) 《Le tribalisme planétaire, tour du monde des situations ethniques dans 160 pays》(Guy Hennebelle, préface d' Albert Memmi).

N° 14 (2ᵉ trimestre 1994) 《Ces immigrés qui viendraient du froid...》 (Anne de Tinguy et Catherine Wihtol de Wenden).

L' état du monde (publication annuelle), Paris, La Découverte (l'édition de 1993 donne l' état de tous les réfugiés).

L' économie mondiale, Paris, La Découverte, collection 《Repères》.

Bilan économique et social (parution annuelle), Paris, Le Monde Editions.

아프리카

Le Sol, la Parole et l' Ecrit (tome I), Mélanges en hommage à Raymond MAUNY, Paris, Société Fran-çaise d' Histoire d'Outre–Mer, 1981.

Histoire générale de l'Afrique, Collectif, UNESCO–EDICEF, à partir de 1987.

ALEXANDRE Pierre, *Les Africains. Initiation à une longue histoire et à de vieilles civilisations, de l' aube de l' humanité à nos jours,* Paris, LIDIS, 1981.

CHRETIEN Jean–Pierre et PRUNIER Gérard, *Les ethnies ont une histoire,* Paris, Kharthala–ACCT, 1989.

COPPENS Yves,– *Le Singe, l' Afrique et l'Homme,* Paris, Fayard, 1983,– *Préambules, les premiers pas de l'Homme,* Paris, O. Jacob, 1988,– *Le rêve de Lucy,* Paris, Seuil, 1990.

COQUERY–VIDROVITCH Catherine et MONIOT Henri, *L' Afrique noire de 1800 à nos jours,* 3ᵉ édition, Paris, PUF, Nouvelle Clio, 1992.

③DAVIDSON Basil, *The Growth of African Civilisation–A History of West Africa (1000–1800),* Londres, Longmans, 1967.

DIOP Cheik Anta, *Antériorité des civilisations nègres-Mythe ou vérité historique?*, Paris, Présence Africaine, 1967.

KAKE Ibrahima et M' BOKOLO Elikia, *Histoire générale de l' Afrique,* 11 volumes, Zurich, éditions ABC, 1975.

KI–ZERBO Joseph, *Histoire de l'Afrique noire,* Paris, Hatier, 1978 (2ᵉ édition).

M' BOKOLO Elikia, *L' Afrique au XX ᵉ siècle : le continent convoité,* Paris, Seuil, Point Histoire, 1985.

M' BOKOLO Elikia et LE CALLENNEC Sophie, *L'Afrique noire : Histoire et civilization,* Hatier et AUPELS–UREF, 2 tomes, 1992 et 1 995.

히스패닉 세계

BENNASSAR Bartolomé, *Histoire des Espagnols* (Ⅰ), Paris, Armand Colin, 1985.

BONMATI José Fermín, *Los Españoles en el Magreb,* Madrid, Editorial Mapfre, 1992.

CARO BAROJA Julio,– *Los Judíos en la España moderna y comtemporánea,* Madrid, Ediciones Istmo, 1986, –*Les Juifs d' Espagne : histoire d' une diaspora (1492–1992),* Liana Levi, Librairie Européenne des Idées, 1992.

CHAUNU Pierre, *La Civilisation de l'Europe classique,* Paris, Arthaud, 1966.

COLOMER J. et G, *Los emigrantes de hoy,* Paris, Masson, 1972.

DESCOLA Jean, *Histoire d' Espagne,* Paris, Fayard, 1960.

LAPEYRE Henri, *Géographie de l' Espagne morisque,* Paris, SEVPEN, 1959.

＊MECHOULAN Henry (sous la direction de), MORIN Edgar (prologue), *Los judios de España : historia de una diaspora, 1492–1992,* Madrid, Editorial Trotta, 1993.

NADAL Jordi, *La población española (siglos XVI a XX),* Barcelona, Ariel, 1991.

PANTALONI–ENSEGNAT O, *Segunda República y Guerra civil,* Paris, Masson, 1970.

④VILAR Pierre, *Histoire de l' Espagne,* Paris, PUF, 1965.

VILA VALENTI Juan, *La péninsule lbérique,* Paris, PUF, 1968.

ZAYAS (de) Rodrigo, *Les Morisques et le racisme d' Etat,* Paris, La Différence, 1992.

라틴아메리카

ALDEN MASON J, *Las antiguas culturas del Perú,* México, Fondo de Cultura Económica, 1961.

BAUDOT Georges, *La vie quotidienne dans l' Amérique espagnole de Philippe II–XVIᵉ siècle,* Paris, Hachette, 1981.

BALLESTEROS GAIBROIS Manuel, *Canoeros, flecheros y caníbales del Caribe,* Madrid, Akal, 1992.

BERNAND Carmen et GRUZINSKI Serge, *Histoire du Nouveau Monde,* Tome Ⅰ : De la découverte à la conquête, Tome Ⅱ : Les métissages, Paris, Fayard, 1991 et 1993.

CHAUNU Pierre, *L' Amérique et les Amériques,* Paris, Armand Colin, 1964.

DUVERCER Christian, *L' origine des Aztèques,* Paris, Seuil, 1983.

MALUQUER DE MOTES Jordi, *Nación e inmigración : los Españoles en Cuba (siglos XIX y XX),* Barcelone, Júcar, 1992.

MORLEY Sylvanus G, *La civilización maya,* México, Fondo de Cultura Económica, 1947.

MOYA PONS Frank, *Después de Colón – Trabajo, sociedad y política en la economía del oro,* Madrid,

Alianza Editorial, 1985.

VAILLANT George C, *La civilización azteca,* México, Fondo de Cultura Económica, 1944.

논문집

Historia general de la emigración española a Iberoamérica (tomes I et Ⅱ), Madrid, Historia 16, 1992.

Historia general de México (tome I), El Colegio de México, 1996.

Compilation de Clara E. LIDA, *Una inmigración privilegiada – Comerciantes, empresarios y profesionales españoles en México en los siglos XIX y XX,* Madrid, Alianza Editorial, 1994.

Compilation de Nicolás SANCHEZ–ALBORNOZ,– *Españoles hacia América – La emigración en masa (1880–1930),* Madrid, Alianza Editorial, 1988,– *Población y mano de obra en América latina,* Madrid, Alianza Editorial, 1985.

아메리카

ARMAND Laura et al., *Les Etats–Unis et leurs populations,* Bruxelles, Complexe, 1980.

BODY–GENDROT Sophie, *Les Etats–Unis et leurs immigrants,* Paris, La Documentation Française, 1991.

BRUN Jeannine, *America! America! Trois siècles d'émigration aux Etats–Unis (1620–1920),* Paris, Gallimard, 1980.

CAZEMAJOU Jean et MARTIN Jean–Pierre, *La crise du melting–pot : ethnicité et identité aux Etats–Unis de Kennedy à Reagan,* Paris, Aubier–Montaigne, 1983.

FABRE Geneviève et MARIENSTRAS Elise, *En marge : Les minorités aux Etats–Unis,* Paris, Maspero, 1971.

JONES Maldwyn, *American immigration,* Chicago, The University of Chicago Press, 1960.

ULLMO Sylvia, *L'immigration américaine : Exemple ou contre–exemple pour la France?,* Paris, L'Harmattan, 1994.

인도

CHALIAND Gérard, JAN Michel, RAGEAU Jean–Pierre, *Atlas historique des migrations,* Paris, Seuil, 1994, 139 p.

⑤COEDES George, *Les Etats hindouisés d' Indochine et d' Indonésie,* Paris, de Boccard, 1964, 394 p.

SANDHU K.S. et MANI A, *Indian communities in Southeast Asia,* Singapore, Institute of Southeast Asian Studies, 1993, 983 p.

SCHWARTZBERG Joseph E. (éd.), *A historical atlas of South Asia,* Chicago, The University of Chicago Press, 1978, in–f°, 306 p.

SERGENT Bernard, *Les Indo–Européens : Histoire, langues, mythes,* Paris, Payot (Bibliothèque historique), 1995, 536 p.

중국

⑥PAN Lynn, *Sons of the yellow emperor : the story of the overseas Chinese,* Londres, Secker et Warburg, 1990, 408 p.

TROLLIET Pierre, *La diaspora chinoise,* Paris, PUF, Que sais–je?, 1994, 128 p.

WANG Gungwu, *China and the Chinese overseas*, Singapore, Times Academic Press, 1993, 312 p.

BOUTEILLER Eric, *Les Chinois de la diaspora : moteurs du miracle asiatique*, HEC Eurasia Institute, Inside, hiver 1991–1992, 103 p.

CHAN Kwok Bun et CHIANG Claire, *Stepping out : the making of Chinese entrepreneurs*, Singapore, Centre for Advanced Studies, 1994, 405 p.

CARINO Theresa, *Chinese in the Philippines*, Manille, De La Salle University, China Study Program, 1985.

CUSHMAN Jennifer et WANG Gungwu, éds., *Changing identities of the Southeast Asian Chinese since World War II*, Hong–Kong University Press, 1990, 344 p.

FITZGERALD C. P, *The southern expansion of the Chinese People*, réédition, Bangkok, White Lotus, 1993, 224 p.

GOMEZ Edmund Terence, *Political business : corporate involvement of Malaysian political parties*, Townsville, James Cook University of Northern, Queensland, 1994, 329 p.

PURCELL Victor, *The Chinese in Southeast Asia*, Oxford University Press, Londres 1951 (réédité en 1 966), 802 p.

SALMON Claudine, 《Les marchands chinois en Asie du Sud–Est》, in *Marchands et hommes d' affaires asiatiques dans l' océan indien et la mer de Chine, XIIIe–XXe siècles*, LOMBARD Denys et AUBIN Jean, éds, Paris, Edition de l' EHESS, 1987, p ; 331–351.

SURYADINATA Leo, *The Chinese minority in Indonesia : 7 papers*, Singapore, Chopmen Enterprises, 1978, 175 p.

⑦SKINNER Georges W, *Chinese society in Thailand : an analytical history*, Ithaca, Cornell University Press, 1957, 459 p.

TSAK Maw Kuey, *Les Chinois au Sud–ViêtNam*, Paris, Bibliothèque Nationale, ministère de l' Economie Nationale, Comité des Travaux Historiques et Scientifiques, Mémoires de la Section de Géographie, 1968, 293 p.

COPPENRATH Gérald, *Les Chinois de Tahiti, de l' aversion à l'assimilation, 1865–1966*, Paris, Musée de l' Homme, 1967, 144 p.

The Cuba commission, *Report of the commission sent by China to ascertain the conditions of Chinese coolies in Cuba*, Taipei, Ch' en Wen Publishing Co., 1970, 236 p.

BICKLEEN FONG Ng, *The Chinese in New Zealand : A study in assimilation*, Hong–Kong, Hong kong University Press, 1959, 145 p.

PASTOR Humberto Rodriguez, *Hijos del celeste imperio en el Perú 1850–1900 : migracion, agricultura, mentalidad y explotacion*, Lima, Instituto de Apoyo Agrario, 1989, 318 p.

SIH Paul K.T. et ALLEN Leonard B, *The Chinese in America*, New York, St. John University, 1976, 177 p.

WANG Sing-wu, *The Organization of Chinese emigration, 1848–1888 : with special reference to Chinese emigration to Australia*, San Francisco, Chinese Material Center, 1978, 436 p.

라틴아메리카

오세아니아의 이주에 관한 참고는 1992년판 기 리샤르의 『비인간적인 역사』(아르망 코란사) P.474~475 참조.

『중국 양생술의 신비로움』
- 의술 · 무술 · 기공의 이해 -

치하오(漆浩) 지음 · 정민성 옮김
신국판/352페이지/값20,000원

지금 지구상에는 4백여 종에 이르는 각종 건강이론이 있어 사람들로 하여금 혼란을 일으키게 한다.

사람들은 시대의 진전에 따라 건강하고 오래살기 위해 여러 가지 비법을 마련하며, 양생술을 탐구해 왔다. 특히 중국인은 고대로부터 기공학(氣功學)을 창조하고 발전시켜 의료행위의 실천속에서 운용해왔으며 문화적으로도 건강의 비법으로 발전시켜왔다.

오늘날 이른바 중의(중국의학)에서는 무술(巫術)과 의학을 포함한 현대과학과의 융합을 통해 새로운 과학(특히 의료심리학)의 장르로 폭넓게 발전시키는 의욕을 보이기도 한다. 즉 중의의 임상에서는 정신요법 및 암시요법 등을 응용해서 환자의 정신상태를 변화시켜 질병을 치료한다는 목적을 달성하기도 한다.

이는 "정신을 옮기고, 기(氣)를 변화시킨다"고 하는 의학사상에 바탕을 두고 있다. 의술과 무술, 흔히 말하는 샤머니즘과의 관계란 조금은 미묘한 과제인데 기공을 연구하는 과정에서 이 무술의 문제를 피할수 없다.

저자는 매우 광범한 자료를 인용, 중의학과 축유(祝由)요법의 원류 및 발전, 그 역사적 · 문화적인 배경과 변천 등을 계통적으로 고찰함과 동시에 고대의 축유요법 형식, 내용, 경험, 방법, 그 대표적 인물등을 소개하고 있다.

그 내용은 광범위하여 중의의 양생, 치료, 침구, 안마, 도인(導引), 기공, 심리요법 등의 각 방면에 이르고 있으며, 중국과 서양의학의 특징을 비교해 가면서 역사적 유물주의 입장에서도 많은 관점을 제시하기도 한다.

이책은 중국의 역사와 문화를 이해하고 지식을 늘리는 데에도 흥미있는 책이라 하겠다.

에디터